本书得到了广西一流学科应用经济学，国家社科基金重点项目"RCEP框架下中国—东盟跨境产业链合作的共生效应及提升策略研究（21AJY004）"、国家社科基金重大项目"统筹推进南海经济发展、生态文明和国家安全研究（22&ZD134）"、国家社科基金一般项目"西部陆海新通道推动西南地区外贸高质量发展路径及对策研究（19BJY193）""西部陆海新通道推动西部地区产业链水平提升的机制与路径研究（21BJY059）"等基金项目和广西社科界智库重点课题等的支持。

西部陆海新通道与产业融合发展理论与实践

唐红祥 谢廷宇 黄小敬 许露元 等著

西南财经大学出版社

中国·成都

图书在版编目(CIP)数据

西部陆海新通道与产业融合发展理论与实践/唐红祥等著.—成都:西南财经
大学出版社,2023.12
ISBN 978-7-5504-5906-9

Ⅰ.①西⋯　Ⅱ.①唐⋯　Ⅲ.①交通运输发展—研究—中国②区域经济
发展—产业发展—研究—中国　Ⅳ.①F512.3②F269.27

中国国家版本馆 CIP 数据核字(2023)第 157329 号

西部陆海新通道与产业融合发展理论与实践
XIBU LUHAI XINTONGDAO YU CHANYE RONGHE FAZHAN LILUN YU SHIJIAN
唐红祥　谢廷宇　黄小敬　许露元 等著

责任编辑:刘佳庆
责任校对:植　苗
封面设计:张姗姗
责任印制:朱曼丽

出版发行	西南财经大学出版社(四川省成都市光华村街 55 号)
网　　址	http://cbs.swufe.edu.cn
电子邮件	bookcj@swufe.edu.cn
邮政编码	610074
电　　话	028-87353785
照　　排	四川胜翔数码印务设计有限公司
印　　刷	四川五洲彩印有限责任公司
成品尺寸	170mm×240mm
印　　张	30
字　　数	744 千字
版　　次	2023 年 12 月第 1 版
印　　次	2023 年 12 月第 1 次印刷
书　　号	ISBN 978-7-5504-5906-9
定　　价	98.00 元

作者名单

唐红祥　　谢廷宇　　黄小敬　　许露元

王立新　　舒银燕　　黄　跃　　李银昌

卢潇潇　　廖战海　　欧阳华

自　序

产业高质量发展是经济高质量发展的重要基石，推进西部陆海新通道与产业融合发展是我国拓展产业和贸易发展空间的关键举措。面对百年未有之大变局，中美全面竞争加速了全球新一轮国际格局演进进程。新冠病毒感染疫情重创了全球产业链，造成了全球价值链生产链供应链的断裂，重塑了产业安全思维。RCEP协定的签署最终将使90%以上的货物实现零关税，为西部陆海新通道与产业融合提供了广阔空间，为中国与东盟国家跨境产业链合作提供了广阔的市场、区域性贸易与投资规则和制度保障，从细化与延展产业链、重组和优化区域内产业链、内向化发展区域内产业链三个方面赋能中国—东盟跨境产业链合作。以习近平同志为核心的党中央精准研判全球政治、经济发展趋势，坚持以我为主，踏实做好自己的事情，着力构建以国内大循环为主体，国内国际双循环相互促进的新发展格局，推动经济社会高质量发展，为我国经济发展指明了方向，为西部地区全面扩大开放提供了战略保障。在新发展格局下，西部地区实现内外循环的有效协同，必须要提升开放发展水平，规划建设西部陆海新通道，正是西部地区服务和融入新发展格局的内在需求。以通道经济为引领，推动通道建设与沿线地区产业融合发展，是西部地区服务和融入新发展格局、实现高质量发展的可行路径。

党和国家历来高度重视西部地区经济社会发展，出台了"西部大开发"政策，提出共建"一带一路"倡议，有力促进了西部地区经济社会发展。但是，受制于地理位置、基础设施、人才等多重因素，西部地区在对外开放发展水平上与东中部地区仍有较大差距。为进一步拓宽西部地区开放发展空间，在中新南向通道项目基础之上，国家发展和改革委员会于2019年出台了《西部陆海新通道总体规划》（以下简称《总体规则》），为我国西部地区打造一条新的开放发展走廊擘画了宏伟蓝图。自此，推动西部陆海新通道建设，成为西部地区参与全球化、推动区域高质量发展的重要抓手。

基于此，深入开展西部陆海新通道与产业融合发展研究显然具有宏大的时代背景和深远的意义。从理论上来说，深入开展西部陆海新通道与产业融合发展研究，聚焦西部陆海新通道的基础理论，结合产业经济学的基本方法，搭建了新通道与产业融合发展的理论框架，丰富了新通道与产业融合的理论体系。基于理论框架，以西部陆海新通道与产业竞争力、集聚发展、开放发展、转型升级、协同发展及绿色发展的事实，运用数据分析和实证以验证理论框架的科学性，不仅验证了理论框架的科学性，更是将相关实证分析方法向前推进了一步。从实践意义上看，基于理论分析和事实考察发现了西部地区制造业高质量发展存在的主要问题，并系统提出了以西部陆海新通道推动西部地区制造业高质量发展的基本原则、主要方式和路径，为西部地区制造业高质量发展提供了理论指导和政策参考。

本书立足西部陆海新通道沿线地区经济社会发展需要，聚焦通道与产业融合，从理论、实证、实践、经验、策略和广西专题系统构建了六篇23章的研究框架。绪论阐述了西部陆海新通道建设的背景、意义、战略定位、发展目标和主要建设任务。理论篇在文献梳理的基础上构建了新通道与产业融合发展研究的理论分析总体框架，提出了新通道与产业融合的具体路径。实证篇全面系统研究了西部陆海新通道与产业竞争力、产业升级、产业集聚发展、产业开放发展、产业绿色发展、产业创新发展的机制和路径，通过实证分析得出了具有科学性的结论。实践篇选取了西部陆海新通道沿线区域中具有代表性的广西、重庆、四川、云南和贵州等省（区、市），全面系统地梳理了新通道建设与产业融合发展的举措、成效和经验等。经验篇则系统总结了欧洲莱茵河、日本新干线、"一带一路"、长江经济带和珠江—西江经济带等建设经验，归纳对西部陆海新通道沿线地区推进通道与产业融合的启示。策略篇提出了西部陆海新通道沿线地区推进通道与产业融合的战略及政策体系。广西篇则选取西部陆海新通道海陆交汇的广西作为重点研究对象，提出了广西深度推进西部陆海新通道建设的政策建议。

本书的主要观点和基本结论包括：

第一，西部陆海新通道建设作为国家战略，受到了沿线省（区、市）高度重视，取得了显著成效。具体表现为：①各省（区、市）都出台了推动西部陆海新通道建设的规划、方案和奖励措施，全面落实国家发展改革委发布的《西部陆海新通道总体规划》，想方设法推动国家和区域重大战略落地；②以基础设施建设为重点，各省（区、市）着力推动铁路、公路、机场、航道等建设，并着重打通了东、中、西三条主通道，显著改善了西部地区交通基础设施状况，为区域产业发展营造了更好的基础条件。

第二，西部陆海新通道与产业融合发展水平显著提升。①广西采取了聚力打造物流枢纽经济、立足优势大力发展口岸经济、加快发展向海经济、不断加强跨区域产业合作等措施推动新通道与产业融合发展，新通道运输效率和通关便利化水平大幅提升了70%，在全国处于领先水平，大幅降低了物流成本，物流产业规模持续增长，第三产业区位熵和产业聚集发展水平持续提升，临港产业集群加快形成，区域贸易水平显著上升。②重庆采取了发展通道经济、培育枢纽经济和发展特色物流等措施，实现了基础设施大幅度改善，物流业服务能力不断增强，物流效率逐步提升，物流成本不断下降，并进一步带动了枢纽经济发展，打造国际化的综合交通枢纽体系。③四川着力完善优化物流设施功能，增强通道整体竞争力，不断加强通道沿线省（区、市）以及周边国家协商合作，引导生产要素向通道沿线更有竞争力的地区聚集，着力打造高品质陆港经济区，培育枢纽经济，推动高铁快运产业专业化、集约化发展，培育高铁经济等，取得了显著成效。④贵州采取了完善区域合作的体制机制、出台新通道专项支持政策、加快新通道基础设施建设和强化新通道多式联运组织等举措，将贵州打造成了连接"陆"和"海"的重要枢纽，产业结构和产业竞争力有了显著提升。⑤云南坚持通道建设与交通运输产业、国际贸易走廊、现代物流产业、各类园区平台、文化旅游产业融合发展，带动了区域运输服务水平大幅提升、交通辐射能力不断增强、国内外商贸流通体系逐步建成、通道物流枢纽体系初具规模、通道沿线地区经贸合作日益加强、通道沿线旅游产业拓展深化等形成显著成效。

第三，广泛借鉴成熟经验是推动西部陆海新通道与产业融合高质量发展的他山之石。通过对日本新干线与产业融合发展、欧洲莱茵河与产业融合发展，以及国内"一带一路"、珠江—西江经济带和长江经济带与产业融合发展的经验分析，指出以基础设施带动互联互通，强化政策和市场对沿线城市产业发展的引导，推进"站区+城市+产业"一体化开发，制定相互配套的产业疏导与发展规划，实施生态环境保护先行的行动，创新体制机制推进园区集群化生态化发展，实行跨行政区域整合管理，推动港—城—产联动发展，走城市、产业、市场三位一体发展道路等。因此，推动西部陆海新通道与产业融合发展，既要广泛借鉴已有的成功经验，同时要结合其自身特点，加大制度创新力度，最终实现通道与产业融合发展。

第四，西部陆海新通道与产业融合发展是遵循客观规律，基于中国国情推动区域产业发展的重大实践。本书以经济学关于区域经济产业经济等经济研究分析框架，基于产业竞争力、产业集聚、产业开放发展、产业转型升级、产业创新发展和产业绿色发展等维度系统构建了新通道与产业融合发展的理论体系，并采用多种实证分析方法研究表明，西部陆海新通道建设能够显著提升沿线区域产业竞争力，促进产业集聚发展，推动产业开放发展，提升产业创新发展能力和绿色发展能力，促进沿线区域产业转型升级。因此，以重大国家战略为驱动，推动实施基础设施带动，营商环境优化和跨省际协同，能够有效实现区域产业高质量发展，从而为我国其他区域产业高质量发展提供重要的经验借鉴。

第五，西部陆海新通道与产业融合发展需要高质量的战略规划和支持政策体系。西部陆海新通道与产业融合发展，是基于习近平新时代中国特色社会主义思想的重大实践创新，在发展过程中务必要遵循习近平新时代中国特色社会主义思想，跟随党和国家关于新发展格局构建的战略思维，应坚持创新引领、开放协同、绿色发展、服务型政府在内的若干基本原则。推进西部陆海新通道与产业融合既要满足对西部陆海新通道建设的要求，又要满足对于产业的选择布局与发展要求。推进西部陆海新通道与产业融合短期内旨在实现基本建成西部陆海新通道，新通道与产业融合初见成效的发展目标，长期内则要实现通道与产业深度融合，物流经济、枢纽经济全面兴旺发达，核心城市群实现通道与产业在融合度上的高水平，通道经济全面繁荣。推进西部陆海新通道建设与产业融合要有推动形成城市群创新内核，强化协同联动，细化开放维度，筑牢绿色发展屏障，优化政府服务理念，提升通道产业发展环境等。具体措施上，需要从顶层设计、基础设施、物流体系、产业园区、产业链、人才和跨区域协同等方面具体推进。

第六，广西推动西部陆海新通道与产业融合发展大有可为，并将成为广西经济社会高质量发展的重要引擎。广西应高位推动西部陆海新通道与产业融合发展：①要优化口岸功能，降低综合物流成本，增强综合物流成本比较优势，创新口岸经济业态，加大现代航运服务产业集聚地培育，打造一体化港口服务生态圈，加密航线与航班。②要深度推进产业协同，打造产业与物流深度融合的综合运输通道，创新物流与产业协同联动模式，提升生产性服务业服务能力，加强与沿线省（区、市）产业协同，集聚要素资源，推进产业协作配套和资源优势互补，提升区域产业竞争力。③要环保优先，加强绿色技术创新研发，提高绿色技术供给能力，加强环境规制区域协同联动，提升绿色技术对资源环境承载力的贡献度，培养创新主体，推进通道与产业绿色融合。④要协同谋划制定北部湾城市群产业发展规划，推进北部湾城市群产业融合，建立北部湾城市群产业行业协会，促进城市群产业分工协作，全面优化城市群营商环境，提高政务服务效率，做大做强高端服务业，全力推进金融集聚区建设。⑤要优化顶层设计，制定科学合理发展战略，优化政策体系，强化财税基金支持，争取国家级项目和发展示范区（试验区）的支持，打破行政壁垒和条块分割，推进统一大市场建设。⑥要互联互通，夯实工业互联网基础设施，加快推进广西工业互联网建设，优化工业互联网平台建设，大力发展工业电子商务，多维度深度挖掘数据资源，加强跨部门跨区域数据开放互联，推动广西通道与产业融合高质量发展。

本书从研究视角、学术观点和研究方法三个方面推动了通道与产业融合研究的创新，为系统、科学审视西部陆海新通道与西部地区制造业发展提供了新的理论分析框架、实证结果验证和政策支持体系参考。

第一，研究视角的创新。从研究视角来看，本书突破了传统对于通道与产业的研究仅仅关注交通基础设施建设的单向赋能关系，从西部陆海新通道软硬件基础设施与沿线产业的融合发展的双向赋能视角系统分析其融合发展的路径、机制及成效。本书系统构建了以西部陆海新通道建设为核心，通过产业竞争力、产业集聚发展、产业开放发展、产业转型升级、产业创新发展和产业绿色发展的影响，识别其影响的机制和路径，最终促进产业与通道的融合发展，并指出通道物流产业发展，进一步扩大通道"毛细血管"，产业融合进一步为通道发展提供支撑，从研究框架上构建了双向赋能的互动关系。

第二，学术观点的创新。本书基于事实考察，系统提出了西部陆海新通道与产业融合发展的具体路径：①西部陆海新通道建设能够通过基础设施建设对沿线区域的产业竞争力产生正向影响，同时西部陆海新通道与产业竞争力之间表现出较强的长期协调关系。②西部陆海新通道通过市场潜能、市场开放度等中介变量对产业集聚发展起到促进作用，新通道建设有利于进一步构建统一大市场、改善营商环境，激发沿线地区市场潜能并提高市场开放度，进而提升了沿线区域产业集聚发展水平。③西部陆海新通道建设显著改善了西部地区的铁路、公路、航空、水运等传统基础设施，同时提升了新型基础设施建设水平，而在很大程度上有利于西部地区降低投资贸易成本，促进产业开放发展。然而由于西部地区远离海洋且人口稀少，单一的基础设施建设作用有限，需要各项基础设施协同发力，才能有效促进区域产业开放发展水平，进而提升区域经济发展质量。④西部陆海新通道建设通过比较优势、技术赶超以促进以全要素生产率为表征的产业升级，且对产业升级的影响程度随着建设进度推进逐年提升，然而与比较优势促进产业升级的路径相比较，技术赶超路径具有一定的时滞性。⑤西部陆海新通道建设提升了沿线区域人均专利申请数量和人均新产品销量，改善了沿线产业发展环境，催生了新产业，同时促进了教育及科技方面的投资，从而有利于促进产业创新。⑥西部陆海新通道建设通过区域产权结构和技术水平等中介变量显著提升了区域绿色发展水平，但其故有的能源结构、环境规制等因素则不利于区域绿色发展。

第三，研究方法的创新。本书的研究方法突破了传统的单一研究方法，采用实证分析与定性分析相结合的多种实证研究方法，如全局参比 Malmquist 模型、准自然实验的双重差分法、分步回归的中介模型、中介效应模型与空间计量分析等，对西部陆海新通道与产业融合发展的机制、路径等进行全面考察和验证。

纵观本书在研究视角、学术观点和研究方法上的创新，可以进一步阐释为本书在推动西部陆海新通道与产业融合发展上的系统性、科学性和可行性的统一。从系统性来看，本书囊括了理论、实证、经验借鉴和政策等统一，同时在地域上对西部陆海新通道的核心省（区、市）——重庆、广西、四川、贵州和云南等进行了系统研究，体系完整，内容完整，架构具有系统性。从科学性来看，本书注重理论框架的科学性、实证的科学性和政策的科学性。基于经典的经济学理论，在通道经济、产业经济、区域经济等学科基础上，本书系统构建了通道与产业融合的研究框架，展现了理论的科学性；以事实为依据，以经典的实证分析方法为工具，实证探究西部陆海新通道与产业融合的路径，展现了实证的科学性；基于科学的理论和科学的实证分析结果，运用严密的政策逻辑，提出了推动西部陆海新通道与产业融合发展的政策支持体系，展现了政策的科学性。从可行性来看，本书构建的政策体系，深度结合了西部陆海新通道沿线的实际情况，注重政策的落地性，展现了可操作性。

本书的完成，依托于广西财经学院雄厚的研究基础，陆海经济一体化协同创新中心、西部陆海新通道研究院等为全面推进本书写作进程提供了平台基础。同时，本书得到了国家社科基金重点项目"RCEP 框架下中国—东盟跨境产业链合作的共生效应及提升策略研究（21AJY004）"、国家社科基金重大项目"统筹推进南海经济发展、生态文明和国家安全研究（22&ZD134）"、国家社科基金一般项目"西部陆海新通道推动西南地区外贸高质量发展路径及对策研究（19BJY193）""西部陆海新通道推动西部地区产业链水平提升的机制与路径研究（21BJY059）"等基金项目和广西社科界智库重点课题资助项目、广西一流学科应用经济学等的资助。广西财经学院专业、敬业的创作团队，是本书创作的中坚力量。同时，本书也得到了众多高水平专家和学者的大力支持、指导和帮助，并参考了众多国内外学者的研究成果，在此一并表示感谢。

由于研究水平有限，难免存在不足之处，我们将在后续的研究中进一步补充和完善，当然，文责自负。是为序。

作者

2023 年 6 月 9 日

目　录

第一章　绪论 / 1

第一节　研究背景及意义 / 1

第二节　研究的总体架构 / 4

第三节　西部陆海新通道概述 / 9

第一篇　理论篇

第二章　文献综述 / 25

第一节　通道经济理论及实践研究进展 / 25

第二节　区域产业发展研究进展 / 29

第三节　西部陆海新通道与产业融合研究进展 / 39

第四节　研究述评 / 41

第三章　西部陆海新通道与产业融合发展的基础理论 / 43

第一节　通道经济理论 / 43

第二节　产业集聚理论 / 47

第三节　产业融合理论 / 50

第四节　共生理论 / 53

第五节　区域协同发展理论 / 55

第四章　西部陆海新通道与产业融合发展的驱动机制 / 60
第一节　基本动力——要素流动 / 61
第二节　内生动力——制度通道 / 66
第三节　融合动力——价值链协同和重构 / 69

第二篇　实证篇

第五章　西部陆海新通道与区域产业竞争力 / 75
第一节　西部陆海新通道促进区域产业竞争力提升的机制 / 75
第二节　西部陆海新通道沿线产业竞争力事实考察 / 77
第三节　西部陆海新通道对区域产业竞争力提升影响实证分析 / 94
第四节　结论与政策建议 / 99

第六章　西部陆海新通道与区域产业集聚 / 102
第一节　西部陆海新通道对区域产业聚集影响机制分析 / 102
第二节　西部陆海新通道运输效率评价及时空演变 / 108
第三节　西部陆海新通道沿线地区产业集聚事实考察 / 116
第四节　西部陆海新通道对区域产业集聚影响的实证分析 / 126
第五节　结论与政策建议 / 133

第七章　西部陆海新通道与区域产业开放发展 / 138
第一节　区域产业开放发展的理论基础及内涵 / 138
第二节　区域产业开放发展的事实考察 / 142
第三节　西部陆海新通道促进区域产业开放发展的机制 / 162

第四节　西部陆海新通道促进区域产业开放发展的实证分析 / 167

第五节　结论与政策建议 / 176

第八章　西部陆海新通道与产业升级 / 182

第一节　西部陆海新通道沿线产业升级的事实特征考察 / 183

第二节　西部陆海新通道促进产业升级的理论基础与研究假说 / 184

第三节　西部陆海新通道促进产业升级的研究设计 / 186

第四节　西部陆海新通道促进产业升级的实证结果分析 / 188

第五节　结论与政策建议 / 198

第九章　西部陆海新通道与区域产业创新发展 / 200

第一节　产业创新的内涵与特征 / 200

第二节　西部陆海新通道促进区域产业创新发展的机制 / 201

第三节　西部陆海新通道沿线地区产业创新的事实考察 / 203

第四节　西部陆海新通道促进区域产业创新发展的实证分析 / 207

第五节　结论与政策建议 / 220

第十章　西部陆海新通道与区域产业绿色发展 / 222

第一节　产业绿色发展的内涵 / 222

第二节　西部陆海新通道促进区域产业绿色发展的理论机理 / 224

第三节　西部陆海新通道沿线区域产业绿色发展的事实考察 / 225

第四节　西部陆海新通道促进区域产业绿色发展的实证结果分析 / 228

第五节　结论与政策建议 / 232

第三篇　实践篇

第十一章　广西西部陆海新通道建设与产业融合发展的
　　　　　实践 / 237

第一节　广西推动西部陆海新通道建设概况 / 237

第二节　广西产业发展概况 / 242

第三节　广西推动西部陆海新通道与产业融合的举措 / 247

第四节　广西推动西部陆海新通道与产业融合的成效 / 250

第五节　广西推动西部陆海新通道与产业融合的经验 / 259

第十二章　重庆西部陆海新通道建设与产业融合发展的
　　　　　实践 / 262

第一节　重庆西部陆海新通道建设概况 / 262

第二节　重庆产业发展概况 / 266

第三节　重庆推动西部陆海新通道与产业融合的举措 / 270

第四节　重庆推动西部陆海新通道与产业融合的成效 / 271

第五节　重庆推动西部陆海新通道与产业融合的经验 / 274

第十三章　四川西部陆海新通道建设与产业融合发展的
　　　　　实践 / 278

第一节　四川西部陆海新通道建设概况 / 278

第二节　四川产业发展概况 / 282

第三节　四川推动西部陆海新通道与产业融合的举措 / 286

第四节　四川推动西部陆海新通道与产业融合的成效 / 288

第五节　四川推动西部陆海新通道与产业融合的经验 / 290

第十四章　贵州西部陆海新通道建设与产业融合发展的

　　　　　实践 / 294

　　第一节　贵州西部陆海新通道建设概况 / 294

　　第二节　贵州产业发展概况 / 296

　　第三节　贵州推动西部陆海新通道与产业融合的举措 / 300

　　第四节　贵州推动西部陆海新通道与产业融合的成效 / 303

　　第五节　贵州推动西部陆海新通道与产业融合的经验 / 306

第十五章　云南西部陆海新通道建设与产业融合发展的

　　　　　实践 / 309

　　第一节　云南西部陆海新通道建设概况 / 309

　　第二节　云南产业发展概况 / 311

　　第三节　云南推动西部陆海新通道与产业融合的举措 / 314

　　第四节　云南推动西部陆海新通道与产业融合的成效 / 317

　　第五节　云南推动西部陆海新通道与产业融合的经验 / 323

第四篇　经验篇

第十六章　日本新干线与产业融合发展 / 327

　　第一节　日本新干线产业融合发展的经验 / 327

　　第二节　日本新干线经验对西部陆海新通道与产业融合发展的启示 / 335

第十七章　莱茵河与欧洲区域产业融合发展 / 338

　　第一节　莱茵河与欧洲区域产业融合发展的经验 / 338

第二节　莱茵河经验对西部陆海新通道与产业融合发展的经验启示／ 344

第十八章　"一带一路"建设与产业融合发展／ 346

第一节　"一带一路"建设与产业融合发展的经验／ 346

第二节　"一带一路"建设经验对西部陆海新通道与产业融合发展的
　　　　启示／ 349

第十九章　珠江—西江经济带与产业融合发展／ 352

第一节　珠江—西江经济带产业融合发展的经验／ 352

第二节　珠江—西江经济带经验对西部陆海新通道与产业融合发展的
　　　　启示／ 365

第二十章　长江经济带与产业融合发展／ 372

第一节　长江经济带产业融合发展的经验／ 372

第二节　长江经济带经验对西部陆海新通道与产业融合发展的启示／ 380

第五篇　策略篇

第二十一章　西部陆海新通道与产业融合发展战略／ 391

第一节　指导思想与基本原则／ 391

第二节　通道建设与产业融合发展的基本要求和战略目标／ 393

第三节　通道建设与产业发展的战略路径／ 396

第二十二章　西部陆海新通道与产业融合发展政策体系／ 404

第一节　持续优化基础设施发展规划／ 404

第二节　推动通道与产业融合发展的物流体系政策／ 406

第三节　推动通道与产业融合发展的产业园区政策 / 408

第四节　推动通道与产业融合发展的产业链政策 / 412

第五节　推动通道与产业融合发展的人才科技政策 / 417

第六节　推动通道与产业融合发展的区域合作政策 / 419

第六篇　广西篇

第二十三章　西部陆海新通道与产业融合发展：广西对策 / 427

第一节　优化口岸功能，降低综合物流成本 / 427

第二节　深度推进产业协同，提升区域产业竞争力 / 428

第三节　环保优先，推进通道与产业绿色融合 / 430

第四节　推进北部湾城市群产业融合，引导城市群高质量发展 / 432

第五节　优化政策体系，构筑产业融合环境保障 / 435

第六节　互联互通，加快推进广西工业互联网建设 / 437

参考文献 / 446

附表目录

表 1-1　关于西部陆海新通道建设的政策 / 11

表 5-1　产业竞争力评价方法对比分析 / 78

表 5-2　区域产业竞争力评价指标体系 / 80

表 5-3　2021 年西部陆海新通道沿线省（区、市）对外开放指标情况 / 82

表 5-4　TOPSIS 方法对外开放水平评价结果 / 82

表 5-5　西部陆海新通道沿线各省（区、市）交通基础设施情况 / 85

表 5-6　TOPSIS 方法交通基础设施评价结果 / 86

表 5-7　TOPSIS 方法物流发展水平评价结果 / 87

表 5-8　TOPSIS 方法环境竞争力综合评价结果 / 87

表 5-9　要素竞争力相关指标情况 / 88

表 5-10　要素竞争力各子系统及综合评价对比情况 / 89

表 5-11　科技创新竞争力相关指标情况 / 90

表 5-12　科技创新力各子系统及综合评价对比情况 / 90

表 5-13　生产竞争力相关指标情况 / 91

表 5-14　生产竞争力各子系统及综合评价对比情况 / 91

表 5-15　基准回归结果 / 95

表 5-16　稳健性检验结果 / 97

表 5-17　单位根检验 / 97

表 5-18　西部陆海新通道与区域产业竞争力提升的协整检验 / 98

表 6-1　投入产出指标说明 / 110

表 6-2　沿线 13 省（区、市）综合运输效率（不含水运）/ 111

表 6-3　沿线 6 地区综合运输效率评价（含水运）/ 112

表 6-4　西部陆海新通道沿线地区制造业城镇就业人员密度 / 118

表 6-5　各地区规模以上工业企业固定资产总额与全国的比值 / 120

表 6-6　各地区研发经费投入强度 / 121

表 6-7　2020 年与 2015 年高新技术企业技术创新投入要素指标比值 / 123

表 6-8　2018—2019 年第二、第三产业区位熵 / 124

表 6-9　2010—2019 年工业经济密度 / 125

表 6-10　2010—2019 年交通仓储与邮政业经济密度 / 126

表 6-11　变量的描述性统计 / 128

表 6-12　基准回归结果 / 129

表 6-13　市场潜能的中介作用检验 / 130

表 6-14　市场开放度的中介效应检验 / 131

表 6-15　稳健性检验回归结果（替换解释变量）/ 133

表 7-1　甘肃贸易依存度及贸易竞争力指数 / 146

表 7-2　广西贸易依存度及贸易竞争力指数 / 146

表 7-3　贵州贸易依存度及贸易竞争力指数 / 147

表 7-4　海南贸易依存度及贸易竞争力指数 / 149

表 7-5　内蒙古贸易依存度及贸易竞争力指数 / 150

表 7-6　宁夏贸易依存度及贸易竞争力指数 / 150

表 7-7　青海贸易依存度及贸易竞争力指数 / 151

表 7-8　陕西贸易依存度及贸易竞争力指数 / 152

表 7-9　四川贸易依存度及贸易竞争力指数 / 153

表 7-10　西藏贸易依存度及贸易竞争力指数 / 154

表 7-11　云南贸易依存度及贸易竞争力指数 / 155

表 7-12　重庆贸易依存度及贸易竞争力指数 / 156

表 7-13　新疆贸易依存度及贸易竞争力指数 / 156

表 7-14　沿线各省（区、市）利用外资能力情况表 / 158

表 7-15　西部陆海新通道沿线各省（区、市）对外投资能力情况表 / 159

表 7-16 西部陆海新通道沿线各省（区、市）开放度测度结果 / 161

表 7-17 变量的描述性统计分析 / 168

表 7-18 变量的相关性统计分析 / 169

表 7-19 变量的多重共线性诊断 / 169

表 7-20 豪斯曼检验结果 / 170

表 7-21 构建 h 统计量的豪斯曼检验结果 / 170

表 7-22 基本面板回归结果 / 171

表 7-23 对铁路密度滞后项回归结果 / 172

表 7-24 对公路密度滞后项回归结果 / 172

表 7-25 调节效应分析结果 / 174

表 7-26 分组回归的调节分析结果 / 174

表 8-1 主要变量描述性统计 / 188

表 8-2 西部陆海新通道建设促进中国产业升级的单变量 t 检验结果 / 189

表 8-3 西部陆海新通道与中国产业升级：DID 估计结果 / 190

表 8-4 工具变量回归结果 / 192

表 8-5 西部陆海新通道对企业对外直接投资的影响及分组回归 / 194

表 8-6 西部陆海新通道促进产业升级的路径分析结果 / 195

表 9-1 西部陆海新通道沿线省（区、市）规模以上企业人均专利 / 204

表 9-2 西部陆海新通道沿线省（区、市）规模以上企业人均新产品销售额 / 205

表 9-3 创新环境指标体系 / 207

表 9-4 变量描述性统计 / 210

表 9-5 基准回归结果 / 212

表 9-6 稳健性检验结果 / 213

表 9-7 西部陆海新通道对创新环境的影响 / 214

表 9-8 创新环境对产业创新的影响 / 215

表 9-9 创新环境的中介效应 / 216

表 9-10 科技投入溢出效应的回归结果 / 217

表 9-11 教育投入溢出效应的回归结果 / 219

表 10-1 2020 年西部陆海新通道沿线地区绿色发展指数及排名 / 226

表 10-2 2020 年西部陆海新通道沿线地区绿色发展分指标指数 / 226

表 10-3 回归结果 / 230

表 11-1 广西战略性新兴产业布局情况 / 245

表 11-2 广西物流基础设施与物流产业发展情况 / 252

表 11-3 广西非农产业区位熵 / 254

表 11-4 2020 年广西"三企入桂"情况 / 254

表 14-1 2021 年贵州省第三产业分布状况 / 300

表 14-2 2017—2021 年贵州省货物运输量 / 305

表 14-3 2017—2021 年贵州省进出口贸易情况 / 306

表 15-1 2015—2022 年云南三次产业构成 / 313

表 15-2 2015—2018 年云南各市内河、湖泊主要港口货物吞吐量 / 317

表 15-3 2022 年云南公路、水路运输量 / 318

表 15-4 2015—2021 年云南及各市公路通车里程 / 319

表 15-5 2015—2021 年云南及各市旅游总收入 / 322

表 16-1 东海道沿线主要区县主导产业变化表 / 330

表 16-2 中间站点周边开发策略 / 333

表 17-1 2010—2018 年巴斯夫产品类型产值占比表 / 341

表 19-1 珠西经济带 2018 年国家和自治区级园区增加值、总产值及
实际投资额 / 356

表 19 2 北部湾经济区 2018 年国家和自治区级园区增加值、总产值及
实际投资额 / 359

附图目录

图 4-1　西部陆海新通道与产业融合的机理／60

图 4-2　西部陆海新通道推动产业融合基本动力——要素流动／62

图 5-1　西部陆海新通道沿线省（区、市）市场化水平比较／81

图 5-2　四省（区、市）金融发展水平比较／83

图 5-3　四省（区、市）信息化水平比较／84

图 5-4　四省（区、市）教育发展水平评价／85

图 5-5　2022 年西部陆海新通道沿线省（区、市）产业竞争力指数／92

图 6-1　2017 年各省（区、市）运输综合效率 M 指数／113

图 6-2　2018 年各省（区、市）综合运输效率 M 指数／113

图 6-3　2019 年各省（区、市）综合运输效率 M 指数／114

图 6-4　2020 年各省（区、市）综合运输效率 M 指数／114

图 6-5　2018 年各地区综合运输效率 M 指数及分解／115

图 6-6　2019 年各地区综合运输效率 M 指数及分解／115

图 6-7　2020 年各地区综合运输效率 M 指数及分解／116

图 6-8　2015 年与 2020 年通道沿线地区城镇单位就业人数／117

图 6-9　2015 年与 2020 年通道沿线地区制造业城镇就业人数／118

图 6-10　2020 年制造业城镇就业人员密度／119

图 6-11　各地区规模以上工业企业固定资产总额／119

图 6-12　2022 年与 2015 年规模以上工业企业固定资产总额比值／120

图 8-1　西部陆海新通道促进中国产业升级的作用路径／185

图 9-1　四省（区、市）规模以上企业人均专利数的走势图／206

图 9-2　四省（区、市）规模以上企业人均新产品销售额的走势图 ／ 206

图 10-1　2020 年西部陆海新通道沿线地区绿色发展指数 ／ 226

图 10-2　2020 年西部陆海新通道沿线地区绿色发展分指标指数 ／ 227

图 11-1　广西工业增加值 ／ 243

图 11-2　广西服务业增加值 ／ 244

图 11-3　广西出口总额 ／ 256

图 11-4　广西各类出口贸易额 ／ 257

图 11-5　广西与东盟进出口贸易额 ／ 257

图 11-6　广西对东盟的各类出口贸易额 ／ 258

图 14-1　贵州省 2019—2021 年地区生产总值及增长速度 ／ 297

图 14-2　贵州省农林牧渔业总产值及增长速度 ／ 298

图 14-3　贵州省第二产业地区生产总值 ／ 299

图 14-4　2017—2021 年贵州省货物运输总量 ／ 305

图 14-5　2017—2021 年贵州省进出口贸易情况 ／ 306

图 15-1　2015—2022 年云南地区生产总值及增长速度 ／ 312

图 15-2　2015—2022 年云南工业增加值及增长速度 ／ 312

图 15-3　2015—2022 年云南三次产业增加值 ／ 313

图 15-4　2015—2022 年云南进出口总额及增长速度 ／ 321

图 15-5　2015—2020 年云南国内旅游人次及增长速度 ／ 322

图 16-1　东海道新干线线路 ／ 328

图 16-2　东海道新干线客运量 ／ 328

图 16-3　中央新干线与"超巨型区域"的打造示意 ／ 331

图 16-4　日本新干线经济效应 ／ 336

图 17-1　2016 年德国化工各类产品产值占比 ／ 343

图 19-1　2015—2019 年广西北部湾港货物吞吐量／ 353

图 19-2　2015—2019 年广西北部湾港集装箱吞吐量／ 354

图 19-3　2018 年产值 200 亿元以上国家和自治区级园区发展情况／ 355

图 19-4　2018 年产值 200 亿元以上国家和自治区级园区投资情况／ 356

第一章　绪论

第一节　研究背景及意义

一、研究背景

（一）中美激烈竞争下国际经贸规则重构愈演愈烈

自 2018 年以来，美国政府与中国的贸易摩擦已经历时 5 年，不仅没有因为拜登上台而有所减弱，反而在各方面与中国展开竞争，力图延缓中国发展的进程。中国与美国在经济、政治等多方面进行的长时间的拉锯，引发了国际上一系列规则的重构，并将深刻影响国际经贸格局的演变。

国际经贸规则是经济全球化发展的产物，是在世界各国经贸往来日益密切背景下逐渐产生和完善的。国际贸易格局的演变及国际经贸规则重构，归根到底是由国际产业结构的调整和各国产品的国际竞争力决定的。当今世界正面临百年未有之大变局，国际经贸格局正在经历一场涉及所有国家的深刻变化。西方国家对以中国为代表的新兴国家的崛起极度不安，挑头发动了以贸易摩擦为代表的国家间竞争。全球竞争已经由经济层面的竞争，转向规则之争、制度竞争，并由此引发了全球分工结构分化及生产体系重构。此外，多边贸易体制在单边主义和贸易保护主义的冲击下摇摇欲坠，各国要么谋求世界贸易组织规则的变革，要么就是直接推动以区域合作为典型特征的新型国际合作形式。

当前，促使全球发生规则重构的关键背景，主要有逆全球化思潮蔓延、旧规则的本身问题、WTO 面临现实困境和多哈回合停滞不前。全球贸易规则的重构，使得世界各国必须不断调整以适应新规则，增添了世界贸易的不稳定性。

（二）RCEP 生效实施为西部陆海新通道与产业融合提供了广阔的空间

1. RCEP 为中国—东盟跨境产业链合作提供了广阔市场

RCEP 通过降低关税和减少非关税贸易壁垒，将重点产业发展和贸易、投资自由化便利化规则结合，着力构建区域内统一大市场，为区域内各国产品出口提供了更为广阔的市场。RCEP构建了"东亚+东南亚+大洋洲"区域产业链，改善了区域经贸合作环境，减少了中国—东盟产业链合作壁垒，构建了低成本生产基地、人口红利市场和高端制造中心的闭环，拓展了中国—东盟产业链合作空间，并提供了广阔的市场。

2. RCEP为中国—东盟跨境产业链合作赋能

RCEP协定提供了区域性贸易与投资规则，将从细化与延展产业链、重组和优化区域内产业链以及区域内产业链内向化发展三个方面赋能中国—东盟跨境产业链合作。RCEP最终将使90%以上的货物实现零关税，大幅降低非关税贸易壁垒，提升服务贸易自由化水平，通过贸易创造效应和贸易转移效应扩大区域内贸易规模，将促进分工深化，细化与延展区域产业链。RCEP优化了区域内投资环境，有利于促进技术创新和科技合作，赋能区域内产业链重组和优化。RCEP有利于推动RCEP发展型经济体奋力突破在全球价值链中的低端困境。RCEP扩大了区域内消费市场，减少了产业链对欧美发达国家的需求依赖和供给依赖，从而降低区域外不确定因素对跨境产业链合作的影响。

3. RCEP为中国—东盟跨境产业链合作提供了制度保障

RCEP填补了中国—东盟自由贸易区等现有区域贸易规则和合作机制的缺失。随着全球经济进入调整期，旧的规则制度无法对各国投资政策、关税减让、产业补贴、原产地规则等行为进行有力约束，引起了不少国家对贸易规则修订的诉求。RCEP协定涵盖货物、服务、投资等全面的市场准入承诺，是对成员国的硬约束，弥补了贸易投资规则约束力较弱的缺口，有利于RCEP各国的市场开放与生产资料的相互流通，能够有力支持自由贸易和多边贸易体制，维护区域产业链的稳定。

我国与东盟国家产业链价值链互补，可构建"供应—需求"的循环产业链合作关系。我国与东盟各国的产业互补，表现为生产资料的供需关系。中国劳动密集型产业向东盟国家转移，既是分工环节增加的驱动，也是部分低增加值产业从中国的溢出的结果。随着低端产业向东盟国家扩散，并伴随着生产能力和进出口贸易规模扩大，我国不仅在上游供应链的作用逐渐明显，也将在下游需求端提升区域产业链的生产和运营能力。RCEP有助于推动拥有资源和劳动力优势的东盟国家承接制造业产业转移，为这种供需关系提供更多的机制保障。

（三）新冠病毒感染疫情重塑了产业安全思维

新冠病毒感染疫情冲击下，供应链断裂问题凸显，各国深受制造业不全、不强导致的抗疫物资短缺等问题的制约。即使是世界经济排名第一的美国，都没有足够的口罩、防护服、消毒水等抗疫物资，全球只有中国能在短时间之内具备抗疫物资快速生产并满足国内需求的能力，让全世界重新认识到产业安全的又一个层面。

同时，新冠病毒感染疫情造成了全球价值链生产链供应链的断裂，让各国政府和市场主体在布局产业链时除了考虑成本外，也考虑了更多如地缘政治、大国博弈等非市场因素。尤其是在关系到大国竞争力的医药、卫生、粮食等基本物质安全，以及尖端技术、高端制造等高敏感度领域，因为国家意志更容易发生产业安全的相关问题。

此外，那些试图保持和扩大开放的经济体，为防范产业链断裂风险而采取的措施，在一定条件下反倒可能使产业链进一步通向"脱钩"，这产生了所谓的"脱钩悖论"，需要高度警惕。

（四）新发展格局下西部地区全面扩大开放的现实需求

长期以来，我国西部地区受制于自身的地理位置和交通运输条件，在开放发展上落后于东部沿海地区，经济社会发展也明显滞后。随着我国进入新时代，国家着力构建以国内大循环为主体，国内国际双循环相互促进的新发展格局，为西部地区全面扩大开放提出了新要求。同时，自2013年我国提出"一带一路"倡议以来，我国着力加强与共建国家的政策沟通、设施联通、贸易畅通、资金融通和民心相通等，与周边国家的联系日益紧密，带动了对外贸易和投资的迅速发展。而其中，以交通基础设施为主的设施联通，极大降低了对外贸易的成本，促进了西部地区的开放发展。但是，西部地区开放发展程度相对于东中部而言，仍有较大的提升空间。规划建设西部陆海新通道，是在我国中西部开辟了"一带"与"一路"连接的重要通道，为西部地区拓展了向南直达东盟国家、澳洲，向西广泛连接中亚、欧洲的新通道，打通了西部地区开放发展的大动脉。

在新发展格局下，西部地区实现内外循环的有效协同，必须要提升开放发展水平，规划建设西部陆海新通道正是西部地区服务和融入新发展格局的内在需求。

二、研究意义

（一）理论意义

1. 丰富了通道与产业融合的理论体系

本书聚焦西部陆海新通道的基础理论，结合产业经济学的基本方法，搭建了通道与产业融合发展的理论框架。研究以通道经济理论、产业集聚理论、产业融合理论、产业共生理论和区域协同发展理论等为理论基础，构建通道与产业融合的基础设施推动机制、要素集聚机制、跨区域协调机制、价值链协同和重构机制等，为系统推进通道与产业融合发展构建了理论研究的框架，在一定程度上丰富了通道与产业融合发展的理论体系。

2. 创新了通道与产业融合的实证研究方法

本书基于通道与产业融合的理论框架，聚焦西部陆海新通道沿线省（区、市），从西部陆海新通道与区域产业的产业竞争力、产业集聚发展、产业开放发展、产业转型升级、产业协同发展、产业绿色发展等维度进行了实证研究，以数据为基础验证了通道与产业融合的理论框架。

（二）实践意义

1. 为西部地区制造业高质量发展提供了理论指导

本书基于理论和实证研究的结果，系统分析通道与产业融合的理论与实践融合问题，从通道与产业融合的理论框架、实证研究出发，从理论上解析了西部陆海新通道与产业融合发展的深层次问题，并系统地提出了西部陆海新通道与产业融合的基本原则、主要方式和路径，为西部地区制造业高质量发展提供了理论指导。

2. 为推动西部陆海新通道高质量建设、高水平发展提供了政策参考

本书基于理论框架和实证分析结果，采用逻辑推演等方法，从科技、人才、产业、营商环境等多个维度构建了通道沿线地区推进通道与产业融合发展的政策体系，并将相关的研究范式进一步扩大到整个西部地区的制造业，提出了西部地区制造业高质量发展的政策支持体系，从而为推动西部地区制造业高质量发展提供了政策参考的依据。

第二节　研究的总体架构

一、研究的主要内容

本书聚焦西部陆海新通道与产业融合，架构了理论篇、实证篇、实践篇、经验篇、对策篇和广西篇共六篇 23 章的总体框架，全面系统地研究了西部陆海新通道建设与产业融合发展的相关问题。

（一）导论

在导论部分，本书主要对西部陆海新通道建设的背景、意义、研究设计及西部陆海新通道的基本情况进行了概述。指出西部陆海新通道建设和产业融合发展，是在中美激烈竞争下国际经贸格局重构、RCEP 生效实施推动区域产业

链重构、新冠病毒感染疫情冲击重塑产业安全思维和新发展格局下扩大西部地区开放发展等背景下的内在需求。对于推动我国西部地区高质量发展具有重要价值。阐述了本书主要的研究方法，研究框架、技术路线和创新之处等。为后续研究奠定基础，导论部分全面系统地论述了西部陆海新通道的发展历程、战略意义、机遇、挑战、战略定位、空间布局、发展目标、重点任务和支持政策等。

（二）西部陆海新通道与产业融合的相关理论

本书从文献综述、理论基础和动力机制三个方面全面梳理了西部陆海新通道与产业融合的相关文献和理论。文献综述从通道经济理论及实践、区域产业发展和西部陆海新通道与产业融合三个层面全面梳理了相关文献并进行了评述。基于通道经济理论、产业集聚理论、产业融合理论、共生理论和区域协同发展理论等阐述了西部陆海新通道与产业融合的理论基础，并从要素流动、制度通道、价值链协同和重构等维度构建了西部陆海新通道与产业融合的动力机制等。

（三）西部陆海新通道与产业融合发展的实证研究

西部陆海新通道与产业融合，从经济学意义上而言具有较为复杂的关系，但是根本在于通过基础设施建设和区域协同，提升区域产业竞争力，加速产业集聚和产业升级，推动产业开放发展、创新发展和绿色发展。本书系统阐述了西部陆海新通道促进区域产业竞争力提升、产业集聚发展、产业升级、产业开发发展、产业创新发展和产业绿色发展的机制，并运用实证研究方法进行了全面的研究，从而得出了具有可信力的结论，为相关政策体系的提出奠定了基础。

（四）西部陆海新通道与产业融合的实践

当前，西部陆海新通道已经形成了"13+2"的格局，各省（区、市）都在极力推进新通道与产业融合，力争通过西部陆海新通道建设进一步提升产业竞争优势。本书选取广西、重庆、四川、贵州、云南作为重点区域，全面梳理了各省（区、市）推动西部陆海新通道与产业融合的举措、成效，总结了经验，以期为后续政策的提出奠定实践基础。

（五）西部陆海新通道与产业融合的国内外经验

建设通道经济，在国内外已经有了较为成熟的模式和经验。当前，国际上比较知名的以交通通道为基础进而形成经济带的典型包括日本新干线、莱茵河，我国的"一带一路"、"珠江—西江"经济带、长江经济带等，本书全面梳理了这些典型经济带的形成逻辑和主要举措，总结了经济带发展的经验，并全面总结了其对推动西部陆海新通道与产业融合的启示。

（六）西部陆海新通道与产业融合的策略

通道建设与产业融合，离不开高屋建瓴的顶层设计，也需要全方位的政策支持。在前述对西部陆海新通道与区域产业融合发展的理论、实证、实践及国内外经验借鉴基础之上，本书从发展战略、政策体系两个大方面提出了具体的推动策略。首先从战略上提出了西部陆海新通道与产业融合发展的指导思想和基本原则，明确了发展要求和战略目标，规划了具体战略实施路径。从政策体系上，系统提出了基础设施发展，产业园区、产业链、人才、科技和区域合作政策。

（七）广西推动西部陆海新通道建设与产业融合发展的策略

聚焦西部陆海新通道的出海口广西，从降低物流成本，提升区域产业竞争力，推动通道与区域产业绿色发展，引导城市群高质量发展，构筑产业融合环境保障，加快与周边地区互联互通，推动数字经济发展等方面全面提出了政策建议，以期推动西部陆海新通道与广西产业高质量融合发展。

二、研究的主要方法

本书作为构建了一个较为系统、庞大的研究体系，采用定性研究和定量研究相结合的方法进行具体研究。

（一）定性研究方法

1. 文献研究法

文献研究法是一种古老但高效的研究方法。通过对通道经济、通道与产业等相关文献的系统收集，通过归纳整理、分析鉴别，对通道经济理论的发展脉络、主要研究进展等有了较为系统、全面的了解。

2. 归纳法

归纳法主要应用于西部陆海新通道建设的实践及国内外经验收集整理。通过资料的收集整理，全面掌握和了解西部陆海新通道沿线地区建设的具体举措、成效等，并汇集国内已有的建设经验，为深入研究提供素材。

3. 逻辑推演法

在对现有政策的边界、成效等分析的基础上，基于问题导向，通过逻辑推演等方法从政策制定的初衷、政策效果传导的路径等进行全面细致的分析，从而构建具有可操作性的策略体系。

（二）定量研究方法

1. Malmquist 模型

采用全局参比 Malmquist 模型对 2016—2020 年西部陆海新通道沿线地区的

运输效率进行评价。首先，运用公路、铁路、水路和航空等多种运输方式的就业人数、运输里程数为投入指标，客运量、客运周转量、货运量、货运周转量等指标为产出指标，对西部陆海新通道沿线地区的综合运输效率进行评价，客观、全面地评价西部陆海新通道沿线地区的运输效率。其次，采用全局参比Malmquist法对西部陆海新通道沿线地区的运输效率进行评价，该方法以所有各期共同构建的前沿（全局前沿）作为参比前沿，由于全局参比效率值参比的是同一个前沿，相互之间数字大小具有可比性，从而能够对西部陆海新通道沿线地区 13 个省（区、市）的综合运输方式的运输效率进行纵向比较和横向比较，确保效率值和效率变化值的可比性。

2. 面板数据回归方法

通过构建产业开放发展的评价指标体系，运用面板数据回归方法解析西部陆海新通道沿线基础设施建设对产业开放发展的影响，从而系统分析西部陆海新通道建设对沿线区域产业开放发展的影响。

3. 准自然实验的双重差分法

西部陆海新通道是中国在"新常态"背景下推动中国经济稳步发展的尝试与探索，利用2015—2020 年中国上市公司的数据，基于准自然实验的双重差分法研究了西部陆海新通道对产业升级的影响效应。

4. 分步回归的中介模型

主要应用于西部陆海新通道通过改善区域创新环境与促进科技知识的溢出从而对区域产业创新产生影响的作用机制，分别采用三种不同的空间权重矩阵进一步分析科技知识溢出的空间效应。

5. 多种评价方法的综合运用

基于改进 CRITIC-熵权-灰色 TOPSIS 评价模型，从环境竞争力、要素竞争力、科技创新竞争力、生产竞争力四个层面来构建产业竞争力评价指标体系并进行实证评价。利用熵权法对西部陆海新通道沿线地区产业开放发展水平进行测度。

三、研究的创新点

（一）研究视角创新

本书的研究视角创新在于聚焦西部陆海新通道与沿线产业融合。现有的研究主要关注全国范围的一般交通基础设施对区域产业创新的影响，本书研究特定交通基础设施（西部陆海新通道）与区域产业融合的理论与实践，即以西部陆海新通道与产业融合为研究对象，系统分析了作为我国区域对外开放通道的西部陆海新通道建设对区域产业发展的影响路径、机制及效果。具体来说，就是构建了基于经济学理论基础的研究框架，系统探讨了西部陆海新通道建设对区域产业集聚、产业竞争力、产业开放发展、产业创新发展、产业绿色发展等方面的影响。

（二）研究观点创新

1. 西部陆海新新通道建设促进了沿线产业集聚

本书系统阐述了西部陆海新通道建设对产业聚集影响的机制，实证上以市场潜能和市场开放度作为中介变量，对通道建设的中介效应实证检验发现，通道建设对产业聚集具有促进作用，市场潜能、市场开放度在西部陆海新通道推进沿线地区第二产业聚集中具有正向中介效应。西部陆海新通道建设有助于激发沿线地区市场潜能，提高市场开放度，进而提高沿线地区的产业集聚水平。

2. 西部陆海新通道促进了沿线区域产业升级

通过实证研究发现西部陆海新通道建设显著促进以劳动生产率提高为表征的产业升级，且其影响程度呈现出逐年上升的趋势，西部陆海新通道可以同时通过比较优势和技术赶超促进产业升级，但与比较优势路径相比，技术赶超路径存在着一定的时滞性。

3. 西部陆海新通道建设提升了沿线产业开放发展水平

研究发现，西部陆海新通道通过铁路、公路等传统基础设施建设以及信息基础设施等新基建，可以有效提升区域产业开放发展水平。其中，以信息基础设施为代表的新基建作用最为明显，而公路、铁路和信息基础设施的联动对产业开放发展的促进作用极为显著；因此，扎实推进西部地区传统基础设施和新型基础设施的联动意义重大。

4. 西部陆海新通道建设提升了区域产业绿色发展水平

通过实证研究发现，西部陆海新通道建设能显著促进产业绿色发展水平的提升，同时，区域产权结构和技术水平能显著正向促进西部陆海新通道产业绿色发展水平，但是能源结构、环境规制等因素则有负向影响。

5. 西部陆海新通道高质量建设高水平发展需要系统性和先导性政策的支持

本书从西部陆海新通道整体层面给出了策略方案，认为要推进通道与产业融合要重点满足基础设施、物流、产业园区、产业链、人才、区域合作六个维度的要求；还进一步将优化对策落脚到广西，提出了作为桥头堡和核心区域的广西在推进西部陆海新通道与产业融合发展过程中的关键策略。两个口径12个维度的策略，既有整体，又有局部，又相互补充，是对通道与产业融合策略体系较为完整的概括，是对西部陆海新通道与产业融合发展策略和行动方案的初步探索，是该领域的先导性研究，同时也是对类似研究的策略参考。

（三）研究方法创新

本书综合采用多种研究方法，系统采用了全局参比 Malmquist 模型、准自然实验的双重差分法、分步回归的中介模型、中介效应模型与空间计量分析等分析方法。

第三节　西部陆海新通道概述

一、西部陆海新通道的发展历程

（一）发展背景

随着我国与东盟国家的关系进一步密切，中国—东盟自由贸易区走过来"黄金十年""钻石十年"，如何进一步推进我国与东盟国家合作，是摆在中国和东盟面前的难题。我国在经历了 2008 年全球金融危机的冲击后，"4 万亿"计划等刺激政策的实施在短期内达到了稳经济的目的，但是也进一步激化了供给侧结构性矛盾。党中央大力推动供给侧结构性改革攻坚，同时大力推进"一带一路"建设，提出构建人类命运共同体，为我国企业"走出去"创造了良好的环境。总体来说，虽然国际环境大变革、大调整，但我国依然在较长时期内处于重要战略机遇期。

跟东部发达地区相比，中、西部地区，尤其是西部地区对外开放和经济发展水平依然落后于全国平均水平。要改变西部地区落后的经济社会发展现状，除了进一步推进西部大开发战略外，还需要更加强有力的战略推动区域经济发展。通过新战略带动西部地区基础设施建设，增进西部地区与国际市场的关联，提升物流效率，降低物流综合成本，是时代的具体要求，也是西部地区实现高质量发展的内在要求。

2015 年，习近平总书记强调广西应充分发挥与东盟国家陆海相邻的区位优势，着力构建面向东盟的国际大通道、打造西南中南地区开放发展新的战略支点、形成 21 世纪海上丝绸之路和丝绸之路经济带有机衔接的重要门户三大定位，为广西指明了方向。2017 年 4 月，习近平总书记视察广西时，对广西的开放发展再次做出重要指示，强调：广西要立足毗邻东盟的独特区位优势，全力推进对外开放，着重释放"海"的潜力，激发"江"的活力，做足"边"的文章，在推进"一带一路"建设方面发挥更大的作用。

建设西部陆海新通道，是党中央、国务院着眼共建"一带一路"建设、推动更高水平对外开放做出的重大战略部署，也是广西落实"三大定位"新使命、推动构建开放发展新格局的一项牵引性工程。

（二）发展历程

2015年11月7日，习近平主席访问新加坡时，与新加坡总理李显龙共同见证了中新两国政府《关于建立与时俱进的全方位合作伙伴关系的联合声明》《关于建设中新（重庆）战略性互联互通示范项目的框架协议》的签署。中国和新加坡同意在中国西部地区设立新的政府合作项目，以开辟中国与新加坡深化合作的新领域，这就是中新（重庆）战略性互联互通示范项目。该项目以"现代互联互通和现代服务经济"为主题，以交通物流、航空、金融、信息服务为四大重点合作领域，具有很强的战略性、开放性、辐射性的特点。其主要目标就是激发中国西部的潜能，辐射带动整个西部地区开放发展，使西部地区更好地融入"一带一路"建设。

2016年9月3日，新加坡总理李显龙访问重庆时，提出要研究南向物流通道。南向通道的立足点在重庆。

2017年2月27日，时任国务院副总理张高丽和新加坡副总理张志贤共同主持的中新示范项目联合协调理事会第一次会议上，张志贤代表新加坡政府正式提出，双方将加大合作力度，探讨一条通过北部湾和新加坡连接重庆和21世纪"海上丝绸之路"的海陆贸易路线。根据这一提议，2017年3月，广西、重庆、贵州、甘肃等省（区、市）围绕构建海陆贸易路线开展了可行性调研。双方一致认为以重庆为运营中心，向南通过贵州，经广西沿海、沿边到新加坡，向北往兰州连接中欧班列的陆海新通道，从理论上来看具有广阔的内陆腹地，拥有巨大的可开发潜力和深远的发展前景。基于此，广西壮族自治区党委、政府审时度势，做出举全区之力推动陆海新通道建设的重大战略决策。

2017年9月20日，习近平主席在会见新加坡总理李显龙时强调，中新可以发挥"领头羊"作用，带动其他国家共同参与建设这条国际陆海贸易新通道。

2018年4月10日，博鳌论坛期间，习近平主席会见新加坡总理李显龙时表示：中国和新加坡的合作是符合双方共同利益的，应着重加强双边在"一带一路"框架内的合作，协同建设好"南向通道"，更好连接"一带"和"一路"，为深化中国与东盟国家的合作奠定扎实的基础。

2018年11月12日，李克强总理与新加坡总理李显龙共同签署了中新（重庆）项目旗下"国际陆海贸易新通道"谅解备忘录，双方一致同意将"南向通道"正式更名为"国际陆海贸易新通道"。

为了进一步推进新通道建设，2019 年，国家发展和改革委员会强化顶层设计，正式发布《西部陆海新通道总体规划》，并正式确定新通道的名称为"西部陆海新通道"，将之纳入国家战略。从此，西部陆海新通道走上了迅猛发展之路。

此后，国家层面和各省（区、市）层面陆续出台了一系列关于推动西部陆海新通道建设的政策、方案等，如表 1-1 所示。

表 1-1　关于西部陆海新通道建设的政策

序号	政策出台机构	时间	名称	文件号
1	国家发展改革委	2019 年	《国务院关于西部陆海新通道总体规划的批复》	（国函〔2019〕67号）
2	国家发展改革委	2019 年	《西部陆海新通道总体规划》	发改基础〔2019〕1333 号
3	国家发展改革委	2021 年	《"十四五"推进西部陆海新通道高质量建设实施方案》	发改基础〔2021〕1197 号
4	交通运输部、国家铁路局、中国民用航空局、国家邮政局	2021 年	《西部陆海新通道"十四五"综合交通运输体系建设方案》	交规划发〔2021〕149 号
5	广西	2022 年	《广西高质量建设西部陆海新通道若干政策措施》	无
6	广西	2021 年	《广西建设西部陆海新通道三年提升行动计划（2021—2023 年）》	桂政办发〔2021〕103 号
7	广西	2019 年	《西部陆海新通道广西物流业发展规划（2019—2025 年）》	桂发改经贸〔2019〕979 号
8	重庆	2021 年	《重庆市推进西部陆海新通道建设实施方案》	渝府发〔2020〕9 号
9	四川	2019 年	《四川加快西部陆海新通道建设实施方案》	川发改基础〔2019〕538 号）
10	贵州省贵阳市	2020 年	《推进西部陆海新通道建设实施方案》	无
11	云南	2020 年	《云南省加快西部陆海新通道建设实施方案》	（云政办发〔2020〕27 号）

资料来源：本书整理。

二、建设西部陆海新通道的重大战略意义

西部陆海新通道是我国在西部地区通过国际合作、区域联动，打造的一条对外开放的复合型国际陆海贸易走廊。陆海新通道连接广西、贵州、重庆、四川、云南、陕西、甘肃、青海、新疆、内蒙古、宁夏、西藏、海南等省（区、市），拥有港口、高铁、高速公路等网络，未来发展潜力巨大，与"一带一路"建设、京津冀协同发展、长江经济带等国家重大战略具有同等战略意义。

（一）深化"一带一路"建设，夯实国内支撑基础

西部陆海新通道贯穿我国西南与西北，将我国西部地区整体串联在一起，向西北对外连接中亚、西亚，向南连接东南亚，进而通过渝新欧班列直通欧洲，打造了经我国西部地区的"一带一路"新线路。同时，西部陆海新通道将"丝绸之路经济带"和"21世纪丝绸之路经济带"有机衔接在一起，形成了贯通西北地区的南北大通道，形成了带动西部地区高质量发展的经济走廊，促进"一带一路"建设的支撑框架走深做实。需强调的是，西部陆海新通道更突出国内体制机制创新、基础设施建设、区域经济发展等，与"一带一路"建设的对外发展形成互补关系，相得益彰。

（二）促进中国东盟区域合作，打造中国—东盟命运共同体

目前中国—东盟合作的重要性已超越双边范畴，日益成为维护地区和平稳定、促进区域共同繁荣的支撑和引擎。西部陆海新通道是中国和新加坡共同提出的跨区域合作倡议，随着中国与东盟各国积极共建"一带一路"深入推进，中国—东盟互联互通需求愈发突出，西部陆海新通道将成为加强与东盟区域经贸、物流合作的重要平台，可以吸引越南、老挝、泰国等国家加入，真正实现共建国家间软硬兼具的双向、低成本、高效率的国际合作，进而成为构建中国—东盟命运共同体的重要纽带。

（三）促进西部地区对外开放，形成全面开放新格局

以全面扩大开放应对百年未有之大变局，是以习近平同志为核心的党中央在新时代确立的基本国策。然而东强西弱、海强陆弱的区域间不平衡发展格局未能得到根本性的改变。内陆地区、西部地区依旧是中国区域开放布局中的"短板"。数据显示，西部地区拥有全国72%的国土面积、27%的人口、20%的经济总量，而对外贸易仅占全国的7%，利用外资和对外投资分别占7.6%和7.7%。陆海新通道建设将加快西部地区对外开放进程，把西部地区逐步从开放的末梢转变为前沿，为其参与全球化合作竞争提供一条有效途径。实践上，重庆、西安、成都、兰州、霍尔果斯等地处内陆的城市，正通过参与陆海新通

道建设，迈出国际经贸合作的新步伐。

（四）促进西部地区经济转型升级，重塑经济地理

陆海新通道为西部地区经济发展创造难得的机遇。

首先，陆海新通道为西部地区开辟了一条最便捷的出海物流大通道，拉近了与国际市场的距离，降低了西部地区物流成本，促进企业融入全球产业链，从而有利于发挥西部地区的比较优势。与陆海新通道连接的新加坡和其他东盟国家相比，西部地区在资源禀赋条件上与之存在明显差异，陆海新通道将促进西部地区优势产业、优势产品发展壮大，为重庆、甘肃、广西等西部省（区、市）提供新的经济增长点。例如，西部地区有优势的农产品、中医药产品、有色金属产品等可以迅速高效地通过陆海新通道进入东盟市场。

其次，陆海新通道通过实现陆上公路、铁路网络和海上港口网络的连接，有利于推进区域间物流、信息、企业等的互联互通，也为各种生产要素在资源的配置过程中更加自由、合理地流动创造了条件，拓展西部地区经济发展空间。西部地区以此实现合作发展、错位发展，实现沿线地区在基础设施、产业开发、商贸物流、生态保护、文化交流、社会事业等方面多领域、全方位、立体化的优势互补与务实合作。

最后，陆海新通道有利于促进西部地区深化改革、扩大开放，从而破解发展瓶颈。陆海新通道建设能推动西部地区在对接国际市场的过程中，查找存在的制度性短板和不足，从而促进自身的改革，增强内生增长动力。在陆海新通道建设过程中，应着力推动物流、口岸等领域深化改革，排除体制机制障碍，破解发展瓶颈。

三、西部陆海新通道的战略定位

国家的《总体规划》提出四大通道的战略定位，即：推进西部大开发形成新格局的战略通道、连接"一带"和"一路"的陆海联动通道、支撑西部地区参与国际经济合作的陆海贸易通道、促进交通物流经济深度融合的综合运输通道。

四、西部陆海新通道的空间布局

归纳起来，西部陆海新通道的空间布局就是建设三条主通道、四大重要枢纽、一个核心覆盖区、一条辐射延展带。

——三条主通道：自重庆经贵阳、南宁至北部湾出海口（北部湾港、洋浦港）；自重庆经怀化、柳州至北部湾出海口；自成都经泸州（宜宾）、百色

至北部湾出海口。三条通路共同形成西部陆海新通道的主通道。

——四大重要枢纽：着力打造国际性综合交通枢纽，建设通道物流和运营组织中心；提升成都国家重要商贸物流中心地位；建设广西北部湾国际门户港；打造海南洋浦的区域国际集装箱枢纽港。

——一个核心覆盖区：围绕主通道，全力推动西南地区综合交通运输网络建设，强化南宁、贵阳、昆明、遵义、柳州等西南地区重要节点城市和物流枢纽与主通道的联系。

——一条辐射延展带：强化主通道与西北地区综合运输通道的衔接，联通兰州、西宁、乌鲁木齐、西安、银川等西北重要城市。

五、西部陆海新通道的发展目标

到2025年基本建成西部陆海新通道。形成以铁路为骨干、高等级公路为补充的陆路交通通道；北部湾深水港和重庆内陆口岸高地基本建成。铁海联运集装箱运量达到50万标箱，广西北部湾港、海南洋浦港集装箱吞吐量分别达到1 000万、500万标箱。

到2035年，全面建成西部陆海新通道，整体发展质量显著提升，为建设现代化经济体系提供有力支撑。

六、西部陆海新通道建设的重点任务

《总体规划》提出了五大建设任务，包括：加快大能力运输通道建设、加强物流体系建设、提升通道运行规模、效率和质量、促进通道与产业融合发展、扩大开放及营造良好环境。

（一）加快大能力运输通道建设

1. 打造北部湾港核心竞争力

加快专业化深水泊位建设。加快深水航道建设，有序推进进港航道疏浚整治，改善通航条件。建设智慧港口，建设自动化码头设施，构建港口运营智能化信息系统，建成基础支撑系统、港口作业系统、港口服务系统、业务管控系统、港口多式联运系统、智慧客运码头系统六大系统。

完善港口配套设施。加快完善北部湾港仓库、堆场、装卸设备等生产设施，完善生活配套设施。整合现有资源设立北部湾港国际航运服务中心，设立北部湾航运交易所，建成大数据中心和线上线下一体化航运服务平台，开展航运交易、信息发布、金融保险、多式联运、咨询服务等业务。

加强北部湾港与海南洋浦港联动发展。积极探索扩大与海南洋浦港合作，创造性发挥好自由贸易试验区作用，大胆试、大胆闯、自主改，共同做大做强港口。

推动西部省份共建"西部港"。吸引西部省份通过合资合作等方式，参与广西北部湾港口建设运营和优化升级，共同将北部湾港打造成西部省份共建共享的港口。

2. 加快推进铁路建设

打造西部至北部湾出海口大能力铁路运输通道。推动形成东、中、西线合理分工、相互补充的铁路运输网络，积极推动研究建设双层集装箱运输通道。

提高干线运输能力。建设黄桶—百色铁路，南昆铁路百色—威舍段增建二线，黔桂铁路增建二线，沿海铁路钦州至防城港段扩能改造工程等项目。加快与境外交通设施互联互通，实施湘桂铁路南宁—凭祥—河内铁路扩能改造等跨境铁路项目。

加快连接港口、场站及重要物流园区的支线铁路建设。到 2021 年前，建成钦州港支线扩能改造、钦州港东线电气化改造、企沙线电气化改造、南宁玉洞货运站至沙井货运站铁路支线、鹰岭分区场等项目；加快建设北海铁山港至合浦支线、北海铁山港至石头埠和啄罗支线、北海铁山港 1-4 号泊位专用线、大塘-南宁吴圩机场高铁连接线，提升现有港区铁路设施互联互通水平。

3. 完善公路运输网络

进一步扩大公路网覆盖面。有效扩大主通道辐射范围，加快推动国家高速公路、普通国省干线瓶颈路段扩能改造和待贯通路段建设。

加快建设广西出省高速公路。加快连接周边省份的高速公路建设，完善出省高速公路网络。加快打通滇桂界田林—西林段，黔桂界融安—从江、乐业—百色段、平塘—天峨—巴马—南宁段、南丹—下老段、荔波—环江—金城江段、粤桂界南宁—浦北—信宜段、湘桂边界南宁—宜州—龙胜—城步段等省际高速公路。

加快建设完善连通港口和主要物流园区、场站的公路集疏运体系。加快建设一批通往北部湾港的高速公路，完善进出港高速公路网。加快建成松旺—铁山港、南宁—钦州—防城港改扩建、钦州—北海改扩建、崇左—水口、隆安—硕龙等高速公路项目。有序建设崇左至爱店、崇靖高速至硕龙口岸、南宁吴圩经上思至东兴和峒中口岸等一批对通道有重要支撑作用和通往沿边口岸的高速公路。适时启动那坡—平孟、南宁—友谊关高速公路改扩建工程等项目实施研究工作。有序推进 G219 防城峒中至东兴、G219 宁明北至爱店旺英、G359 化峒至靖西等国省干线项目建设。

4. 大力推进航空货运发展

加快南宁吴圩国际机场升级建设。优化航空基础设施建设，加强货运设施改造，完善机场集疏运系统。加快南宁吴圩国际机场第二跑道、T3航站楼、航空口岸基础设施建设。

加快南宁国际空港综合交通枢纽建设，织密国内国际航线。坚持客货并举，积极开通或加密国内国际运输航线。到2020年，南宁吴圩国际机场国际航线达30条、国内航线达130条，开通连接东南亚、南亚、港澳的全货运包机航线2条。到2025年，南宁吴圩国际机场开通国际航线达40条、国内航线达180条，开通连接东南亚、南亚、港澳的全货运包机航线5条。

5. 加强与周边国家设施联通

加快中越互联互通建设。积极推进南宁—友谊关—越南河内高速公路、南宁—崇左—爱店—越南谅山—海防—河内高等级公路、南宁—防城—东兴—越南芒街—海防—河内高等级公路、百色—龙邦—越南茶岭—同登—河内高等级公路连通；加快推动南宁—凭祥—越南同登—河内铁路扩能改造、广西东兴—越南芒街—下龙—河内铁路建设；加快完善北仑河二桥通关通行条件，加快推动水口—驮隆二桥建设。

加强重点口岸建设。高标准建设钦州港口岸、防城港口岸、北海口岸、凭祥友谊关口岸、东兴口岸、龙邦口岸、南宁铁路口岸、南宁空港口岸、桂林空港口岸、柳州空港口岸等西部陆海新通道重点口岸，建成十大示范性口岸。2021年前，完成峒中-里火、硕龙、浦寨-弄怀、水口二桥、龙邦口岸和北海机场口岸建设，推动通过国家开放口岸验收。

（二）加强物流体系建设

1. 提升枢纽功能

推进物流枢纽网络建设。加强铁路货运场站建设，打造一批具有集装箱办理功能的铁路货运基地。加强公路运输场站和配套设施建设，增强货流集散的保障能力。完善提升港口货运功能，优化堆场布局，提升联运能力。完善边境口岸站、铁路换装站，提高对公路跨境运输和国际铁路联运的保障能力。加强直达港区、重点园区、口岸、场站的集疏运铁路、公路建设。拓展空港货运功能，为大宗中高端商品快速流通提供支撑。推进港城融合，协调发展，合理建设重点港口城市绕城公路，减少疏港货物运输对城市交通的干扰。

建设国家物流枢纽。建设南宁国家物流枢纽，加强国际海铁联运与国际铁路联运大通道衔接，实现铁路干线运输组织、多式联运转运组织、区域分拨及配送组织、国际物流服务等功能。建设北部湾港口型国家物流枢纽，为西部陆海新通道沿线城市及辐射区域提供货物集散、国际中转、转口贸易、保税监管等增值服务。大力推进防城港（东兴）、崇左（凭祥）陆路边境口岸型国家物流枢纽建设。发挥边境口岸优势，提升跨境公路运输组织化水平，发展跨境冷链运输业务。建设柳州陆港型和生产服务型国家物流枢纽。发挥柳州市制造业优势，构建技术先进、高效快捷的工业物流体系。

提升保税物流体系互联互通水平。促进南宁综合保税区、钦州保税港区、北海综合保税区、凭祥综合保税区、防城港保税物流中心（B型）、柳州保税物流中心（B型）等海关特殊监管区域和保税监管场所与中国-马来西亚钦州产业园区等开放型产业园区协同和结对发展，加强互联互通，共同提升配套服务能力，以保税物流促进园区产业发展。

2. 推进物流设施设备现代化

整合存量物流设施。优先通过统筹规划迁建等方式整合铁路专用线、专业化仓储、多式联运转运、区域分拨配送等物流设施；减少设施重复建设和低效供给，提升设施综合利用效率。

提高装备技术水平。加快推进现代化、信息化、智能化物流基础设施建设。支持重点物流枢纽建设自动化场站、智能型仓储等智慧物流设施。

3. 促进物流信息化

加快建设公共信息服务平台。建设陆海新通道多式联运综合信息服务平台，组建运营主体，建设统一开放的通道公共信息平台。建设陆海新通道经贸大数据平台，聚合各方权威数据，促进生产、物流、贸易的有效对接。

支持建设市场信息平台。支持拓展平台功能，强化大数据服务，开发数据分析业务，为政府和市场主体提供增值服务。

（三）提升通道运行规模、效率和质量

1. 加强物流运输组织

优化铁路班列服务。推动开行西部地区至北部湾港口的班列直达线和其他物流枢纽至北部湾港口的班列直达线；主动引导货源向主通道集聚，支持开行至中南半岛的国际联运班列。

拓展海铁联运班列线路。2020年前，北部湾港开通了连接中、西部地区主要城市的6条以上海铁联运班列线路，渝桂、川桂、滇桂等重点线路实现双向"天天班"，力争重庆、成都至北部湾等主通道班列年均开行达到2 000列，主通道集装箱运量累计达到10万标箱；2025年前，陆海新通道海铁联运班列实现西部地区全覆盖。加强与中欧班列、长江航运衔接。

织密航运服务网络。进一步拓展和加密国际班轮航线，实现东南亚主要港口全覆盖。持续开行北部湾港—新加坡、北部湾港—中国香港常态化班轮，提升班轮服务。2020 年，北部湾港开通远洋集装箱航线达 3 条以上；2025 年，北部湾港开通远洋集装箱航线达 6 条以上。

扩大中国-中南半岛跨境公路、铁路运输规模。推动跨境公路沿线配套设施建设，扩大跨境物流规模。推动落实《GMS 便利货物及人员跨境运输协定》。2019 年前，启动了中国（广西）-中南半岛跨境公路运输试点。2021 年前，实现了跨境公路班车线路中南半岛所有国家全覆盖。支持中越跨境铁路集装箱班列常态化开行，2019 年前实现了每周 3 班。

推动广西货通过北部湾港出海。加大支持力度，在柳州、桂林等区内城市逐步开展"广西货通过北部湾港出海"试点，支持玉林-北海共建龙港新区，推动广西货源向北部湾港集聚。

2. 积极发展特色物流

大力推进冷链物流发展。加快建设冷链物流体系，实现从生产到消费的全覆盖。大力发展铁路冷藏运输、冷藏集装箱多式联运。

打造现代制造业物流。以广西、重庆、四川等制造基地为重点，面向东南亚等市场，开展跨国跨区域物流服务。

积极发展大宗商品物流。发展金属矿石、煤炭、油品、化工产品等大宗商品物流。构建国际大宗商品交易平台，进一步降低库存和仓储成本。

加快推进电商物流发展。以中国（南宁）跨境电商综合试验区为平台，落实相关政策以鼓励和支持物流企业、互联网企业依托通道建立完善电子商务物流服务平台。

3. 培育壮大通道运营主体

发挥海铁联运运营主体的骨干作用。强化广西北部湾国际联运发展有限公司统筹"港口+铁路"的功能。推动重庆牵头成立西部陆海新通道运营中心。鼓励港口和航运、铁路运输企业与沿线龙头物流企业组建多式联运专业化经营主体。

培育跨境公路运营主体。引导广西跨境公路运输企业成立行业协会，加强行业自律，推行跨境公路运输标准，有序扩大物流规模。加快完善跨境公路运输信息平台，与陆海新通道多式联运综合信息服务平台实现数据互通。

优化跨境铁路运营主体。支持铁路集装箱运营企业与跨境电商企业合作开行中越跨境铁路班列，推动运营主体与有实力的物流企业开展合作，扩大南宁-越南河内的"中越+"跨境铁路集装箱班列规模。

引导物流企业集群发展。引入具有全球运营网络的承运企业、国际供应链整合供应商。鼓励大型企业围绕拓展多式联运服务链条，发展跨区域、跨产业的集群式合作联盟。

4. 推进物流标准化

加快推进多式联运"一单制"。推动设立"多式联运一单制集成创新协同试验区"，探索贸易物流金融新规则。支持推动使用货运电子运单，加快开展"一单制"探索。

推广运输技术标准规范。加快应用 45 英尺（1 英尺＝0.304 8 米）等铁路宽体集装箱，推广条码识别、射频识别、电子赋码等信息化技术，积极推广集装箱多式联运交接检查作业要求等标准应用。

推动物流服务模式创新。支持运营平台企业推行海铁联运"一单制""一口价""一站式"的"三个一"服务模式，实现全程"一份合同""一个承运人""一种费率""一单结算"的"四个一"目标。

支持平台企业探索开展供应链金融业务。加快实现铁路运单、海铁联运提单的物权凭证功能。支持运营平台企业与金融机构合作，为企业提供融资、保险等金融服务。

5. 推动通关便利化

深入推进通关改革。扩大"先期机检""智能识别"作业试点。建立口岸进口商品负面清单管理制度，实现降费提效优服。

建设国际贸易"单一窗口"升级版。建成国际贸易"单一窗口"升级版"智慧湾"项目，在北部湾港实现"政务＋市场"全链条服务信息化；推动西部地区国际贸易"单一窗口"实现联动发展。

强化国际通关合作。推动海关"经认证的经营者"（AEO）互认国际合作。促进信息互换、监管互认和执法互助。推进跨境运输便利化，加强国际运输规则衔接，推动与东盟国际货物"一站式"运输。

（四）促进通道与产业融合发展

促进了区域内产业结构优化升级，支持重要节点加快培育枢纽经济，加强与沿线省（区、市）的产业互动发展和国际产能合作，促进通道与产业融合发展。

1. 促进区内通道产业发展

增强通道集聚能力。整合各类开发区、产业园区，引导生产要素向区域内通道沿线集聚。积极在通道沿线布局特色产业，形成特色产业集聚区。

创新培育枢纽经济。积极探索体制机制和政策创新，积极引进航空设备制造及维修、电子信息等高端制造业，发展壮大航空物流、专业会展、电子商务等现代服务业，打造各具特色的产业集群，形成高端产业体系。

大力发展临港产业。依托北部湾港大力推进临港工业、国际贸易发展。钦州重点发展石化、林浆纸、先进装备制造等产业；防城港重点发展金属材料、能源、医学制药、粮油加工、跨境产品精深加工等产业；北海重点发展电子信息、精细化工、新材料、旅游康养、商贸物流等产业。推动特色临港工业转型升级，重点推进北部湾钢铁产业集群、北部湾石化产业基地、广西生态铝工业基地及北部湾铜冶炼加工基地建设。

打造沿边经济产业带。以凭祥、东兴、龙邦为沿边开放开发枢纽，加快重点开发开放试验区、跨（边）境经济合作区、综合保税区、边境旅游试验区、跨境旅游合作区、边民互市贸易区（点）等开发开放平台建设和融合发展，重点发展国际物流、加工贸易、电子商务、跨境旅游等产业，逐步形成沿边经济产业带。

增强区内腹地产业支撑。调整优化南宁、柳州、桂林等区内腹地产业结构，加快推动建设国家级战略新兴产业集群，做大做强现代工业。培育以高新技术为主的电子信息、汽车制造、先进装备制造、生物医药等主导产业，发展有色金属、清洁能源、环保产业等特色优势产业。提升传统服务业，大力发展现代服务业，培育金融市场发展。

2. 加强与沿线省（区、市）产业的互动发展

加强与粤港澳大湾区的产业对接。主动对接粤港澳大湾区，积极引进国内外知名企业和重大产业项目，深化与粤港澳大湾区的产业合作。

深化与中西部地区的产业合作。加强桂渝合作，推进川桂国际产能合作产业园建设，共同推进基础设施建设和升级。鼓励各省在广西建设临海、沿边产业园，加快发展"飞地经济"。

3. 促进国际产能合作

巩固提升对东盟的合作优势。推动将"中国—东盟博览会"升格为"21世纪海上丝绸之路博览会"。吸引更多东盟国家共同参与陆海新通道建设。充分利用澜沧江—湄公河区域合作机制，推动基础设施互联互通和跨境运输便利化。

用好开放合作平台统筹推进中马"两国双园"、中国·印尼经贸合作区、中越跨境经济合作区、东兴和凭祥国家重点开发开放试验区等开放园区平台建设。

（五）扩大开放及营造良好环境

1. 进一步扩大对外开放

加快中国（广西）自由贸易试验区建设。强化制度创新的引领作用，以

开放引领区域经济发展。

2. 优化营商环境

推动港口优服降费。对标先进港口，推进北部湾港优服提质降费工作。严格执行收费项目公示制度，清理不合理收费，规范收费行为，降低北部湾港口服务收费。减少集装箱倒转环节，压缩货物在港时间。

降低运输成本。健全"量价捆绑"和全程运价机制，持续推进陆海新通道铁路运价下浮。

降低制度性交易成本。深化"放管服"改革，进一步压缩企业开办时间，提高工作效率。

营造良好市场环境。完善市场准入制度和标准，清除市场壁垒，建立公平、开放、透明的市场规则。

七、对西部陆海新通道建设的支持政策

（一）创新投融资模式

在加强地方政府隐性债务风险和系统性金融风险防控的基础上，强化金融创新，提升金融对西部陆海新通道的支持力度。

（二）完善支持政策

保障通道交通基础设施、国家物流枢纽等项目建设用地。积极谋划在西部陆海新通道沿线主要港口和内陆国家物流枢纽实施启运港退税政策。建立灵活的西部陆海新通道全程运价机制，切实降低物流成本。

本章小结

本章首先从研究背景和意义入手，对本书的总体架构、研究思路、研究主要内容、研究方法和创新点等进行了较为全面的阐述，是全书的概览，对后续章节的研究起到提纲挈领的作用。然后，对西部陆海新通道的发展背景和历程进行了概述，阐述了建设西部陆海新通道的重大意义，指出推动西部陆海新通道建设，有利于深化"一带一路"建设，夯实国内支撑基础，有利于促进中国东盟区域合作，打造中国—东盟命运共同体，有利于促进西部地区对外开放，形成全面开放新格局，有利于促进西部地区经济转型升级，重塑经济地理。从战略定位、空间布局、发展目标、重点任务和支持政策等方面阐述了西部陆海新通道建设的核心内容。

第一篇

理论篇

第二章 文献综述

作为我国"西部大开发"战略的重要组成部分,"西部陆海新通道"已经成为西部地区参与"一带一路"建设,提高内陆开放水平,塑造西部大开发新格局的重要载体,也是助推西部地区产业高质量发展的重要支撑。因此,如何高水平建设西部陆海新通道,加快西部陆海新通道与产业融合,以更好实施西部大开发,成为新发展格局下我国区域经济协调发展的重大课题。本章从以下三个方面对现有文献进行梳理:一是通道经济理论及实践研究进展;二是区域产业发展研究进展;三是西部陆海新通道与产业融合研究进展。

第一节 通道经济理论及实践研究进展

一、通道经济理论的内涵

通道经济理论可以追溯到佩鲁和布代维尔的增长极理论、沃纳·松巴特的生长轴理论以及克利斯泰勒的中心地理论,强调通过极化效应和扩散效应两种机制来推动区域经济发展。国内学者陆大道于 1984 年提出的点轴理论是通道经济理论在我国最早的应用。改革开放初期,我国片面追求区域平衡发展的目标,抑制了经济发展效率,由此国内一些学者构建了"T"型发展战略以此来打破平衡发展的桎梏,并提出了梯度推移理论。周茂权(1992)[①]认为点轴开发与梯度推移结合,形成了区域开放的有效模式,可以解决平衡与发展的矛盾;依托资源集聚和交通沿线的城镇,能够有效建立主导产业群,从而振兴区域经济。陆大道(2002)[②]认为渐进扩散形成"点—轴系统",我国区域发展战略应该以"点—轴"理论为基础,并进一步分析了"点—轴系统"空间集

---

① 周茂权. 点轴开发理论的渊源与发展 [J]. 经济地理, 1992 (2): 49-52.
② 陆大道. 关于"点-轴"空间结构系统的形成机理分析 [J]. 地理科学, 2002 (1): 1-6.

聚和扩散的机理，同时阐述了与增长极理论的关系。王瑛（2004）① 提出通道经济理论是基于交通运输与区域经济协同发展的观点，认为其本质是产业经济。通道经济根据点轴开发模式，通过交通系统的投资来改善区位条件，从而带动区域经济发展，因此该地区要具备良好的社会经济基础与区位条件。莫晨宇（2007）② 提出通道经济是依托交通基础设施，实现区域联动，汇聚各种生产要素，在交通沿线形成产业协同发展的新经济布局。朱其现（2010）③ 认为通道经济因通道形式的不同而不断发生演化，从简单通道、封闭通道再到开放通道、自由通道和复杂通道。由此衍生出陆上、海上、交通、产业、制度通道五种基本类型。在交通通道完善的基础上，打开产业转移通道，在制度安排和制度建设上推动产业融合。高新才（2014）④ 提出通道经济本质上属于流通经济、开放型经济，需要完善的服务业与之协调，目的在于带动通道沿线区域产业经济的发展，因此发展通道经济特别是要强化贸易中心的极化效应和扩散效应，壮大特色优势产业。

综上所述，通道经济是指利用便利交通条件贯通的轴带式区域开放型经济体系和市场化空间组织，依托产业链纽带将点、线、面结合，形成通道网络经济，带动区域经济协调发展。通道经济不仅是一个交通通道，更是一个产业通道和制度通道；因此，通道经济建设一般包括三个层次：运输通道、经济通道和开放型经济体系。

二、国内特色通道建设实践

随着通道经济的不断深化发展，我国学者开始聚焦于国内特色通道的研究。由于地区间资源禀赋的差异，所能支持发展的产业也不尽相同，在市场化和政府推动下，地区间的产业更替成为区域协调发展的新方式。而"一带一路"倡议的提出，为国内节点地区之间产业互动提供了协调机制和政策支持。因此，"一带一路"建设方面的研究成为通道理论应用拓展的重要内容。

学界普遍认为，"一带一路"倡议通过构建一个完整的运输网络改变了地区间的联结方式和经济地理格局。交通基础设施的完善形成了空间溢出效应，

---

① 王瑛. 发展通道经济的理论探讨 [J]. 改革与战略, 2004 (10)：45-47.

② 莫晨宇. 广西发展通道经济的研究 [J]. 东南亚纵横, 2007 (9)：44-47.

③ 朱其现. 论通道经济的演化历程：通道经济问题研究之二 [J]. 贺州学院学报, 2009, 25 (4)：123-126.

④ 高新才. 丝绸之路经济带与通道经济发展 [J]. 中国流通经济, 2014 (4)：92-96.

带动了区域经济的发展。朱天明（2017）[①] 指出"一带一路"建设推动了新的产品市场和产业组织形式的形成，带动了巨大的投资需求，促进了区域协调发展。政府应建立动力机制、市场机制、参与机制、信息协同机制、合作机制与制度保障机制，选择优势特色产业，推动跨区域跨境产业链融合，构建沿线跨区域跨境产业园区等。彭银年（2017）[②] 提出"一带一路"沿线地区经济活力的激发、产业融合的实现应该以互联互通作为切入点。政府应坚持开放战略，激发中、西部地区经济活力和培育内需市场，为产业融合发展提供强大支撑。刘钻扩、辛丽（2018）[③] 认为"一带一路"建设对我国沿线重点省域的绿色全要素生产率提升和技术进步有显著作用，沿线重点省域应进一步完善科技创新，加大研发投入，重视人才培养，借力外贸发展绿色经济。

中欧班列开通是深化"一带一路"建设的标志性成果，也是中国发展全面对外开放的重要举措。邓翔等（2017）[④] 通过成都"蓉欧+"战略分析了内陆地区如何有效融入"一带一路"建设，提出了差异化发展、加强货源组织、提高市场主体经营能力等实施路径。方行明等（2020）[⑤] 指出中欧班列的开通显著提升了城市贸易开放度，其影响程度与班列开通数量直接相关，并且对西部地区影响程度更大。研究结论为进一步推进中欧班列发展，发挥其在扩大贸易开放度方面的作用，实现更高水平对外开放提供了实证支持。

此外，不少学者也关注"一带一路"建设对沿线地区产业发展的影响效应。张营营、高煜（2020）[⑥] 运用双重差分方法实证检验了"一带一路"建设对产业结构升级的影响机制和效应。研究结果表明，"一带一路"建设主要通过基础设施效应、贸易开放效应和对外直接投资效应来影响沿线地区产业结构

① 朱天明．"一带一路"建设促进区域协调发展的机制与路径 [J]．中共中央党校学报，2017，21（2）：37-44．
② 彭银年．"一带一路"战略下互联互通与产业融合发展研究 [J]．改革战略，2017，33（8）：71-73，105．
③ 刘钻扩，辛丽．"一带一路"建设对沿线中国重点省域绿色全要素生产率的影响 [J]．中国人口·资源与环境，2018，28（12）：81-97．
④ 邓翔，朱海华，路征．内陆地区融入"一带一路"的路径分析：以"蓉欧+"战略为例 [J]．西南民族大学学报（人文社科版），2017，38（5）：121-125．
⑤ 方行明，鲁玉秀，魏静．中欧班列开通对中国城市贸易开放度的影响——基于"一带一路"建设的视角 [J]．国际经贸探索，2020，36（2）：39-55．
⑥ 张营营，高煜．"一带一路"倡议与沿线省份产业结构升级：理论解析与经验辨识 [J]．统计与信息论坛，2020，35（3）：59-68．

升级。陈瑞华、王飞（2022）[①] 认为"一带一路"建设促进了沿线省市产业结构的合理化、高级化和生态化，主要通过贸易调整供需机制、投资环境优化机制和科技创新改革机制促进了国内沿线省市产业结构优化。由此可见，"一带一路"建设使得产业转移的规模和方向发生了变化，正加速产业结构的调整，进而影响区域协调发展目标的实现。

自 2019 年国家提出"西部陆海新通道"以来，国内学者开始围绕如何高水平建设西部陆海新通道展开研究，而通道经济理论得到了进一步的发展和创新。傅远佳（2019）[②] 指出应该充分发挥西部陆海新通道作为海洋经济开放战略支点的作用，加快建立现代向海经济体系。杨祥章和郑永年（2019）[③] 认为西部陆海新通道在推进过程中需要平衡中央和地方、地方和地方间经济利益、扩大辐射范围，与其他交通（经济）走廊建设计划进行协调。王景敏（2019）[④] 认为西部陆海新通道目前仍存在协调机制不健全、物流体系不完善、经济发展不平衡、产业格局不合理等问题，并提出了政策协调创新、物流一体化、外贸转型升级、产业差异化等对策。李依依等（2019）[⑤] 分析了西部陆海新通道建设对沿线省市物流发展的影响，指出应加强区域间开放程度、提升区域间物流关联、促进西部陆海新通道与物流业协同发展。王水莲（2020）[⑥] 认为西部陆海新通道建设存在基础设施建设滞后、外方参与主体少、协调沟通不够、口岸通关效率低、货源组织和资金支持不足等困境，应进一步完善基础设施互联互通、加强政府间沟通协调、提升通关便利化水平、加强货源组织以及资金支持。张俊雄（2020）[⑦] 指出要将西部陆海新通道建设成为数字化通道，积极推进西部陆海新通道的数字工程，打造数字交通走廊这一国际品牌。马子红（2021）[⑧] 认为西部海陆新通道建设要经过运输通道建设、区域协调治理组织建设、枢纽城市产业建设、市场与政策一体化建设四个阶段，从而实现西部

① 陈瑞华，王飞. "一带一路"倡议促进国内沿线省市产业结构优化 [J]. 南开学报（哲学社会科学版），2022（2）：170-182.
② 傅远佳. 中国西部陆海新通道高水平建设研究 [J]. 区域经济评论，2019（4）：70-77.
③ 杨祥章，郑永年. "一带一路"框架下的国际陆海贸易新通道建设初探 [J]. 南洋问题研究，2019（1）：11-21.
④ 王景敏. "西部陆海新通道"物流系统建设面临的挑战与应对之策 [J]. 对外经贸实务，2019（5）：83-85.
⑤ 李依依，钟敏，蒋菲. 国际陆海贸易新通道建设对参建省市物流发展的影响分析 [J]. 区域金融研究，2019（8）：34-39.
⑥ 王水莲. 推动西部陆海新通道建设走深走实 [J]. 开放导报，2020（5）：48-53.
⑦ 张俊雄. 为西部陆海新通道插上"数字翅膀" [J]. 当代广西，2020（21）：27
⑧ 马子红. 陆海新通道建设与西部开发格局重塑 [J]. 思想战线，2021，47（2）：84-92.

地区区域一体化。

　　其他学者们也从我国西部各省（自治区、直辖市）的现实出发，针对如何更好融入西部陆海新通道建设开展研究。李彬和靳友雯（2018）[①]明确了广西在南向通道建设中的战略地位，提出应该充分发挥省际协作机制、加快推进基础及配套设施建设、引导企业抱团开发海外市场、有效组织上行货源、构建智慧物流协作体系。孟昕馨和帅娟（2019）[②]结合四川省区域铁路网规划情况，提出应加快隆黄铁路通道建设、增强铁海联运的南向铁路货运通道发展的对策。宁坚（2020）[③]通过比较成都到河内不同运输方式的成本效率，提出了完善通道基础设施、发展铁水联运通道、开发跨境公路铁路等复合通道、发展陆空联运、建设通道运营联盟等建议。赵亮等（2022）[④]以贵州高质量建设西部陆海新通道为例，提出了融入西部陆海新通道的数字化、国际化和链条化发展路径，通过打造双循环重要枢纽，推动经济高质量发展。

第二节　区域产业发展研究进展

一、区域产业竞争力

　　现有文献表明，产业竞争力提升的本质是通过不同行业、技术要素等的交互融合，进而达到凸显比较优势的目的。而通道能够促进区际要素流动，形成产业集聚、创造极化优势从而提升产业竞争力。

　　国外关于产业竞争力的研究起步较早，大多数研究集中在对产业竞争力影响因素的阐述上。Porter（1990）提出了钻石理论模型，该模型解释了一个国家产业国际竞争力的来源，包括：生产要素，需求条件，相关与支持产业，企业战略、结构和同业竞争四个主要因素和政府行为、机遇两个辅助因素。此后钻石理论模型不断得到修正和完善。Dunning（1993）[⑤]指出国家产业竞争力

　　① 李彬，靳友雯. 广西加强与南向通道沿线物流协作研究［J］. 经济研究参考，2018（65）：71-76.

　　② 孟昕馨，帅娟. 四川省南向铁路货运通道研究［J］. 铁道经济研究，2019（2）：6-10.

　　③ 宁坚. 促进四川南向物流降本增效，推动西部陆海新通道高质量发展［J］. 交通建设与管理，2020（4）：49-53.

　　④ 赵亮，何雨婷，牛阿芳. "十四五"贵州加快融入西部陆海新通道的国际化、数字化与链条化路径［J］. 对外经贸，2022（10）：58-61.

　　⑤ Dunning J H. Internationalizing Porter's diamond［J］. Management International Review，1993，33（2）：7-15.

受到生产全球化和市场的全球化的影响，各国钻石模型需要根据其在全球经济中的参与度以及参与方式的不同做出调整。Cho（1994）[①] 则认为人力因素对产业竞争力有重要影响，由此构造出九因素模型解释韩国国家产业竞争力，其中四种人力因素为：工人、政治家、职业经理人、企业家；五种非人力因素为：商业环境、资源禀赋、国内需求、相关产业以及机遇。Sirikrai 和 Tang（2006）[②] 区分内部影响因素（管理能力、技术能力）和外部影响因素（产业竞争条件、政府作用），从生产能力、市场扩张、财务回报、产品附加值、无形价值五个维度测度了泰国汽车零部件行业的竞争力。Kleynhans（2016）[③] 利用 1 057 家公司数据实证分析了技术溢出对产业竞争力的促进作用。Meleo（2014）[④] 分析了欧盟重新修订碳排放量交易体系后，对意大利造纸行业竞争力的影响。Kumar 和 Prabhakar（2019）[⑤] 研究了气候政策变化对国家出口竞争力的影响，证明了产业竞争力受到制度和政策的影响。

国内学者 2000 年以后关于产业竞争力的研究逐渐增多，主要研究方向是产业竞争力评价体系指标的构建和实证分析。黄祖辉和张昱（2002）[⑥] 从静态竞争力评价、竞争力潜在变动趋势估计，以及竞争力影响因素对竞争力变动的贡献这三个层面构建了产业竞争力实证研究的系统性框架。赵玲玲和马行裕（2003）[⑦] 从总量竞争力、产业结构竞争力、市场竞争力、涉外竞争力、技术创新竞争力、集中度竞争力、企业竞争力、支撑产业竞争力 8 个方面，共计 69 个指标构建产业竞争力评价体系，具有较强的可操作性和综合性。喻荣春和孙学君（2005）[⑧] 利用层次分析法从基础条件竞争力、竞争实力、竞争潜力以及

---

① Cho D S. A dynamic approach to international competitiveness：The case of Korea ［J］. Asia Pacific Business Review，1994，1（1）：17-36.

② Sirikrai S B，Tang J C S. Industrial competitiveness analysis：Using the analytic hierarchy process ［J］. The Journal Of High Technology Management Research，2006，17（1）：71-83.

③ Kleynhans E P J. Factors determining industrial competitiveness and the role of spillovers ［J］. Journal Of Applied Business Research，2016，32（2）：527-540.

④ Meleo L. On the determinants of industrial competitiveness：The European Union emission trading scheme and the Italian paper industry ［J］. Energy Policy，2014，74（11）：535-546.

⑤ Kumar S，Prabhakar P. Industrial energy prices and export competitiveness：Evidence from India ［J］. Environmental Economics And Policy Studies，2019，22（6）：1-20.

⑥ 黄祖辉，张昱. 产业竞争力的测评方法：指标与模型 ［J］. 浙江大学学报（人文社会科学版），2002，（4）：146-152.

⑦ 赵玲玲，马行裕. 广东工业产业竞争力综合评价指标体系设计研究 ［J］. 南方经济，2003，（6）：33-36.

⑧ 喻荣春，孙学君. 区域产业竞争力的层次评价研究 ［J］. 江西农业大学学报（社会科学版），2005，（2）：47-50.

环境竞争力四个要素方面，建立了区域产业竞争力评价指标体系。王连芬和张少杰（2008）①认为产业竞争力评价指标的设计需要进行可行性分析、冗余度分析和区分度分析，在此基础上产业竞争力的评价指标体系可以描述为生产竞争力、市场竞争力、技术竞争力、资本竞争力、环境竞争力和组织竞争力六大方面。

二、区域产业集聚

相关研究表明，交通基础设施发展水平是影响产业集聚的重要因素，交通更便利的区域，对吸引企业投资更具有吸引力。通道建设改善了通道沿线的经济区位因子，并通过激发区域市场潜能，提高市场化水平和城市化水平，增强区域产业聚集效应。

亚当·斯密的分工协作理论、马歇尔的规模经济理论、阿尔弗雷德·韦伯的工业区位理论以及熊彼特的技术创新理论等为产业集聚奠定了理论基础。产业集聚效应体现在：产业利用集聚式布局发展，能够实现信息的共享并且得到潜在知识外溢的效果，也可以有效地减少消费者搜寻的成本并且增加市场需求。在这个过程中会形成专业化集聚与多样化集聚，并且通过规模经济和范围经济提升产业全要素生产率，且均呈"U"形。专业化经济仍是目前我国产业集聚的主导路径，多样化经济作用效率开始抬升（卢飞等，2018）②。与此同时，产业集聚能够增强企业联系，促使区域产生外部经济，企业在相互信任、互利合作中激发自身的创新能力（王缉慈，2010）③。产业集聚对企业产品创新的影响存在显著的行业异质性与企业异质性：地方化经济集聚对高技术行业内企业的促进作用更强，而城市化经济集聚则对中低技术行业内企业的促进更为显著；与私营企业和外资企业相比，国有企业产品创新受产业集聚影响更大（杜威剑，李梦洁，2015）④。

马歇尔认为，产业关联、知识溢出和劳动力池等因素所产生的外部性是产业在地理空间上集聚的主要动因。克鲁格曼在此基础上进行了拓展，将运输成本、产业关联、外部性、制度等多种因素纳入新经济地理学分析框架，更加全

---

① 王连芬，张少杰. 产业竞争力的测度指标体系设计 [J]. 统计与决策，2008，(10)：49-50.

② 卢飞，刘明辉，孙元元. 集聚、全要素生产率与产业增长 [J]. 科学学研究，2018，36 (9)：1575-1584，1614.

③ 王缉慈. 超越集群：中国产业集群的理论探索 [M]. 北京：科学出版社，2010.

④ 杜威剑，李梦洁. 产业集聚会促进企业产品创新吗？：基于中国工业企业数据库的实证研究 [J]. 产业经济研究，2015 (4)：1-9，20.

面地探讨了产业集聚的影响因素。近年来，这方面的研究成果很多。文玫(2004)[①] 实证研究 1980—1995 年我国制造业细分行业的集中度，研究表明：造成产业集聚的主要因素是市场规模和交通运输成本，交易成本和运输费用的进一步下降可能会促进制造业在地域上进一步聚集。贺灿飞（2009）[②] 从省级层面测算了我国 1980—2003 年制造业的集聚水平，结果表明：影响制造业集聚的主要因素有劳动力成本、资源禀赋、区位通达性和制度等。韩峰、柯善咨(2012)[③] 测度了我国 2003—2009 年 284 个地级及以上城市制造业的空间集聚水平，指出专业化劳动力、中间投入可得性、区际研发溢出与市场需求对制造业空间集聚均有明显的促进作用，地方保护主义主要通过影响空间外部性作用于制造业的空间分布。陈曦等（2018）[④] 探究了产业间协同集聚程度的空间差异性，研究发现：我国制造业产业间协同集聚存在较大的区域差异。我国制造业产业间协同集聚的区域差异主要受到制度和政策、信息传输能力、经济发展水平、制造业劳动力供给和交通设施水平等因素影响。

三、区域产业开放

基于经济外向度的理论逻辑，产业开放是指产业发展与其他国家或地区的联系程度，主要包含贸易和投资。通道建设通过改善交通基础设施降低贸易和投资成本，从而扩大产业开放。

交通基础设施通过影响贸易成本进而影响企业贸易行为。新贸易理论指出企业出口行为受到两个因素影响，即进入国际市场的固定成本和可变成本。新新贸易理论进一步阐述了生产率高的企业可以克服固定成本的制约并更倾向于选择出口。可见，影响企业出口决策的是贸易成本，而完善的基础设施可以减少贸易成本促使企业出口行为选择。Limo 等（2001）[⑤] 指出本国与东道国基础设施的建设能够有效地减少运输成本而推动双边贸易的发展。Fujimura 等

① 文玫. 中国工业在区域上的重新定位和聚集 [J]. 经济研究, 2004（2）：84-94.

② 贺灿飞. 中国制造业地理集中与集聚 [M]. 北京：科学出版社, 2009.

③ 韩峰, 柯善咨. 追踪我国制造业集聚的空间来源：基于马歇尔外部性与新经济地理的综合视角 [J]. 管理世界, 2012（10）：55-70.

④ 陈曦, 朱建华, 李国平. 中国制造业产业间协同集聚的区域差异及其影响因素 [J]. 经济地理, 2018, 38（12）：104-110.

⑤ Limo L, Venables A. Infrastructure, Geographical disadvantage, Transports Costs Andtrade [J]. World Bank Economic Review, 2001, 15（3）：451-479.

（2006）① 研究发现公路建设能够较好解释运输成本对两国双边贸易的影响。

　　基础设施降低贸易成本对企业出口行为的影响机制主要有两方面：一方面，基础设施的联通减少了企业参与国际市场的固定成本，从而使得出口企业数量和出口产品种类增加。Martincus 等（2013）② 认为交通基础设施增加了出口企业的数量和出口产品种类，从而促进企业出口。盛丹等（2011）③ 指出除网络基础设施外，其他各项基础设施的建设对中国企业的出口决策和出口数量均具有显著的促进作用，这说明基础设施的建设对中国贸易增长的影响更多体现在扩展的边际而非集约的边际。另一方面，基础设施通过降低企业经营成本，提升企业出口产品的技术含量。马淑琴等（2013）④ 认为网络基础设施是一种具有降低企业运营成本和提升出口产品技术含量的物质资本，网络基础设施在制造业出口产品技术含量升级中具有明显的正向作用，这一分析结论尤其适合收入水平高的国家或地区。

　　关于基础设施影响投资的问题，现有研究主要从制度质量、资源禀赋、区位选择、投资风险等来讨论对外投资进入模式、规模和效率。曲智、杨碧琴（2017）⑤ 发现被投资国内部的腐败管控、政府执行力以及政局是否稳定等直接影响到中国企业是否对其进行投资，而这类制度质量需要中长期的改革才能够改善，自然资源丰富的国家也能够吸引到中国企业的投资。王建秀等（2018）⑥ 认为"一带一路"国家逆全球化遭遇程度与中国对其的 OFDI 呈负向效应，自然资源丰裕度与劳动力充裕度在"一带一路"共建国家的逆全球化遭遇程度与中国 OFDI 的关系中具有调节作用。潘素昆、杨雅琳（2020）⑦ 将基础设施划分为通信基础设施、运输基础设施及能源基础设施，运用面板数

　　① Fujimura M, Edmonds C. Impact Of Cross-Border Transport Infrastructure On Trade And Investment In The Gms ［R］. Manila, Philippines：Adb institute Discussion Paper, 2006.

　　② Martincus C V, Blydej. Shaky roads and trembling Exports：Assessing The Trade Effects Of Domestic Infrastructure Usinga Natural experiment ［J］. Journal Of international Economics, 2013, 90（1）：148-161.

　　③ 盛丹, 包群, 王永进. 基础设施对中国企业出口行为的影响："集约边际"还是"扩展边际"［J］. 世界经济, 2011（1）：17-36.

　　④ 马淑琴, 谢杰. 网络基础设施与制造业出口产品技术含量：跨国数据的动态面板系统 Gmm 检验 ［J］. 中国工业经济, 2013（2）：70-82.

　　⑤ 曲智, 杨碧琴. "一带一路"沿线国家的制度质量对中国对外直接投资的影响［J］. 经济与管理研究, 2017, 38（11）：15-21.

　　⑥ 王建秀, 邵利敏, 任建辉. "一带一路"国家逆全球化遭遇程度抑制了中国对外直接投资吗？［J］. 中国软科学, 2018（7）：117-128.

　　⑦ 潘素昆, 杨雅琳. "一带一路"国家基础设施和中国对外直接投资区位选择［J］. 统计与决策, 2020, 36（10）：133-138.

据模型，分别从不同经济发展水平和不同地理位置视角，对共建"一带一路"主要国家的基础设施对中国对外直接投资区位选择的影响进行了实证研究。杨栋旭、于津平（2021）发现"一带一路"共建国家投资便利化建设能够显著促进中国 OFDI 增长，其中制度质量改善对中国 OFDI 的促进作用最大。程中海、南楠（2018）① 通过对不同地区的国家投资潜力的对比分析，发现"一带一路"背景下中国对外直接投资存在较大的地区差异，法律规范和民主程度越高，中国对其直接投资潜力越大，说明一定程度上中国对外直接投资存在"制度背离"现象。曹亚军、胡婷（2021）② 研究发现"一带一路"倡议显著降低了我国企业对沿线东道国的主观风险意识，进而加大了在沿线高风险国家的投资，我国对外直接投资与东道国国家风险正相关，即我国对外直接投资存在"风险偏好"倾向。

四、区域产业升级

根据相关研究，产业升级通常表现为一定时期内产业结构的变动和产业结构效益的提高，是劳动密集型产业（低利润、低技术）向资本和知识密集型产业（高利润、高技术）的转化过程（吴崇伯，1988；Ernst，1998；高燕，2006）③④⑤，是一个国家（或地区）资本或技术禀赋优于土地或劳动禀赋进而推动资本、技术密集型产业不断发展的过程（波特，2002）；随着国际分工体系的逐步形成，学者们开始从全球价值链的视角去解读产业升级，认为"产业升级是一个国家（或地区）在价值链或不同价值链间的攀越过程"（Kaplinsky，2000）⑥。从经济增长理论的发展沿革来看，"产业升级即产业结构调整"的观点来自其外生性的经济学内核，其实质为主导产业替代理论和雁形产业发展理论的延伸；"全球价值链"视角下的产业升级则强调通过企业的技术和管理创新实现价值创造程度的升级，源自技术进步的内生性经济增长。

---

① 程中海，南楠."一带一路"框架下东道国制度环境与中国对外直接投资潜力 [J]. 软科学，2018，32（1）：36-40.

② 曹亚军，胡婷."一带一路"倡议对我国 OFDI 的影响效应：投资流出和风险偏好研究 [J]. 中国软科学，2021（1）：165-173.

③ 吴崇伯. 论东盟国家的产业升级 [J]. 亚太经济，1988，（1）：26-30.

④ Ernst D. Catching-up, Crisis and Industrial Upgrading, Evolutionary Aspects of Technological Learning in Korea's Electronics Industry [J]. Asia Pacific Journal of Management, 1998, 15（2）：247-328.

⑤ 高燕. 产业升级的测定及制约因素分析 [J]. 统计研究，2006，（4）：47-49.

⑥ Kaplinsky R. Globalization and Unequalisation：What Can be learned from Value Chain Analysis [J]. Journal of Development Studies, 2000, 37（2）：117-145.

相关研究表明，随着基础设施的改善，本国的贸易便利化水平会得到进一步的促进（Francois and Manchin，2013）①，这不仅可以提高一国（或地区）引进外资的水平，而且可以大大减少中国企业"走出去"的不确定性和政治风险，为中国企业的对外直接投资提供保障。进一步，对外直接投资可以促进母国产业升级。比如，早期的"产品生命周期理论""雁形发展模式"和"边际产业扩张论"。

在实证研究中，Hiley（1999）② 实证考察了战后日本的 OFDI 对本土产业升级的影响效应，发现 OFDI 可以帮助转移本土劣势产业并促使生产要素向新兴战略产业转移；Dowlinga 和 Cheang（2000）③ 利用 1970—1995 年多个不同发展水平国家的行业面板数据经验研究了 OFDI 的产业升级效应，发现在赶超型国家中，OFDI 与产业升级之间存在着显著的正向关系；Deschryvere 等（2013）④ 发现芬兰的绿地投资可以通过影响研发要素的再分配进一步地促进母国产业升级。国内研究方面，李逢春（2010）⑤ 认为较高的对外直接投资水平可以较快地促进投资企业所在的国家或地区的产业升级，而对外直接投资中的节奏和不规则（受到市场化程度影响）会对产业升级的效果起反向作用；杨建清和周志林（2013）⑥ 认为我国对外直接投资与国内产业升级之间存在长期稳定的关系，对外直接投资能有效促进我国产业结构的优化和升级；贾妮莎和申晨（2016）⑦ 认为现阶段对外直接投资已成为拉动中国制造业产业升级的新动力，相较于投资于发展中国家，投资于发达国家更能充分发挥"走出去"的制造业升级效应。

---

① Francois J，Manchin M. Institutions，infrastructure and trade ［J］. World Development，2013，46（2）：165-175.

② Hiley M. The Dynamics of Changing Comparative Advantage in the Asia-Pacific Region ［J］. Journal of the Asia Pacific Economy，1999，4（3）：446-467.

③ Dowlinga M C T Cheang. Shifting Comparative Advantage in Asia：New Tests of the" Flying Geese" Model ［J］. Journal of Asian Economics，2000（11）：443-463.

④ Deschryvere M，Jyriki A Y. The Impact of Overseas R&D on Domestic R&D Employment ［J］. The Oxford Handbook of Offshoring and Global Employment，2013：180-221.

⑤ 李逢春. 对外直接投资的母国产业升级效应：来自中国省际面板的实证研究 ［J］. 国际贸易问题，2012，（6）：124-134.

⑥ 杨建清，周志林. 我国对外直接投资对国内产业升级影响的实证分析 ［J］. 经济地理，2013，（4）：120-124.

⑦ 贾妮莎，申晨. 中国对外直接投资的制造业产业升级效应研究 ［J］. 国际贸易问题，2016，（8）：143-153.

五、区域产业创新

相关研究表明，通道建设能够对经济发展产生重大影响，进而推动技术进步。亚当·斯密（1776）在《国富论》一书中谈到，交通基础设施是国家经济发展的关键因素，商业的发达程度取决于道路、桥梁、运河、港湾等公共工程。交通基础设施通过本地效应、跨区域溢出效应来影响经济增长，公路基础设施具有显著的本地效应，而铁路基础设施具有显著的跨区域溢出效应（刘生龙、郑世林，2013）[1]。

交通基础设施对技术进步的影响机制主要在于对基础设施投资产生的"资本效应"和"溢出效应"。首先，基础设施投资形成资本积累，资本积累促进区域产业创新，但资源型积累和制造型积累存在创新效应差异（梁双陆和梁巧玲，2015）[2]。其次，基础设施投资提高了外生技术水平，使得生产函数外移，形成对产出的"溢出效应"，因此发展交通运输业有助于减少贫困，缩小我国地区间经济发展的差距，协调我国区域经济的发展（Hulten et al.，2006；胡鞍钢和刘生龙，2009）[3][4]。

国内外学者研究交通基础设施对技术创新影响机制时，用全要素生产率（TFP）作为衡量技术进步水平的替代指标（Romer，1990；Lucas，1988；Anselin，2003）[5][6][7]。比如，我国地区间的全要素生产率在1997—2007年具有明显的空间相关性，铁路和公路交通基础设施规模及其利用效率对全要素生产率（TFP）具有显著的正效应（刘秉镰、武鹏和刘玉海，2010）[8]；基础设施

① 刘生龙，郑世林. 交通基础设施跨区域的溢出效应研究：来自中国省级面板数据的实证证据 [J]. 产业经济研究，2013（4）：59-69.

② 梁双陆，梁巧玲. 实物资本类型与我国区域产业创新效应差异比较 [J]. 产经评论，2015（5）：5-19.

③ Hulten C R. Infrastructure，externalities，and economic development：a study of the indian manufacturing industry [J]. The World Bank Economic Review，2006，20（2）：291-308.

④ 胡鞍钢，刘生龙. 交通运输、经济增长及溢出效应：基于中国省际数据空间经济计量的结果 [J]. 中国工业经济，2009 创新水平提升的重要瓶颈。

⑤ Romer P M. Endogenous technological change [J]. Journal of Political Economy，1990，98（5）：2.

⑥ Lucas R E. On the mechanics of economic development [J]. Journal of Monetary Economics，1988，22（1）：3-42.

⑦ Anselin L. Spatial externalities，spatial multipliers，and spatial econometrics [J]. International Regional Science Review，2003，26（2）：153-66.

⑧ 刘秉镰，武鹏，刘玉海. 交通基础设施与中国全要素生产率增长：基于省域数据的空间面板计量分析 [J]. 中国工业经济，2010（3）：54-64.

规模与利用效率对全要素生产率（TFP）具有直接"资本效应"和间接"溢出效应"，并且基础设施的"溢出效应"不是通过贸易和对外投资来实现，而是通过研发（R&D）、产业结构升级来实现（王自锋、孙浦阳等，2012）①。此外，部分学者讨论了交通基础设施对区域创新、创新产出和创新绩效的影响的异质性。比如，交通基础设施对区域创新有门限效应，交通基础设施和电信基础设施均对其他区域的创新能力产生了影响（马明，2015）②；以高等级公路为代表的公路质量水平对我国创新产出水平有着显著的正向影响，并且在区域上从西向东影响力逐渐降低，但公路的总量水平对创新产出的影响各地区均不显著（郭鹰，2015）③；核心基础设施对企业创新可能性和创新数量均具有显著的促进作用，其中通信基础设施对创新可能性的影响较突出，而能源基础设施对创新数量的影响最为突出，对于内外资企业，基础设施的作用存在差异性（赖永剑，2013）④。

六、区域产业绿色发展

近年来，学界开始关注通道产业的发展模式和绿色化重构，为打造新的产业发展动力机制和实施路径提供重要的理论依据。现有研究不断拓宽绿色发展的深度和广度，聚焦环境保护和绿色生产方式，主要涉及产业绿色发展的测度、传导机制及影响因素。

关于绿色发展效率的测算方法，目前主要有数据包络分析法、随机边界分析法、层次分析法、主成分分析法、熵值法等，其中数据包络分析法（DEA）函数构建和指标赋值因相对要求低而备受青睐。刘贯春等（2017）⑤和李江龙等（2018）⑥运用非径向方向距离函数（NDDF）分别测算我国绿色发展效率，发现绿色发展效率和纯技术效率整体较为低下且呈现"U"形的演化趋势，而

① 王自锋等. 基础设施规模与利用效率对技术进步的影响：基于中国区域的实证分析 [J]. 南开经济研究，2014（2）：118-35.

② 马明. 网络基础设施对区域创新能力影响的实证检验 [J]. 统计与决策，2015（3）：98-101.

③ 郭鹰. 交通基础设施对创新产出的影响分析：基于公路1997—2012年省际面板数据检验 [J]. 科技与经济，2015（3）：36-9，85.

④ 赖永剑. 基础设施建设与企业创新绩效 [J]. 贵州财经大学学报，2013（3）：70-76.

⑤ 刘贯春，张军，丰超. 金融体制改革与经济效率提升：来自省级面板数据的经验分析 [J]. 管理世界，2017（6）：9-22，187

⑥ 李江龙，徐斌. "诅咒"还是"福音"：资源丰裕程度如何影响中国绿色经济增长？[J]. 经济研究，2018，53（9）：151-167.

规模效率较高并呈现先上升后稳定的态势。陈超凡（2016）[①] 使用 Malmquist-Luenberger 生产率指数、方向性距离函数（DDF）对我国工业的绿色全要素生产率进行测算，然后通过 SYS-GMM 动态面板模型研究工业绿色全要素生产率的影响因素。黄秀路等（2017）[②] 运用 SBM-DDF、Luenberger 指数对"一带一路"国家的绿色全要素生产率进行测算，用以讨论"一带一路"共建国家绿色发展情况。翁异静等（2021）[③] 将超效率 SBM 模型与窗口分析及测度效率相结合，对浙江城市群的绿色发展效率进行测算，并运用空间计量分析方法研究效率的空间分布及区域差异，探索效率的差异化影响机理。

　　关于绿色发展效率的影响因素。王兵等（2014）[④] 运用 Bootstrap 截断回归模型，通过实证证明了居民城镇化正向促进绿色发展效率，而综合城镇化、就业、经济等要素对绿色发展效率的影响是先抑制，然后再促进。王艳（2020）[⑤] 通过构建绿色发展视角下区域节能减排指标体系，基于超效率 DEA 和运用 Tobit 模型对对外开放度、产业结构、技术进步等节能减排的效率差异进行了实证研究。林伯强、谭睿鹏（2019）[⑥] 探讨了经济聚集对我国地级及以上城市绿色经济效率的影响与作用机制。结果显示：现阶段中国经济要继续增加集聚程度，但在发展过程中也要考虑到当地经济和基础设施的承载力，防止集聚度过大带来的负向效应。葛鹏飞等（2017）[⑦] 构建包含科研创新和绿色全要素生产率的一个新经济增长模型，实证检验了科研创新对沿线国家的绿色全要素生产率的影响效应。王小腾等（2018）[⑧] 基于 SBM-DDF 模型的龙伯格生产率指数测算绿色全要素生产率，从金融深化、金融结构与金融效率三个维度

　　① 陈超凡. 中国工业绿色全要素生产率及其影响因素：基于 ML 生产率指数及动态面板模型的实证研究 [J]. 统计研究，2016，33（3）：53-62

　　② 黄秀路，韩先锋，葛鹏飞. "一带一路"国家绿色全要素生产率的时空演变及影响机制 [J]. 经济管理，2017，39（9）：6-19.

　　③ 翁异静，汪夏彤，陈思静. 浙江三大城市群绿色发展效率时空分异及影响机理 [J]. 应用生态学报，2022，33（2）：509-516.

　　④ 王兵，唐文狮，吴延瑞，张宁. 城镇化提高中国绿色发展效率了吗？ [J]. 经济评论，2014（4）：38-49，107.

　　⑤ 王艳，苏怡. 绿色发展视角下中国节能减排效率的影响因素：基于超效率 DEA 和 Tobit 模型的实证研究 [J]. 管理评论，2020，32（10）：59-71.

　　⑥ 林伯强，谭睿鹏. 中国经济集聚与绿色经济效率 [J]. 经济研究，2019，54（2）：119-132.

　　⑦ 葛鹏飞，徐璋勇，黄秀路. 科研创新提高了"一带一路"沿线国家的绿色全要素生产率吗 [J]. 国际贸易问题，2017（9）：48-58.

　　⑧ 王小腾，徐璋勇，刘潭. 金融发展是否促进了"一带一路"国家绿色全要素生产率增长？ [J]. 经济经纬，2018，35（5）：17-22.

衡量金融发展，运用动态 GMM 方法研究了金融发展对绿色全要素生产率的影响机制。武宵旭等（2018）① 研究了老龄化对绿色全要素生产率的直接影响，以及在创新和医疗中介下对绿色全要素生产率的间接影响。研究表明：重视基础创新的知识溢出、优化应用创新人才的年龄结构、改善医疗资源配置效率，是破解既有问题的关键。

第三节　西部陆海新通道与产业融合研究进展

现代通道经济论认为，通道建设能够充分发挥区位和自然资源优势，利用交通、信息、制度等多通道耦合辐射带动区域产业发展，形成通道与产业融合的新型经济发展方式。莫晨宇（2012）② 从通道经济发展的角度，考察了钦州保税港区产业发展的不足，指出要解决通道与产业融合困境，就要通过承接产业转移、优化产业结构，构建区港联动、内外联动的重点产业集群，进一步发挥交通通道辐射和扩散效应。吕余生和曹玉娟（2016）③ 指出"泛北部湾"地区应发挥通道产业集聚的优势，推动该地区的产业合作，重点加强口岸产业基地的建设，提升通关便利化水平，将交通通道建设成为产业通道。周勇（2017）④ 认为西藏要将"南亚通道"打造成"经济通道"的关键是构建好本地化产业链、与国内其他省份对接的产业链以及与南亚各国（或地区）对接的产业链；并依据产业链发展规律，培育好要素链、产品链和供求链。

"西部陆海新通道"概念提出来以后，国内学者对于新通道如何与产业融合的研究逐渐增多。宋威等（2019）⑤ 从口岸与产业融合发展角度，认为广西防城港市口岸目前存在基础设施不完善、产业通道不畅、口岸经济辐射不强、产业发展不协同、缺乏腹地经济支持、政策机制创新不够等问题，提出了将口岸与产业发展联动、加强口岸的基础设施建设、强化双边口岸工作机制和提高

① 武宵旭，葛鹏飞，徐璋勇. 老龄化抑制了"一带一路"绿色全要素生产率的提升吗：基于创新和医疗的视角 [J]. 山西财经大学学报，2018，40（3）：11-24.

② 莫晨宇. 基于通道经济的钦州保税港区产业发展研究 [J]. 广西民族大学学报（哲学社会科学版），2012，34（4）：89-93.

③ 吕余生，曹玉娟. "一带一路"建设中"泛北部湾"产业合作新模式探析 [J]. 学术论坛，2016，39（7）：36-41.

④ 周勇. 西藏南亚通道由"物理通道"向"跨越式通道"转变的关键是开放型本地化产业链构建 [J]. 西藏民族大学学报（哲学社会科学版），2017，38（4）：35-39，44，154.

⑤ 宋威，李欣欣，霍正北，张协奎. 国际陆海贸易新通道下防城港市"口岸：产业"融合发展研究 [J]. 市场论坛，2019（7）：4-6.

通关效率等政策建议。王景敏（2019）①探讨了西部陆海新通道沿线省份产业趋同问题，提出要以通道经济带动地方特色优势产业发展，建设战略性新兴产业基地，发展新业态和新产业，提高沿线产业竞合发展的质量和水平。马志妍和刘德光（2020）②研究甘肃建设西部陆海新通道如何实现通道与产业融合发展，指出甘肃产业融合发展还存在地方保护主义严重、投资率不高、软环境方面的投入不足、产业结构不平衡以及缺乏核心竞争力等问题，提出了消除行政区块分割、提高资金利用效率、加快形成产业生态链、提高科技研发投入、建设物流大枢纽等政策建议。王娟娟（2020）③认为西部陆海新通道贯通"一带一路"沿线，有利于充分引导国内外生产要素流动，推动我国与新通道沿线国家构建跨境产业链。通过建立健全区域产业合作机制，促进产业链精准对接来实现"双循环"畅通发展。余川江等（2021）④综合运用点轴开发、新经济地理学、国际贸易学等理论，提出了西部陆海新通道融合开放发展的路径，特别是构建中国—东盟产业链、供应链和创新链，合力形成世界制造业的集聚中心，打造钢铁、纺织服装、机械运输设备的世界级产业集群。唐红祥等（2022）⑤探讨了西部陆海新通道制造业与物流业协同集聚的影响因素，认为基础设施建设、开发区建设、城市规模、政府干预、信息化水平、人力资本等对产业协同集聚产生较大的影响。陈玉卿（2022）⑥指出贵州应该抓住西部陆海新通道建设机遇，加快实现交通、物流、商贸、产业的深度融合，发挥贵州大数据信息产业、特色农产品、大宗矿产资源等产业资源优势，通过产业支撑，形成各产业之间的良性互动。

---

① 王景敏."西部陆海新通道"物流系统建设面临的挑战与应对之策 [J]. 对外经贸实务，2019（5）：83-85.

② 马志妍，刘德光. 陆海新通道背景下甘肃及西部产业经济融合发展的路径选择 [J]. 全国流通经济，2020（16）：144-145.

③ 王娟娟. 新通道贯通"一带一路"与国内国际双循环：基于产业链视角 [J]. 中国流通经济，2020，34（10）：3-16.

④ 余川江，龚勤林，李宗忠，谭英，张丽娜. 开放型通道经济发展模式视角下"西部陆海新通道"发展路径研究：基于国内省域分析和国际竞争互补关系分析 [J]. 重庆大学学报（社会科学版），2022，28（1）：65-80.

⑤ 唐红祥，夏惟怡，黄跃. 西部陆海新通道制造业与物流业协同集聚的影响因素识别及突破路径研究 [J]. 中国软科学，2022（8）：131-139.

⑥ 陈玉卿. 贵州加快融入西部陆海新通道的基础、形势和策略研究 [J]. 贵州社会主义学院学报，2021（4）：80-85.

第四节　研究述评

通道经济的产生源于点—轴开发理论，而区域开发中的"增长极理论""生长轴理论"以及"中心地理论"是其产生的理论基础。20世纪80年代以来我国国土开发进程不断加快，部分学者就区域开发这一领域作了开创性研究，最具代表性的就是"点轴渐进扩散"模式。确定重点开发轴线，沿轴线建设密集产业带和建立横向联系的经济区（陆大道，1987），实施"T"型发展战略对我国区域协调发展起到了重要作用（陆大道，2001）。随着西部大开发的深入，西部地区基础设施建设的不断推进，研究交通基础设施与区域经济协调发展逐渐成为热点，"通道经济"的概念也进入了人们的视野。2015年，我国提出了"一带一路"的重大倡议，将通道经济的应用范围从国内区域协调扩大到了国际互联互通，"一带一路"建设对我国经济影响方面的研究日益增多，此后中新（重庆）战略性互联互通示范项目的组成部分——"西部陆海新通道"这一概念提出，使得通道经济的讨论再次成了学界焦点，也取得了不少的成果。从研究脉络来看，国外研究多是定性研究，倾向于将"通道"看作人力、资金、信息、产业等经济要素在一定地理区域内形成聚集扩散的空间形态；国内研究主要对通道经济相关理论的解读和深化，通过建立理论模型和评价指标体系，对交通运输通道与城镇空间发展以及通道的经济效应等进行研究，更多聚焦在通道体系与区域经济合作开放之间的相互促进关系。

其次，对于区域产业发展研究的成果较为丰富，主要涵盖了产业竞争力、产业集聚、产业开放、产业升级、产业创新以及产业绿色发展等。在产业竞争力方面，主要研究了影响产业竞争力的各种因素以及构建了产业竞争力评价指标体系。在产业集聚方面，主要将运输成本、产业关联、外部性、制度等多种因素纳入了理论分析框架，探讨产业集聚的影响因素。在产业开放方面，主要研究了贸易成本降低对企业出口行为和投资行为的影响。在产业升级方面，分析了对外直接投资能够通过产业转移实现产业升级。在产业创新方面，主要研究了基础设施改善对技术进步的影响机制。在产业绿色发展方面，主要研究了绿色发展效率的测算方法以及识别绿色发展效率的影响因素。从以上文献的梳理得知，基础设施建设作为通道经济的核心要义，构成了产业发展的重要影响因素，从某种程度上也验证了通道经济也是产业通道的观点。

综上所述，现有文献对于通道经济理论和实践的研究取得了比较丰富的成果，但仍然存在以下不足：一是在新的发展格局下，区域协调发展赋予了通道经济更多元的内容和更深厚的内涵，但是目前的研究仍局限于以基础设施为核心的传统通道经济，尚没有建立起一个完整的理论体系和研究框架，能够涵盖产业、制度、开放等新的内容；二是西部陆海新通道建设刚起步，研究西部陆海新通道与产业融合的文献并不多见，且多为先验性的发展思路和对策，对两者关系缺乏全面系统的理论解释、机制分析和量化评估，特别是在实证研究方面更是几乎空白。现有文献可能的不足之处为本书提供研究契机。比如，探讨西部陆海新通道与产业融合发展的驱动机制；实证研究西部陆海新通道与产业融合的效应，比如通道与区域产业竞争力、通道与区域产业集聚、通道与区域产业升级、通道与区域产业开放、通道与区域产业创新以及通道与区域产业绿色发展等；在总结国内外实践经验的基础上，提出西部陆海新通道与产业融合发展战略和政策体系以及广西产业融合发展路径。

本章小结

本章从二个方面对现有文献进行了梳理：一是通道经济理论与国内实践研究，学者们在点轴理论、梯度推移理论等基础上对通道经济的本质作出了阐释，并拓展了在"一带一路"和"西部陆海新通道"建设等方面的研究；二是区域产业发展研究，介绍了区域产业竞争力、区域产业集聚、区域产业开放、区域产业升级、区域产业创新以及区域产业绿色发展方面的研究成果；三是西部陆海新通道与产业融合研究，学者们普遍认为通道建设能够充分发挥区位和自然资源优势，利用交通、信息、制度等多通道耦合辐射带动区域产业发展，形成通道与产业融合的新型经济发展方式。但从现有文献来看，研究西部陆海新通道与产业融合机制方面的文献并不多，特别是在实证研究方面尤其欠缺，未来的研究可以构建西部陆海新通道对产业竞争力、产业集聚发展、产业开放发展、产业转型升级、产业创新发展和产业绿色发展影响机制的理论框架，并采用实证方法去验证其双向互动关系。

第三章 西部陆海新通道与产业融合发展的基础理论

第一节 通道经济理论

我国区域经济的发展，催生了"通道经济"概念的产生。通道经济理论强调，在一定的物质条件和交通运输条件下，立足于开放性市场发展模式和完整的区域产业链，充分发挥产业集聚与扩散效应，最终形成通道经济。20世纪90年代我国一些学者根据区域经济开发实践提出了"沿线、沿江、沿海、沿边"（"四沿"）的空间发展战略，希望借助交通运输通道建设来促进区域经济一体化开发。2000年3月，我国开始实施西部大开发战略，为打破交通瓶颈和优化投资环境，将西部地区的交通基础设施的改善作为重心。通道经济理论的产生便是来自这些区域经济开放的实践。

要理解"通道经济"必须界定清楚什么是"通道"。"'通道'是一种特指的交通，是与地缘优势的地理环境紧密结合的具有一定区域限定性的交通要道""而通道经济是指依托通道的地缘优势布局和规划产业结构，进而实现区域整体经济发展的模式"（龙永敏，2005）。通道经济明显属于区域经济的范畴。一般意义的通道经济实际是依靠交通通道发展的区域一体化经济。但因交通通道的性质不一，可分为"沿海经济""沿江经济""路桥经济"以及"信息经济"等等。可见，通道的性质与发展影响着通道经济的性质与发展，科技进步和生产力提升是其推力，通道的完善得益于科技进步，进而使通道经济得到发展。

西部陆海新通道的本质就是一条通道经济发展模式，属于区域经济发展概念。这意味着西部陆海新通道不仅是一种开放经济形式，更是一种流通经济和服务经济发展模式。在新通道框架内，提升沿线省市运输能力只是手段，目的是延伸我国西部地区经济发展空间；优化新通道沿线省市资源配置，利用产业链扩散效应只是途径，目的是加快形成西部地区开发开放新格局。西部陆海新通道的建设，促进了沿线区域的互联互通，通过全域交通等基础设施规划引领，持续强化通道联系密度，促进"经济通道"向"通道经济"转型，从而形成空间布局合理、功能完善、衔接紧密、保障有力的区域经济网络。因此，西部陆海新通道的诞生，将对我国西部地区贸易投资、产业创新、要素集聚以及各省经济发展规划都产生重大影响[①]。

"通道经济"的概念产生于早期的增长极理论和点-轴开发理论，即依托通道的优势，并通过市场手段，实现产业向通道集聚和扩散。

一、增长极理论

法国经济学家弗朗索瓦·佩鲁（Francois Perroux）于20世纪50年代提出"增长极"（growth pole）概念，随后在他的《略论发展极的概念》和《经济空间理论的应用》等著作中提出不平衡增长理论，且将"增长极"作为其标志。美国的弗里德曼（John Friedmen）、法国的布代维尔（J. R. Boudeville）及瑞典的缪尔达尔（Gunnay Myradal）等经济学家继续对增长极理论进行了补充和发展。

增长极理论指出，经济增长是用不同的强度，利用不同的渠道，从中心向周边地区扩张，最后推动周围相关联产业和地区协同发展，进而给整体经济的发展带来影响。所以增长极理论对于均衡发展观点来说是非均衡发展理论，区域经济的非均衡发展是其本质。该理论主张：主导部门或产业部门是吸纳稀缺资源要素投入的主要部门，通过发生集聚作用产生规模经济效益的同时优先增长，增大极点的经济实力。随后与周围区域形成势差并起到带动作用，借助乘数效应引导和加快发展周边区域经济。

区域发展中的增长极是那些具有推进作用的主导产业以及创新产业，或是具有极强集聚和辐射效应的经济中心。从发展条件来看，一地区变成增长极要拥有规模经济及创新能力的企业集群，同时有优良的生产、投资环境和基础设施条件为其集聚要素提供有利条件。从发展阶段来看，初期的极化效应能转换成扩散效应。形成增长极的途径有两种：一是通过市场机制自发地让企业或产业在某个中心城市集聚，二是由政府通过规划重点引导和投资建立。增长极作

---

① 杜方鑫. 西部陆海新通道参与省市同东盟国家贸易潜力研究［D］. 南宁：广西大学，2021.

为通道经济发展的主要理论基础之一，对政策制定者来说更容易采纳，对发展中国家而言有极大吸引力和影响力，但会使地区差距增大、过度地发展产业，产生"孤岛经济""飞地经济"等问题。

西部陆海新通道建设过程中，伴随着多种资源投入，首先带动少数条件较好的城市形成区域增长极，并呈现斑点状分布；伴随着经济中心的不断发展，达到一定集聚水平之后，经济中心城市的要素资源又向周边城市逐步扩散蔓延，从而带动西部陆海新通道其他经济发展较弱城市的发展，实现扩散效应，进而推进更大区域内的产业结构优化，完成西部陆海新通道建设与产业融合发展。从发展结果看，西部陆海新通道是由中国西部省份与东盟国家合作打造的国际陆海贸易新通道，以重庆为运营中心，西部各省（区、市）为关键节点，利用铁路、海运、公路等运输方式，向南经广西、云南等沿海沿边口岸通达世界各地。可见，西部陆海新通道沿线城市节点，起到了重要的增长极带动作用。

二、点轴开发理论

点轴开发理论是德国学者沃纳·松巴特（Werner Sombart）对增长极理论的延伸。他提出联系各中心地的纽带是交通干线，交通干线的促进作用使要素得到自由流转和合理配置，区域经济随着经济通道集聚劳动力等要素，从而快速稳定发展起来。在一个增长模式中涵盖了交通通道、中心城市、市场作用范围等，大多数生产要素集聚于"点"。"轴"作为联系中心点间沟通的通道，利用"点"与"点"之间及"点"与"轴"之间配置资源要素，推动总体区域经济的进步。"点轴"开发模式现实运用的具体形式便是发展通道经济。人力、物资的运输便利以及成本的降低得益于经济中心（点）之间的交通干线（轴）的建设和改善及所产生的区位优势。

该理论特别强调了交通干线作为"轴"的重要作用，沿交通干线发挥集聚和扩张作用，使生产要素在沿线区域和极点的流转更通畅，让凭借交通轴线的中心点促进经济增长的成效愈发明显。各级轴线的重点方向是：点轴增长极体系构建、轴带的资源配置和主导产业集群建立。点轴开发模式是最具成效的区域发展空间模式，反映了社会经济空间组织的客观规律，区域发展过程与空间格局二者之间相互融合、影响与协调，表明区域发展实现最佳状态。"点轴"开发有助区域间的专业化协作，也利于带动周边地区的总体发展，建立有机的地域经济网络，有利于协调经济发展。

点轴开发理论对于西部陆海新通道各沿线省市的定位起到了重要作用。我国西部地区的"点"毫无疑问就是重庆、成都、西安这三座国际化大都市，其以完整的生产体系、高速发展的经济规模、立体化的交通网络以及巨大的消费市场，成为我国西部地区的主要增长极。2017年形成了"南向通道"这样的"轴"，一方面，广西、贵州、云南三省在这条"轴"上搭上了便车，开始加快推进各自的优势资源开发，并面向东盟，开拓更广阔的市场空间；另一方面，增长极重庆市也能够整合各沿线省份优势资源，构造产业集聚，进而形成规模效应，降低企业贸易成本①。

三、核心-边缘理论

1966年，美国学者弗里德曼（A. J. Friedman）在他发表的论著《区域发展政策》里提出核心-边缘理论（The Core-Periphery Paradigm），以此说明区域空间结构与区域间经济发展关系演变，而之后对该理论的发展做出了很大贡献的是缪尔达尔（G. Myrdal）。弗里德曼于1971年将核心-边缘理论适用对象扩展到各个层面，而不仅局限于空间经济，即该模式可以在不同类型产业部门之间存在，也可以在不同区域之间存在。在这之后，在对区域空间结构和形态变化进行解释时广泛应用该理论，而且与许多区域发展的实际相适应，能比较好地解释区域经济发展。

该理论把区域分成边缘区与核心区，生产要素集中在核心区且不停地朝边缘区流动，二者构成严密的空间系统，经济交流极为频繁。核心区吸纳边缘区的生产要素向核心区集中，同时核心区的生产要素又不断地向外流动，本质是将有限的资源要素重新合理进行空间配置。经济增长改变着区域经济空间结构，要素流动由工业化前期阶段的少数流动，逐渐开始在核心区与边缘区二者间相互流动，最终到达全方位的空间经济一体化频繁流动阶段。可见弗里德曼的核心-边缘理论与缪尔达尔等学者的研究都阐明了在经济增长过程中，生产要素首先聚集在区域核心区而后扩散到边缘区，完整的空间系统由核心区及边缘区二者互动形成。

《西部陆海新通道总体规划》从主通道、重要枢纽、核心覆盖区、辐射延展带四个维度，对西部陆海新通道建设进行了空间布局。其中，"核心覆盖区"中提出，围绕主通道完善西南地区综合交通运输网络，密切贵阳、南宁、昆明、遵义、柳州等西南地区重要节点城市和物流枢纽与主通道的联系，依托

---

① 杜方鑫. 西部陆海新通道参与省市同东盟国家贸易潜力研究 [D]. 南宁：广西大学，2021.

内陆开放型经济试验区、国家级新区、自由贸易试验区和重要口岸等，创新通道运行组织模式，提高通道整体效率和效益，有力支撑西南地区经济社会高质量发展。该规划在"辐射延展带"中提出，强化主通道与西北地区综合运输通道的衔接，联通兰州、西宁、乌鲁木齐、西安、银川等西北重要城市。结合西北地区禀赋和特点，充分发挥铁路长距离运输优势，协调优化运输组织，加强西部陆海新通道与丝绸之路经济带的衔接，提升通道对西北地区的辐射联动作用，有力促进西部地区开发开放。"核心覆盖区"和"辐射延展带"的规划充分体现了核心-边缘理论在西部陆海新通道建设中的应用。

第二节　产业集聚理论

产业发展演进过程中会形成产业集聚的地缘现象，通常指的是相近或相同的产业因为竞争与合作集中在某特定区域，导致空间范围内产业资本要素不停地集中而形成的集聚效应。从理论上来讲，一般而言产业集聚是依靠市场自发形成的。产业集聚在国外的研究起步较早，以韦伯、马歇尔、廖什等学者为代表。

西部陆海新通道是物流通道，更是经济走廊。随着西部陆海新通道基础设施的深入建设，新通道辐射能力不断增强，越来越多的企业选择在西部陆海新通道沿线投资兴业。以成渝地区为例，西部陆海新通道积极为成渝地区双城经济圈建设赋能，推动成渝两地产业链供应链协同，形成面向东盟的智能网联新能源汽车、智能终端、农机通机、绿色食品4条标志性合作产业链，提升了重庆国家重要先进制造业中心的产业集聚辐射带动力。

一、古典产业区理论

马歇尔（Marshall）是最早在亚当·斯密的成果基础上研究产业集群的相关问题的学者之一。他发现，伴随产业集聚水平的提高，整个区域的生产成本都会下降。他在其著作《经济学原理》中阐明了工业集聚的指定地区是"产业区"，即专业化产业集聚特定范围，在"产业区"内聚集许多相互关联的企业。在企业不断发展的过程中，规模经济起到了重要作用，企业在利益驱动下会有意识地形成集聚。在空间上，产业群聚有利于增加中间投入、提供丰富的劳动力资源以及具有知识溢出效应。在专业化产业集聚下，通过"外部经济"，实现规模报酬递增的效果。马歇尔引进"外部规模经济"与"内部规模经济"这两个概念，说明导致互相关联的企业可以在产业区内集聚的根本原因是受到"外部规模经济"的影响。外部规模经济主要有以下三个方面：首先，因为地理位置相近，可降低交易成本、运输成本及运营成本。其次，利用产业集聚的规模经济，更易得到专业化的投入。最后，地方生产系统与产业区相互融合，助力区域经济的发展。

西部陆海新通道建设的持续推进，有效降低了沿线产业发展经济成本，规模经济效应逐渐凸显。西部陆海新通道通过辐射国内各省（区、市），无缝对接中欧班列，与全球其他国家或地区全方面联通，物流规模不断扩大，国际物流效率显著提升，物流成本有效降低，惠及中国、东盟及 RCEP 国家。

二、工业区位理论

该理论由德国学者韦伯（Webber）在其著作《论工业区位》中第一次提出。工业区位理论作为工业企业空间选择的理论，解释了企业最大限度降低生产成本而形成集聚的现象。他提出工业区位的产生受到三个方面因素的影响，即集聚区位因素、工资区位因素以及运费区位因素。并且从微观企业的角度，提出了产业集聚形成的两个阶段：第一阶段，企业自身的发展有一定规模，该阶段集聚效应引导企业互相集聚的趋势与企业位置的选择；第二阶段，企业间利用资源共享与信息交换，最终产生产业集聚。

然而，韦伯的工业区位论是静态区位论，在德国学者廖什（Losch）发表《经济的空间秩序》后，发展成多因素动态区位论。他提出的动态模式是以现实因素来修正在假设条件下取得的结论，并把韦伯的自由竞争假设变成垄断竞争，用利润最大化替代了成本最小化，即通过减少运输成本和生产成本来实现利润最大化，从而发生空间区位选择和产业集聚，然而廖什的工业区位理论是基于规模报酬不变的，因此不能解释规模报酬递增的不完全竞争市场。

胡佛（Hoover）是另一位动态区位论的代表学者，其在著作《经济活动的区位》中指出影响产业区位的是产业集聚效应，他认为产业集聚存有一个最佳的规模，在一定区位上集聚少量企业形成的效应不是集聚可带来的最佳效应；相反，如果企业过多在某一区位上集聚也可导致集聚效应下降，达不到最佳效应。同时他用马歇尔产业集聚的外部规模经济理论划分出两种不同的外部性，一为"地方化经济"，形成原因为产业内企业集聚在一起组织生产；二为"城市化经济"，其形成与特定区域经济发展水平利益相关。

在空间布局方面，《西部陆海新通道总体规划》提出，要建设自重庆经贵阳、南宁至北部湾出海口（北部湾港、洋浦港），自重庆经怀化、柳州至北部湾出海口，以及自成都经泸州（宜宾）、百色至北部湾出海口 3 条通路，共同形成西部陆海新通道的主通道；建设广西北部湾国际门户港，发挥海南洋浦的区域国际集装箱枢纽港作用，提升通道出海口功能。

三、新经济地理理论

克鲁格曼（Krugman）在其论文《递增收益与经济地理》中指出，规模经济与产业集聚互为因果、相互促进，所以使规模收益递增。他以马歇尔"外部经济性"思想研究为基础，阐述产业在区位上集中的路径依赖。并且建立了 CP 模型（"中心-外围"模型），借此剖析产业集聚形成的原因及"规模报酬递增"对产业集聚产生的影响。若规模经济足够大，企业将会在某一区域集中生产，提供较大的产品或服务的供给，从而降低运输成本。某一地区的初始条件决定制造业集聚特征，若某一地区拥有较好的初始条件，则有利于产生集聚中心。企业在扩大生产规模时，将会致力于控制运输成本和原料。而为了控制运输成本，企业在选址的时候将会优先考虑与市场需求最为接近的地区。市场需求与制造业的分布密切相关，所以决定产业分布的因素为规模经济、运输成本和制造业的地位。规模报酬递增是工业生产的特点，伴随时间推进，集聚在工业生产在空间格局上发生变化时最终产生，从而让运输成本最低并获得规模报酬递增。

他同时认为产业集聚在特定区域产生之后就会一直延续下去，换句话说，产业集聚有路径依赖性。集聚中心在发展过程中，之所以能够做到自我维持，主要原因是产业集聚形成了外部经济，从而节约生产成本和扩大消费需求。但是，集聚中心就算存在比较强的自我维持能力，随着集聚条件的波动，中心也会发生转移。此时企业搜寻到更大收益的区域，很可能会出现集聚中心转移。集聚中心出现偏移，无论是由于理性预期影响，还是由于最初优势影响，均受到"调整成本"影响。

四、竞争力理论

产业集群是指同一空间相互关联企业在地理上的集聚现象，能够加强不同企业之间的联系，提升企业整体竞争水平。波特（Porter）在《国家竞争优势》一书中，基于对德国、英国、美国及日本等国的产业集聚现象的研究，从竞争优势和企业竞争战略角度对集聚现象进行剖析，并且构建了"钻石"模型，他认为影响产业竞争力的关键因素是要素因素、相关产业、竞争战略以及需求因素这四个因素。这四个关键因素相互关联、相互影响，共同构成了一个钻石体系，这是产业集聚形成的根本原因。在钻石体系下的产业集群，既能促进产业的发展，反过来产业发展也有利于产业集群的形成、壮大。良好的外部环境可以协调生产要素的关系，加快产业集群的发展，提升企业竞争力。机遇会打破原有的竞争状态，且具有外生性，能创造良好发展环境。政府对钻石体系的作用，将会影响产业进入良性循环的效率。

此外，国家竞争优势受产业竞争优势的影响，国内一些区域中已产生竞争力的产业集群是产业竞争优势主要来源。在企业竞争优势下，产业集群之所以非常重要，主要受以下三个方面的影响：一是产业集群能够在竞争中提升企业生产力以及企业效能；二是产业集群能够推动企业创新水平的提高以及科研创新中心的建设；三是产业集群能够控制企业风险，增强企业持续经营能力。

按照产业集群构建模型和产业发展规律，西部陆海新通道沿线将重点围绕核心基础设施，形成圈层辐射、分工聚集的产业集群发展格局。西部陆海新通道还将提高西部物流资源水平，形成物流产业集群，提升物流效率，引导贸易、产业聚集。

第三节　产业融合理论

最早研究产业融合的是英国学者威廉·德汉，1713 年他在讨论光线的汇集与发散中首次提出产业融合，之后将其拓展到气象学和生物学等领域。随着工业革命的爆发，生产力极大提升，计算机领域也出现了产业融合。Farber 和 Baran 于 1977 年提出通信系统与计算的融合，Nicolas Negroponte 于 1978 年提出计算机业、出版印刷业和广播电影业的交叉融合，伊契尔·索勒·普尔于 1983 年提出新闻信息传播机制融合。20 世纪 90 年代以来，产业融合的内容不断扩展，从产业边界融合、产业间渗透、产品整合到市场融合，从原本的电子信息通信和计算机以及印刷业等扩展到房地产业、金融业、文娱业以及旅游业等行业，产业融合的研究得到不断扩展与深入。

沿线城市间，以西部陆海新通道为纽带，不断推动交通、物流、商贸、产业加速融合。《"十四五"推进西部陆海新通道高质量建设实施方案》明确提出，要更好发挥西部陆海新通道沿线区位优势及资源禀赋，推动通道建设带动西部地区进一步开放融合发展。

一、产业融合的内涵

某一种技术范式向不同的产业扩散，促使这些产业出现技术创新，进而产生产业融合（赛哈尔，1985）。首先，从数字融合和技术融合来看，数字融合和技术融合引起的产业边界模糊化即产业融合。其次，从产业组织来看，产业融合是伴随产业边界的模糊化使原本独立的产业和企业之间产生新的合作与竞争关系的过程。再次，从产业融合演进来看，产业融合是先后经历产品融合、业务融合、市场融合等一系列融合过程，最后完成产业融合阶段的过程。最后，从产业进化发展的来看，产业融合是产业间或产业内不同行业的交叉渗透，产生新产业的过程。

管制放松与技术创新是产业能够完成融合的必要条件。技术进步是融合的内在动力并有决定性作用，是完成融合的主要条件；在主要因素作用下的诱导性因素是放松监管。只有在两者同时作用下，才能消除或降低产业间的壁垒，为二者间的交叉渗透乃至融合提供可能性。

产业边界与交叉处是产业融合最可能的区域，自身产业内部的变化是以往的产业革命主要动因，信息化革命的特点就是它的强交融性，转变最初的交互模式，让相对独立的行业进行相互渗透，促成产业融合的产生。最初的竞争和合作关系被产业融合改变，使融合后的产业从数量和质量上都发生了根本性的改变，许多全新的组织形式如虚拟企业、战略联盟等不断出现。

二、产业融合的分类

（一）从产品层面分为互补性融合、替代性融合和结合性融合

互补性融合即多个有互补性的独立产品，在同一标准束或者集合条件下产生极高兼容性，并入相同系统的过程。其中，产业融合的关键为独立产品的联合使用，依据融合的程度有强弱区别。替代性融合即不同产业中具有类似功能特征的独立产品，在同一标准束或者集合条件下有替代特征，或从消费者角度来看，消费者愿将有相似功能特征的独立产品作为替代品使用的融合。结合性融合即原来相互独立的产品借助功能渗透，整合在一起后产生新产品的融合。前两种融合是在同一标准束或者集合条件下实现功能的互补或替代，保持了产品相对独立性；而最后一种融合是产生全新产品的完全融合。

（二）从技术层面分为技术替代型和技术互补型

技术替代型融合即旧技术被新技术取代，使最初独立的产品间存在联系和相关性，并催生新的产业；技术互补型融合实现新旧技术的整合效果比原先独立使用时效果好，整合后的技术催生新的产业。

（三）从产业层面分为产业渗透、产业交叉和产业重组

发生在传统产业同高技术产业的产业边界的是产业渗透。伴随高技术产业的进步及高技术的倍增性与渗透性，使传统产业能被其无摩擦渗透，生产效率得到提高。高技术产业的产业链延伸处常发生产业交叉，并利用产业间延伸和功能互补实现产业融合。其历程是业务和技术以及市场融合后的产业边界交叉，最终产业边界变得模糊。产业交叉不是完全融合，而是部分合并，仍然存在原有产业，只是新的产业结构模式产生。产业内或具有密切联系的产业间常发生产业重组，利用重新整合后的产品及服务来满足新的市场需求，产业新业态便产生于产业重组，使得产业效率提高，是产业新发展方向的代表。

（四）从市场层面分为供给融合和需求融合

一种观点认为，供给融合是技术融合，依靠技术提供产品与服务；而需求融合是产品融合，通过不同技术提供互补品或替代品。另一种观点认为，供给融合又分为供给互补型融合及供给替代型融合；需求融合又分为需求互补型融合和需求替代型融合。

（五）从融合过程层面分为技术融合、产品业务融合以及市场融合

技术融合是产业融合的初始阶段，也是促成产业融合的重要基础，表现在利用通用技术实现不同产业间或同一产业内的联系。中间阶段是产品业务融合即企业的生产、管理和业务以及组织流程的调整融合。产业融合的最终阶段是市场融合。

（六）从融合程度层面分为完全融合、部分融合和虚假融合

完全融合导致一个新的产业产生，原有产业的衰败和消失。部分融合形成产业间的交叉，新旧产业间形成互补或替代关系。而虚假融合则发生在产业边界，尽管有产业融合的形态，但是缺乏市场需求，且不产生新的替代或互补关系。

（七）从制度层面分为制度融合与标准融合

宏观层次的制度融合主要体现在产业管制政策和管理机构上，不同产业在市场活动中遵循相同的产业管制政策以及对现有管理机构统一改革。微观层面的标准融合主要体现在技术融合和产品设计方面要遵循通用标准。

三、产业融合的效应

产业边界的快速消失是由于产业之间的高速融合，促使企业持续创新技术，发掘新的顾客群体，满足新的消费需求。由此对经济增长和战略变革都有举足轻重的影响。

（一）产业融合推动产业创新和经济增长

因为技术外溢，企业甚至国家都要实施战略规划，采取有效行动，降低经

济环境存在的不稳定性，为经济增长助力。需要注意的是这也会使新市场进入者数量迅猛增长，市场不均衡性变大，企业不断聚集、消亡，借此来为市场添活力，加快经济增长。

（二）产业融合促进产业结构调整和转型升级

无论是单个企业或整个行业都会受到产业融合带来的重要影响，在宏观上能改变行业乃至国家的经济增长方式和产业结构，微观层面能提升企业的效率。

（三）产业融合提高资产利用率

日趋模糊的产业边界使得跨学科研究方兴未艾，建立了许多商业领域的交叉学科，有利于降低成本、提高效率，提高公用资产的利用率。

第四节　共生理论

美国生物学家马古利斯（Margulis）等人在"盖娅假说"的基础上提出了"共生理论"。该理论研究不同物种有机体之间的自然联系。该理论否定了新达尔文主义关于生命被动适应环境的假定，认为生命应主动改造环境，地球进化过程中的创新源泉是生命有机体的融合共生。由此，自然之间、人与自然之间、人与人之间形成的和谐统一的命运关系也是一种共生关系。生态学源于生物学，比生物学更进了一步，上升到了认识论和方法论的层面，是自然科学和社会科学的桥梁（Odum，1956）。20 世纪中期以来，共生理论作为一种新的研究范式，得到了社会学者的广泛应用，比如哲学、社会学和管理学领域。共生理论认为可以通过合理分工，充分利用资源循环性和上下游企业关联性来实现利益的最大化（王珍珍 等，2012）。

西部陆海新通道沿线各个城市区域属于共生发展关系，城市间相互合作、相互促进，基于新通道联结成共生体。西部陆海新通道助推着西部省（区、市）的协同发展，通过资源要素的流动合作，促进所构成的共生系统不断进化。

一、共生的概念及构成

共生（symbiosis，intergrowth）最早由德国生物学家德贝里（Anton. Debarry）于 1879 年提出，后经范明特（Famintsim）、保罗·布克纳（Prototaxis）发展完善，指不同种属按某种物质联系共同生活，形成共同生存、协同进化或者抑制的关系（Ahmadjian，1986）。《辞海》中，对于"共生"的解释也体现了这层"互利共生"含义。共生具有哲学意义，它是人类社会中人与人之间的一种相互需求、相互依存的生存状态或生存结构（吴飞驰，2002）。在人与人之间的合作过程中，共生被认为是成本最低、快乐程度最高的一种生存方式。

共生是共生单元之间在一定的共生环境中按某种共生模式形成的关系。构成共生关系有三个核心要素，分别是共生单元、共生模式及共生环境。其中，共生单元是基本的物质单位，是共生关系的主体，充当能量的生产和交换角色。共生单元相互作用的方式即为共生模式，它反映了共生单元相互结合的程度。维持共生关系稳定和协调发展的外部条件构成了共生环境，它通过一定的共生介质作用于共生单元，影响共生单元间物质、信息和能量的传递。可见，共生关系以共生单元作为基础，通过内在的共生模式和外在的共生环境发挥作用，三者相互影响、相互制约，决定了共生系统的变化规律（吴泓，顾朝林，2004）。

二、共生的特征

（一）共生是一种自组织现象

共生过程是一种自组织的变化过程，呈现出非平衡性和随机涨落性等特征。

（二）进化是共生单元发展的趋势

共生单元会按照某种联系结成共生体，在共生模式中产生新的能量，共生为共生单元提供新的演化路径，激励共生单元共同进化（陶永宏，2005）。共生单元之间的组织模式和行为模式决定了共生关系的状态，即共生系统。共生模式并不是一成不变的，随着共生单元本身的属性以及共生环境的变化会发生变化，从而引起共生系统不断进化。共生单元的组织模式是从"点共生"到"间歇共生"再到"连续共生"，直到"一体化共生"的发展过程；行为模式则是从"寄生"到"偏利共生"再到"非对称互惠共生"，直到"对称互惠共生"的发展过程。"一体化共生"和"对称互惠共生"是共生系统进化的最高阶段，也是共生单元实现共赢的最理想的状态。

（三）共生单元间合理分工是获取共生能量的主要途径

共生关系中，两个以上的共生单元"紧密工作"（Zaccaro & Hon，et al.，2003）、相互作用形成共生能量或共生绩效（Moor，1993），从而建立一种更为合理的共生模式以适应外部的变化，这依赖于共生单元之间分工的合理性。

（四）合作竞争关系是共生的本质

共生强调的是共生单元之间的相互吸引、相互合作、相互补充以及相互促进，共生具有极大的包容性、互动性和协调性（胡晓鹏、李庆科，2009）。共生的特征之一就是合作，但并不排斥竞争，共生本质是通过竞争建立更新的合作关系。合作与竞争并非一定处于对立面，它们可以是一对互补的力量，两者并存某些时候更能提高共生系统的效率。

共生这四个方面的特征有着非常密切的联系，共生单元根据成本收益和市场结构来决定是否共生发展，如果共生发展，那么采取怎样的方式开展活动，显然合理分工以及合作竞争是共生单元共生发展的原则。共生系统在两者的相互作用下不断进化，形成新的组织系统，而系统的协同演化有利于共生单元的共生发展。

三、共生模式的分类

共生模式反映的是共生单元之间作用的方式、作用的强度以及物质、信息和能量的交换关系。共生关系的外延包括共生广度、共生深度、共生组织模式、共生行为模式等。从已有文献看，学者们对共生模式进行了分类。比如，科勒瑞和刘易斯将共生模式分为互惠共生、偏利共生及偏害共生。李辉根据双方利害关系将共生模式分为偏利共生、互惠和互利共生。袁纯清将共生模式分为共生组织模式和共生行为模式，前者反映共生组织的程度，包括点共生、间歇共生、连续共生和一体化共生；后者反映共生行为的方式，分为寄生、偏利共生、非对称互惠共生和对称互惠共生四种模式。

第五节　区域协同发展理论

区域协同发展指在既定环境条件下，地区间在政策、环境、产业等方面相互依存和开放，形成发展同步、利益共享的一种协调状态（王金杰、周立群，2015）。区域之间的要素流动、信息沟通以及技术合作的联系愈发频繁和顺畅，成为区域一体化的重要特征，在区域经济系统的动态演化过程中，逐渐由封闭转向开放，这一过程应尽量避免无序、分散竞争，既要充分考虑区域的差异性又要从整体上协同发展，实现整体的利益目标。

区域分工是区域协同发展的物质基础，其体系通过空间经济自组织方式形成，而区域生产力水平形成的梯度分工也构成了空间经济自组织运动的一种特定形式。由此，区域协同理论主要包括：自组织理论、协同学理论和梯度理论。

西部陆海新通道位于中国西部地区腹地，北接丝绸之路经济带，南连21世纪海上丝绸之路，协同衔接长江经济带，与西江水道联动，支撑珠江—西江沿线临港产业转型升级，并与香港国际航运中心协同联动，推动通道沿线内陆海关与口岸海关的协同合作，因此其在区域协调发展格局中具有重要战略地位。高水平共建西部陆海新通道，是国家为优化区域开放布局、推进新一轮西部大开发、大力发展向海经济，促进中国—东盟等国家开放合作、构建人类命运共同体的一项重要举措。

一、自组织理论

自组织指不需要借助于外力干涉，仅通过系统内部的自我组织和协同分化为某一组织或趋向于某一目的。这一概念最早出现在生物学领域，A. A. 伯哥但诺夫的《组织形态学·普遍组织学》以及路德维希·冯·贝朗菲（L. V. Bertanlanffy）的《生命问题》一书均阐释了组织结构内部演变的各种规律，构建了自组织理论以及一般系统论。

自组织子系统的竞合作用是自组织得以演化的基本动力，其发生必须具备以下几个条件：一是系统是开放的，且持续输入负熵，这是与外界进行信息、能量和物质交换的通道；二是系统能产生新的稳定状态的随机涨落，这一非线性的不断催化叠加的作用，能够加速新事物取代旧事物，建立一个新的秩序；三是系统的外部环境适宜，既要保持一定的稳定性，否则系统会有解体的风险，又要有所变化，以便使得系统能够产生足够的动力去合并和分化一些子系统，加快系统的相互转化，从而产生新的系统结构。

市场经济系统具有自组织系统的基本特征。经济系统自组织的思想，可追溯到亚当·斯密"看不见的手"原理，市场自行组织生产而无须政府干预，价格机制发挥作用，瓦尔拉也有相似观点。马歇尔在其《经济学原理》一书中提到系统生物学中的进化思想对于研究经济学大有裨益，哈耶克在"人类合作的扩展秩序"基础上，指出市场运行的有机属性与自组织属性。科斯在其论文《企业的性质》中也揭示了企业的自组织行为。钱德勒在《看得见的手》一书中进一步阐述了美国的企业制度，并证明了科斯的观点。道西认为经济系统的自组织，是指在一个经济系统中的某种秩序，由制度、经济活动和技术进步三者自主形成。改革开放初期，我国学者开始在对社会主义经济体制的探索中揭示经济系统自组织的作用，并用于当时的市场经济体制改革。随着市场经济的发展，人们对市场经济的自组织属性有了更深入的认识。

二、协同学理论

1971 年，德国物理学家赫尔曼·哈肯（Hermann Haken）提出了协同的概念，奠定了协同学的理论框架。协同学（Synergetics）属于自然科学和社会科学的交叉学科，主要研究系统内部各个子系统的空间结构、时间结构或功能结构，以及子系统之间如何实现协同合作。这一过程既可以是确定的，也可以是随机的，涉及非平衡系统中的有序结构和平衡系统中的相变过程。协同学认为，就算是非生命物质也会在混沌状态中自发产生新的组织结构，并通过输入能量来维持这一结构，并且具有普遍规律，个别部分会按一定的方式协同运作。

协同学将自组织的演化过程视作一种非平衡的相变，并且去研究这一过程是如何发生的，在哪一个时点发生，相变前后系统性质、功能有无改变，发生了哪些改变，可否用定量的方法将其刻画出来。协同学最重要的两个基本概念是支配和序参量。序参量是指一个或者少数几个对整个系统的结构演化具有支配作用的变量。协同学按照以下步骤来处理自组织问题：首先，通过线性稳定性分析确定稳定模型或不稳定模；其次，使用支配原理消去稳定模型并建立序参量方程；最后，求解序参量方程，从而得出系统的宏观结构。总之就是依据支配法则来求解具有支配地位的序参量的过程，通过控制参数让系统失稳，然后建立新的稳态，从而解出方程。哈肯指出，在线性失稳序参量的出现和支配原理的适用性之间，存在着最为重要的内在联系。协同理论指出，系统内部或者不同系统之间存在竞合关系，可以通过协调和同步来推动整个系统的平稳运转。目前协同学逐渐运用于经济学交叉领域，体现了该理论极强的适应性。

西部陆海新通道能够积极促进新通道沿线交通、商贸、物流、产业的深度融合与协同发力。例如，在《西部陆海新通道总体规划》中提出，发挥毗邻东南亚的区位优势，统筹国际国内两个市场两种资源，协同衔接长江经济带，以全方位开放引领西部内陆、沿海、沿江、沿边高质量开发开放；有效发挥西部陆海新通道衔接东南亚地区和中亚及欧洲地区的陆桥纽带作用，统筹协调铁路班列和长江航运的运营组织，提升铁水联运组织效率，促进通道与长江航运协同发展。

三、梯度理论

杜能（Thunen）于 1826 年提出了农业梯度理论，随后韦伯（Weber）、马歇尔（Marshall）在此基础上揭示了工业最优区位以及产业集聚的机理，指出由专业化投入、劳动力共享以及知识外溢所导致的外部规模经济可以让企业集聚，这一区位称为"高梯度区"，离中心区域距离越远，外部规模经济越不明显，处于"低梯度区"，形成了梯度思想。之后的费农（Vornon）、克鲁默（Krumme）和海特（Hayor）等人进一步发展了该理论。

梯度理论认为，产业结构的优劣决定了区域经济发展兴衰，某地区的主导产业结构合理、处于创新阶段，则该地区为高梯度地区；反之为低梯度地区。极化和扩散效应是区域梯度转移的原因。高梯度区域通过极化效应对低梯度区域产生吸附作用，而高梯度区域相对落后的产业又向低梯度区域扩散，推动低梯度区域经济发展，由此形成生产力或技术转移的区域协同发展格局。

有的学者认为梯度理论有可能出现相反的效果，提出了反梯度理论（郭凡生，1986；刘茂松，1992；陈国生，1999；方然友，2000）。反梯度理论认为，从高梯度区转移出去的技术或产业都是已经进入衰退阶段的技术和产业，这种梯度转移使得高梯度区可以集中资源发展新技术或新产业，但是低梯度区只能承接相对落后的技术或产业，有可能会进一步加剧区域间的差距，同时低梯度区的发展路径只能是对高梯度区的简单模仿，忽略了区域发展模式的多元性以及区域政策的影响。该理论还认为，区域间的技术梯度与生产力发展状况以及技术引进或区域开发的顺序有可能相背离，因此选择顺梯度推移或是逆梯度推移需要根据经济发展的需要来决定，不能给定单一的梯度推移方向。此外，不应该过分强调工业产品生命周期的普适性，低梯度区也会因为某些资源丰富形成相对优势的条件，可以实现跨越式发展。

西部陆海新通道建设为沿线城市扩大产业集聚规模、促进产业梯度转移带来新的契机。以重庆为例，伴随着发展阶段的提升，重庆市劳动力、土地及环境成本不断上升，部分产业已经开始向外梯度转移，转移的产业主要集中于加工工业和低端劳动密集型产业。而"新通道"沿线的发展中国家及欠发达地区逐步由传统农业社会向现代工业社会转型，对基础设施建设及初步工业化有很大的需求。面对重庆市的产业转移，"新通道"沿线发展中国家及欠发达地区将获得巨大的发展机遇。相比重庆市，广西、贵州两省区的劳动力、土地等生产要素具有比较优势，而这些地方政府也提供了大量的优惠政策，因此广西、贵州等地是重庆市汽车零部件、家电等劳动密集型传统制造业进行对内产业转移的首选①。

---

① 强宁娟，张金萍. 以共建"西部陆海新通道"为契机 推动重庆市产业结构升级 [J]. 经济研究导刊，2020 (17)：53-54, 62.

本章小结

本章涉及的理论主要包括：通道经济理论、产业集聚理论、产业融合理论、产业共生理论以及区域协同发展理论。通道经济源于点轴开发理论，建立在佩鲁的增长极理论、松巴特的生长轴理论以及克利斯泰勒的中心地理论基础上，通道经济发展以中心城市相连接，以交通干线为依托，通过点与点之间跳跃式配置资源要素，进而通过轴带的功能，促使各节点间、产业间建立密切联系，对整个区域发展发挥带动效应。"点""轴"这种联系主要体现在产业集聚、产业融合、产业共生以及区域协同上。产业集聚作为一种独特的产业组织形式，对区域经济增长影响主要是通过产业集聚效应来实现的，这些集聚效应可以产生经济的规模效应，具有更强的创新能力和技术扩散能力。多种产业或聚集一起或相互渗透影响，共同发展，最后交叉融合为新的产业。产业融合本身是一个复杂的动态系统，是分工对立到融合共生的演进结果，这与共生理论所强调的多元交互有相通性。区域经济协同发展过程，具有明显自组织特征，在开放环境条件下，区域及区域经济组织具有耗散结构的组织特征，因此可以用自组织理论和协同学理论解释区域协同发展。此外，梯度理论也指出，在区域经济发展过程中，打破行政界限，消除区域间的市场壁垒，促进生产要素的有序流动，实现区间产业的梯度转移，建立专业化的分工体系，从而更加有效地配置区域资源，促进区域经济协同发展。

第四章 西部陆海新通道与产业融合发展的驱动机制

西部陆海新通道与产业融合发展主要体现在产业竞争力、产业集聚、产业开放发展、产业升级、产业创新发展及产业绿色发展六个维度，如图 4-1 所示。

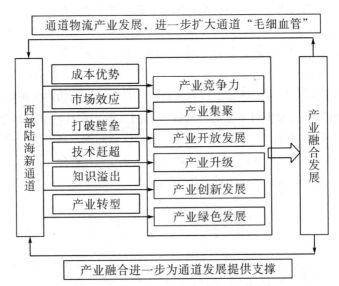

图 4-1 西部陆海新通道与产业融合的机理

具体来说，正向作用方面：西部陆海新通道建设发展，有利于推动运输成本下降和促进生产要素移动，并由此成为通道沿线产业集聚一般性趋势的"路径依赖"，推动沿线现代产业竞争力提升；以提升通道沿线运输能力为手段，改善通道区域沿线的区位条件，以通道流通经济带动贸易、投资和产业发展，促进人口流动和资源配置优化，吸引产业向通道沿线增长极聚集，从而形成通道经济发展模式；通过陆海新通道进一步促进双循环，打破区域贸易壁垒，实现产业开放发展；西部陆海新通道在为中国企业对外直接投资提供机遇的同时，进一步地促进了中国的产业升级；基于通道沿线的知识扩散与技术溢出，推动通道产业创新发展。反馈作用方面：产业融合发展扩大了通道物流需求，为西部陆海新通道发展提供支撑，并进一步扩充通道"毛细血管"。基于以上促进机理，本书提出了通道与产业融合发展的基本动力、内生动力及融合动力。

第一节　基本动力——要素流动

土地、技术、资本、信息以及劳动力等生产要素是区域经济空间的物质内容和运行载体。不同国家和地区所拥有的要素禀赋都是非均衡分布的，这客观上为跨境、跨地区的经济合作提供了动力和前提。要素的"稀缺性"和"逐利性"促使其在特定的地理空间内不断交换、联系，最终实现高效配置。有序、自由的要素流动有利于经济空间资源禀赋的价值实现与增值。同时，新经济地理学研究发现，企业层面的规模经济、运输费用和要素流动之间相互作用可导致空间经济结构的产生和变化。相应地，空间经济结构的产生和变化又可以为要素的集聚和扩散不断提供稳定的动力机制，从而为区域经济向一体化等高阶方向发展做好准备。

西部陆海新通道对沿线区域要素流动的影响主要体现在如下两个方面：一是西部陆海新通道扩大了要素流动的潜在空间范围。脱离具体的经济时空，任何人或组织都不可能存在。经济主体既受经济时空的约束，也可以能动地对经济时空加以作用。西部陆海新通道建设显著压缩了时空，打破了由于空间距离遥远或运输时间过长造成的地理分割格局，加强了沿线省市之间的经济联系，提升了省市间交流的频率，扩张了要素自由流动的空间范围；二是西部陆海新通道会对要素的流动方向产生影响。交通走廊的建设和交通基础设施的完善会显著提高沿线地区可达性水平，使沿线区域的区位优势能够得到最大限度发挥，打破区域经济的系统原始平衡。在这种情况下，劳动力、资本和技术等要素将不断沿着交通走廊集聚。随着聚集程度的加强，最终将形成以交通网络节点为核心的经济圈及以交通走廊为核心的经济带。当集聚规模增加到一定程度时，为了避免出现集聚不经济现象，要素将向运输流通便捷的方向扩散。

西部陆海新通道沿线省市往往具有明显的政策倾向性，是未来区域的主要发展目标，具有较强区位优势。要素的趋利性促使要素向区位优势明显的西部陆海新通道沿线省市集中，促进相关优势产业的发展。要素的转移、流动与交换过程把地理空间分散的经济活动统一到同一个网络中，从而使经济活动有组织、有效率地开展。与优势产业密切相关并具有强烈依赖性的企业也开始向着沿线省市集聚，融入西部陆海新通道中，以降低运输成本和生产成本，增强与相关产业的互动频率，最终驱动产业融合发展。一方面，企业聚集在一起，互为市场，相互提供原材料、生产设备与商品，既可便利生产合作，稳固供销关系，又能大大压缩运输和销售成本，有利于提升产品的生产效率；另一方面，企业的聚集会引发劳动力、技术人才与管理精英的聚集，节省了搜寻人才的成本。产业的集聚有利于信息的传播，便于培育出更加专业化的供应商。产业集聚所产生的外部经济也将进一步提高沿线区域的劳动力吸引水平。西部陆海新通道通过密切区域间的联系使发达的中心城市的辐射与扩散作用不断加强，有助于促进区域间的分工合作，实现产业规模的扩大及产业结构的优化。如图4－2所示：

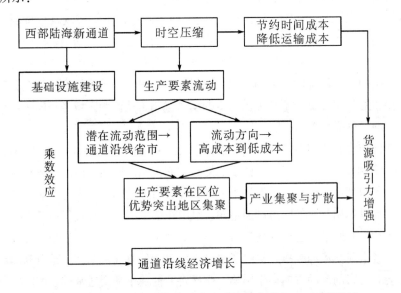

图4-2　西部陆海新通道推动产业融合基本动力——要素流动

综上所述，西部陆海新通道推动产业融合发展的原因在于，经济本质要求要素流动以及控制流动成本。在同一区域内，要素的流动成本是经济发展的核心问题，同时也是西部陆海新通道产生与发展的根源。作为推动产业融合发展的基本动力，要素的自由流动不仅成为发展西部陆海新通道的主要目的，同时也充实了西部陆海新通道的发展内容。

一、基础设施推动机制

（一）投资拉动

1. 国内投资

由于交通基础设施建设具有成本较高、周期较长等特点，所以在建设过程中能够持续带动沿线地区的经济发展，此外还能促进地区资金流动，如政府投资、外商直接投资和社会资本投资。交通基础设施是一种准公共物品，它的建设需由政府投入大部分资金。同时，交通基础设施的建设也将带动周围地区的电力与照明等配套基础设施的建设，进而吸引更多的社会资本流入。在此过程中，市场开放度越高，经济主体越活跃，民间投资就越积极。民间投资的活跃程度影响资本跨区域流动以及产业集聚。

资金的流入具有显著的正外部性或者溢出效应，不仅可以通过收入效应刺激内需，还可以优化外部市场环境，如交通、能源与信息等，改善企业和消费者的消费环境，有效地推动了消费市场的整合，从而升级消费结构，形成新的产业业态。

2. 对外投资

交通基础设施不仅连接国内各地区，可以形成国内通道，而且可以形成"国际通道"，将其他的国家联系在一起，构成"外循环"组成部分，比如"一带一路"建设。因此，国内沿线地区的企业可以通过"顺梯度投资"和"逆梯度投资"实现产业升级和融合。所谓的"顺梯度投资"，即对发展相对较为落后国家所进行的投资，将其优质富余产能转移到更低梯度的国家，为国内具有发展潜力的产业让渡资源，给新兴战略产业的发展创造机会，还可以通过相对优势获取投资收益，实现产业升级和融合。而"逆梯度投资"则主要是指对发展水平较高的发达国家所进行的投资，可以通过跨国并购技术领先的企业，利用共享研发资源、结成技术联盟等方式进行研发创新，通过技术创新来提高生产效率以保持竞争力，为产业升级和融合创造条件。

（二）资源配置优化

区域之间的要素资源自由流动和合理分配是实现产业结构优化及产业融合的关键。但是，我国各地区长久以来处于一种市场失灵、资源错配以及恶性竞争的状态，造成市场分割、地方保护主义和行政壁垒等问题严重。基础设施建设可以实现地区间资源的合理分配、优化产业结构。低成本源于优越的位置以及与之相匹配的低成本运输方式，高效率则基于更短的运距或更高效的运输方式，这两种比较优势均可经由基础设施建设改善区位而形成。一方面，基础设施建设有利于完善交通运输体系，通过极化作用，将各种优势的生产要素聚集到中心城市，从而推动产业聚集和产业融合。另一方面，基础设施建设能够促进资源要素在地区间的自由流动、优化地区营商环境、清除市场的分割、减少地区间货物的流通费用。

1. 劳动力流动成本

在产业内部和产业之间流动的劳动力将支撑产业融合发展。根据配第-克拉克定理，劳动力会随着经济的增长从低收入行业转向高收入行业，如果其他行业的收益超过了劳动力的整体转移成本，那么，这些劳动力就会转向其他行业。交通基础设施建设不仅能够缩短人们在地区间的出行时间，还能为人们提供多样化的交通工具，从而克服了劳动力在地区间流动的障碍。

2. 要素流动成本

克鲁格曼指出，在运输费用较高的情况下，制造企业更倾向于将工厂选址定在靠近市场的地方。一般情况下，市场潜在规模越大、与周边区域市场联系越紧密的区域，越有利于形成产业聚集。然而，交通运输成本的降低却可以减弱对市场的依赖性，企业在选址中不仅要考虑与市场的距离，还要看是否存在规模经济的效应。交通基础设施建设，无疑是推动运输成本下降和促进生产要素流动的重要因素，并由此成为交通沿线产业集聚一般性趋势的"路径依赖"以及沿线产业竞争优势培育和产业融合的根本动因。产业聚集使得工业生产的规模经济效应增强，在要素流通成本降低的同时，消费者需求也在扩大，使得产业融合的速度加快。

（三）技术创新驱动

新古典增长理论指出要促进经济发展、提高生产力，技术创新是决定因素。技术创新是产业创新的支撑，创新能力提高可以促进产业内部的优化升级，推动产业专业化分工，加快产业结构从低端升级为中高端。产业创新是一个系统过程，是产业内的企业群体相互协作、共同作用的结果，是技术创新等多个要素共同形成的网络系统。产业创新推动产业向外扩展，这主要表现为产业创新导致产业的结构发生变化，使得产业的形态发生变化，扩大了产业的边界，为产业融合提供条件。

一方面，产业创新和融合需要良好的创新环境，这是技术创新活动的支持条件与保障性因素。基础设施建设可以提升地区经济增长，形成新产业，提升地区的创新硬环境；同时将推动区域间交流，使得先进地区的法律法规、知识产权制度等软性制度在落后地区实施，改善区域创新的软环境，提升区域创新绩效。

另一方面，基础设施建设通过规模效应、网络效应，能够实现技术扩散和产业集聚；通过企业间合作研发与人才交流等能促进行业间的要素流动，加强产业链在不同生产环节的相互协作，提高技术水平、生产效率等。科技人才的流动过程中，将会产生知识的溢出。因此，基础设施建设所产生的技术溢出效应能直接转化为企业的生产与创新活动，为产业融合奠定物质基础。

在产业创新中，一些隐性知识也是创新的基础，其从创新活跃地区向不活跃地区扩散。基础设施建设也将为产业带来更广泛的融合效应、关联效应，通过外部性不仅使人们更容易获得技术和知识，还让技术和知识在地区间的创新体系中充分流通，这既可以促进技术和知识的传播，又能为创新成果转为实际生产力提供保障，并通过创新动能的转换，为产业融合提供驱动力量。

二、分工边界拓展机制

一是分工与集聚的动态良性循环。一般情况下，生产要素都是追求利润的，并且会从低价区域向高价区域流动。在市场机制下，生产要素的自由流动将会被分配到利益最大化的地区，使某地区产生高收益的预期，从而会吸引生产要素进入。要素的流动，使劳动者和就业机会互相吸引，缓解了不同地区的要素紧缺。在关联效应、后市场和知识外溢的影响下，要素流动的初始区域差异被拉大，从而形成了产业集聚。分工是指专业化生产，而专业化会提升生产效率，从而促使产量的增长，带来报酬的增加，进而促进了经济活动的空间集聚，集聚会使分工利益得到充分体现。没有分工就没有集聚，集聚是分工的空间组织形态（梁琦，2009）。一旦集聚起来，就会通过扩展市场的广度和深度来打破市场的局限，从而推动分工的动态演化，实现分工的利益。集聚通过市场作为中介，促进了分工的深入，而分工则是以报酬递增为中介，维持并且强化集聚效应。二者是一种良性的正反馈循环，相辅相成。要素集聚促进了分工的专业化、区域间的产业融合。

二是外部性与集聚的循环累积。外部性是指一家企业在与其他经济活动相邻的情况下获得的利益。要素集聚产生的外部性导致了规模报酬的递增、集聚租的增加，从而推动了经济的发展。而经济增长则通过创新实现了空间集聚，快速增长区域会吸引更多的可流动要素，从而改变市场规模（梁琦，2009）。市场规模大的地区通过循环累积因果效应，促进了本地市场的产业集聚，而且产生内生空间差异，从而影响到产业的区域位置。外部性可以划分为两种：一是技术外部性；二是金融外部性，而集聚是二者一起发生作用的结果。金融外部性即是在集聚地区的关联产业利用价格机制来使企业成本下降。大量研究表明集聚是生产要素跨区域流动或企业间投入-产出关联与本地市场效应互动的结果。技术外部性以技术的交流与技术的扩散为基础，企业之间并不必然具有投入-产出或交易的关系，这取决于产业集聚的形态。一类是专业化集聚，即马歇尔外部性；另一类是多样化集聚，即雅各布斯外部性。不管哪种外部性，均能带来持续的知识外溢和扩散，推动产业融合。

三是要素多样性与集聚的因果循环。要素集聚既能增加生产要素的供给，又能促进生产要素的多样性。生产要素和企业的集聚程度越高对距离影响越弱，从而促进人与人之间、企业之间的沟通。劳动力多样性将有利于吸引更多企业在城市集聚，价值、观念与思想的不同会激励员工和企业进行变革，从而提高生产力，导致人口集聚。人口越多就为知识溢出、集聚提供了越多的渠道，知识交流模式将更加专业化，效率越高。中心区域对熟练工人的吸引力较大，因此，在整个供应链层面上占有较大的份额。资本多样性可以推动产业间的分工和融合，使区域产业系统更加健全，进而增强区域经济的稳定性，促进产业的升级，增强区域竞争力和要素集聚力。技术多样性提高了资源的开发和利用以及产品的广度和深度，不仅可以促进分工协作，而且可以扩大产品市场，通过规模效应来促进产业的集聚。所以，集聚增加了要素的多样性，而要素的多样性又通过创新、知识外溢、报酬递增等方式吸引了资源的集聚，从而促进了产业的分化和重组。

第二节　内生动力——制度通道

制度的形成、演化和创新是空间经济结构产生、发展的重要推动力量，同时也是西部陆海新通道等跨区域合作得以持续健康发展的重要保障。西部陆海新通道建设的发起、功能的不断完善和提升，一定程度上可以理解为制度创新与制度变迁过程。著名经济学家诺斯认为，制度创新形式的选择取决于成本与收益的比较。制度外的潜在利润是进行制度变迁的根本动因。新制度经济学的代表人物科斯提出，人类在社会生产中存在生产费用和交易费用，各国市场的分割以及主权国家所采取的不同限制政策，如关税和非关税壁垒等在限制产品和要素自由流动的同时，也使跨境经济活动承担了较高的交易费用。为了克服跨境经济合作所面临的困难和障碍，控制交易成本，制度通道的构建被适时地提出并在实践中不断修正和完善。在"一带一路"框架下，西部陆海新通道由兰州，途经重庆、贵州等西部省份，南下到广西北部湾（钦州、北海、防城港），由北部湾出海至新加坡，这样就将"丝绸之路经济带"与"21世纪海上丝绸之路"和"中南半岛的经济走廊"有机衔接起来。中国西部地区与"一带一路"共建国家正是依托南向通道，可以实现产能，市场、劳动力等要素共享，实现沿线省份和国家的市场整合，有助于中国西部地区更快捷地融入世界经济一体化网络，加快西部地区的开放发展。由于不同产业之间存在着进入壁垒，这使不同产业之间存在着各自的边界。美国学者施蒂格勒认为，进入壁垒是新企业比旧企业多承担的成本，经济性管制是形成不同产业进入壁垒的主要原因。西部陆海新通道促进沿线地区市场整合加深，降低壁垒，促使其他相关产业的业务加入本产业的竞争中，从而逐渐走向产业融合发展。同时，西部陆海新通道的建成与发展，将进一步取消和部分取消对被规制产业的各种价格、进入、投资、服务等方面的限制，为产业融合发展创造了比较宽松的政策和制度环境。制度通道包含了不同的通道要素，如观念通道、政策通道和措施通道。在西部陆海新通道建设过程中，制度通道的建设与完善可以为参与沿线省市传递必要的信息，促进彼此间的有效信任，实现货源运输优势互补，推动产业融合发展。通过制度的转型与创新，人口、资本、信息等经济要素得以更为便捷地在西部陆海新通道内进行流动和重组，不断消除相邻省市间的"边界屏蔽效应"，促进产业融合发展流通。同时，制度通道的创新与完善也有助于抑制和约束沿线省市固有的"自利"本能，减少"远期无知"，经济要素的集聚效应、扩散效应得到充分释放，沿线省市在西部陆海新通道建设过程中实现共赢。

一、沟通协商机制

打破行政区划的界限，在更大规模的资源分配中，共享所带来的经济效益是所有企业参与到区域产业协调发展中的根本动因。共赢是合作发展的先决条件，而利益分享则是合作的基本动力。在协调发展过程中，各方应充分磋商，找到共同的利益范围，并以制度化的方式对其进行规范，从而实现稳定、平衡的协作关系，合理分享成果。为此，必须强化中央层面的制度供给，构建纵向与横向协同体制。一是由中央到地方的纵向协同体制。要在中央层面建立跨地区协调机构以便制定区域总体规划和预算，统筹安排实施地区产业发展布局，协调地区经济利益，调解地区间的矛盾纠纷；二是在地方政府间建立横向的协商机制。可以通过制定定期会商机制，讨论各地区的产业发展规划、发展衔接等问题，共同决定区域内重要建设项目。各职能部门要建立有效的跨部门协调机制，确保上级政策的实施。

目前，西部陆海新通道已形成多层级议事协商机制。其中，国家层面是由国家发展改革委牵头，14个国家部委、5个主要省（区、市）、3个央企组成的省部际联席会议；地方层面是由重庆牵头，覆盖西部12省（区、市）、海南省和广东湛江市的"13+2"省际联席会议，并设立西部陆海新通道物流和运营组织中心，为实现"共商、共建、共享"提供重要保障。在此基础上，西部陆海新通道设立跨区域综合运营平台——西部陆海新通道运营有限公司，由重庆、广西、贵州、甘肃、宁夏、新疆、湖南等省（区、市）合作共建，并同步成立重庆、贵州、甘肃、宁夏、新疆、湖南等区域子公司，按照"统一品牌、统一规则、统一运作"原则推进通道建设。

二、利益共享机制

由于经济发展、环境管理的压力和责任，各地区倾向于寻求地方利益和局部利益的最大化，而缺少利益驱动的合作协议，往往只是纸上谈兵，不能保证有效的执行。产业项目在不同地区间转移，客观上具有外部性，将会对迁入地的经济发展有一定的促进作用，但对迁出地的发展在短时间内会有一定的消极作用。在没有充分激励的情况下，转出地的实际转出项目数量将会比社会最优水平低。所以，要实现各地之间消除以自我利益为导向的发展模式，必须建立合理的利益分配机制，构建共同的利益区间，再根据地区发展需要，积极与其他地区开展合作，从而产生内生合作动力。

地方政府的主要收入来源是税收，而财政收入则是衡量地方政府的一个重要指标，也是西部地区协调发展的一个重要保证，所以地方政府的利益就主要体现在对税收的争夺上。要彻底摆脱"一亩三分地"的思维枷锁，打破"分灶吃饭"的现行财政模式，必须通过制度创新，构建合理的"共享"税制。通过合理分配产业转移所得的税收，可以防止地方政府在竞争中采取地方保护主义。对以政府为主导的产业转移项目，在限定的时间内实行税收共享政策，确定转入、转出地的税收政策，合理分担税收比例；通过税收优惠、财政贴息等方式，有针对性地扶持新能源、生物医药等新兴产业；健全地方税收制度，构建区域协调的预算制度，根据产业规划合理配置预算资金，建立财政预算与地区发展目标和重点发展方向的直接关系；建立区域发展基金、公共财政等制度，以达到区域财政的统一安排。

三、成本分担机制

地区间产业的协调发展要实现成本与红利的平衡，需要使成本的支出得到相应的补偿，特别是在基础设施建设和绿色发展方面，还需在地区间构建合理的费用分摊体系。

基础设施建设不仅是促进地区经济发展的基础和核心，还支撑着地区经济与社会协同发展。建立起一个现代化的交通运输网络体系是区域协调发展的重点。但是，由于受到行政区划的制约，存在诸如基础设施的外部性、"搭便车"等问题，这些造成了区际基础设施建设的严重短缺。对地区间合作的基础设施项目，在合作之前要进行全面的磋商，合理划分项目的产权和利益分配，提高政府对公共基础设施的供应；按收益确定费用分配原则，并按有关比例核定；建立地区间基础设施建设的统一标准。另一方面，践行绿色发展的理念也是区域协同发展的重要部分。各地区要建立合理生态补偿机制，在产业发展上，优先支持绿色清洁生产，积极推动传统制造业的绿色改造，更新技术设备，建立符合"双碳"目标的绿色产业体系。

第三节　融合动力——价值链协同和重构

一、传统产业与传统产业融合

相对于新兴产业而言，传统产业指的是产业发展进入了标准化或衰退阶段，在产业的生产核心环境缺乏创新能力，价值增值能力不足，处于价值链低端的劳动密集型产业。传统产业以制造业和服务业为主，增值环节处于价值链的中下游。传统产业和传统产业的融合大致可分为三种：传统制造业与传统制造业、传统制造业与传统服务业、传统服务业与传统服务业。

由于传统制造业与传统制造业、传统服务业与传统服务业的融合，在商业运营模式上并无新意，并且在产业融合中无法充分发挥优势，不做讨论。我们主要探讨以传统制造业与传统服务业为主的传统产业的融合。制造业和服务业融合是指二者相互渗透、界限不断模糊，形成具有制造业和服务业特色的新兴产业形态。融合的本质是在价值链的各个环节中相互渗透、延伸、重组，逐步形成能够产生具有更大竞争优势的价值链，从而直接产生价值。一方面，制造业把一些基础生产活动和服务结合起来，使它们能够以低成本、高效率的方式进行信息、知识的交流；另一方面，制造业把辅助活动与服务业结合，使企业的专业技术水平不断提高，充分发挥专业化分工效应。在此过程中，产业价值链的重新组合，并非将两个产业的价值活动进行简单叠加，而是将两个产业的所有价值活动有效地结合起来，并通过对所有的利益主体进行最优化整合，实现最优的制度安排，进而让产业融合达到功能放大的效果。新的融合产业整合了原有的两个产业的价值链，充分发挥了两个产业原本的优势，使其内容更加丰富、增值环节更加多元化、竞争优势更加明显。

二、传统产业与新兴产业融合

新兴产业的产生分为两种情况：一是有了技术的突破，比如纳米技术、太阳能技术为市场提供了新的产品和服务；二是属于累积性的创新，比如电动汽车、智能手机等行业是从原有传统行业中延伸出来的新产业。新兴产业和传统产业之间的融合，会因为各自的核心产业不同而产生融合差异，分两种情况分析：

1. 以传统产业为核心

新兴产业渗透、延伸到传统的产业链，会导致其在国民经济中所占的比例加大，从而在制造、销售等各个领域，对原有的传统产业进行全方位的提升，使得原本已经丧失竞争优势的劳动密集型产业转变为具备竞争优势的资本密集型或技术密集型产业。在产业链的上游，如新兴技术、研发、设计等环节，对传统制造业进行加工、装配等活动的渗透与改造，推动生物工程、信息技术、超导技术等新兴技术进入传统制造业，产业的边界会出现交叉、消失，传统产业甚至会发生分化、重组，从而激发出新的核心竞争能力和创新能力。融合后的产业重心转移到了产业链的上游，提高了产业的附加值。

与生产性服务业融合，可以降低新兴产业的生产成本，为新兴产业发展提供良好稳定的创新服务。也就是说，从价值"制造"到"创造"的新兴产业，其价值链的升级依赖于生产性服务业的创新服务，如资金流、信息流、知识流等，而新兴产业的中间需求则扩大或提高了行业的规模和知识密度。进行融合后的产业核心是产业链的中上游，产业增值能力增强。

2. 以新兴产业为核心

如果新兴产业作为融合的驱动方，那么与传统产业的融合效果并不显著。因为产业链的核心价值环节是由新兴产业主导产品的生产而形成的。在竞争的核心环节，提高产品竞争力和降低成本是企业的首要任务。传统产业的竞争优势并不显著，如果将传统产业与新兴产业融合，将会限制新兴产业的研发和创新能力，从而增加企业的研发成本。一方面，市场不确定因素增加，不利于传统产业发展；另一方面，传统产业不但不能充分利用其自身的优势，还存在着创新能力弱、成本高等问题，可能导致新兴产业发展缓慢。此时，应该要反其道而行之，将传统产业从融合产业中剥离出去，开展专业化分工。新兴产业将某些环节外包给剥离出去的传统产业，从而提升增值能力。

三、新兴产业与新兴产业融合

相互融合的新兴产业导致了新产业的产生和扩张，在此过程中，原有价值链发生了解体、重构，同时新价值链产生。新的价值链将会吸引更多的企业加入，产业间的技术外溢效应使得原有产业链分解，新进入的企业参与到新的价值创造体系中，改变了传统的经营模式，实现了产业链间的重构，我们把这个称为新的产业融合型价值链。

一方面，新兴产业在研究开发和制造流程中不断创新技术，这些新技术在其他产业的各个环节中的应用可以极大地提高其他产业的研发效率。另一方面，产业组织的持续发展，形成了共同的技术基础，从而实现了技术的融合。融合后形成的新兴产业组织将会兼顾不同产业的优势，使产业在整体上获得更高的设计、研发能力。融合后的核心产业价值向价值增值高的区域攀升，产业链向研发、设计环节延伸，将打破传统产业链的局限，形成新的产业形态，从而使企业的价值创造能力和增值能力有更大的提升。

本章小结

机制用于从不同侧面描述经济社会关联主体之间各构成要素的功能、相互关系及其运行变化的规律和调节的方式。西部陆海新通道与产业融合的机制主要体现在：要素集聚及制度通道。首先，交通基础设施的建设可以带动区域投资的增长，而西部陆海新通道作为一个开放型通道，同时也可以提升对外投资的质量。由于投资"激励"和"挤出"同时存在，因此基础设施投资呈现出显著非线性特征。基础设施的完善不仅降低了要素流动的成本，优化资源配置，而且能促进技术外溢和知识共享，有利于产业结构调整和产业融合。要素集聚产生循环累积因果效应，形成产业区位；特定区位的要素集聚达到一定规模后产生拥塞效应，驱动产业转移；要素集聚与分散产生资源空间配置效应，形成多层级中心-外围的产业空间结构。进一步地，为建立良好的产业空间联系，必须建立跨区域协调机制，比如沟通协商、利益共享和成本分担。产业融合的过程就是价值链的分解与重构的过程。由于融合模式的不同，融合后的核心区域价值也会产生差异。传统制造业和传统服务业的融合，价值增值变化不大；新兴产业融合到传统产业，提升了价值增值能力；而传统产业融合到新兴产业，反而效果减弱；新兴产业与新兴产业的互动融合效果最好，能够让产业价值链向上游移动，乃至突破原有的产业边界，发生根本性的创新，价值增值能力大幅提升。

第二篇

实证篇

第五章 西部陆海新通道与区域产业竞争力

从市场的角度看，竞争力指市场主体在市场竞争中相较其竞争对手更有占领市场、获取利润的能力。竞争力是市场主体赖以生存发展的基础，依据主体不同可分为企业、产业、区域或国家三个层面的竞争力。基于研究需要，本书所研究的产业竞争力，指的是区域产业竞争力，即以区域产业发展为依托的区域经济在与其他区域的竞争中占领市场和获取收益的能力。

产业竞争力即产业的竞争优势，包含现实和潜在的竞争优势，其来源与构成众说纷纭。裴长洪（1998）认为产业竞争力是产业比较优势和一般市场竞争优势的结合；盛世豪（1999）认为产业的供给能力、价格能力、投资盈利能力等综合能力即产业竞争力；迈克尔·波特（2002）指出经济环境、组织、机构与政策在产业竞争优势中所扮演的角色决定竞争优势的大小；张超（2002）认为，产业竞争力是同类产业间效率、生产能力、创新能力等的比较，及其在自由贸易环境下的竞争力；金培（2003）提出，资源禀赋差异和企业竞争优势的共同作用，决定着产业竞争力。整体而言，产业竞争力既受到经济体制、政府战略、经济环境、政府行为等方面的影响，同时亦受到产业发展阶段、结构、产业集群等中观因素的影响以及企业能力的因素影响（陈颖，2009），本书拟从经济环境、要素、科技等因素进行产业竞争力评价与分析。

第一节 西部陆海新通道促进区域产业竞争力提升的机制

一、形成区位优势，吸引现代产业集聚

区位优势是产业竞争力的一个重要维度。产业升级和现代产业发展的重要基础在于专业化和分工的纵深发展。拥有区位优势意味着在特定区域内具有低

成本或高效率比较优势，进而在专业化和分工中更易于占领市场，提升产业竞争力。低成本源于优越的位置以及与之相匹配的低成本运输方式，高效率则基于更短的运距或更高效的运输方式，这两种比较优势均可经由通道建设改善区形成。经典区位论对区位竞争优势与产业发展的关系进行了充分阐释。杜能（1926）的农业区位论指出，同种农产品地租收入随市场距离和运费增加而减少，不同运费率农产品围绕市场呈圈层发展。韦伯（1906）的工业区位论提出，区位因子决定生产场所，运费作为基础性区位因子吸引工业生产聚集，进而勾勒出各地区工业基本格局。西部陆海新通道建设以成渝和北部湾地区为重点，北连"一带"、南接"一路"，是西南、西北腹地内联外引的重要依托，同时也是广西深度落实"三大定位"的重要抓手，有助于全面提升广西区位优势，基于此，要求基于低成本、高效率，产生产业集聚，推动现代产业发展，实现产业、人力、科技集聚，提升现代产业竞争力。

二、增强极化与核心作用，优化现代产业布局

从产业布局理论视角看，西部陆海新通道建设促进现代产业竞争力提升的机制可用增长极理论和核心-边缘理论解释。佩鲁（1955）提出了增长极理论，认为具有创新能力的主导产业集聚区，会以较快速度优先发展，形成增长极，作为主导产业的推进型产业不断扩大自身规模并带动其他产业和相应区域发展。增长极的形成条件在于具备创新能力的主导产业以及良好的产业发展环境，包括由资金、机器设备等构成的硬件环境和由熟练劳动力、优厚投资政策等构成的软环境。布代维尔（1966）将增长极定义为都市不断扩大的一组产业，通过对周边影响，达到诱导经济发展的目的。弗里德曼（1966）提出了核心-边缘理论，认为区域经济增长过程中存在核心和边缘的区域不平衡性，核心区居于统治地位，金融资源、人力资源、技术创新资源大都集中于此，并促使资金、人口和劳动力从边缘区向核心区流动，使边缘区越发依附于核心区。增长极理论和核心-边缘理论对西部陆海新通道建设与广西现代产业竞争力提升的关系具有较强的解释力，参与西部陆海新通道建设的城市或城市群将增强极化作用，吸引要素和现代产业集聚，成为西部陆海新通道上快速增长的"核心"。进一步地，西部陆海新通道沿线地区将联点为轴，形成现代产业集聚的中心通道，现代产业优化布局终将提升产业竞争力。

三、创造竞争优势，提升现代产业竞争力

迈克尔·波特（1990）认为评价一个国家（地区）产业竞争力的关键在

于能否有效地形成竞争性环境和创新。波特的国家竞争优势钻石模型基本体系涵盖因素包括：要素条件、需求条件、相关及支撑产业、企业战略、结构与竞争及机遇、政府的附加要素。市场竞争的压力可刺激创新能力提高，而区域内竞争性环境使钻石模型各要素形成动态系统，协调互促。竞争优势的获得，关键在于形成有竞争力的产业集群。产业集群形成的原因是地理接近，使生产率和创新利益提高，交易费用降低。西部陆海新通道建设，不仅有效促进地理上的联通，强化要素和产品市场边界的拓展与融合，也为参与建设的各方政府提供合作、协调的机会，以促进其更好地运用通道条件优化机遇，并开展有利于促进现代产业竞争力提升的政策协调。因而，西部陆海新通道建设对于现代产业集群的产生发展及其竞争优势的培育，有不可忽视的推动作用。从新经济地理学的角度看，克鲁格曼（1991）突破了杜能、韦伯的传统分析，以规模报酬递增、不完全竞争的市场结构为假设前提，发现运输成本和生产要素移动、企业规模报酬递增等，基于市场传导作用导致产业集聚，进而形成了现实中各种等级化的空间产业布局。西部陆海新通道建设，无疑是推动运输成本下降和促进生产要素移动的重要因素，并由此成为通道沿线产业集聚一般性趋势的"路径依赖"，以及沿线现代产业竞争优势培育和竞争力提升的根本动因。

第二节　西部陆海新通道沿线产业竞争力事实考察

一、西部陆海新通道沿线省（市）产业竞争力评价指标体系的构建

（一）赋权方法介绍

赋权方法分为三类，包括主观赋权法、客观赋权法和主客观相结合赋权法。

1. 主观赋权法

主观赋权法是一种主观性较强的一种方法，权重主要依赖专业人士根据历史经验进行评判，较常见的有层次分析法、德尔菲法、二项系数法、专家调查法等。该方法的优点是专业人士根据实际问题对指标的重要性进行排序，防止指标权重与现实相悖，能有效对定性指标进行量化；缺点是具有较强的主观随意性，可能会影响评价结果的准确性。

2. 客观赋权法

客观赋权法是依据实际数据，利用指标间相关性或指标所含信息来确定权重，常见的方法包括熵权法、主成分分析法、相关系数法等。该方法的优点是

从实际数据出发，能够避免主观性给评价结果带来的差异，缺点是过于依赖数据，原始数据庞大会导致计算过程十分复杂和繁琐。

3. 主客观相结合赋权法

该种方法是将主观赋权法和客观赋权法相结合，其优点是具有基于数据赋权的可信度和准确性的同时，专业人士可以根据实际情况合理灵活地调整权重。缺点是具有一定的主观性。考虑到主观赋权法具有较强的主观随意性，并且本节评价指标均能够量化，因此为避免人为主观性对评价结果的影响，本书根据实际数据，采用客观赋权法对评价指标赋予权重。

（二）评价方法比较与选择

目前评价方法众多，主要包括层次分析法、模糊综合评价法、因子分析法、灰色关联分析法、熵值法、数据包络分析法、TOPSIS法。为选择合适的方法进行评价，本书将常见的评价方法进行对比分析，如表5-1所示。

表 5-1　产业竞争力评价方法对比分析

评价方法	优点	缺点	适用范围
层次分析法	可以将复杂问题简单化，解决指标信息重叠问题	主观性较强，计算过程不够严谨，计算结果精确度低	指标较少或难以定量的问题
模糊综合评价法	可以将模糊问题科学合理量化评价；将定性和定量因素相结合，扩大信息量，提高评价可信度	指标权重具有较强的主观性；结果可能会出现超模糊现象	模糊、难以量化及非确定性的问题
因子分析法	能将复杂问题简单化；通过旋转使因子具有更高的可解释性	采用最小二乘法计算因子得分，有时可能会失效	指标之间信息存在重叠，关联性较强的问题
灰色关联分析法	对样本量的多少没有严格要求，对数据要求较低，工作量较少	指标最优值确定主观性较强，部分指标最优值难以确定	系统发展变化态势的度量动态历程分析
熵值法	具有较强的客观性，避免了主观性对评价带来的误差	不能对指标进行降维，权数依赖样本数据	指标可以定量的相关问题

表5-1(续)

评价方法	优点	缺点	适用范围
数据包络分析法	能够评估多投入与多产出的效率；权重不受主观影响；不受指标计量单位影响	无法衡量产出为负的状况；只能评估相对效率	分析效率问题
TOPSIS法	能够充分利用原始数据，客观性较强；对样本大小无要求	传统TOPSIS法指标权重是均等的，不能突出重要指标	需要进行对比分析的问题

通过对表中各评价方法的分析，结合上述评价方法各自的优缺点及适用范围，考虑到本书是对西部陆海新通道沿线省市区域产业竞争力进行对比分析，TOPSIS法能够充分利用原始数据，对样本量的多少及数据分布没有要求，客观性较强，且能够灵活运用于样本间横向和纵向对比，非常适合用于本书对西部陆海新通道沿线省市区域产业竞争力的评价研究，因此选择TOPSIS评价方法。由于本书评价指标的重要性不一致以及考虑评价对象与理想对象直接的关联性，本书对传统TOPSIS法进行一定的改进。首先，考虑到传统TOPSIS法中权重均等的弊端，将改进CRITIC法和熵权法组合赋权引入模型中，对指标权重进行客观赋权；其次，考虑到传统TOPSIS法中欧氏距离度量的不足，将灰色关联度引入TOPSIS法；最后，构建改进CRITIC-熵权-灰色TOPSIS评价模型，对西部陆海新通道沿线省市物流竞争力进行综合评价研究。

基于此，本书改进CRITIC-熵权-灰色TOPSIS评价模型，从环境竞争力、要素竞争力、科技创新竞争力、生产竞争力四个层面来构建产业竞争力评价指标体系（如表5-2所示），并基于这四个角度评价分析广西、重庆、贵州、甘肃等西部陆海新通道代表性相关省（区、市）的产业竞争力综合水平。

表 5-2　区域产业竞争力评价指标体系

目标层	第一级指标	第二级指标	第三级指标	指标代号	指标性质
产业竞争力评价指标体系	环境竞争力	市场化水平	市场化指数	X1	正指标
		对外开放水平	进出口总额	X2	正指标
			进出口总额占 GDP 的比重	X3	正指标
			外商直接投资额	X4	正指标
		金融发展水平	金融机构存贷款总额	X5	正指标
		信息化水平	信息化指数	X6	正指标
		教育发展水平	教育发展指数	X7	正指标
		基础设施水平	公路网密度	X8	正指标
			铁路网密度	X9	正指标
		物流发展水平	货物运输量	X10	正指标
			货物周转量	X11	正指标
			邮电业务总量	X12	正指标
	要素竞争力	公共事业收费	工业用水成本	X13	逆指标
			工业用电成本	X14	逆指标
		运输成本	高速公路收费	X15	逆指标
		人力要素	城镇私营单位从业人员平均劳动报酬	X16	正指标
		资本	全社会固定资产投资	X17	正指标
	科技创新竞争力	创新能力竞争力	申请的专利总数	X18	正指标
			授权的专利数量	X19	正指标
			万人专利拥有量	X20	正指标
		创新驱动竞争力	研发支出总量	X21	正指标
			研发支出占 GDP 的比重	X22	正指标
			研发人员全时数	X23	正指标
	生产竞争力	显性竞争力	地区生产总值	X24	正指标
			经济增长率	X25	正指标
			人均 GDP	X26	正指标
			规模以上工业企业个数	X27	正指标
			非农产业占 GDP 的比重	X28	正指标
		效率竞争力	全员劳动生产率	X29	正指标
			工业成本费用利润率	X30	正指标
			万元 GDP 能耗	X31	逆指标

二、基于改进 CRITIC-熵权-灰色 TOPSIS 模型的产业竞争力各子系统评价

（一）环境竞争力的评价

1. 环境竞争力

环境竞争力由市场化水平、对外开放水平、金融发展水平、信息化水平、教育发展水平、基础设施水平以及物流发展水平几个方面组成。具体来说，选择市场化指数评价市场化水平，选择进出口总额、进出口总额占 GDP 的比重、外商直接投资额三个指标评价对外开放水平，选择金融机构存贷款总额评价金融发展水平，选择信息化指数评价信息化水平，选择教育发展指数评价教育发展水平，选择公路网密度、铁路网密度评价基础设施水平，选择货物运输量、货物周转量、邮电业务总量评价物流发展水平。各二级指标及环境竞争力的综合评价结果如下：

（1）市场化水平

通过樊纲、王小鲁的《中国分省份市场化指数报告（2022）》可以得到，广西、重庆、贵州、甘肃的市场化指数分别为 7.89、10.17、8.52、7.42，市场化指数用于评价地区市场化发展水平和程度，市场化指数越高，代表地区的市场化发展水平和程度也就越高，从图 5-1 可以看出，西部陆海新通道沿线省（区、市）中重庆的市场化水平最高，广西排第 6，西藏的市场化水平最低。

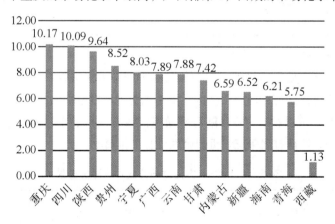

图 5-1　西部陆海新通道沿线省（区、市）市场化水平比较

（2）对外开放水平

选择进出口总额、进出口总额占 GDP 的比重、外商直接投资三个指标评价对外开放水平。进出口总额反映了该地区对外贸易的总量，一个地区的进出

口总额占 GDP 的比重为该地区的外贸依存度，外贸依存度用于衡量一个地区对国际市场的依赖程度，是评价该地区对外开放水平的重要指标。外商直接投资反映该地区对外资的利用程度，也是衡量一个地区对外开放水平的重要指标。表 5-3 列出了部分省（区、市）的对外开放指标情况。

表 5-3　2021 年西部陆海新通道沿线省（区、市）对外开放指标情况

地区	进出口总额 /亿元	进出口总额占 GDP 的比重/%	外商直接投资额 /亿元
重庆	8 744.85	30.02	9 506.60
四川	10 762.65	18.97	16 984.78
广西	6 980.65	26.54	64 114.73
陕西	5 171.70	15.78	13 917.91
云南	3 562.72	12.30	11 685.73
新疆	2 611.76	14.72	4 044.30
海南	2 142.11	31.42	322 316.35
内蒙古	1 621.23	7.00	4 315.48
贵州	847.71	4.20	6 732.20
甘肃	628.64	5.61	2 976.52
宁夏	274.87	5.42	1 990.33
西藏	49.11	2.30	194.58
青海	45.96	1.27	726.12

数据来源：各省市 2022 年统计年鉴。

对于对外开放指标的评价，具体采用 TOPSIS 方法进行评价，通过 TOPSIS 方法的计算可以知道，部分省（区、市）的对外开放水平状况。

从表 5-4 可以看出，西部陆海新通道沿线省（区、市）对外开放程度最高的是四川，广西排名第三、贵州第九，甘肃排第十。

表 5-4　TOPSIS 方法对外开放水平评价结果

地区	D_i^+	D_i^-	$D_i^- + D_i^+$	$C_i = \dfrac{D_i^-}{D_i^- + D_i^+}$	排名
重庆	0.312 312	0.481 218	0.793 530	0.606 427	2
四川	0	0.563 268	0.563 268	1.000 000	1
广西	0.337 297	0.331 148	0.668 445	0.495 401	3

表5-4(续)

地区	D_i^+	D_i^-	$D_i^- + D_i^+$	$C_i = \dfrac{D_i^-}{D_i^- + D_i^+}$	排名
陕西	0. 364 281	0. 290 119	0. 654 400	0. 443 336	4
云南	0. 393 423	0. 254 173	0. 647 596	0. 392 487	5
新疆	0. 424 897	0. 222 681	0. 647 578	0. 343 867	6
海南	0. 458 889	0. 195 091	0. 653 980	0. 298 313	7
内蒙古	0. 495 600	0. 170 919	0. 666 519	0. 256 435	8
贵州	0. 535 248	0. 149 742	0. 684 990	0. 218 605	9
甘肃	0. 578 068	0. 131 189	0. 709 257	0. 184 967	10
宁夏	0. 624 313	0. 114 935	0. 739 248	0. 155 476	11
西藏	0. 674 258	0. 100 694	0. 774 952	0. 129 936	12
青海	0. 728 199	0. 088 218	0. 816 417	0. 108 055	13

注: 计算各地区与最优、最劣向量的距离 D_i^+, D_i^-, 获得各评价对象与最优方案的相对接近程度 C_i, C_i 越大表示综合评价就越好。

（3）金融发展水平

选择金融机构存贷款余额指标用以评价一个地区的金融发展水平，是因为金融机构存贷款余额反映了金融市场为一个地区产业发展提供资金支持的最重要的来源和方式。该指标越大，该地区的金融活动能力就越强，金融发展水平就越高。

从图5-2可以看出，四个省（区、市）中，重庆的金融机构存贷款余额量值最大，广西排第二，贵州第三，甘肃第四。

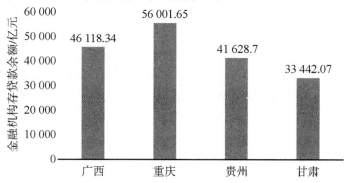

图5-2　四省（区、市）金融发展水平比较

（4）信息化水平

本书采用中国信息产业发展研究院发布的《2022 年中国信息化发展水平评估报告》中各个省（区、市）的信息化指数来评价各地区的信息化水平。

从图 5-3 可以看出，广西、重庆、贵州、甘肃四省（区、市）的信息化指数分别为 71.36、72.18、67.08、58.17，信息化指数越高代表信息化水平越高。通过比较，四省（区、市）信息化水平从高到低依次是重庆、广西、贵州、甘肃。

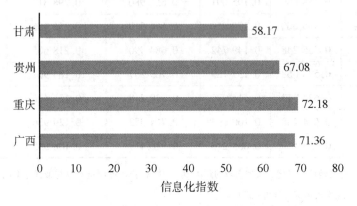

图 5-3　四省（区、市）信息化水平比较

（5）教育发展水平

本书选择中国长江教育研究院正式发布《中国教育指数 2022》的教育指数用以评价四省（区、市）的教育发展水平，教育指数从规模、投入、质量、信息、公平、贡献、创新、创业、创造、健康、生态、法治 12 个维度反映了全国及各省（区、市）的教育治理能力、改进效果以及发展水平。

从图 5-4 可以看出来，重庆的教育发展水平在四省（市）中排第一，广西排第二，贵州排第三，甘肃排第四。

（6）基础设施水平

本书选择公路网密度和铁路网密度用以评价地区的基础设施水平，因为公路和铁路密度的大小反映了地区交通运输通达性的强弱和地区基础设施建设的水平。表 5-5 介绍了西部陆海新通道沿线各省（区、市）交通基础设施情况。

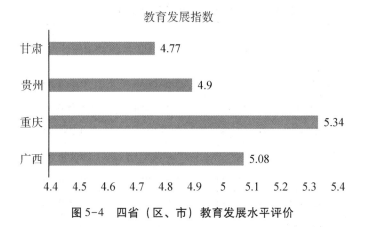

图 5-4 四省（区、市）教育发展水平评价

表 5-5 西部陆海新通道沿线各省（区、市）交通基础设施情况

地区	公路里程/万公里	铁路营业里程/万公里
重庆	18.41	0.24
四川	39.89	0.56
广西	16.06	0.52
陕西	18.34	0.56
云南	30.09	0.47
新疆	21.73	0.78
海南	4.1	0.1
内蒙古	21.26	1.42
贵州	20.72	0.39
甘肃	15.66	0.53
宁夏	3.76	0.17
西藏	12.01	0.12
青海	8.62	0.3

对于基础设施水平的评价，采用 TOPSIS 方法进行评价，通过 TOPSIS 方法的计算可以知道，广西、重庆、贵州、甘肃的基础设施水平的对比状况。

从表 5-6 可以看出，西部陆海新通道 13 个省（区、市）中基础设施水平最高的是四川，贵州排名第五、广西第八，甘肃排第九。

表 5-6 TOPSIS方法交通基础设施评价结果

地区	D_i^+	D_i^-	$D_i^- + D_i^+$	$C_i = \dfrac{D_i^-}{D_i^- + D_i^+}$	排名
重庆	0.395 622	0.207 338	0.602 960	0.343 867	6
四川	0.000 000	0.756 184	0.756 184	1.000 000	1
广西	0.461 453	0.159 143	0.620 596	0.256 435	8
陕西	0.427 272	0.181 649	0.608 921	0.298 313	7
云南	0.339 117	0.476 845	0.815 962	0.584 396	2
新疆	0.327 860	0.328 783	0.656 642	0.500 703	3
海南	0.345 553	0.260 813	0.606 366	0.430 125	4
内蒙古	0.627 802	0.093 756	0.721 558	0.129 936	12
贵州	0.384 938	0.255 282	0.640 221	0.398 741	5
甘肃	0.498 369	0.139 425	0.637 794	0.218 605	9
宁夏	0.678 026	0.082 140	0.760 166	0.108 055	13
西藏	0.538 239	0.122 150	0.660 389	0.184 967	10
青海	0.581 298	0.107 016	0.688 314	0.155 476	11

注：计算各地区与最优、最劣向量的距离 D_i^+，D_i^-，并计算出与最优向量的接近 C_i，C_i 越大表示综合评价就越好。

（7）物流发展水平

选择货物运输量、货物周转量、邮电业务总量三个指标来评价西部陆海新通道13个省（区、市）的物流发展水平。这三个指标反映了货物运输的总量和速度。

对于物流运输水平的评价，采用TOPSIS方法进行评价，具体计算方法见附录，通过TOPSIS方法的计算可以知道西部陆海新通道13个省（区、市）的物流发展水平的对比状况。

从表5-7可以看出来，西部陆海新通道13个省（区、市）中物流发展水平最高的是四川，贵州排名第五、广西第八，甘肃排第九。

表 5-7　TOPSIS 方法物流发展水平评价结果

地区	D_i^+	D_i^-	$D_i^- + D_i^+$	$C_i = \dfrac{D_i^-}{D_i^- + D_i^+}$	排名
重庆	0.413 510	0.216 713	0.630 223	0.343 867	6
四川	0.000 000	0.790 376	0.790 376	1.000 000	1
广西	0.482 318	0.166 338	0.648 656	0.256 435	8
陕西	0.446 591	0.189 863	0.636 453	0.298 313	7
云南	0.354 450	0.498 406	0.852 856	0.584 396	2
新疆	0.342 684	0.343 649	0.686 333	0.500 703	3
海南	0.361 177	0.272 606	0.633 783	0.430 125	4
内蒙古	0.656 188	0.097 995	0.754 183	0.129 936	12
贵州	0.402 343	0.266 825	0.669 168	0.398 741	5
甘肃	0.520 903	0.145 729	0.666 632	0.218 605	9
宁夏	0.708 683	0.085 854	0.794 537	0.108 055	13
西藏	0.562 576	0.127 673	0.690 249	0.184 967	10
青海	0.607 581	0.111 855	0.719 436	0.155 476	11

注：计算各地区与最优、最劣向量的距离 D_i^+，D_i^-，并计算出与最优向量的接近 C_i，C_i 越大表示综合评价就越好。后表同。

（8）环境竞争力综合评价

环境竞争力包括市场化指数指标、进出口总额、进出口总额占 GDP 的比重、外商直接投资、信息化指数评价信息化水平，选择教育发展指数、公路网密度、铁路网密度、货物运输量、货物周转量、邮电业务总量。运用 TOPSIS 方法进行综合评价，评价结果如表 5-8。

从表 5-8 可以发现，西部陆海新通道 13 个省（区、市）中在环境竞争力的综合对比方面，四川排名第一，重庆排名第二，云南排名第三，陕西排名第四，广西排名第五。

表 5-8　TOPSIS 方法环境竞争力综合评价结果

地区	D_i^+	D_i^-	$D_i^- + D_i^+$	$C_i = \dfrac{D_i^-}{D_i^- + D_i^+}$	排名
重庆	0.306 409	0.472 123	0.778 532	0.606 427	2

表5-8(续)

地区	D_i^+	D_i^-	$D_i^- + D_i^+$	$C_i = \dfrac{D_i^-}{D_i^- + D_i^+}$	排名
四川	0.000 000	0.552 622	0.552 622	1.000 000	1
广西	0.385 987	0.249 369	0.635 356	0.392 487	5
陕西	0.357 396	0.284 636	0.642 032	0.443 336	4
云南	0.330 922	0.324 889	0.655 811	0.495 401	3
新疆	0.525 132	0.146 912	0.672 044	0.218 605	9
海南	0.567 143	0.128 710	0.695 852	0.184 967	10
内蒙古	0.450 216	0.191 404	0.641 620	0.298 313	7
贵州	0.416 866	0.218 472	0.635 339	0.343 867	6
甘肃	0.486 233	0.167 689	0.653 922	0.256 435	8
宁夏	0.612 513	0.112 763	0.725 276	0.155 476	11
西藏	0.714 436	0.086 551	0.800 987	0.108 055	13
青海	0.661 515	0.098 791	0.760 305	0.129 936	12

2. 要素竞争力评价

要素竞争力主要从公共事业收费成本、运输成本、人力吸引力、资本四个方面进行评价。选择工业用水成本、工业用电成本用以评价公共事业收费成本，选择高速公路收费标准评价运输成本，这几个指标都是逆指标，太高会影响产业的发展。选择城镇私营单位从业人员平均劳动报酬来评价人力吸引力，将其作为正指标，因为这个指标越高反映了人才的吸引力越强，越有利于促进产业发展。选择全社会固定资产投资用以评价资本投入。要素竞争力相关指标情况见表5-9:

表5-9 要素竞争力相关指标情况

地区	公共事业收费成本		运输成本	人力吸引力	资本
	工业用水成本 /元·m$^{3-1}$	工业用电成本 /元·千瓦时$^{-1}$	高速公路收费	城镇私营单位从业人员平均劳动报酬 /元	全社会固定资产投资/亿元
广西	1.49	0.797 1	1.44	36 089	18 237

表5-9(续)

地区	公共事业收费成本		运输成本	人力吸引力	资本
	工业用水成本/元·m³⁻¹	工业用电成本/元·千瓦时⁻¹	高速公路收费	城镇私营单位从业人员平均劳动报酬/元	全社会固定资产投资/亿元
重庆	1	0.324 5	2	47 345	17 361
贵州	3.7	0.336 5	2.62	39 058	13 204
甘肃	1.2	1.124 9	1.6	35 685	9 534

注：工业用水成本选择非居民用水；工业用电成本选择的是一般工商业及其他用电（35 千瓦）；高速公路收费选择的是（10~15t 的收费标准），数据来源各省（区、市）的自来水公司以及供电局、高速公路管理局以及各省（区、市）2022 年统计年鉴。

根据表5-9的统计数据资料，对公共事业收费成本采取 TOPSIS 方法进行评价，其他指标如运输成本、人力吸引力、资本则直接进行比较，其评价结果见表5-10。具体来看，公共事业收费成本方面，重庆的公共事业成本最低，贵州第二，广西第三，贵州成本最高；运输成本方面，广西最低，甘肃第二，重庆第三，贵州第四。人力吸引力方面，重庆对人才最有吸引力，贵州第二，广西第三，甘肃第四。资本方面，广西固定资本投入最高，重庆第二，贵州第三，甘肃第四。总体来看，在要素竞争力综合评价上，重庆第一，广西第二，贵州第三，甘肃第四。

表 5-10   要素竞争力各子系统及综合评价对比情况

地区	公用事业成本比较	运输成本比较	人力吸引力比较	资本比较	要素竞争力综合评价
广西	3	1	3	1	2
重庆	1	3	1	2	1
贵州	2	4	2	3	3
甘肃	4	2	4	4	4

注明：公共事业成本以及综合评价通过 TOPSIS 方法进行评价，所有的指标已经转换为正向指标，因此排名也是正向排名。

3. 科技创新竞争力评价

对科技创新竞争力主要从创新能力竞争力和创新驱动力竞争力两个方面进行评价。选择申请的专利总数、有效发明专利数、万人发明专利拥有量来评价创新能力竞争力，选择研发支出总量、研发支出占 GDP 的比重、研发人员全时当量来评价创新驱动竞争力。见表 5-11：

表 5-11　科技创新竞争力相关指标情况

地区	创新能力竞争力			创新驱动竞争力		
	申请的专利总数/件	有效发明专利数/件	万人发明专利拥有量/件·万人⁻¹	研发支出总量/亿元	研发支出占 GDP 的比重/%	R&D 人员全时当量/人年
广西	43 078	14 852	3	117. 749	0. 64	39 903
重庆	59 518	42 738	5. 48	302. 183	1. 70	68 055
贵州	25 315	10 425	0. 57	73. 401	0. 62	24 124
甘肃	20 276	7 975	0. 5	86. 985	1. 22	25 760

注：数据来源于广西、重庆、贵州、甘肃四省（区、市）《2022 年统计年鉴》。

通过表 5-11 的数据资料，运用 TOPSIS 方法对创新能力竞争力和创新驱动竞争力以及科技创新竞争力综合评价进行了对比，其评价结果见表 5-12。从表 5-12 可以看出，在创新能力竞争力方面，重庆最强，广西次之，贵州排第三，甘肃排第四。在创新驱动竞争力方面，重庆的创新驱动力在四省（区、市）中也是最强的，广西排名第二，依次是甘肃和贵州。在科技创新竞争力综合评价对比上，重庆排第一，广西第二，甘肃第三，贵州排名靠后处于第四。

表 5-12　科技创新力各子系统及综合评价对比情况

地区	创新能力竞争力对比	创新驱动竞争力对比	科技创新竞争力综合评价对比
广西	2	2	2
重庆	1	1	1
贵州	3	4	4
甘肃	4	3	3

4. 生产竞争力评价

本书主要从显性竞争力和效率竞争力两个方面对生产竞争力进行评价。具体来说，选择地区生产总值、经济增长率、人均 GDP、规模以上工业企业个数、非农产业占 GDP 的比重用以评价显性竞争力。选择全员劳动生产率、工业成本费用利润率、万元 GDP 能耗三个指标用以评价效率竞争力。如表 5-13 所示：

表 5-13　生产竞争力相关指标情况

地区	显性竞争力					效率竞争力		
	地区生产总值/亿元	经济增长率/%	人均GDP/元	规模以上工业企业个数/个	非农产业占GDP的比重/%	全员劳动生产率/元	工业成本费用利润率/%	万元GDP能耗/吨标准煤
广西	18 318	7.3	38 027	5 464	85	64 476	6.8	0.550
重庆	17 559	10.9	57 904	6 782	93	101 544	7.48	0.529
贵州	11 777	10.5	33 246	5 123	84	59 367	8.24	0.881
甘肃	7 200.4	7.6	27 458	2 105	86	46 492	0.96	1.019

注：数据来源于广西、重庆、贵州、甘肃四省（区、市）《2022 年统计年鉴》。

通过表 5-13 的数据，运用 TOPSIS 方法对显性竞争力和效率竞争力以及生产竞争力综合进行评价，评价结果如表 5-14 所示。由表 5-14 可以看到，四省（区、市）在显性竞争力、效率竞争力、生产竞争力综合评价的排名是一样的，依次是：重庆、广西、贵州、甘肃。

表 5-14　生产竞争力各子系统及综合评价对比情况

地区	显性竞争力对比	效率竞争力对比	生产竞争力综合评价对比
广西	2	2	2
重庆	1	1	1
贵州	3	3	3
甘肃	4	4	4

（二）产业竞争力综合评价

1. 多指标综合评价方法

多指标综合评价方法是利用多指标指数的理论和方法，将要评价的目标具有代表性的若干指标综合成一个指数，从而对评价目标的状况给出一个综合的评价。在构建综合评价指数的时候需要解决两个问题：一是指标的无量纲化处理；二是计算出综合指数时候权数。

对于无量纲化的转换用极值标准化转换。在多指标综合评价中，权数的确定具有十分重要的作用。对于权数的确定有十多种方法，归纳起来有主观赋权法和客观赋权法两类。主观赋权法的客观性较差，不够权威。客观赋权法与主观赋权法对比而言，是基于指标数据的信息，然后运用数学或者统计方法处理后获取权数的一种方法。常用的客观赋权法有主成分分析法、因子分析法、相关法等。这类方法客观性较强，但是主要是针对大样本情况，由于本书只涉及四个样本，指标涉及 31 个，因此不适宜采用上述的客观赋值法确定权数。本书将采用的客观赋值法为标准差系数权数法，其步骤是：第一步求出无量纲化后的标准值的均值，即 $\bar{Z} = E(Z_j) = \dfrac{1}{n}\displaystyle\sum_{i=1}^{n} Z_{ij}$；第二步求出各指标无量纲化后的标准值的标准差 $\sigma_j = \displaystyle\sum_{i=1}^{n} [Z_{ij} - E(Z_j)]^2 (j = 1, 2, \cdots, m)$；第三步求出各指标无量纲化后的标准值的标准差系数 $v_j = \dfrac{\sigma_j}{\bar{Z}_j}(j = 1, 2, \cdots, m)$；第四步求出指标值的权数 $w_j = \dfrac{v_j}{\displaystyle\sum_{j=1}^{m} v_j}(j = 1, 2, \cdots, m)$。

2. 产业竞争力的多指标综合评价方法的实证

根据广西、重庆、贵州、甘肃等沿线地区 2022 年的产业相关指标的数据，对西部陆海新通道沿线省（区、市）的产业竞争力进行综合评价，如图 5-5 所示。

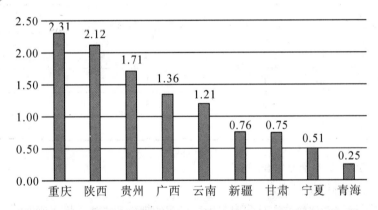

图 5-5　2022 年西部陆海新通道沿线省（区、市）产业竞争力指数

从图 5-5 可以看出，重庆在产业竞争力评价方面，综合竞争力是最强的，广西排名第四，但是与重庆还有着较大的差距，贵州排名第三，甘肃在产业竞争力上排名第七。

三、西部陆海新通道与区域产业竞争力综合评价结果分析

通过前面的产业竞争力综合评价的结果可以看到，在与西部陆海新通道相关省份的产业竞争力综合评价对比中，广西产业发展的环境竞争力以及构成环境竞争力子系统的市场化水平、对外开放水平、金融发展水平、信息化水平、教育发展水平、基础设施水平、物流运输水平排名都在重庆之后，高于贵州和甘肃。在要素竞争力的评价中，广西产业发展的要素竞争力仅次于重庆，高于贵州和甘肃。构成要素竞争力子系统的广西产业发展的运输成本和资本投入排名在重庆、贵州、甘肃之前。但是公用事业成本、人力吸引力排名在重庆和贵州之后，高于甘肃。在科技创新竞争力的评价中，广西产业发展的科技创新竞争力以及构成科技创新竞争力子系统的创新能力竞争力和创新驱动竞争力仅次于重庆，高于贵州和甘肃。在生产竞争力评价中，广西产业发展的生产竞争力以及构成生产竞争力子系统的显性竞争力和效率竞争力落后于重庆，高于贵州和甘肃。

产业竞争力综合评价结果显示，广西产业竞争力在四省（区、市）中名列第二，仅次于重庆，领先于贵州和甘肃。同时，同样作为西部陆海新通道的关键节点，在产业竞争力各子系统评价中，广西在环境竞争力、要素竞争力、科技创新竞争力、生产竞争力方面也领先于贵州和甘肃。由此可以看出，广西产业发展有着自身的优势，使广西完全有能力融入"一带一路"建设，加快推进西部陆海新通道建设发展。

虽然广西的产业综合竞争力领先于贵州和甘肃，但是重庆是西部陆海新通道的运营中心，广西的产业综合竞争力与重庆相比还存在一定的差距。例如广西在基础设施建设方面，公路网密度、铁路网密度与重庆有着较大的差距，公路网密度与贵州也存在着差距。通过评价可知，广西在人才吸引力和科技创新等方面也与重庆存在着差距，由此可以看出，广西依然存在不少产业发展短板，产业发展还存在自身的不足。

通过西部陆海新通道相关省区（市）的产业综合竞争力评价，广西的产业竞争力提升既要充分利用存在的优势，也要正视自身存在的不足，进一步深化体制机制改革，统筹整合各类资源和要素，降低企业运营成本。实施人才战略，提升人才吸引力。实施创新驱动发展战略，提升科技创新能力。进一步加强基础设施建设，加强西部陆海新通道相关省（区、市）的互联互通。着力加强与西部陆海新通道相关省区的产能合作，做大做强传统优势产业，大力发展新兴产业。只有这样，推进广西产业综合竞争力得到更大幅度的提升，从而更大程度地参与西部陆海新通道的建设。

第三节 西部陆海新通道对区域产业竞争力提升影响实证分析

一、样本选择及数据来源

本节研究西部陆海新通道沿线省（区、市）及延伸区域13个省（区、市）。其中，2017年重庆、广西、贵州与甘肃四省（区、市）正式签订"南向通道"框架协议。2018年青海、新疆加入，同时"南向通道"更名为"西部陆海新通道"。同时，2019年陕西、四川、内蒙古、西藏、海南与广东湛江先后加入，广东湛江为地级城市不作为研究对象。但是，考虑到西藏的数据具有较大的差异性，因此，在实证研究中，剔除西藏的数据，仅仅将广西、重庆、贵州、四川、云南、陕西、甘肃、青海、内蒙古、新疆、宁夏、海南12个省（区、市）纳入实证研究的范围之内。数据来源于各省统计年鉴等。

二、模型构建

为检验西部陆海新通道对区域产业竞争力提升的影响，本节建立如下模型：

$$\text{OP}_{it} = \alpha_0 + \alpha_1 \text{traffic}_{it} + \alpha_2 \text{pass}_{it} + \alpha_3 \text{pass}_{it} * \text{traffic}_{it} + \alpha_n X_{it} + \mu_i + \gamma_i + \varepsilon_{it}$$

$$(5-1)$$

其中，OP_{it} 为被解释变量，表示第 i 个地区在 t 时间的区域产业竞争力指数。traffic_{it} 为解释变量，表示 i 个地区在 t 时间的交通运输量，反映西部陆海新通道的运输能力。pass_{it} 为虚拟变量，表示 i 个地区在 t 时间开通西部陆海新通道。$\text{pass}_{it} * \text{traffic}_{it}$ 为交互变量，反映西部陆海新通道开通的影响，X_{it} 为控制变量，分别为人均科技支出、人均教育投入、经济开放度及产业结构。

（一）被解释变量（OP）

本节被解释变量为区域产业竞争力指数，采用上节测算的方法与结果。

（二）解释变量

（1）西部陆海新通道的运输量（traffic）。本节采用各省（区、市）的人均铁路运输量来反映通道的运输能力。

（2）西部陆海新通道开通的虚拟变量（open）。考虑时间的长度，本节以2017年作为西部陆海新通道最初开通时间。用西部陆海新通道运输量与虚拟变量的交互项表示西部陆海新通道开通后的影响。

（3）经济开放度（fdi）。相关研究表明（靳巧花 等，2017）外商直接投资是国际技术溢出的重要方式，也是区域对外开放的重要指标。本节采用 fdi 与当年 GDP 的比值来衡量地区对外开放度。

（4）产业结构（sec）。地区的产业结构反映地区经济发展所处的阶段。本节用第二产业占比反映地区的产业结构。

三、基准回归分析

为消除可能存在的异方差，本节对所有变量进行对数化处理。本节采用 LLC、ADF 与 PP 三种方法对各变量进行单位根检验，结果显示各变量均为一阶单整。在此基础上，进一步采用 Pedroni 检验与 Kao 检验对各变量进行协整检验，结果显示变量间存在协整关系。

本节对模型个体固定与时间固定双固定模型估计，同时本节采用 GLS 与 GMM 方法以消除模型可能存在的内生性问题，结果如表 5-15 中的（1）~（3）列。从表 5-15 可知，人均铁路运量与虚拟变量是否开通西部陆海新通道均对区域产业竞争力提升没有显著影响，但两者的交互项在 5% 显著性水平下对区域产业竞争力提升有着正向影响，说明西部陆海新通道的开通对区域产业竞争力提升有正向影响。以 OLS 为例，其开通后沿线区域产业竞争力提升 17%。控制变量中，经济开放度与产业结构对沿线区域产业竞争力在 5% 显著性水平下有正向影响，以 OLS 估计结果来看，经济开放度每增加 1%，可使得沿线区域产业竞争力增加 6.7%，第二产业占比每提升 1%，可使得沿线区域产业竞争力增加 8.2%，符合前文理论分析。

表 5-15　基准回归结果

变量	（1）OLS	（2）GLS	（3）GMM
	open	open	open
L.op	——	——	0.440** (2.77)
traffic	0.206 (1.47)	0.109 (1.63)	0.412 (1.17)
pass	0.017 (0.23)	0.056 (0.56)	0.123 (0.93)
traffic * pass	0.169*** (3.50)	0.106** (2.68)	0.104** (2.48)

表5-15(续)

变量	(1) OLS	(2) GLS	(3) GMM
	open	open	open
fdi	0.067 0*** (4.21)	0.065 4*** (5.01)	0.042 8 (0.12)
sec	0.081 6** (3.10)	0.062 8* (2.03)	0.023 1** (2.56)
_cons	1.408 (1.23)	-3.055* (-2.29)	-2.488 (-0.45)
个体效应	是	是	是
时间效应	是	是	是
AR (2)	—	—	0.256
Sargan P	—	—	0.512

注: _cons 为常数项,括号内为标准误, * 、** 、*** 分别表示在 10% 、5% 与 1% 的显著性水平显著。以下同。

四、稳健性检验

为验证上述结果的稳健性,本节将要素竞争力与科技创新竞争力代替区域产业竞争力指数,由于西部陆海新通道不仅是铁路运输,而且包括水路与公路运输;因此,本节用各地区的人均货运总量代替人均铁路运输量,重新用上述三种方法进行回归,结果见表5-16。表5-16中(1)~(3)列为被解释变量为要素竞争力(ysjz),(4)~(6)列为科技创新竞争力(kjjz)。由表5-18可知,人均货运总量与虚拟变量对双方区域产业竞争力提升无显著影响,而其交互项在 5% 显著性水平下显著影响双方区域产业竞争力的提升,这说明西部陆海新通道的开通对沿线区域产业竞争力提升有着显著影响,本节的结论是稳健的。以 OLS 为例,西部陆海新通道的开通可推动沿线区域提升经济要素竞争力 0.036% ,其科技创新竞争力提升 0.443% 。控制变量的影响,fdi 与产业的影响与前文相同。

表 5-16　稳健性检验结果

变量	(1) OLS	(2) GLS	(3) GMM	(4) OLS	(5) GLS	(6) GMM
	ysjz	ysjz	ysjz	kjjz	kjjz	kjjz
L. ysjz			0.752* (2.23)			
L. kjjz						0.495 (1.86)
freight	0.520 (1.92)	0.638 (1.22)	0.624 (1.07.)	0.101 (0.55)	0.462 (1.39)	1.130 (1.30)
pass	0.238 (0.30)	0.125 (0.20)	2.910 (1.12.)	−1.53 (−1.85)	−0.160 (−0.26)	−2.892 (−0.77)
freight * pass	0.036** (2.56)	0.078** (2.46)	0.851** (2.75)	0.443** (2.83)	0.092** (2.52)	0.821** (2.77)
fdi	0.296** (2.61)	0.522** (2.65)	0.699 (2.68)	0.495*** (3.96)	0.658*** (4.54)	0.245** (2.85)
sec	0.230** (2.76)	0.448* (2.26)	0.591* (2.13)	0.337*** (4.60)	0.093** (2.52)	0.121* (2.20)
_ cons	6.350** (3.22)	5.249*** (3.50)	2.488 (1.34)	5.849*** (4.40)	2.875 (1.91)	2.256 (0.79)
个体效应	是	是	是	是	是	是
时间效应	是	是	是	是	是	是
AR（2）			0.326			0.298
Sargan P			0.635			0.856

五、西部陆海新通道与区域产业竞争力提升的协调关系研究

首先，进行单位根检验，主要采取 HT 检验、IPS 检验、LLC 检验和 Breitung 检验方法对样本数据进行单位根检验，结果如表 5-17 所示。

表 5-17　单位根检验

变量	IPS 检验	HT 检验	Breitung 检验	LLC 检验
Lnopen	3.57	1.65	1.03	2.42
Lntraffic	2.08	0.94	1.27	0.50

表5-17(续)

变量	IPS 检验	HT 检验	Breitung 检验	LLC 检验
Lntraffic * open	1.44	1.13	0.35	−0.70
ΔLnOpen	−2.61***	0.25***	0.39***	−5.62***
ΔLntraffic	−3.44***	0.13***	0.90***	−3.32***
ΔLntraffic * open	−4.54***	0.19***	−4.99***	−7.65***

由表5-17的单位根检验结果可知,各变量的单位根检验结果不稳定,进行一阶差分处理后,均得到了显著的结果,因此可以使用一阶差分后的平稳数据进行面板协整分析。

基于上述单位根检验结果,本节采用 Pedron(1999)提出的异质面板协整的检验方法来进行协整分析。Pedron 提出了两种基于残差检验的方法,第一个方法是对组内残差进行检验,主要有面板 r 统计、v 统计、ADF 统计与 PP 统计;第二个方法是对组间残差实施检验,包括组 r 统计、组 PP 统计和组 ADF 统计。其中,Pedron 面板数据协整检验的备择假设为 H_1,假设具有协整关系,即在 H_1 条件下除了面板 v 统计量趋于正无穷之外,其他均为趋于负无穷。因此,对于面板 v 统计量来说,应使用正态分布的右尾部分用来拒绝原假设 H_0,而其他统计量应以正态分布的左尾部分来拒绝原假设,最后得出的协整结果见表5-18所示。

表5-18　西部陆海新通道与区域产业竞争力提升的协整检验

统计变量	LnOpen-traffic-Lntraffic * open
Panel v-Statistic	10.47***
Panel rho-Statistic	−0.44***
Panel PP-Statistic	2.21***
Panel ADF-Statistic	2.90***
Group rho-Statistic	0.72
Group PP-Statistic	−1.11***
Group ADF-Statistic	−0.27***

从表 5-18 异质面板协整检验结果可知，ADF 检验与 PP 检验不管是组间还是组内均得到了显著的结果，且在 1% 的置信水平下保持显著，表明了西部陆海新通道与区域产业竞争力提升之间存在长期协整关系。

第四节　结论与政策建议

从本节区域产业竞争力评价结果可知，在广西与西部陆海新通道相关省份的产业竞争力综合评价对比中，广西产业发展的环境竞争力以及构成环境竞争力子系统的市场化水平、对外开放水平、金融发展水平、信息化水平、教育发展水平、基础设施水平、物流运输水平排名都在重庆之后，高于贵州和甘肃。在要素竞争力的评价中，广西产业发展的要素竞争力仅次于重庆，高于贵州和甘肃。构成要素竞争力子系统的广西产业发展的运输成本和资本投入排名在重庆、贵州、甘肃之前。但是公用事业成本、人力吸引力排名在重庆和贵州之后，高于甘肃。在科技创新竞争力的评价中，广西产业发展的科技创新竞争力以及构成科技创新竞争力子系统的创新能力竞争力和创新驱动竞争力仅次于重庆，高于贵州和甘肃。在生产竞争力评价中，广西产业发展的生产竞争力以及构成生产竞争力子系统的显性竞争力和效率竞争力落后于重庆，高于贵州和甘肃。同时，产业竞争力综合评价结果显示，广西产业竞争力在四省（区、市）中名列第二，仅次于重庆，领先于贵州和甘肃。同时，同样作为西部陆海新通道的关键节点，在产业竞争力各子系统评价中，广西在环境竞争力、要素竞争力、科技创新竞争力、生产竞争力方面也领先于贵州和甘肃。由此可以看出，广西产业发展有着自身的优势，使广西完全有能力融入"一带一路"建设，加快推进西部陆海新通道建设发展。

从西部陆海新通道对区域产业竞争力提升的实证分析可知，西部陆海新通道已成为沿线区域产业竞争力提升的重要纽带和载体。西部陆海新通道通过要素流动打破了由于空间距离遥远或运输时间过长造成的地理分割，加强了西部地区沿线区域产业的经济联系，而作为一种制度通道，在西部陆海新通道建设过程中，制度通道的建设与完善可以为参与沿线省（区、市）传递必要的信息，促进彼此间的有效信任，实现优势互补，推动沿线区域产业竞争力提升。基于此，本节构建计量模型，对模型个体固定与时间固定双固定模型估计，采用 GLS 与 GMM 方法以消除模型可能存在的内生性问题。结果表明，人均铁路运量与虚拟变量是否开通西部陆海新通道均对沿线区域产业竞争力提升没有显著影响，但两者的交互项在5%显著性水平下对沿线区域产业竞争力提升有着正向影响，说明西部陆海新通道的开通对沿线区域产业竞争力提升有正向影响。进一步说，对西部陆海新通道与区域产业竞争力发展协调关系研究，西部陆海新通道对区域产业竞争力提升具有正向作用，具体表现为影响系数是2.64，具有长期效应。

基于以上结论，本节提出几点建议：一是推动要素集聚激发产业集聚。加快西部陆海新通道重点项目建设步伐，打通与西部陆海新通道沿线国家和国内沿线省（区、市）间海、陆、空、河以及互联网大通道的重要节点、交通运力和信息处理瓶颈，以通道建设推动产业发展和转型升级。①开展西部陆海新通道建设和产业跨区域开放合作，加快形成"资金流"大通道。②要以物流通畅化、成本低廉化、信息综合化、服务现代化等为发展目标，吸引产业向西部陆海新通道集中集聚，加快形成"人流"和"货物流"的生产要素大通道。③通过产业集群化和高度化，充分发挥规模经济和范围经济效应，促进产业向西部陆海新通道集聚。④大力推动物流产业、中国—东盟市场供求的大数据和信息技术发展，把西部陆海新通道建成为"技术流"和"信息流"大通道，切实实现把通道优势转化为中心枢纽优势和基地优势，把广西打造成西部陆海新通道的区域性产业集聚和辐射中心。二是加强与沿线省（区、市）产业互动发展。加强与粤港澳大湾区产业对接。主动对接粤港澳大湾区，开展临港工业、加工贸易产业、先进装备制造、现代物流业等定向招商，积极引进国内外知名企业和重大产业项目，促进港航、石化、园区、旅游等产业合作。深化与中西部地区产业合作。加强桂渝合作，强化平台建设；推进桂川共同建设川桂国际产能合作产业园，支持四川航空公司与南宁机场共同打造航运基地；推进与西南、中南其他省份合作，共同推进基础设施建设和升级。鼓励各省区在广西建设临海、沿边产业园，加快发展"飞地经济"。三是打造沿边经济产业带。以凭祥、东兴、龙邦为沿边开放开发枢纽，加快重点开发开放试验区、跨（边）境经济合作区、综合保税区、边境旅游试验区、跨境旅游合作区、边民互市贸易区（点）等开发开放平台建设和融合发展，深化与国内区域和周边国家务实合作，重点发展国际物流、加工贸易、电子商务、跨境旅游等产业，依托边境口岸打造"前岸中区后城"开放发展模式，逐步形成优势互补、繁荣互惠的沿边经济产业带。增强区内腹地产业支撑。调整优化南宁、柳州、桂林等区内腹地产业结构，加快推动建设国家级战略新兴产业集群，做大做强现代工业。培育以高新技术为主的电子信息、汽车制造、先进装备制造、生物医药等主导产业，发展有色金属、清洁能源、环保产业等特色优势产业。提升传统服务业，大力发展现代服务业，培育金融市场发展。四是优化通道营运管理水平，降低产业发展成本。坚持以成本降低实现流量增加、密度提高来推动产业发展的西部陆海新通道建设基本理念。①要以交通通畅、交通网络化为目标，加快陆海通道航道、港口、口岸、铁路、公路、集装箱办理站等基础设施建设，进一步降低交通运输成本和时间成本。②将西部陆海新通道关键节点和基础设施建设纳入自治区重点建设项目库，积极推动自治区西部陆海新通道建设重点项目成为国家"一带一路"建设重点建设项目，确保重点建设项目用海、用地指标，降低重点建设项目和落户重点企业的用地成本。③拓宽融资渠道创新融资方式，切实降低企业融资成本。四是落实好系列减税降费措施，降低企业税费成本。

本章小结

本章从经济环境、要素、科技等因素进行西部陆海新通道沿线产业竞争力进行评价与分析。广西与西部陆海新通道相关省份的产业竞争力综合评价对比中，广西产业发展的环境竞争力以及构成环境竞争力子系统的市场化水平、对外开放水平、金融发展水平、信息化水平、教育发展水平、基础设施水平、物流运输水平排名都在重庆之后，高于贵州和甘肃。同样作为西部陆海新通道的关键节点，在产业竞争力各子系统评价中，广西在环境竞争力、要素竞争力、科技创新竞争力、生产竞争力方面也领先于贵州和甘肃。由此可以看出，广西产业发展有着自身的优势，使广西完全有能力融入"一带一路"建设，加快推进西部陆海新通道建设发展。其次，从西部陆海新通道对区域产业竞争力提升的实证分析可知，人均铁路运量与虚拟变量是否开通西部陆海新通道均对沿线区域产业竞争力提升没有显著影响，但两者的交互项在5%显著性水平下对沿线区域产业竞争力提升有着正向影响，说明西部陆海新通道的开通对沿线区域产业竞争力提升有正向影响。进一步，对西部陆海新通道与区域产业竞争力发展协调关系研究，西部陆海新通道对区域产业竞争力提升具有正向作用，具体表现为影响系数是 2.64，具有长期效应。最后，本节根据实证研究结论，提出了四个方面的对策建议，即：推动要素集聚激发产业集聚；加强与沿线省（区、市）产业互动发展；打造沿边经济产业带；优化通道营运管理水平，降低产业发展成本。

第六章　西部陆海新通道与区域产业集聚

第一节　西部陆海新通道对区域产业聚集影响机制分析

关于产业聚集的研究最早可以追溯到 20 世纪 20 年代。马歇尔（1920）基于外部经济解释了企业在特定空间聚集现象，他将产业的空间聚集归因于外部性，即劳动力市场共享、中间产品投入和技术溢出。Henderson（1986）的研究发现，产业聚集与经济活动追求四种成本的节约有关。这四种成本是：产业内专业化经济、产业规模增加促进中间产品市场、专业化服务业以及金融市场的发展；与劳动力市场相关的成本节约；公司网络的形成显著降低交通通信成本；针对特定产业的公共产品和服务业的规模经济。Krugman（1991）则以规模报酬递增和存在运输成本为假设前提解释了产业聚集现象。Fujita（1996）等总结了企业聚集的三种理论成因，包括完全竞争下的外部性、垄断竞争下的规模收益递增以及博弈环境下的空间竞争。

20 世纪 90 年代以来，学者们对产业聚集成因的关注日益增多，他们从不同角度对产业聚集水平及影响因素进行了研究。现有文献对产业聚集影响因素的研究，主要关注成本节约、外部经济、区位条件、自然资源、基础设施、交通运输便利度、经济开放度、地方政府政策、城市化水平、人力资本、产业结构、市场潜能、区域创新环境等因素对产业聚集的影响（Marshall，1920；Henderson，1986；Krugman，1991；Fujita，1996；张清正 等，2015；李跃，2017；陈博杰，2017；毛中根 等，2019；朱文涛，2019；余泳波，2022）。梳理现有研究文献发现，交通通道建设改善了通道沿线地区的经济区位因子，并通过激发区域市场潜能，提高区域市场化水平和城市化水平，增强区域的产业聚集效应。

一、交通基础设施建设对产业聚集的影响

（一）交通基础设施的特征

交通基础设施是为社会生产和生活提供服务的基础设施和公共服务系统，交通设施包含陆路、铁路、水路、航空、城市轨道交通等多种运输方式。交通基础设施是生产要素和商品在地区之间流动的基础，交通设施的改善可以提高交通通达性，有助于联通生产地、原料地与消费地，缩短交通运输时间，降低生产生活活动成本，提高运输效率，促进地区之间商品和要素流动，优化要素和商品的空间配置效率。

交通基础设施具有公共性、先导性、不可分性、网络性和空间外部性等特征。

交通基础设施具有公共性。由于交通基础设施具有准公共物品属性，因而主要由政府投资建设，由政府投资建设后对使用者收费。

交通基础设施有经济先导性特征。交通基础设施可以为区域内产业发展和区域贸易提供便利，区域交通基础设施的完善程度是该地区经济发展水平的标志之一，交通基础设施的改善有助于改善城市和区域的通达性。改善某个特定区域的交通运输条件，进而改变商品和要素流动需要花费的时间和费用。交通设施的完善可以改善特定地点的通达性，进而影响产业的发展。随着区域经济发展，其产业门类增多、分工深化，各产业部门之间的联系增强，区域内外的经济联系加强，交通基础设施在产业发展中的先导性作用也会更加凸显。

交通基础设施具有不可分性。由于交通基础设施往往具有投资规模大、建设周期长等特点，只有建成联通的交通基础设施，才能最大程度发挥运输作用进而带动经济发展，因此交通基础设施具有整体性和不可分性。

交通基础设施具有网络性特征。单独的公路、水路、铁路、航空和管道线路难以发挥高效的联通作用，交通基础设施只有通过交通网络才能实现各地点之间的联通。促进立体化、网络化的交通设施建设，才能有效提高交通运输效率和促进产业发展。

交通基础设施建设具有空间外部性。交通基础设施建设会加快区域内外生产要素的流动。如果造成劳动力和资源净流出，将产生负的外部性；如果依托交通基础设施吸引周边区域的劳动力、资本、技术等生产要素流入本地，促进产业聚集，就产生正的外部性。

（二）对产业聚集的影响

理论研究与经济发展实践表明，交通基础设施是影响区域产业聚集的重要

因素。关于交通设施对产业聚集的影响，现有文献主要围绕交通设施建设改善沿线地区的运输成本、资源禀赋等角度进行研究。

马歇尔、Kilkenny 和 Banister 等学者在研究企业区位选择时发现，运输成本是影响企业选址的重要因素。具体而言，运输价格、运输难易程度、运输距离对企业选址和产业空间分布有重要影响（马歇尔，1890；Kilkenny，1998）。企业倾向于在市场规模大且产品运费较低的区域布局，在规模经济和外部经济作用下形成产业地方化（Krugman，1999）。交通基础设施会改变城市之间交通网络的通达性，进而影响运输成本，吸引产业聚集或者促进产业扩散（Banister，2001）。但 Malin Song 等（2014）的实证研究发现，运输成本影响中国产业布局的调整，但受运输条件影响最大的是农业部门，受影响最小的是工业部门。而刘天卓和陈晓剑（2005）的研究发现，运输成本在企业经营成本中占的比重大小，影响企业的区位选择，原材料运输成本高的企业倾向于在原料基地附近布局。交通基础设施密度的增加能够提升区域交通水平（魏巍，2014），交通水平的提升有助于提升产业聚集水平（杨洪焦、孙林岩，2008）。

交通运输条件是产业聚集的重要影响因素。刘哲（2017）的研究表明，交通运输条件改善和生产效率提高带动了物流业发展，进而促进了制造业向中西部地区转移，弱化了东部地区的早期产业聚集地位，为了缩小区域发展差距，应当加大对中西部地区基础设施的投资，促进物流业发展。公路密度的提升提高了西部地区制造业聚集水平，在市场化水平越高的地区，交通基础设施改善对产业聚集的作用更加明显（唐红祥，2018）。高新雨等（2019）分析了城市基础设施对不同地区制造业聚集的影响，发现西部地区城市基础设施财政投入与发达地区差距较大，阻碍了制造业聚集。制造业产业协同聚集水平，受交通运输水平、信息传输能力与地方政府财政实力等因素影响（陈曦 等，2018）。但交通设施改善对产业聚集的影响与运输方式有关，且对产业发展的促进作用具有时间滞后性（来逢波，2018），交通设施与产业聚集之间存在着倒"U"形关系，高铁对产业聚集的影响最大（吴江 等，2019）。

交通设施的改善会影响区域生产和生活条件，对周边地区形成溢出效应，造成资源禀赋条件发生改变，从而影响产业聚集与扩散。Holtz-Eakinand Schwartz（1995）发现，地区之间高速公路等基础设施有助于改善制造企业的空间分布，交通便利的地区更易于吸引投资。Holl（2004）的研究发现，高速公路建设有助于在公路沿线形成企业聚集。地理区位条件和资源禀赋差异是影响制造业企业空间布局的关键性因素，交通设施对制造业企业的集中和分散具有重要影响（Henderson，2001），交通通达性影响企业的选择决策进而对产业集中度具有重要影响（MichieldeBok，2009）。从中国制造业空间分布的演变情况看，政策因素是影响中国制造业空间布局的最重要因素，其次是自然资源和区位的通达性。中间投入品和最终商品的"市场获得性"是影响企业选址决策的重要因素，交通设施的改善有助于某些区域克服自然资源条件的限制（刘矩强、赵永亮，2010）。但交通基础设施的改善对周边地区的溢出效应强弱程度存在差异（王晓东，2014）。李兰冰（2019）认为高速公路能够为非中心城市制造业企业提升议价能力和成本优势，提升非中心城市制造业企业的市场实力，有助于非中心城市制造业的资源配置优化。毛中根等（2019）在研究中国西部地区制造业聚集动因时发现，资源禀赋以及交通基础设施的改善是影响西部地区制造业聚集的关键因素。但不同的交通方式对产业聚集的影响效果存在差异，各地应根据自身的资源禀赋条件合理选择发展有效的交通设施（董洪超等，2019）。

上述研究表明，交通基础设施发展水平影响区域内交通运输成本、交通运输效率，进而影响不同区域对产业的吸引力。采用新的交通技术可以缩短通达所需要的时间，从而提高运输效率，降低企业运输成本。因此，交通更便利的区域，对企业更具有吸引力。

二、通道建设对产业聚集的影响机制分析

通道建设通过改善通道沿线地区的交通便利性和运输成本，将沿线地区的地理区位、自然资源和人文资源转化为经济优势，从而带动通道沿线地区的经济发展。通过市场开发手段使国内外生产要素向通道区域流动和聚集，促进通道上的增长极快速形成产业聚集和扩散效应，借由通道经济带动通道区域的发展。因此，西部陆海新通道建设实质上就是以提升通道沿线运输能力为手段，改善通道区域沿线的区位条件，以通道流通经济带动贸易、投资和产业发展，促进人口流动和资源配置优化，吸引产业向通道沿线增长极聚集，从而形成通道经济发展模式。

（一）本地市场效应

按照企业区位选择理论，企业在进行区位选择和空间布局时，不仅要关注生产要素供给条件、自然环境与地理区位等因素，还要关注市场因素。市场因素是影响企业区位选择的重要因素。比如，市场规模、市场需求偏好、本地市场与周边区域市场联系的紧密程度等因素。一般情况下，市场潜在规模大、与周边区域市场联系紧密的区域，市场潜能比较高，因而对资本、人才以及技术等资源的吸引力更大，更有利于形成产业聚集。企业在选择生产区位时，为了实现规模经济，偏好在市场规模较大的区域布局，这有助于节约运输费用和贸易费用，新经济地理学把这种影响机制称为"本地市场效应"。

本地市场效应在产业聚集方面具有自我强化作用（刘永芳，2021）。交通基础设施的投资，提升了某特定区域交通通达性，从而吸引人口向该地区迁移，带来了消费支出增加，使该地区市场规模增大和市场潜能扩大，进一步吸引企业、劳动力聚集，形成自我强化效应。

"市场潜能"的概念最早由 Colin Clark 提出来，用于描述市场之间潜在的联系强度。Harris（1954）进一步对市场潜能的概念进行了界定："市场潜能是一个地区生产产品和服务的潜在需求规模，以反映运输成本空间距离为权重的其他地区购买能力的总和。"因此，市场潜能不仅与生产地市场需求有关，还与目标市场的需求以及影响这种需求的两地之间的通达性有关。市场潜能在一定程度上反映企业区位选择受到邻近地区市场需求影响的影响，且这种影响受市场接近程度影响，或者说由于交通通达性的差异造成交易成本的变化，随着交易成本上升这种影响会逐渐衰减。可见，市场潜能是包含空间距离因素并以地理距离作为权重所计算的本地市场产品和服务的潜在需求，反映了特定区域市场规模以及与其具有空间依赖关系的邻近区域的市场规模。受到空间因素影响的交易成本与市场潜能呈现出负相关关系，即地理距离越邻近，交易成本就越低，地区市场潜能就越大；反之，地理距离越远，交易成本就越高，本地市场潜能就越小。

市场潜能大的地区，其经济实力、创新能力、知识吸纳能力更强，更容易带动新的企业形成，也更容易带动关联产业在该区域聚集演化。因此，交通基础设施的改善有助于增强本地市场效应并促进该区域市场潜能的提升，在市场潜能的作用下生产要素向高市场潜能的地区聚集，引起经济活动在特定空间聚集，从而带动产业、就业人口的空间聚集。

产业在特定空间聚集会引发人口向该区域迁移聚集，进而生产性服务业和生活性服务业规模扩大具有拉动作用，从而增强该区域的市场发展潜力，形成因果累积循环。但市场潜能对产业聚集的影响是非线性的，且市场潜能对产业聚集具有非线性效应或者门槛效应。

当市场规模达到一定程度，也有可能引发市场拥挤效应，即经济活动的空间聚集超过适度规模之后，由于对生产要素的竞争造成生产要素成本上升较快，企业聚集在该区域的收益将下降，当聚集力大于分散力增速时，就会发生产业向周边地区进行迁移，即区域产业扩散力。此时，基础设施建设由于存在市场拥挤效应而导致产业向周边地区扩散，形成基础设施和通道建设的空间溢出效应。但由于通道区域所处的发展阶段不同，通道区域的经济社会条件以及市场规模不同，基础设施建设和通道经济发展所形成的市场潜能大小也有所差异，因而通道沿线增长极的产业聚集效应和分散效应大小有所差异。

（二）市场开放效应

通道运输时空理论认为，通道的形成会在空间和时间两个方面进行演变。区域之间通过交通通道形成通道的空间结构，而区域之间通道发展具有阶段性，从而使通道形成具有时间结构。区域之间通道联通成为物资交换的运输通道、运输能力。其中，通道运输能力是通道的客运和货运输出能力与输入能力，通道各种运输方式所具备的服务能力和服务水平形成了通道的能力结构。

聚集经济是区域规模经济的表现，也是区域资本、劳动力、技术和信息等生产要素聚集的过程。交通运输条件的改善，有助于发展多种运输方式，提升区域对外联通的运输能力和运输服务水平，促进与附近城市或者区域之间的经济互动。因此，通道的形成与发展表现为通道空间结构的拓展、通道服务能力的提升，具体表现为通道区域对内对外的经济联系强弱和市场活跃程度的演变。在此过程中，如果通道建设带动了市场开放度提高，则经济主体活跃，民间投资积极，个体经济、私营经济发达，通道沿线要素跨区域自由流动性增强，表现为流入流出量的增长。同时，通道区域与其他地区之间的区域市场一体化程度也将因为要素流动性增强，而更有利于生产要素向市场开放度高的区域聚集。

区域交通基础设施投资的增加，有助于促进地区经济发展，如果邻近区域之间就改善综合交通运输网络开展合作，促进区域之间的交通设施互联互通，则有助于增强区域之间的经济联系。交通基础设施的改善，将有助于提升该区域资源的利用效率。交通基础设施质量较高的地区，其对外贸易相对较发达。一般情况下，私营经济、外资经济等非国有经济比重越高的区域，市场开放度越高，越有利于形成产业聚集；反之，国有经济比重越高的地区，市场开放度越低，可能存在较为严重的地方保护主义导致市场分割，扭曲资源配置和制约生产效率提升，进而阻碍了产业聚集。

交通基础设施的改善，可以降低进出口贸易的运输费用与时间成本，加强当地与其他地区的经济联系，有利于促进当地进出口贸易的增长，增强对外资的吸引力。在此过程中，要提高通道建设效率，需要推动本地区实施更加开放的市场经济制度，以便更有利于生产要素和商品跨地区流动，从而推进区域贸易发展和提升地区生产专业化水平，使区域立足比较优势发展优势产业，促进优势产业、特色产业向特定区域空间聚集。研究发现，运输成本对产业聚集的主导作用在逐步弱化，政策、文化与制度等因素的影响作用更为明显，且规模经济的影响不明显，专业化形成的产业网络外部性是促进聚集的重要因素（段进军 等，2006）。

第二节　西部陆海新通道运输效率评价及时空演变

一、西部陆海新通道运输效率评价方法

西部陆海新通道建设，要真正形成南北贯通、陆海联动，在很大程度上需要形成综合交通运输体系，为建立高效便捷的通道提供有力支撑。从现有情况看，目前，西部陆海新通道沿线地区加大了交通基础设施建设力度，致力于打造综合交通枢纽体系，提升陆路的通道能力和海运通道功能，进而以通道经济带动相关产业在通道沿线地区聚集。

为考察西部陆海新通道建设对沿线地区产业聚集的影响，有必要对通道交通运输效率及其演变的特征进行研究。为此，本节采用数据包络分析法对西部陆海新通道运输效率进行评价。

（一）评价方法的选择

关于经济效率分析，学术界采用的评价方法较多，主要有层次分析法、模糊评价法、神经网络评价和数据包络分析法等。数据包络分析法（简称 DEA）具有众多优点，该方法不需要对数据进行无量纲化处理，不需要对指标权重进行主观赋值，可以对多个决策单元的多指标投入与产出的相对有效性进行评价。该方法不需要设置生产函数形式，从而避免了生产函数设置错误导致评价结果偏误。因此，越来越多的学者采用 DEA 方法对经济效率进行评价。

对西部陆海新通道沿线地区的综合运输效率进行评价，需要采用多个投入指标和多个产出指标，因而选择采用 DEA 方法对西部陆海新通道沿线地区的公路、铁路的综合运输效率进行评价。本节采用 Jesús T. Pator and Lovell（2005）提出的全局参比 Malmquist 模型计算综合交通的运输效率。该方法以所有各期共同构建的前沿（全局前沿）作为参比前沿，全局参比效率值参比的是同一个前沿，相互之间数字大小具有可比性。但需要注意的是，该方法计算出的效率值本身并非 TFP，只可以反映 TFP 相对于所有各期共同构建的前沿（全局前沿）而言的效率高低。

M 指数可以根据以下公式分解为纯技术效率变化、规模效率变化和技术变化。可表示为

$$M = EC \times TC \qquad (6-1)$$

$M > 1$，就表示效率提升；$M < 1$，就表示效率下降；$M = 1$，表示效率没有变化。

EC 表示技术效率变化，反映不同时期（t 和 $t+1$ 期）的投入在同一生产前沿面上的技术效率变动情况。若 SEC > 1，说明决策单元具有技术效率；SEC < 1，说明决策单元不具有技术效率。

TC 表示技术变化，反映生产前沿面的变动。需要注意的一点是，技术变化是针对某个时期的行业生产技术而言的，并非指某个特定评价单元所采用的生产技术。若 TC > 1，表明决策单元存在技术进步；若 TC < 1，表明评价单元相对于生产前沿面而言技术水平差距拉大。

（二）样本选择及分样本评价说明

本节评价以 2015—2020 年西部陆海新通道沿线地区为样本。评价区域包括内蒙古、广西、海南、重庆、四川、贵州、云南、西藏、陕西、甘肃、青海、宁夏和新疆 13 个省（区、市），对通过公路、铁路和航空运输形成的综合运输方式运输效率变化进行评价。

二、西部陆海新通道运输效率变化评价指标选取

（一）投入指标

对西部陆海新通道沿线地区的运输效率进行评价，主要考虑公路、铁路、水路、航空等运输方式的就业人员数、运输里程数等指标作为投入指标。如表 6-1 所示。

（二）产出指标

受数据可获得性限制，西部陆海新通道沿线地区的运输主要考虑客运量、客运周转量、货运量、货运周转量。具体指标见表 6-1。

表6-1　投入产出指标说明

样本	评价单元	投入指标		产出指标
西部陆海新通道沿线地区综合运输效率评价	内蒙古、广西、海南、重庆、四川、贵州、云南、西藏、陕西、甘肃、青海、宁夏和新疆13个省（区、市）	铁路就业人员数/人、公路运输业就业人员数/人、航空运输就业人数/人	铁路营业里程/万公里、公路里程数/万公里	客运量/万人、旅客周转量/亿人公里以及公路、铁路和航空三种方式的货运量/万吨和货运周转量/亿吨公里
西南片区综合运输效率评价	广西、海南、重庆、四川、贵州、云南6个省（区、市）	铁路就业人员数/人、公路运输业就业人员数/人、航空运输就业人数/人、水路运输就业人数/人	铁路营业里程/万公里、内河里程数/万公里、公路里程数/万公里	客运量/万人、旅客周转量/亿人公里、公路、铁路、水运和航空四种方式的货运量/万吨、货运周转量/亿吨公里

三、西部陆海新通道综合运输效率评价及时空演变

（一）沿线13个地区综合运输效率评价

采用2015年至2020年内蒙古、广西、海南、重庆、四川、贵州、云南、西藏、陕西、甘肃、青海、宁夏和新疆13个省（区、市）的面板数据，对西部陆海新通道沿线地区的铁路运输、公路运输、航空运输三种运输方式的综合运输效率进行评价。

由于陕西、新疆、宁夏、西藏、内蒙古等地区在不同年份缺乏水路运输就业人数、内河里程数、水路货运量等投入产出数据，因此，本部分的综合运输效率评价不含水运方式。

投入指标包括铁路就业人员数（人）、公路运输业就业人员数（人）、航空运输就业人数（人）、铁路营业里程（万公里）、公路里程数（万公里）。

产出指标包括客运量（万人）、旅客周转量（亿人公里）以及公路、铁路和航空三种方式的货运量（万吨）和货运周转量（亿吨公里）。

采用全局参比Malmquist模型计算的综合运输效率如表6-2所示。2015—2020年西部陆海新通道沿线13个省（区、市）中，综合运输效率均值最高的是宁夏，效率值为9.623；综合运输效率值排在第二位的是西藏，效率值为5.081；排第三位的是海南，效率值为4.909；排第四位的是贵州，效率值为2.278；排第五位的是内蒙古，效率值为1.706；排第六位的是重庆，效率值为

1.558；排第七位的是广西，效率值为 1.514；排第八位的是四川，效率值为 1.407；排第九位的是陕西，效率值为 1.339；排第十位的是甘肃，效率值为 1.237；排最后三位的是云南、新疆和青海，效率值分别为 1.194、0.765 和 0.701。青海和新疆的运输效率值得关注，这两个地区在样本期内各个年份的效率值均小于 1。

表 6-2　沿线 13 省（区、市）综合运输效率（不含水运）

省（区、市）	2015	2016	2017	2018	2019	2020	样本期内均值
内蒙古	1.678	1.569	1.638	1.678	1.879	1.794	1.706
广西	1.419	1.432	1.473	1.511	1.504	1.746	1.514
海南	3.499	3.532	4.367	5.722	6.565	5.767	4.909
重庆	1.558	1.476	1.529	1.585	1.514	1.687	1.558
四川	1.600	1.468	1.333	1.278	1.283	1.477	1.407
贵州	2.118	2.267	2.430	2.629	2.465	1.758	2.278
云南	1.182	1.187	1.235	1.217	1.219	1.126	1.194
西藏	3.828	4.320	4.504	4.551	6.643	6.639	5.081
陕西	1.312	1.342	1.255	1.274	1.393	1.459	1.339
甘肃	1.271	1.196	1.076	1.194	1.343	1.340	1.237
青海	0.747	0.686	0.710	0.804	0.589	0.669	0.701
宁夏	9.240	9.671	9.256	7.720	10.256	11.593	9.623
新疆	0.749	0.730	0.804	0.821	0.809	0.676	0.765

在样本期内，13 个地区的效率值在波动中上升，在 2019 年和 2020 年，不少地区综合运输效率值有下降的现象。2019 年，有广西、重庆、贵州、青海和新疆 5 个地区的综合运输效率值下降。2020 年，有内蒙古、海南、贵州、西藏、甘肃、新疆 6 个地区的综合运输效率值下降。

（二）沿线 6 个地区综合运输效率评价

为了全面了解包含水运方式的综合运输效率，本部分对不存在水运投入产出数据缺失问题的广西、海南、重庆、四川、贵州、云南 6 个省（区、市），采用铁路运输、公路运输、水路运输、航空运输 4 种运输方式的投入产出数据进行综合运输效率评价。

投入指标包括铁路就业人员数（人）、公路运输业就业人员数（人）、航空运输就业人数（人）、水路运输就业人数（人）、铁路营业里程（万公里）、内河里程数（万公里）、公路里程数（万公里）。

产出指标包括客运量（万人）、旅客周转量（亿人公里）、公路、铁路、水运和航空四种方式的货运量（万吨）、货运周转量（亿吨公里）。

采用全局参比 Malmquist 模型计算的综合运输效率如表 6-3 所示。

表 6-3　沿线 6 地区综合运输效率评价（含水运）

年份	广西	海南	重庆	四川	贵州	云南
2015	2.378	2.172	1.797	1.653	1.948	1.298
2016	2.449	2.017	1.758	1.534	2.079	1.314
2017	2.663	1.800	1.902	1.411	2.180	1.361
2018	2.630	1.743	1.864	1.430	2.376	1.491
2019	2.799	2.693	1.698	1.566	2.443	1.376
2020	2.938	3.169	1.696	1.527	2.044	1.429
样本期内均值	2.643	2.266	1.786	1.520	2.178	1.378

表中数据显示，2015 年至 2020 年，6 个被评价地区的综合运输效率在波动中呈现上升趋势。6 个地区综合运输效率值在样本期内的均值最高的是广西，效率均值为 2.643；排第二位的是海南，效率均值为 2.266；排第三位的是贵州，效率均值为 2.178，排第四位的是重庆，效率均值为 1.786；排第五位的是四川，效率均值为 1.520；排第六位的是云南，效率均值为 1.378。

（三）沿线 13 个省（区、市）综合运输效率变化（不含水运）

1. 西部陆海新通道沿线大部分地区综合运输效率先升后降

为了分析西部陆海新通道建设实施以来，沿线各地区综合运输效率变化情况，本节采用全局参比模型，对 2016—2020 年的综合运输效率变化值进行测算，得到综合运输效率变化指数（M 指数）。

结果显示，2017 年，除了西藏、青海、宁夏的 M 指数小于 1，其余 10 个地区的 M 指数均大于 1，表明这 10 个地区的综合运输效率得到提升。如图 6-1 所示。

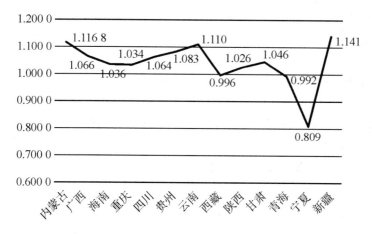

图 6-1 2017 年各省（区、市）运输综合效率 M 指数

2018 年以来，各省（区、市）陆续加入西部陆海新通道建设，加大交通基础设施投入，开通班列，提升多式联运效率。如图 6-2 所示，除宁夏和海南的综合运输 M 指数小于 1，其余地区的综合运输效率 M 指数大于 1，表明其余 11 个地区综合运输效率均得到不同程度提升。其中，变化最为明显的地区依次是西藏、内蒙古、云南、贵州、重庆、陕西和广西。西北地区的陕西是西北五省中综合运输效率变化最明显的地区，其次是新疆、青海，甘肃的综合运输效率略有改善，而宁夏的综合运输效率有所下降。海南的综合运输效率不但没有改善，还有所下降。

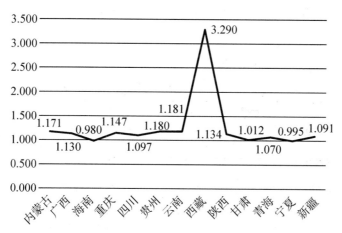

图 6-2 2018 年各省（区、市）综合运输效率 M 指数

值得关注的是各地区均不同程度地出现综合运输效率下降。2019年和2020年，M指数大于1的地区数量明显减少。2019年，部分地区的综合运输效率M指数值明显小于1，如内蒙古、重庆、云南、西藏、甘肃、青海、新疆，如图6-3所示。2020年，内蒙古、海南、贵州、云南、西藏、四川、甘肃、青海和新疆9个地区的M指数仍然小于1，如图6-4所示。这表明，要保持西部陆海新通道开通对沿线地区综合运输效率的持续提高仍需继续努力，在推进交通基础设施建设提升、通道运输能力提升的同时，还需要加强有助于通道经济发展的其他配套设施和硬软环境建设，增强通道沿线地区的货源聚集能力。

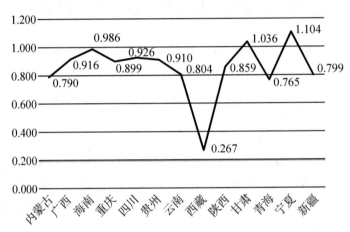

图6-3 2019年各省（区、市）综合运输效率M指数

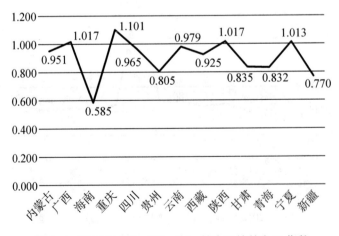

图6-4 2020年各省（区、市）综合运输效率M指数

2. 基于运输技术改进的同时尤其要重视技术效率提升

从各地区综合运输效率 M 指数变化的来源看，2018 年，绝大多数地区综合运输效率变化，即 M 指数大于 1，主要得益于技术变化，这些地区加大了交通基础设施投资，使当地运输技术得到提升，同时开通了一些班列，如内蒙古、广西、重庆、四川、贵州、云南、西藏、宁夏和新疆相继开通了班列。而甘肃、海南、青海的 M 指数大于 1，主要得益于技术效率的提升。如图 6-5 所示。

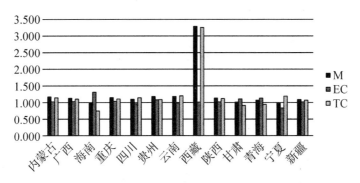

图 6-5　2018 年各地区综合运输效率 M 指数及分解

2019 年，各地区综合运输效率的 M 指数只有陕西和青海的综合运输效率得到了提升，其他地区的综合运输效率 M 指数均小于 1。这主要是由于这些地区的技术变化不理想。但广西、云南、西藏、陕西、青海五个地区的规模效率有明显改善。如图 6-6 所示。

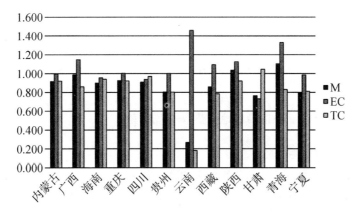

图 6-6　2019 年各地区综合运输效率 M 指数及分解

2020 年，沿线地区在经历了运输技术提升和规模效率改善之后，大多数地区出现了规模效率和技术效率下降的情况。如图 6-7 所示，在综合运输效率方面，仅有广西、重庆、陕西、宁夏四个省（区、市）的 M 指数大于 1，其他地区的 M 指数均小于 1，表明其综合运输效率下降。在沿线地区中，仅有广西、重庆、四川、陕西、青海、宁夏、新疆的纯技术效率得到提升。这表明，在经历了加大基础设施投资提升运输技术之后，要保持运输综合效率的提升，需要注重持续提升通道沿线地区的纯技术效率，如优化运输方式组合，做好多式联运，提升多式联运效率；运用现有信息技术平台，做好运输规划与运输服务。尤其是作为重要节点的北部湾港周边城市，在加强货源聚集的同时，亟须加快工业发展工业集群建设，为班列返程提供更多可供运输的工业品提供支撑。

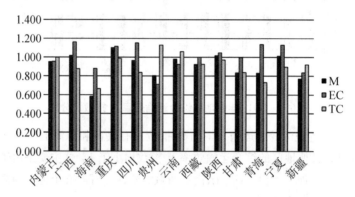

图 6-7　2020 年各地区综合运输效率 M 指数及分解

第三节　西部陆海新通道沿线地区产业集聚事实考察

一、西部陆海新通道沿线地区要素聚集度演变

（一）劳动力要素聚集度演变

西部陆海新通道建设的目的是通过通道运输能力提升发展通道经济，进而吸引企业迁入，创造更多的就业岗位。因此，劳动力要素聚集程度是反映产业聚集程度的重要微观指标。根据通道经济发展的目的和劳动力要素的特点，本节采用城镇单位就业人数、制造业城镇就业人数、制造业城镇就业人员密度反映劳动力要素聚集的变化状况。其中制造业城镇就业人员密度用制造业城镇就

业人数除以城镇工业用地面积得到。

从城镇单位就业人数看，与 2015 年相比，广西、海南、四川、贵州、西藏、新疆等地区的城镇单位就业人数有所上升。表明上述地区经过近几年的发展，劳动力在城镇的要素聚集度有所上升。如图 6-8 所示。

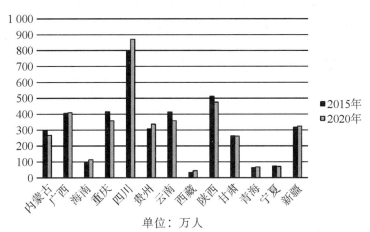

单位：万人

图 6-8　2015 年与 2020 年通道沿线地区城镇单位就业人数

从制造业就业情况看，2020 年西部陆海新通道沿线地区所有省（区、市）的制造业就业人数比 2015 年有所下降，如图 6-9 所示。导致这一问题的原因与宏观经济受疫情冲击影响以及世界经济下行等因素有关。但也应当引起警惕，制造业就业人数下降，表明西部陆海新通道沿线地区通过通道经济带动制造业聚集的效果还有待提升。

从制造业城镇就业人员密度看，2020 年通道沿线地区城镇就业人员密度均低于 2015 年的水平。2015 年以来，西部陆海新通道沿线地区制造业城镇就业人员密度表现出下降趋势，出现这方面问题，主要是制造业城镇就业人数下降导致的。通道沿线地区制造业城镇就业人员密度最高的是青海，为 5 215 人/平方公里，最低的是西藏，为 1 085 人/平方公里，甘肃的密度也偏低，仅为 1 378 人/平方公里。如表 6-4 所示。与其他地区相比，通道沿线地区除了青海和陕西之外，其他地区的制造业城镇就业人口密度明显低于河南、广东、福建、江苏和河北等地区。如图 6-10 所示。

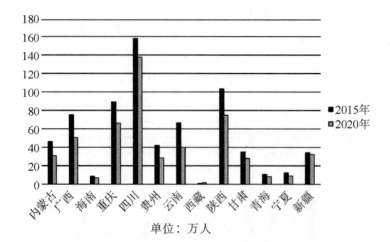

单位：万人

图 6-9　2015 年与 2020 年通道沿线地区制造业城镇就业人数

表 6-4　西部陆海新通道沿线地区制造业城镇就业人员密度

单位：人/平方公里

地区	2015 年	2016 年	2017 年	2018 年	2019 年	2020 年
内蒙古	2 825	2 720	2 457	2 206	2 330	2 360
广西	3 733	3 284	3 209	2 567	2 328	2 384
海南	3 955	4 768	4 488	4 056	3 299	3 254
重庆	3 654	3 651	3 317	3 042	2 156	2 243
四川	3 615	3 290	3 068	2 639	2 486	2 800
贵州	3 459	2 590	2 428	1 941	1 737	1 690
云南	6 070	5 409	5 095	4 948	3 226	3 088
西藏	609	609	616	616	893	1 085
陕西	7 885	6 987	6 698	5 259	4 593	4 325
甘肃	2 745	1 961	1 818	1 452	1 369	1 378
青海	8 270	8 012	7 623	6 211	5 397	5 215
宁夏	3 116	2 865	2 907	2 179	1 975	2 063
新疆	2 066	1 826	1 829	1 724	1 712	1 733

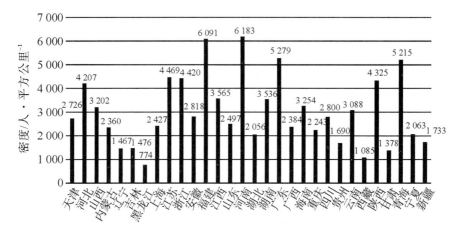

图 6-10　2020 年制造业城镇就业人员密度

（二）资本要素聚集情况演变

通道经济的发展需要吸引资本要素流入通道沿线地区进行投资，形成资本聚集进而形成产业聚集。运用《中国工业统计年鉴》规模以上工业固定资产总额数据演变情况反映通道沿线地区的资本要素聚集情况的变化。

图 6-11 的数据显示，2020 年，西部陆海新通道沿线地区规模以上工业企业固定资产总额均有不同程度的增加，其中，工业固定资产总额增长较多的有四川、陕西、重庆、广西、新疆、云南和内蒙古。

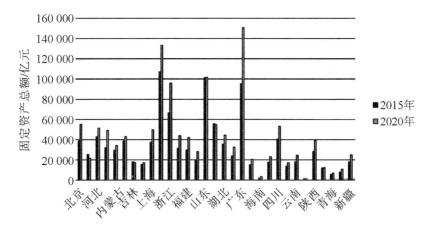

图 6-11　各地区规模以上工业企业固定资产总额

图 6-12 的数据显示,在通道沿线地区中,西藏的规模以上工业企业固定资产总额增长幅度最大,其 2020 年规模以上工业企业固定资产总额是 2015 年的 2.28 倍。此外,陕西(1.39 倍)、宁夏(1.37 倍)、新疆(1.37 倍)、广西(1.37 倍)、云南(1.36 倍)、四川(1.31 倍)、重庆(1.30 倍)等地区的规模以上工业企业固定资产总额也有较大幅度的增加。这表明这些沿线地区工业资本要素聚集度有所提高。

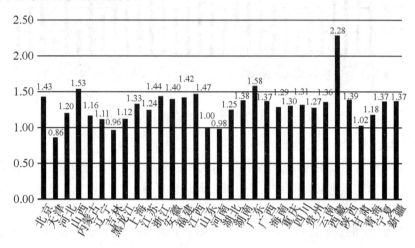

图 6-12　2022 年与 2015 年规模以上工业企业固定资产总额比值

从通道沿线地区规模以上工业企业固定资产总额与全国规模以上工业企业固定资产总额比值看,13 个沿线地区中,广西、海南、重庆、四川、云南、西藏、陕西、宁夏和新疆 9 个地区的比重略有提升,如表 6-5 所示。表明通道沿线地区固定资产要素占比有所提升,资本要素开始逐渐向通道沿线地区聚集。

表 6-5　各地区规模以上工业企业固定资产总额与全国的比值　单位:%

地区	2015 年	2020 年
内蒙古	2.88	2.63
广 西	1.48	1.59
海 南	0.27	0.28
重 庆	1.74	1.78
四 川	3.95	4.07
贵 州	1.32	1.32

表6-5(续)

地区	2015 年	2020 年
云 南	1.78	1.89
西 藏	0.09	0.16
陕 西	2.76	3.01
甘 肃	1.16	0.94
青 海	0.56	0.52
宁 夏	0.76	0.82
新 疆	1.77	1.91

（三）技术要素聚集度演变

西部陆海新通道建设在发展过程中，不但希望能够聚集劳动力、资本等生产要素迁入以扩大优势产业规模，也希望能够通过区位条件的改善增加对技术要素的吸引力，形成创新要素的聚集。为反映通道沿线地区技术要素聚集程度，采用《中国科技统计年鉴》中各地区研发经费投入强度反映通道沿线地区的科研经费投入情况。

从表6-6的数据可以看出，海南、重庆、四川、贵州、云南、陕西、宁夏等地区的研发经费投入强度2015—2020年总体上持续提高。特别是陕西、四川和重庆3个地区的研发经费投入强度接近于全国平均水平（2.4），与全国平均水平的差距在缩小，表明近年来通道建设促进了上述地区在技术创新方面的要素投入。

值得关注的是，内蒙古、广西、海南、青海、新疆等地区的研发经费投入强度偏低，增长缓慢，明显低于全国平均水平。这表明上述地区的通道建设，对当地技术要素的聚集影响不明显。

表 6-6　各地区研发经费投入强度　　　　单位:%

地 区	2015 年	2016 年	2017 年	2018 年	2019 年	2020 年
全国	2.06	2.10	2.12	2.14	2.21	2.40
北京	5.59	5.49	5.29	5.65	6.30	6.44
天津	4.69	4.68	3.68	3.68	3.29	3.44
河北	1.33	1.35	1.48	1.54	1.62	1.75
山西	1.12	1.11	1.02	1.10	1.13	1.20

表6-6（续）

地 区	2015 年	2016 年	2017 年	2018 年	2019 年	2020 年
辽宁	1.80	1.83	1.98	1.96	2.05	2.19
吉林	1.41	1.34	1.17	1.02	1.27	1.30
黑龙江	1.35	1.28	1.19	1.05	1.08	1.26
上海	3.48	3.51	3.66	3.77	4.01	4.17
江苏	2.53	2.62	2.63	2.69	2.82	2.93
浙江	2.32	2.39	2.42	2.49	2.67	2.88
安徽	1.81	1.81	1.90	1.91	2.05	2.28
福建	1.47	1.53	1.60	1.66	1.78	1.92
江西	1.03	1.13	1.27	1.37	1.56	1.68
山东	2.58	2.67	2.78	2.47	2.12	2.30
河南	1.17	1.23	1.30	1.34	1.48	1.64
湖北	1.85	1.80	1.88	1.96	2.11	2.31
湖南	1.45	1.52	1.68	1.81	1.97	2.15
内蒙古	1.05	1.07	0.89	0.80	0.86	0.93
广东	2.41	2.48	2.56	2.71	2.87	3.14
广西	0.72	0.73	0.80	0.74	0.79	0.78
海南	0.45	0.53	0.51	0.55	0.56	0.66
重庆	1.54	1.68	1.82	1.90	1.99	2.11
四川	1.66	1.69	1.68	1.72	1.88	2.17
贵州	0.59	0.62	0.70	0.79	0.86	0.91
云南	0.73	0.81	0.85	0.90	0.95	1.00
西藏	0.30	0.19	0.21	0.24	0.26	0.23
陕西	2.20	2.20	2.15	2.22	2.27	2.42
甘肃	1.26	1.26	1.20	1.20	1.26	1.22
青海	0.58	0.62	0.73	0.63	0.70	0.71
宁夏	0.99	1.08	1.22	1.30	1.45	1.52
新疆	0.56	0.59	0.51	0.50	0.47	0.45

高新技术企业发展情况是反映技术要素聚集的重要指标。采用《中国火炬统计年鉴》的数据计算 2020 年与 2015 年高新技术企业主要技术创新投入要素指标的比值，具体包括高新技术企业科技活动人员数量、研发人员数量、科技活动经费内部支出、企业年末从业人员数的指标对比，比值如表 6-7 所示。

从计算结果看，通道沿线地区高新技术企业有加快发展、技术要素投入呈现出聚集态势。其中，科技活动人员数量聚集加快的主要是内蒙古、重庆、宁夏、西藏，两个年份的指标比值大于 2；研发人员数量聚集加快的是广西、重庆、内蒙古，两个年份的指标比值大于 1.8；科技活动经费内部支出增幅明显的是西藏、内蒙古、宁夏、广西、重庆，两个年份的指标比值大于 3；高新技术企业年末从业人员数量增加幅度较大的是内蒙古、西藏、宁夏、海南，两个年份的指标比值大于 2。

表 6-7　2020 年与 2015 年高新技术企业技术创新投入要素指标比值

地区	科技活动人员数量	研发人员数量	科技活动经费内部支出	年末从业人员数量
内蒙古	2.58	1.88	4.51	2.65
广西	1.99	2.01	3.56	1.99
海南	1.68	0.95	2.92	2.03
重庆	2.04	1.80	3.16	1.96
四川	1.60	1.52	2.76	1.61
贵州	1.67	1.49	2.70	1.48
云南	1.32	1.34	1.84	1.38
西藏	2.07	0.60	6.31	2.38
陕西	1.89	1.58	2.41	1.93
甘肃	1.89	1.01	2.58	1.70
青海	1.59	1.74	1.74	0.90
宁夏	2.03	1.75	4.40	2.07
新疆	1.52	0.93	1.96	1.69

以上数据表明，通道沿线地区技术创新要素投入正在加大，技术要素聚集水平正在提高。但与发达地区和全国平均水平相比，不少地区仍有较大差距，技术要素聚集的进展尚未能达到通道建设所预期的效果。

二、西部陆海新通道沿线地区产业聚集度演变

（一）第二产业和第三产业聚集度有所提升

西部陆海新通道建设的持续推进，改变了沿线各地区的通达便利性，也逐步带动第二、第三产业空间布局调整，沿线地区第二产业、第三产业均有不同程度的发展。为了反映通道建设对沿线地区产业聚集情况，运用产业聚集度指标反映沿线地区产业聚集特征及变化情况。

衡量产业聚集的方法和指标较多，有集中率、赫芬达尔指数、空间基尼指数、区位熵等指标，考虑数据可获得性制约，本节采用区位熵反映西部陆海新通道沿线地区第二产业和第三产业区位熵。区位熵计算公式为

$$LQ_{ij} = \frac{i \text{地区} j \text{产业增加值占} i \text{地区 GDP 比重}}{\text{全国} j \text{产业增加值占全国 GDP 比重}} \quad (6-2)$$

西部陆海新通道沿线 13 个沿线地区第二产业区位熵和第三产业区位熵计算结果如表 6-8 所示。

表 6-8 中数据显示，2018 年 13 个沿线地区中，内蒙古、四川、贵州、云南、西藏、陕西、青海、宁夏等省（区、市）的第二产业区位熵有所提高，表明这些地区的第二产业聚集程度有不同程度提升。只有陕西的第三产业区位熵得到提升，其他地区的区位熵不同程度有所下降。

表 6-8　2018—2019 年第二、三产业区位熵

地区	2018 年		2019 年	
	第二产业区位熵	第三产业区位熵	第二产业区位熵	第三产业区位熵
内蒙古	0.988 7	0.936 3	1.017 9	0.918 7
广西	0.858 9	0.947 6	0.859 6	0.936 6
海南	0.540 2	1.097 1	0.526 7	1.094 5
重庆	1.031 7	0.987 9	1.030 7	0.987 8
四川	0.942 7	0.980 4	0.960 4	0.967 9
贵州	0.903 4	0.939 8	0.922 5	0.935 4
云南	0.876 7	0.998 7	0.899 2	0.961 6
西藏	0.947 9	1.014 5	0.969 9	1.002 3
陕西	1.179 9	0.853 9	1.183 1	0.858 4

表6-8（续）

地区	2018 年		2019 年	
	第二产业 区位熵	第三产业 区位熵	第二产业 区位熵	第三产业 区位熵
甘肃	0.858 4	1.022 4	0.850 6	1.013 2
青海	1.002 5	0.946 4	1.016 4	0.930 0
宁夏	1.067 8	0.931 5	1.096 9	0.924 3
新疆	0.915 8	0.911 1	0.911 6	0.854 6

（二）大多数地区的工业经济密度持续提升

在西部陆海新通道的推动下，沿线地区工业加快聚集，工业经济密度也不同程度提升，如表6-9所示。工业经济密度是工业增加值除以城市工业用地面积得到。从表6-9中的数据可知，内蒙古、重庆、陕西3个地区的工业经济密度显著提升，分别从2010年的12.77、154.21、470.98上升为2019年的41.29、296.06和603.69，新疆、四川的工业经济密度有较大提升，而广西、海南、四川、贵州、云南、西藏、甘肃、青海的工业经济密度略有提升，但宁夏和陕西的工业经济密度有所下降。

表6-9 2010—2019年工业经济密度

单位：亿元/平方公里

地区	2010 年	2011 年	2012 年	2013 年	2014 年	2015 年	2016 年	2017 年	2018 年	2019 年
内蒙古	12.77	14.84	18.47	22.42	24.39	24.93	27.00	31.62	34.64	41.29
广西	3.12	3.69	3.76	3.30	3.10	3.02	2.89	3.43	3.28	3.38
海南	2.03	2.70	2.83	2.53	2.43	2.41	2.19	2.53	2.82	2.78
重庆	154.21	210.00	210.16	237.72	209.52	252.65	347.04	356.87	353.13	296.06
四川	31.82	46.17	48.11	47.16	45.36	43.49	44.12	45.27	47.06	44.02
贵州	4.16	5.20	5.34	5.92	6.92	7.23	7.77	7.96	8.64	8.95
云南	28.98	35.48	38.00	35.58	33.43	32.92	26.33	27.00	30.26	31.69
西藏	0.32	1.05	0.61	0.61	0.65	0.66	0.75	0.87	1.00	1.01
陕西	470.98	454.57	580.30	550.11	567.46	360.57	488.96	363.31	622.05	603.69
甘肃	11.75	24.37	18.48	19.15	18.33	15.34	13.67	13.51	12.91	13.25
青海	3.06	4.30	4.46	3.87	4.11	3.98	3.49	3.94	3.88	4.00
宁夏	85.16	71.34	67.39	68.14	67.05	66.37	69.95	85.22	82.19	77.17
新疆	75.48	83.15	83.45	83.33	83.28	67.45	63.10	75.96	82.73	85.00

（三）交通仓储与邮政业经济密度明显提升

随着交通运输条件的改善和物流效率的提升，沿线地区交通仓储与邮政业加快发展，该行业的经济密度明显提升。如表6-10所示，各地区交通仓储与邮政业经济密度都有不同程度提升，其中，提高最快的是海南，2019年的经济密度是2010年的4.23倍；其次是贵州，2019年是2010年的3.96倍；宁夏（2.55倍）、西藏（2.53倍）、云南（2.22倍）、青海（2.06倍）、内蒙古（2.02倍）等地区的经济密度均为原来的两倍多。陕西（1.82倍）、重庆（1.65倍）、四川（1.59倍）、广西（1.47倍）、新疆（1.43倍）等地区的经济密度也有所提升。

表6-10   2010—2019年交通仓储与邮政业经济密度

单位：亿元/平方公里

地区	2010年	2011年	2012年	2013年	2014年	2015年	2016年	2017年	2018年	2019年
内蒙古	184.72	240.66	274.30	254.86	319.03	324.46	285.73	283.56	314.76	373.05
广西	286.70	268.02	266.91	287.16	295.71	294.60	307.10	361.45	420.75	423.39
海南	316.20	571.65	647.19	704.95	551.84	596.52	1 526.19	1 922.01	2 455.35	1 336.04
重庆	455.92	531.17	602.05	585.77	565.06	551.60	581.57	616.29	686.23	751.54
四川	356.92	569.71	537.46	543.96	613.79	471.08	467.66	512.51	563.24	566.03
贵州	168.93	247.93	427.80	371.71	434.33	415.63	422.06	496.55	406.38	668.37
云南	291.90	331.12	390.89	405.87	459.03	498.83	448.34	483.29	587.03	646.72
西藏	162.83	407.67	473.47	201.51	202.52	213.73	279.29	312.27	361.78	412.09
陕西	425.28	577.84	764.45	748.84	726.01	726.41	701.76	613.70	719.62	774.57
甘肃	96.12	210.25	230.67	206.05	232.39	228.77	227.46	234.40	195.00	209.07
青海	82.97	92.10	95.35	99.67	96.64	104.69	168.27	177.47	163.67	171.29
宁夏	142.36	166.82	168.73	181.85	183.93	185.97	206.03	236.71	253.08	363.23
新疆	169.52	173.17	178.64	189.41	190.78	192.77	154.94	188.99	230.80	242.33

第四节   西部陆海新通道对区域产业集聚影响的实证分析

本书研究的西部陆海新通道沿线地区包括内蒙古、广西、海南、重庆、四川、贵州、云南、西藏、陕西、甘肃、青海、宁夏、新疆13个地区。其中，重庆、广西、贵州与甘肃早在2015年开始就参与了南向通道建设。青海、新疆于2018年参与了"西部陆海新通道"建设。陕西、四川、内蒙古、宁夏、云南、西藏、海南于 2019 年纳入西部陆海新通道地区，虽然广东湛江也参与了西部陆海新通道的节点建设，但由于其为地级城市，本实证分析不考虑该区域。

一、模型构建与变量选择

（一）基准回归方法

为检验西部陆海新通道建设对产业聚集的影响，本章建立如下模型：

$$\text{lqind}_{it} = \alpha_0 + \alpha_1 \ln\text{qsh}_{it} + \alpha_2 \text{open}_{it} + \alpha_3 \ln\text{qsh}_{it} \times \text{open}_{it} + \alpha_4 m_{it} +$$
$$\alpha_5 urban_{it} + \alpha_6 edu_{it} + \alpha_7 fdi_{it} + \alpha_8 company_{it} \tag{6-3}$$

其中，lqind_{it} 为被解释变量，表示第 i 个地区在 t 时间的第二产业的聚集度。$\ln\text{qsh}_{it}$ 为解释变量，表示 i 个地区在 t 时间的交通运输量，表示西部陆海新通道的运输能力。open_{it} 为虚拟变量，表示 i 个地区在 t 时间是否加入西部陆海新通道建设。

$\ln\text{qsh}_{it} \times \text{open}_{it}$ 为交互变量，反映各地区在不同时间节点参与西部陆海新通道后的影响。m_{it}、$urban_{it}$、edu_{it}、fdi_{it}、$company_{it}$ 均为控制变量。

（二）变量说明

1. 被解释变量

产业聚集度，本书采用第二产业区位熵表示西部陆海新通道沿线地区产业集聚度，用 lqind 表示。

2. 解释变量

西部陆海新通道的货物运输量，本书采用各省（区、市）的货物运输量表示，取对数放入模型，用 lnqsh 表示。

由于各省（区、市）参与西部陆海新通道建设的时间有差异，因此建立了虚拟变量。用西部陆海新通道运输量与虚拟变量的交互项表示西部陆海新通道建设对通道运输能力产生的影响，用 open 表示。赋值为 0，表示当年未开通；赋值为 1，表示当年已经开通或者实现通道运营。

3. 中介变量

拟采用市场潜能和市场开放度作为中介变量。市场潜能采用 Harris（1954）的市场潜力计算模型测算得到，用 MP_{it} 表示。在模型中取对数，表示为 lnmp。

本书采用 Harris 的市场潜能模型对通道沿线地区的市场潜能进行测度。测度模型构建如下：

$$\text{MP}_{it} = \text{GDP}_{it}/D_{ii} + \sum_{j \neq i}^{n} \text{GDP}_{jt}/D_{ij} \tag{6-4}$$

MP_{it} 为城市 i 在 t 年的市场潜能，GDP_{it} 和 GDP_{jt} 分别表示 i 城市和 j 城市在年份 t 的国内生产总值，D_{ii} 表示城市 i 的内部距离，D_{ij} 表示 i 城市和 j 城市之间的距离。

D_{ii} 用城市半径的 2/3 作为内部距离，计算公式为

$$D_{ii} = 2/3 \sqrt{S/\pi} \qquad (6-5)$$

其中，S_i 表示 i 城市的面积。D_{ij} 表示省份之间距离，采用省会城市地理坐标空间距离计算，采用大圆球面积距离，计算公式为

$$D_{ij} = R * arccos \left[cos (\theta_i - \theta_j) cos\varphi_i cos \varphi_j + sin\varphi_i sin\varphi_j \right] \qquad (6-6)$$

其中：R 为地球半径，θ_i 和 θ_j 为两省会城市的经度坐标，φ_i 和 φ_j 为两省会城市的纬度坐标。经纬度坐标数据来源于国家基础地理信息系统。

市场开放度，拟采用沿线地区私营企业和外资企业等非公有制工业企业数量占该地区工业企业数量的比重得到，用 company 表示。

4. 控制变量

本实证分析根据相关研究文献，把通道运输效率、城市化水平、人力资本、外商直接投资作为控制变量，引入模型。

其中，通道运输效率用本章第二节计算的综合效率变化指数表示，用 m 表示。城市化水平采用人口城市化率指标，用 urban 表示。区域创新能力用区域十万人中在校中学生数表示，用 edu 表示。外商直接投资取自各年份外商投资额的对数，用 fdi 表示。

5. 数据来源

本实证研究采用的数据均来自历年《中国统计年鉴》和相关各省（区、市）的统计年鉴。

二、变量的描述性统计

表 6-11 中的数据显示，核心被解释变量第二产业区位熵（lqind）的均值为 0.930 8，标准差为 0.148 9，最小值为 0.526 7，最大值为 1.205 9。这表明样本期内西部陆海新通道沿线地区第二产业区位熵有一定的差异。核心解释变量西部陆海新通道的货物运输量（lnqsh）的均值为 10.910，标准差为 1.258 5，最小值为 6.889 5，最大值为 12.356 8。这表明核心解释变量在样本期内存在较大差异。其他控制变量在样本期内也存在一定变化。

表 6-11　变量的描述性统计

变量	观测值	均值	标准差	最小值	最大值
lqind	130	0.930 8	0.148 9	0.526 7	1.205 9
lnqsh	130	10.910	1.258 5	6.889 5	12.356 8
tdkt	130	0.238 5	0.427 8	0.000 0	1.000 0

表6-11（续）

变量	观测值	均值	标准差	最小值	最大值
lnmp	120	6.457 9	0.397 3	5.183 6	7.171 2
m	130	1.020 6	0.266 2	0.267 0	3.290 0
edu	130	7.896 6	0.287 8	6.975 4	8.332 1
fdi	130	3.421 3	3.347 6	0.768 9	19.608 3
urban	130	0.480 9	0.094 9	0.226 7	0.668 0
company	130	0.503 0	0.137 6	0.196 4	0.784 4

三、实证分析

（一）基准回归

回归结果如表6-12所示。在表中，方程（1）、方程（2）、方程（3）处理了自相关和异方差之后的FGLS方法估计结果。

方程（1）的回归结果显示，解释变量lnqsh的系数在1%的显著性水平下为正，虚拟变量open的系数在5%的显著性水平下为正，且Open*lnqsh系数在1%的显著性水平下为正方程。方程（2）和（3）中，lnqsh、open、open*lnqsh的系数依然显著为正数，表明方程（1）的回归结果稳健。实证结果表明，西部陆海新通道建设对沿线地区制造业聚集具有正向促进作用。

表6-12　基准回归结果

被解释变量	（1） lqind	（2） lqind	（3） lqind
lnqsh	0.035 5*** (0.004 96)	0.033 1*** (0.005 01)	0.049 2*** (0.005 65)
open	0.004 66* (0.002 40)	0.004 67* (0.002 41)	0.003 72* (0.002 18)
Open*lnqsh	0.007 00*** (0.002 59)	0.007 36*** (0.002 32)	0.006 94*** (0.002 34)
lnmp	0.035 3*** (0.007 04)	0.062 0*** (0.012 1)	0.049 9*** (0.011 7)
m	0.002 65 (0.002 31)	0.002 28 (0.002 33)	−6.21e−05 (0.002 78)
edu	0.082 0*** (0.014 3)	0.075 0*** (0.016 2)	0.117*** (0.009 90)

表6-12(续)

被解释变量	(1) lqind	(2) lqind	(3) lqind
urban	—	−0. 236 ** (0. 097 2)	0. 229 ** (0. 098 1)
fdi	—	—	−0. 009 75 *** (0. 000 512)
Constant	−0. 349 *** (0. 124)	−0. 318 ** (0. 142)	−0. 934 *** (0. 082 5)
观测值	120	120	120
样本数	12	12	12

注： *** p<0. 01, ** p<0. 05, * p<0. 1。

（二）中介效应检验

在表 6-12 中的方程（3）的回归结果的基础上，表 6-13 对市场潜能的中介作用进行检验。表中方程（4）以市场潜能 lnmp 为被解释变量，以 lnqsh、open、open*lnqsh 为解释变量，运用 FGLS 方法进行回归，结果显示，lnqsh、open、open*lnqsh 的系数均在 1% 的显著性水平下显著为正。在方程（5）中，以第二产业区位熵 lqind 为被解释变量进行回归，FGLS 估计结果显示，终结变量 lnmp 的系数在 1% 的显著性水平下显著为正。方程（6）的估计结果显示，交互项 Lnmp*Open*lnqsh 在 10% 的显著性水平下显著为正。这表明，市场潜能在西部陆海新通道建设促进沿线地区产业聚集过程中具有中介效应。

表 6-13　市场潜能的中介作用检验

被解释变量	(4) FGLS lnmp	(5) FGLS lqind	(6) FGLS lqind
lnqsh	0. 236 *** (0. 007 36)	0. 049 2 *** (0. 005 65)	0. 032 7 *** (0. 005 17)
open	0. 156 *** (0. 012 0)	0. 003 72 * (0. 002 18)	0. 009 03 *** (0. 003 00)
Open * lnqsh	−0. 010 8 *** (0. 003 36)	0. 006 94 *** (0. 002 34)	
lnmp		0. 049 9 *** (0. 011 7)	0. 040 2 *** (0. 012 1)
Lnmp * Open * lnqsh			0. 020 2 * (0. 011 6)

表6-13（续）

被解释变量	(4) FGLS lnmp	(5) FGLS lqind	(6) FGLS lqind
edu		0. 117 *** （0. 009 90）	0. 055 9 *** （0. 017 2）
urban		0. 229 ** （0. 098 1）	−0. 172 *** （0. 040 9）
fdi		−0. 009 75 *** （0. 000 512）	−0. 008 51 *** （0. 001 45）
m		−6. 21e−05 （0. 002 78）	0. 003 35 ** （0. 001 69）
常数项	3. 704 *** （0. 055 2）	−0. 934 *** （0. 082 5）	−0. 047 3 （0. 181）
观测值	120	120	120
样本数	12	12	12

注：*** $p<0.01$，** $p<0.05$，* $p<0.1$。

表6-14中，方程（7）中，以私营企业与外资企业数量占当地企业总数的比重为被解释变量，lnqsh、open 、open * lnqsh 为解释变量，运用 FGLS 方法进行回归，实证结果显示，lnqsh、open 、open * lnqsh 的系数均在1%的显著性水平下显著为正，表明西部陆海新通道建设对沿线地区市场开放度具有正向影响。

方程（8）中，加入 lnmp 以及其他控制变量后，表示市场开放度的 company 的系数在1%的显著性水平下显著为正，表明市场开放度的提升有助于提高沿线地区的产业集聚水平。方程（9）在方程（8）的基础上加入了市场开放度 company 与解释变量 lnqsh、虚拟变量 open 的交互项 Company * Open * lnqsh，检验市场开放度在通道建设作用于通道沿线地区产业聚集的中介效应。回归结果显示，其系数为0.028 7，在10%的显著性水平下显著为正。这表明市场开放度在西部陆海新通道建设促进沿线地区产业聚集过程中具有正向的中介作用。

表6-14　市场开放度的中介效应检验

被解释变量	(7) FGLS company	(8) FGLS lqind	(9) FGLS lqind
lnqsh	0. 037 3 *** （0. 006 42）	0. 047 4 *** （0. 006 67）	0. 048 7 *** （0. 006 59）

表6-14(续)

被解释变量	(7) FGLS company	(8) FGLS lqind	(9) FGLS lqind
open	0.013 2*** (0.002 10)	0.006 59* (0.003 85)	0.006 60* (0.003 85)
Open * lnqsh	0.023 4*** (0.003 05)		
lnmp		0.049 3*** (0.012 0)	0.051 5*** (0.012 0)
Lnmp * Open * lnqsh		0.097 9*** (0.017 9)	0.104*** (0.017 9)
company		0.081 9*** (0.025 2)	0.079 2*** (0.024 5)
Company * Open * lnqsh			0.028 7* (0.015 2)
m		0.003 42 (0.002 40)	0.003 34 (0.002 40)
edu		0.022 2 (0.013 9)	-0.000 261 (0.017 7)
urban		-0.125** (0.049 8)	-0.107** (0.049 2)
Constant	0.123 (0.078 0)	-0.670*** (0.191)	-0.753*** (0.192)
观测值	130	120	120
样本数	13	12	12

注：　***p<0.01, **p<0.05, *p<0.1。

（三）稳健性检验

为确保回归结果的稳健性，采用替换解释变量的方法进行稳健性检验。将解释变量替换为铁路货运量的对数，用 lnptra 表示。

表6-15中，方程均采用 FGLS 回归方法进行估计，方程（10）至方程（14），采用逐步增加控制变量的方法进行稳健性检验。从表中各个方程的解释变量 lnptra、虚拟变量 open 和交互项 Open * lnptra 的系数看，检验基准回归模型的通道建设对产业聚集促进作用是否稳健。方程（10）的结果显示，解释变量 lnptra、虚拟变量 open 和交互项 Open * lnptra 的系数均在1%的显著性水平下显著为正。与方程（3）、方程（6）、方程（9）中的解释变量 lnptra、虚拟变量 open 以及交互项 Open * lnptra 的系数符合一致，这表明通道建设对

沿线地区产业聚集正向促进作用这一实证结果是稳健的。

表 6-15　稳健性检验回归结果（替换解释变量）

被解释变量	（10）lqind	（11）lqind	（12）lqind	（13）lqind	（14）lqind
lnptra	0.042 6 ***	0.049 6 ***	0.048 3 ***	0.048 2 ***	0.048 7 ***
	（0.005 97）	（0.006 07）	（0.004 84）	（0.004 94）	（0.004 83）
open	0.025 9 **	0.022 5 *	0.025 8 **	0.029 9 ***	0.029 5 ***
	（0.012 9）	（0.013 2）	（0.012 4）	（0.010 7）	（0.010 7）
Open * lnptra	0.007 42 *	0.007 58 **	0.008 40 **	0.009 44 ***	0.009 18 ***
	（0.003 81）	（0.003 70）	（0.003 44）	（0.003 01）	（0.003 01）
lnmp	0.039 1 ***	0.083 6 ***	0.075 9 ***	0.071 9 ***	0.073 1 ***
	（0.013 2）	（0.017 2）	（0.017 9）	（0.011 9）	（0.011 4）
company	0.132 ***	0.132 ***	0.189 ***	0.231 ***	0.242 ***
	（0.038 4）	（0.043 4）	（0.035 9）	（0.038 6）	（0.037 6）
urban		−0.438 ***	−0.183 *	−0.156 *	−0.150 *
		（0.086 7）	（0.102）	（0.088 7）	（0.084 5）
fdi			−0.007 38 ***	−0.007 14 ***	−0.007 69 ***
			（0.001 07）	（0.000 908）	（0.000 934）
edu				0.030 3 **	0.028 2 **
				（0.013 9）	（0.013 4）
m					0.000 55
					（0.004 71）
常数项	0.587 ***	0.509 ***	0.429 ***	0.176	0.178
	（0.087 7）	（0.106）	（0.091 2）	（0.126）	（0.121）
观测值	120	120	120	120	120
样本数	12	12	12	12	12

注：*** $p<0.01$，** $p<0.05$，* $p<0.1$。

第五节　结论与政策建议

一、主要结论

根据前文的研究，本书得出以下结论：

第一，西部陆海新通道建设改善了当地的交通设施，推动了铁路、公路、水路和航空等多种运输基础设施的互联互通与完善，提高了沿线地区货运量，也提高了综合运输效率。据 DEA 模型的面板数据评价结果显示，在 2016 年至 2018 年期间，绝大多数地区的综合运输效率得到提升，但受宏观经济环境及疫情冲击，2019 年和 2020 年，通道沿线地区的综合运输效率未能保持有效提升的态势，亟待采取有效措施进行改善。同时，基于 M 指数的评价结果也显示，通道沿线地区运输技术和纯技术效率均有所提升。通道建设促进了沿线地区多种运输方式的发展，地区之间加强了交通的联通，运输技术效率改善相对较为明显，运输技术改善效果不是很理想。要实现综合运输效率的持续提升，要重视提高运输技术、运输服务优化管理和流程的改革创新，加快提高运输服务效能，促进运输纯技术效率提升。

第二，西部陆海新通道地区的建设，在一定程度上推动了资本要素和技术要素向沿线地区聚集，但与全国平均水平及东部发达地区相比，要素聚集规模和聚集速度尚未达到预期目的。通道建设促进了产业聚集，第二产业聚集和第三产业的聚集度有所提升。其中，工业经济密集度和交通仓储与邮政业的经济密度均有所提升，其中交通仓储与邮政业的聚集度提升较为明显。

第三，通道建设对产业聚集具有促进作用，市场潜能、市场开放度在西部陆海新通道推进沿线地区第二产业聚集中具有正向中介效应。西部陆海新通道建设有助于激发沿线地区市场潜能，提高市场开放度，进而提高沿线地区的产业集聚水平。

二、主要建议

基于上述研究结论，本章提出如下建议：

（一）树立共商共建共享理念，积极推进通道建设与建立通道经济协同发展机制

当前，西部陆海新通道沿线地区亟须提升综合运输技术和运输服务能力，各省虽然建立了合作机制，但合作广度和深度不足，制约了运输效率的提升。为此，应加强各方资源整合，形成通道建设与通道经济协同发展机制，包括：

加强通道物流和运营组织共商共建共享机制建设。各地区应加快达成共识，统筹沿线地区铁路、公路、海关等部门和省（区、市）政府职能部门协同合作，解决通道沿线发展物流、贸易、特色产业、金融服务和大数据业务等基础设施联合投资、专业化服务等问题。

出台协同创新政策支持体系，支持采取合作共建的方式，共建西部陆海新通道运营机构，对制约运输服务的信息服务平台、重要基础设施、咨询服务、人才、招商等给予政策支持，培育孵化物流、贸易、特色产业、金融、大数据

服务相关的企业和项目。支持跨区域综合运营平台与铁路部门签订长期协议，下调铁路运价，放宽享受政策优惠的商品目录、线路覆盖范围。

（二）加强通道能力建设，全面提升通道区域综合运输竞争力

聚焦通道堵点，加大交通基础设施投资力度，加强通道特别是主通道交通基础设施建设，精准补齐综合交通网络短板，夯实货源集聚的基础。包括推动铁路、公路、水路、民航和港航等基础设施建设，加快推进铁路的扩能改造项目和"卡脖子"路段的建设，尽快破解制约运输能力提升的瓶颈。完善通道沿线地区的公路运输网络建设，尽快推动通道沿线高速公路的便捷联通，缩短运输里程和运输时间，进一步提升通道在节约运输时间成本方面的竞争优势，提高公路干线的运输能力。

聚焦通道腹地与通道节点城市在物流运输组织方面面临的痛点堵点问题，优化物流运输组织方式，创新物流发展模式，着力打造西部陆海新通道班列班轮品牌，提高海铁联运、国际班轮、跨境班列班车等多种运输方式的服务质量。与通道沿线地区及东盟国家合作共建陆海统筹的国际物流分拨中心、进出口商品集散中心，集装箱共享调拨中心等，完善供应链节点体系。

（三）加快优化营商环境，激发市场潜能

在加强沿线地区通道基础设施和运输能力建设的同时，要注重改善营商环境推进产业聚集。工业聚集有助于提升服务业特别是生产性服务业的聚集水平。因此，要注重改善营商环境，为制造业向沿线地区聚集发展提供优良的环境。

深化"放管服"改革，激发市场主体活力。深化沿线地区的政务服务改革，提高市场开放水平，促进沿线地区市场一体化建设，打破市场分割壁垒，激发沿线地区市场潜能。推进境外投资合作人员来往便利化，为招商引资、引培高端人才、跨区域产学研合作、飞地项目落地孵化等提供优惠政策支持。

加强通道沿线地区内陆海关与口岸海关的合作机制建设，优化通道的多式物流监管，提高海铁联运进出口货物转关便利化水平，提高转关效率。提高通道沿线地区各地国际贸易"单一窗口"服务水平，推动沿线地区相关数据的互联互动与共享，支持发展西部陆海新通道铁路运输内外贸货物混编运输业务，推动多式联运物流体系建设。

加强西部陆海新通道与中欧班列长江黄金水道的有效衔接，打通东南亚至欧洲的国际物流通道。支持沿线海关特殊监管区域和保税物流中心建设，推动区港联动发展，助推通道沿线的陕西、四川、重庆等港口型和陆港型国家物流枢纽建设。

进一步清理口岸、通道运行环节不合理收费，规范收费程序，公开收费目

录，推动港口、铁路站场、物流园区经营主体降费让利。

（四）打造枢纽经济，提升产业聚集能力

以沿线地区核心城市为依托，培育枢纽经济，加快推动产业聚集。立足沿线地区的特色资源优势，充分挖掘自然资源、特色农业、人文习俗等方面的优势，大力培育特色产业，与沿线国家和地区合作开展交易展示会，推动特色产品走出去、引进来。支持在沿线城市、城镇开辟特色产业园区，支持发展特色农产品加工、现代物流、电子信息、生物医药、新材料新化工等新兴产业，加快制造业和生产性服务业在节点城市聚集。

（五）加强数字赋能，提升通道数字化智能化发展能力

加强通道运输技术创新和新技术的推广运用，提高综合运输的技术水平和纯技术效率，确保综合运输效率能够持续提高。运用先进的信息技术赋能各开放口岸和港航设施数字化管理和智能化升级。推动口岸通关作业和作业设施设备智能升级，建设智慧口岸。

本章小结

本章基于 DEA 模型，对西部陆海新通道综合运输效率进行评价，研究发现：2015—2020 年西部陆海新通道沿线 13 个省（区、市）不含水运的综合运输效率均值最高三个地区分别是宁夏、西藏和海南，排最后三位的是云南、新疆和青海。对广西、海南、重庆、四川、贵州、云南 6 个省（区、市）包含水运方式的综合运输效率的评价结果表明，综合运输效率最高的广西，排第二和第三位的分别是海南和贵州，云南的综合运输效率最低。

西部陆海新通道建设带动了沿线地区的要素与产业聚集。从要素聚集角度看，与 2015 年相比，广西、海南、四川、贵州、西藏、新疆等地区 2020 年劳动力在城镇的要素聚集度有所上升。但 2015 年以来西部陆海新通道沿线地区制造业城镇就业人员密度表现出下降趋势。13 个沿线地区中，广西、海南、重庆、四川、云南、西藏、陕西、宁夏和新疆 9 个地区的规模以上工业企业固定资产总额与全国规模以上工业企业固定资产总额比值略有提升，资本要素开始逐渐向通道沿线地区进行聚集。通道沿线地区技术创新要素投入正在加大，技术要素聚集水平正在提高。但与发达地区和全国平均水平相比，不少地区仍有较大差距，技术要素聚集的进展尚未能达到通道建设所预期的效果。在西部陆海新通道的推动下，沿线地区工业加快聚集，工业经济密度也不同程度提升，各地区交通仓储与邮政业经济密度都有不同程度提升。

理论研究表明，西部陆海新通道建设通过本地市场效应、市场开放效应影响产业聚集。以第二产业区位商作为表示产业聚集水平的被解释变量，以西部陆海新通道的货物运输量作为表示西部陆海新通道运输能力的解释变量，构建虚拟变量表示是否参与西部陆海新通道建设，检验西部陆海新通道建设对沿线地区产业聚集的影响。实证结果表明：通道建设对产业聚集具有促进作用，市场潜能、市场开放度在西部陆海新通道推进沿线地区第二产业聚集中具有正向中介效应。实证结果表明西部陆海新通道建设关键在于通过软硬件基础设施建设与互联互通，进一步提高沿线地区的市场开放度并激发其市场潜能，进而提高沿线地区的产业聚集水平。

为此，西部陆海新通道沿线地区应积极进行通道建设与建立通道经济协同发展机制，提升通道区域综合运输竞争力，加快优化营商环境激发市场潜能，打造枢纽经济加快提升产业聚集能力，加强数字赋能促进通道数字化智能化发展能力提升，为推动沿线地区产业聚集创造改善环境。

第七章 西部陆海新通道与区域产业开放发展

国内外发展的实践证明，开放是一个国家或地区发展的必由之路。我国几千年以来社会发展和文明传承的轨迹，也印证了我国历史上强大的时期都是开放的时代，而闭关锁国则必然导致国家落后、民族危亡。党的二十大报告强调："推进高水平对外开放"。党的十八大以来，习近平总书记多次强调："中国开放的大门不会关闭，只会越开越大。"西部陆海新通道北联丝绸之路经济带，南接21世纪海上丝绸经济带，是联通"一带"和"一路"的关键通道，也是连接长江经济带和珠江经济带，实现我国西部地区出海的关键通道，其内在本质就蕴含着开放的深远意义。以西部陆海新通道建设为抓手，推动基础设施改善和通关便利化改革，推动广西产业高质量发展，是真正把西部陆海新通道战略落实到广西的点睛之笔。

第一节 区域产业开放发展的理论基础及内涵

一、区域产业开放发展的理论基础

（一）比较优势理论

比较优势理论起源于经济学之父亚当·斯密提出的绝对优势理论。亚当·斯密认为，两个国家如果各自在某一种商品生产上具有绝对优势（绝对优势可用绝对的生产效率更高或者生产成本更低来确定），那么各国就可以根据自己的绝对优势，生产并出口自己拥有绝对优势的产品，进口自己不具有绝对优势的产品。这样，通过分工和交换，各国可以实现产量和消费量的增加，从而实现更高的社会福利水平。绝对优势理论作为自由贸易理论的先驱，为世界各国走向开放拓展了理论源泉。但是，绝对优势理论不能解释：如果一个国家在各种产品的生产上都不具有绝对优势，是否可以通过分工和贸易实现福利的提升。

比较优势理论（或比较成本说）是英国经济学家大卫·李嘉图在其经典著作《政治经济学及赋税原理》中提出的学说，是绝对优势理论的一般化。李嘉图在绝对优势理论基础上，构建了国际贸易的"2×2×2"模型，即2个国家、2种产品、2种生产要素，指出即使一个国家在所有的产品生产上都不具有绝对优势，依然可以依据比较优势（由相对劳动生产率或相对生产成本来判定）进行分工，并通过国际贸易实现福利的提升。比较优势理论为自由贸易理论奠定了基础，提出了依据比较优势进行国际分工和贸易的学说，用比较优势取代了绝对优势，进而将各国的分工和贸易行为从流通领域进一步延伸到生产领域，进一步提升了自由贸易理论的科学性和现实性。比较优势理论逐步发展成为一个庞大的经济学理论体系，被看成是支撑起古典经济学大厦中国际贸易的基本规律。

李嘉图的比较优势理论认为不一定需要每个国家都生产所有的商品，而应集中生产比较优势最大或比较劣势最小的产品，然后通过国际贸易进行交换。经过国际分工和贸易，各国能够在资本和劳动力总量不变的情况下，实现生产总量和消费总量的增加，对参与分工和贸易的各国都是有利的。

李嘉图的比较优势理论解释了国际贸易的产生不仅仅是由于绝对成本的不同，还由比较成本的差异所导致，这为世界各国参与国际分工和贸易提供了理论依据，成为自由贸易的基石。

（二）要素禀赋理论

要素禀赋理论是瑞典经济学家赫克歇尔和俄林共同创立的，又叫作 H-O 理论（赫克歇尔-俄林理论），是关于自由贸易要素差异的自由贸易理论。H-O 理论认为各国要素禀赋的相对差异引致了要素价格的相对差异，商品生产对要素的需求强度差异叠加要素价格差异，带来了同样的产品在不同国家的价格差异，是各国进行国际贸易的直接原因。H-O 理论认为一个国家应该生产并出口密集使用本国丰裕要素生产的商品，进口密集使用本国稀缺要素生产的商品。从理论上而言，各国贸易规模的扩大，必然带来可贸易商品价格的趋同，即各国商品价格的均等化，并最终导致要素价格的均等化。要素禀赋理论为各国参与贸易提供了一般性的解释，也为世界各国，尤其是后发国家如何依托要素禀赋优势，利用后发优势加入全球生产体系奠定了理论基础。

（三）新贸易理论

要素禀赋理论在提出后迅速成为国际贸易的主流理论，然而随着里昂惕夫之谜的提出，催生了一系列新贸易理论。诸如技术差距理论、产品的生命周期理论和产业内贸易理论等。

经济学家克拉维斯 1956 年提出，国际贸易的产生来源于进口商品在本国的不可获得性，传统的理论认为是要素或资源的缺乏导致了商品的绝对不可获得，一种新的解释则认为技术或其他原因导致的成本过高也可能引致相对的不可获得性。而技术差距理论认为不同国家间技术存在较大差异，后发国家在技术上追赶创新国，存在着认识时滞、决策时滞、掌握时滞等问题，使得创新国和模仿国之间由于技术差距带来了生产效率差异，产生了成本差异从而引发国际贸易。

弗农的产品生命周期理论从生产要素的动态变化角度解释了国际贸易发生以及国际产业转移的原因。弗农将新产品的生命周期划分为导入期、成熟期和标准化时期，每个阶段产品有着不同的要素密集特征，并影响着国际贸易的方向。在产品阶段，由于技术尚不成熟，因此技术和创新是最重要的因素，一般来说只有具有强大创新力的国家才能生产新产品，且只有创新国由于具有较高的收入水平，才能消费得起新产品。因此，在初级阶段，新产品只在创新国生产和消费，而后，随着创新国生产能力的上升，产品生产成本有所下降，同时产能的上升使得创新国有一部分产品可以供出口，满足国际市场的需要，这时，国际贸易就发生了。随着商品生产技术的不断成熟，产品将由技术密集型转向资本密集型，最终成为劳动密集型，根据要素禀赋学说的分工原理，产业将在不同国家间流动，进而带来国际贸易。

按照用于解释产业间贸易的传统自由贸易理论，如比较优势理论、要素禀赋学说，世界贸易应该是更多发生地在具有互补性的国家，如发达国家跟发展中国家之间。然而，现实的世界贸易主要发生在发达国家跟发达国家之间。因此，产业内贸易理论阐述了在产品差异化前提下，规模经济是引致世界贸易的重要原因。进而随着世界分工的进一步深化，一个产品分成诸多的产业环节，在全世界范围之内布局，通过国际贸易形成产业链的国际分工，催生了基于产品内分工的贸易新模式，是国际分工和深化的进一步体现。

二、区域产业开放发展的内涵

（一）产业开放发展内涵界定

一个国家对外开放的核心是产业的对外开放和市场的对外开放，产业开放发展是国家开放发展的核心要素。经济外向度是衡量一个国家或地区跟其他国家或地区交融开放的重要指标，一般是指一个国家或地区在社会再生产过程中，外资、外贸在整个经济体系中的比重或者重要程度。一般来说，一是允许其他国家或地区在多大程度上加入本国或本地区的生产、消费活动，包括引进外资和进口商品两种行为；二是本国或本地区在多大程度上影响世界其他国家或地区的生产、消费，包括对外投资和出口商品。

基于经济外向度的理论逻辑，进一步延伸产业开放发展的理论，产业开放发展是指产业发展与其他国家或地区的联系程度，主要包含两个方面的内容：一是产业投资中来自国外的资金占总投资的比重以及本国产业对外投资的情况，二是产业出口占产业总值的比重以及产业进口占产业总值的比重。

（二）产业开放发展的经济意义

对外贸易是经济增长的"发动机"。经济全球化是经济社会发展不可逆转的趋势。带来了通信、运输等技术的革命性进步，降低了世界各国间进行商业活动的搜寻成本和运输成本，使得商品可以按照价值链环节在各国间分布，带动了产品内分工的发展，促进了分工的进一步深化，也给了各国进一步通过嵌入全球价值链提升和发展的机会。融入全球生产体系、推动产业开放发展，是各个国家或地区实现高质量发展的必然选择。经济及产业的开放化发展，能够显著增强产业的国际影响力，同时也是一个国家或地区经济发展水平及综合竞争能力的标志。总的来看，推动产业开放发展具有多重动态收益，包括：

1. 规模经济利益

扩大产业的进出口贸易，能够在全球市场范围内寻找企业的最佳生产点，同时可以利用国内外市场的分割扩大本国产品的出口，从而有效克服本国或本地区市场狭小的问题。在大市场效应下，企业面对更大更有效的市场，从而刺激投资以扩大生产，实现生产的规模效应，带动产业的迅速发展。

2. 减少资本需求压力

资本的逐利本性决定了资本一定会流向能够带来高额回报的行业或地区。较高的产业开放发展水平表明一个国家或地区对外资的吸引力更强，或者对外投资能力更强。通过有效吸引外资，能够弥补本国或本地区资本供应能力不足的问题，提升投资强度，从而促进产业的快速发展。

3. 优化产业结构，提升产业竞争力

产业发展除了需要内生的动力以外，来自外部的压力也是产业高速成长的关键。较高的开放发展水平，一方面是本国市场相对开放的体现，也为国际上具有技术优势、成本优势的企业进入本国市场创造了基本条件，加大了各国优势产品与本国或本地区产品竞争的强度，给本地企业的成长带来了外在的压力。本国产品面对进口产品的激烈竞争，必然不断提升技术创新能力、增强成本管控能力，从而不断追求产品质优价廉，增大对客户吸引力。另一方面，面对全球市场的巨大诱惑，企业难免会不断扩大投资，增强技术能力，研发满足国际市场需求的产品，从而推动生产效率提升，促进一个国家或地区的进步。同时，企业在面对国内外企业竞争的同时，也会到其他国家开辟新的市场，从而推动产业结构的升级和优化。

4. 有利于促进统一大市场的形成

构建统一大市场是我国推动形成新发展格局的关键抓手。推动国家和产业的开放发展，必然带来本国经济和产业的开放发展，在国外商品不断进口，外商直接投资增强了外国在本国产品的竞争力。要实现本国产品的竞争力的提升，必然要求国内产业部门间加强联系，打破区域间市场壁垒，降低生产、销售等各环节的成本，以提升本国产业竞争力。因此，通过推动经济及产业的开放发展，能够倒逼国内统一大市场形成。

产业开放发展作为评价产业外向能力的具体指标，难以全面反映产业面临的所有问题，然而产业开放发展水平有效衡量了产业在国际市场的竞争力，从而为本国或本地区产业发展高质量发展提供了重要的参考指标。

第二节 区域产业开放发展的事实考察

一、区域产业开放发展的指标体系的构建

目前，国内外没有直接关于产业开放发展的研究。关于国家、区域以及产业的开放发展主要体现在对外贸易依存度、外商直接投资、对外直接投资等中。

（一）外贸依存度

外贸依存度（FTD，Foreign Trade Dependence）是反映一个国家或地区经济发展对外贸依赖程度的指标。同时，作为拉动经济增长的三驾马车之一，外贸依存度也是反映地区外向程度的指标，一个国家对外贸易依赖程度的高低，与国家的开放程度的高低具有较高的关联性。一般来说，外贸依存度是用一个国家或地区对外贸易的总额占其 GDP 的比重来表示，即：

$$DR_i = \frac{X_i + M_i}{GDP_i} \times 100\% \qquad (7-1)$$

其中，DR_i 表示一个国家或地区的对外贸易依存度，X_i 表示一个国家或地区的出口总额，M_i 表示一个国家或地区的进口总额，GDP_i 表示一个国家或地区的国

内生产总值。

外贸依存度越高，则表明其经济对外贸的依赖程度越高。然而，外贸依存度受国土面积、人口、经济规模、收入水平、资源状况等多种因素的影响，其程度的高低并不能反映经济开放程度的全貌。

Brown（1940）率先提出了用以表明一个国家（或地区）的经济对外部经济变动敏感程度或者一个国家（或地区）经济变动对外部经济产生的影响程度大小的概念，即"相互依存"的概念，这是外贸依存度的起源。小岛清（1950）引入了外贸依存度的概念，并将其定义为一个国家（或地区）进出口总额与其国内生产总值的比值。小岛清的外贸依存度概念更加明确地提出通过一个国家（或地区）参与国际贸易的程度及经济增长对国际市场的依赖程度，从而判断一个国家产业的开放程度。但是仅仅以外贸依存度来反映一国开放程度难免失之偏颇，钱纳里（1988）发现国土面积大、人口较多的国家往往对外贸易依存度比较低，而那些国土面积小、人口少的国家，外贸依存度普遍较高。徐清军（1999）以对外投资依存度为核心变量，对我国广泛存在的双向投资非对称性进行分析，提出了要加强产业对外开放度，提升产业竞争力等。包群，许和连和赖明勇（2003）以外贸依存度对经济增长的作用机制为研究对象，指出外贸对经济增长具有显著的正向作用，但是考虑到我国入世时间较短等原因，国际贸易在当时对经济的拉动作用尚未完全体现。沈国兵和张鑫（2015）全面定义了产业开放程度，并从二者的融合推动工农业污染排放减少等政策体系提出了具体的建议。

（二）产业对外贸易竞争力指数

贸易竞争力指数（TC，Trade Competitiveness）指数，是常用于分析国际竞争力的指标，一般用一个国家或地区进出口贸易的差异占进出口总额的比重的来表示，即：

$$\mathrm{TC}_i = \frac{X_i - M_i}{X_i + M_i} \times 100\% \qquad (7\text{-}2)$$

其中，TC_i 表示一国或地区的外贸竞争力，X_i 表示一个国家或地区的出口总额，M_i 表示一个国家或地区的进口总额。

该指标的优点在于提出了通货膨胀、经济波动等宏观经济因素影响，是一个相对的指标。一般来说，该指标值均在［-1，1］，如果值越接近-1，表示外贸竞争力非常弱，只有进口没有出口；如果值靠近0，表明其外贸竞争力接近于平均水平，进出口贸易较为均衡；如果值靠近1，表明该国出口较多而进口几乎为零，表明该国出口贸易竞争力极强。

（三）产业利用外资能力

接受外国直接投资（FDI，Foreign Direct Investment）是各国获得发展资本的重要渠道，世界各国都把吸引外商直接投资作为国家经济活力的重要衡量指标。产业利用外资的能力一般用各国接受外商直接投资来表示，本书采用外商直接投资占当期固定资产投资的比重来衡量利用外资能力，即：

$$FR_i = \frac{FDI_i}{INVT_i} \times 100\% \tag{7-3}$$

其中，FR_i 表示一个国家或地区利用外资的能力，FDI_i 表示一个国家或地区在某个年度内实际利用外资总额，$INVT_i$ 表示一个国家或地区在某个年度内固定资产投资总额。

一般来说，一个国家或地区实际利用外资占其固定资产投资的比重越大，表明该地区的开放性越高，对国外资金的吸引力越强，更加有利于推动经济和产业的开放发展。

（四）产业对外投资能力

对外直接投资（OFDI）是反映一个国家或地区资本流出的指标，是本国资本直接到国外举办或经营企业的具体表现形式。对外直接投资对于我国现阶段具有重要意义。一是通过在发达国家的对外直接投资，可以吸收国外企业先进的管理经验，获取先进的生产技术，从而大幅提升我国企业经营效率。二是可以有效转移我国已经相对饱和的产业，利用东道国充裕的劳动力和资源，获得企业的经营优势，同时有效规避关税和非关税壁垒等。三是通过对资源型企业的投资，获取我国生产发展迫切需要的原材料，弥补国内资源短缺的问题。本书采用一个国家或地区在年度内对外投资额跟固定资产投资的比值来表示其对外投资能力，即

$$IR_i = \frac{OFDI_i}{INVT_i} \times 100\% \tag{7-4}$$

其中，IR_i 表示一个国家或地区对外投资能力，$OFDI_i$ 表示一个国家或地区在某个年度内对外投资总额，$INVT_i$ 表示一个国家或地区在某个年度内固定资产投资总额。

根据上述定义我们将影响外向度的因素总体分为外贸依存度、贸易竞争力指数、实际利用外资能力、对外投资能力四个维度。并据此构建一国（地区）产业外向度综合计算公式如下：

$$OPEN_i = a_1 DR_i + a_2 TC_i + a_3 FR_i + a_4 IR_i \tag{7-5}$$

其中，$OPEN_i$ 表示产业开放发展，DR_i 表示产业外贸依存度，TC_i 表示产业贸

易竞争力指数，FR_i 产业的外商投资占比，IR_i 表示产业对外投资的比重，a_i 表示各指标的权重，各个指标权重之和为 1。

二、西部陆海新通道沿线地区产业开放发展的事实考察

本书以西部陆海新通道沿线的广西、贵州、云南、重庆、四川、陕西、甘肃、内蒙古、青海、西藏、新疆、宁夏和海南等省（区、市）为研究对象，从外贸依存度、外贸竞争力、外资利用能力和对外投资能力等四个指标测算其产业开放发展情况。

（一）外贸依存度及外贸竞争力概况

在对沿线各国对外贸易数据的收集和处理时，考虑到 2020 年国际贸易受到新冠病毒感染疫情的严重冲击，贸易数据存在较大异常，因此，我们在进行分析时，选取的时间段为 2010—2019 年，尽量避免因新冠病毒感染疫情引起的异常数据冲击。

1. 甘肃省贸易依存度及贸易竞争力指数

甘肃省由于地处内陆，在发展对外贸易方面存在交通运输和远离海洋等短板，因此外贸发展上长期背离我国高速增长的大趋势。2010—2019 年，甘肃省贸易依存度不仅没有提升，而且持续处于下降通道中，从 2010 年的 7% 下降到 2019 年 1.64%（具体见表 7-1）。具体到出口贸易依存度和进口贸易依存度，发现甘肃是一个进口要大于出口的省份，在多数年份里贸易逆差相对较大。但是无论是进口贸易依存度还是出口贸易依存度，都处于下降通道当中，而且这种状况并没有因为"一带一路"倡议的实施和"西部陆海新通道"的建设等有所减缓。从贸易竞争力指数来看，在多数年份里呈现负数（具体见表 7-1），说明甘肃省这些年的发展，对外贸的依赖比较少，更多依赖于国内市场的开拓，是一个经济发展内源性较强的省份。

甘肃省外贸依存度的现状是与其地理位置和产业结构相适应的。甘肃地处我国西北内陆，远离海洋，运输成本高，因此发展外贸不存在优势。同时，这些年我国发展外贸，更多依赖的是劳动密集型的产业，但是甘肃人口稀少，劳动密集型产业发展缺乏必要的人力资本，加之劳动力流出，因此外贸产业的发展困难重重。同时，甘肃是我国西气东输的关键节点，是国家重点石油化工产业基地，大量从国外进口原油等能源产品进行深加工，这也带来了进口高企，贸易上表现为逆差。

表 7-1　甘肃贸易依存度及贸易竞争力指数

年份	贸易依存度 /%	出口贸易依存度 /%	进口贸易依存度 /%	贸易竞争力指数 /%
2010	7.00	1.55	5.45	−55.75
2011	6.50	1.61	4.89	−50.54
2012	5.45	2.19	3.26	−19.70
2013	5.36	2.45	2.91	−8.61
2014	4.14	2.55	1.59	23.36
2015	3.64	2.66	0.98	46.17
2016	3.07	1.82	1.24	18.91
2017	1.99	0.70	1.28	−29.15
2018	2.23	0.82	1.41	−26.47
2019	1.64	0.57	1.07	−30.91

数据来源：根据历年《中国统计年鉴》计算整理。

2. 广西壮族自治区贸易依存度及贸易竞争力指数

广西对外贸易近 2010—2019 年发展较为迅速，作为沿边沿海，毗邻东盟的自治区，在发展外贸上具有得天独厚的优势。广西贸易依存度自 2010 年来保持较为稳定的攀升态势，从 2010 年的 12.66% 逐渐上升到 2019 年的 22.16%（具体见表 7-2）；出口贸易依存度和进口贸易依存度也保持着较为稳定的增长趋势，反映了广西在发展对外贸易上正在奋起直追，努力打造具有国际竞争力的外贸产业。广西的贸易竞争力指数波动较大，呈现不规则变化的形态，从 2010 年的 8.27% 下降到 2012 年的 4.92%，又上升到 2014 年的 19.99%，然后又持续下跌，甚至在 2016 年为 −3.73%，此后又缓慢回升到 2019 年的 10.66%（具体见表 7-2）。贸易竞争力指数的波动，反映了广西对外贸易的产业基础还比较薄弱，贸易的发展受政策、国际贸易环境等影响较大。

表 7-2　广西贸易依存度及贸易竞争力指数

年份	贸易依存度 /%	出口贸易依存度 /%	进口贸易依存度 /%	贸易竞争力指数 /%
2010	12.66	6.85	5.80	8.27
2011	13.19	7.04	6.16	6.68
2012	14.28	7.49	6.79	4.92

表7-2(续)

年份	贸易依存度 /%	出口贸易依存度 /%	进口贸易依存度 /%	贸易竞争力指数 /%
2013	14.07	8.01	6.06	13.89
2014	15.89	9.53	6.36	19.99
2015	18.94	10.35	8.58	9.35
2016	17.27	8.31	8.96	−3.73
2017	21.10	10.24	10.86	−2.93
2018	20.26	10.66	9.60	5.26
2019	22.16	12.26	9.90	10.66

数据来源：根据历年《中国统计年鉴》计算整理。

3. 贵州省贸易依存度及贸易竞争力指数

贵州省地处云贵高原，交通基础设施等短板明显，发展对外贸易缺乏明显比较优势，因此外贸依存度一直比较低，与东部地区经济高度依赖出口导向有着显著差异。从2010—2019年，贵州省外贸依存度呈现先上升后下降的趋势，从2010年的4.67%上升到2015的7.25%，然后掉头向下，逐渐下降到2019年的2.70%（具体见表7-3）。从进出口来看，出口贸易依存度显著高于进口贸易依存度，对外贸易上整体上保持着顺差，但是总体规模不大。从贸易竞争力指标来看，贵州省外贸表现出一定的竞争力，但是也呈现出先上升后下降的总体趋势，从2010年的22.04%上升到2014年的74.49%后转而下跌，在2019年为44.34%。

贵州省对外贸易总量小，在国民经济中的比重低，其原因是多样化的，但主要的原因是地理位置、交通运输条件、产业结构等。位置上地处内陆，交通基础设施落后，运输成本高，在一定程度上削弱了贵州产品的国际竞争力。同时，贵州省的产业结构，一直以来是以资源型产业为主，面向国际市场的相关产业缺乏竞争力，随着大数据等产业兴起，其经济的内源性显著加强，对外贸的依赖程度进一步下降。

表7-3　贵州贸易依存度及贸易竞争力指数

年份	贸易依存度 /%	出口贸易依存度 /%	进口贸易依存度 /%	贸易竞争力指数 /%
2010	4.67	2.85	1.82	22.04

表7-3（续）

年份	贸易依存度/%	出口贸易依存度/%	进口贸易依存度/%	贸易竞争力指数/%
2011	5.68	3.47	2.21	22.15
2012	6.11	4.56	1.55	49.35
2013	6.35	5.27	1.08	66.13
2014	7.14	6.23	0.91	74.49
2015	7.25	5.90	1.35	62.81
2016	3.21	2.68	0.54	66.42
2017	4.07	2.89	1.18	41.96
2018	3.40	2.29	1.11	34.78
2019	2.70	1.95	0.75	44.34

数据来源：根据历年《中国统计年鉴》计算整理。

4. 海南省贸易依存度及贸易竞争力指数

海南省地处我国南海，在发展对外贸易方面具有政策和地理位置的优势。建设国际自由贸易港，打造我国最大的自由贸易试验区，是中央对海南的定位，也是海南独特的优势。海南对外贸易依存度近年来的变化，同样呈现先上升后下降的趋势，从2010年的28.60%到2011年的33.48%，此后一直处于下降通道中，2019年的外贸依存度为17.09%（具体见表7-4）。从进口贸易依存度和出口贸易依存度来看，海南是一个较为典型的进口依存度较高的省，出口贸易依存度较为稳定，大多数年份在6%~8%波动，而进口贸易依存度则呈现逐渐下降趋势，从2011年26.81%的高位逐渐下跌，2019年为10.61%，进出口贸易依存度的差异已经收窄到4.13%。从而海南贸易竞争力指数近年来上升趋势明显，已经从最低的-60.16%上升到2019年的-24.17%，虽然依然是负值，但是相较于自身已经有了很大程度的改善。

海南本身的产业结构和定位是造成海南外贸竞争力较弱的根本原因。海南岛由于远离大陆，本身资源匮乏，加之教育、科技相对落后，产业发展上一直以旅游、农业为主，在高附加值产业，如高端制造等方面缺乏竞争力。同时，海南受制于劳动力缺乏和产业网络不健全，也无法模仿东南沿海地区大力发展加工贸易的模式，因而工业是海南发展的一大短板。而海南引以为傲的热带农业，其大部分产品都以满足国内市场需求为主，用于出口的比例较少。而海南作为我国的最大的自由贸易试验区，实行较为开放的政策，比如免税岛试验就为国外商品通过海南进入国内市场提供了一种渠道,最终表现为海南进口较多。因此,海南对外贸易依存度及贸易竞争力指数是与其发展定位、资源禀赋、产业结构和政策等多重因素综合作用的结果,也是符合海南发展的现实基础的。

表7-4 海南贸易依存度及贸易竞争力指数

年份	贸易依存度/%	出口贸易依存度/%	进口贸易依存度/%	贸易竞争力指数/%
2010	28.60	7.67	20.93	-46.34
2011	33.48	6.67	26.81	-60.15
2012	31.66	6.93	24.73	-56.21
2013	29.21	7.22	21.98	-50.53
2014	27.83	7.75	20.08	-44.31
2015	23.49	6.30	17.20	-46.40
2016	18.60	3.48	15.11	-62.54
2017	15.70	6.61	9.09	-15.83
2018	17.44	6.15	11.29	-29.50
2019	17.09	6.48	10.61	-24.17

数据来源:根据历年《中国统计年鉴》计算整理。

5. 内蒙古自治区贸易依存度及贸易竞争力指数

内蒙古自治区地处我国北方草原地区,地域辽阔,但是人口稀少,是属于典型的地广人稀之地。内蒙古对外贸易依存度较低,近些年都在4%~7%波动,出口贸易依存度显著低于进口贸易依存度(具体见表7-5)。贸易竞争力指数近年来也一直为负值,且有不断扩大的趋势。

内蒙古对外贸易依存度低且贸易竞争力弱,其根源在于其资源禀赋和产业结构。内蒙古是一个内陆省份,拥有丰富的矿产资源和草地资源,经济发展主要依赖采矿业、资源加工及农牧业等,资源依赖特征明显。通过大力发展煤炭等产业,实现了较高的人均 GDP 产出。同时,广大牧区的存在是我国重要的奶源基地,担负起为全国人民提供高质量蛋白质的重任。这些特点,决定了内蒙古不具有发展加工贸易的先天条件和后天优势。

表 7-5　内蒙古贸易依存度及贸易竞争力指数

年份	贸易依存度 /%	出口贸易依存度 /%	进口贸易依存度 /%	贸易竞争力指数 /%
2010	5.11	1.95	3.16	−23.61
2011	5.50	2.16	3.34	−21.43
2012	4.48	1.58	2.90	−29.48
2013	4.39	1.50	2.89	−31.76
2014	5.03	2.21	2.82	−12.15
2015	4.45	1.97	2.47	−11.24
2016	4.27	1.61	2.65	−24.47
2017	5.82	2.05	3.77	−29.68
2018	6.01	2.20	3.81	−26.75
2019	6.39	2.19	4.20	−31.39

数据来源：根据历年《中国统计年鉴》计算整理。

6. 宁夏回族自治区贸易依存度及贸易竞争力指数

宁夏对外贸易依存度同样较低，大多数年份都低于10%（具体见表7-6），且波动较小。分进出口贸易依存度来看，宁夏的进口依存度显著低于出口依存度，其外贸竞争力指数较高，表明相对来说其外贸有着较大的出口优势。

宁夏回族自治区同样地处内陆，但是宁夏与内蒙古存在较为明显的差异。宁夏管辖的地域较小，人口大多数集中在少数的几个城市，如银川、吴忠、中卫、固原、石嘴山等市，人口相对集中。同时其制造业相对发达，机电产品、基本有机化学品、劳动密集型产品为主要出口商品。当然，从总量上来说，进出口贸易对宁夏经济的拉动程度相对不高，在经济社会发展中其依然是以资源依赖为主。

表 7-6　宁夏贸易依存度及贸易竞争力指数

年份	贸易依存度 /%	出口贸易依存度 /%	进口贸易依存度 /%	贸易竞争力指数 /%
2010	7.92	4.73	3.19	19.39
2011	7.20	5.04	2.16	39.95
2012	5.98	4.42	1.55	48.07
2013	7.73	6.13	1.60	58.63

表7-6（续）

年份	贸易依存度 /%	出口贸易依存度 /%	进口贸易依存度 /%	贸易竞争力指数 /%
2014	12.13	9.60	2.53	58.33
2015	8.00	6.34	1.66	58.49
2016	6.82	5.21	1.61	52.91
2017	9.88	7.16	2.72	44.90
2018	6.74	4.88	1.86	44.77
2019	6.42	3.97	2.45	23.76

数据来源：根据历年《中国统计年鉴》计算整理。

7. 青海省贸易依存度及贸易竞争力指数

青海省对外贸易发展水平较低。青海对外贸易依存度长期低于4%，且近年来呈现下降趋势，2019年对外贸易依存度仅为1%。进口贸易依存度显著低于出口贸易依存度，表现出较强的贸易竞争力（具体见表7-7）。

青海对外贸易依存度较低的根源在于其地理位置、资源禀赋等。青海省地处我国青藏高原，管辖的多是高原、沙漠和戈壁，人口稀少，且主要集中在西宁及其周边。青海的产业结构以资源型产业为主，高新技术产业和制造业的发展相对落后。同时，青海远离海洋，开展国际贸易有着显著的成本劣势，虽然"一带一路"倡议已经实施多年，青海的交通基础设施也已经有了较大改善，但是产业结构和资源禀赋本身的劣势制约了其外贸发展的质量。

表7-7 青海贸易依存度及贸易竞争力指数

年份	贸易依存度 /%	出口贸易依存度 /%	进口贸易依存度 /%	贸易竞争力指数 /%
2010	3.19	1.88	1.30	18.18
2011	2.91	2.08	0.83	43.28
2012	3.12	1.96	1.16	25.92
2013	3.37	2.04	1.33	20.80
2014	3.83	2.52	1.32	31.31
2015	4.14	3.51	0.63	69.76
2016	3.21	2.87	0.33	79.19
2017	1.29	0.83	0.45	29.37

表7-7(续)

年份	贸易依存度/%	出口贸易依存度/%	进口贸易依存度/%	贸易竞争力指数/%
2018	1.30	0.84	0.46	29.30
2019	1.00	0.54	0.46	7.75

数据来源：根据历年《中国统计年鉴》计算整理。

8. 陕西省贸易依存度及贸易竞争力指数

陕西外贸依存度逐年上升，对外贸易发展态势良好。虽然自2010年以来，陕西对外贸易依存度有一定的波动，但是总体上升趋势十分明显，从2010年的8.16%上升到2019年的13.65%，同时进口贸易依存度和出口贸易依存度都有较大上升（具体见表7-8），为陕西进一步融入全球经济，实现经济社会高质量发展拓宽了途径。陕西外贸竞争力波动较大，但仅有2011年和2015年出现了负值，其他年份都是正值，表明陕西已经具有了较强的对外贸易竞争能力。

陕西逐年上升的对外贸易依存度和较强的外贸竞争能力，是其经济发展高质量的重要体现。陕西是我国高等教育、科学技术的重要高地，在陕西聚集了西安交通大学、西北工业大学、西北农林科技大学等众多国内一流高校，人才和科技优势铸就了高新技术产业。从外贸出口商品结构上看，陕西主要的出口产品包括电子信息、高端制造等，在西部地区显示出较为独特的优势。同时，"一带一路"倡议的深入实施，使得西安作为丝绸之路经济带关键节点的作用得以发挥，极大促进了对外贸易发展。

表7-8　陕西贸易依存度及贸易竞争力指数

年份	贸易依存度/%	出口贸易依存度/%	进口贸易依存度/%	贸易竞争力指数/%
2010	8.16	4.19	3.98	2.60
2011	7.75	3.72	4.03	−3.94
2012	6.46	3.78	2.68	16.93
2013	7.69	3.91	3.78	1.61
2014	9.50	4.84	4.67	1.81
2015	10.54	5.11	5.43	−3.02
2016	10.25	5.42	4.83	5.77
2017	12.40	7.57	4.83	22.10

表7-8(续)

年份	贸易依存度/%	出口贸易依存度/%	进口贸易依存度/%	贸易竞争力指数/%
2018	14.43	8.56	5.88	18.55
2019	13.65	7.28	6.37	6.68

数据来源：根据历年《中国统计年鉴》计算整理。

9. 四川省贸易依存度及贸易竞争力指数

四川对外贸易发展态势良好。四川对外贸易依存度保持较为稳定的态势，在10%~16%波动，但是变化幅度不大，说明四川外贸基础扎实，竞争力较强，受国际环境和局势的影响较小。四川总体上是一个贸易顺差的省份，其出口贸易依存度一直高于进口贸易依存度，贸易竞争力指数近年来一直保持在10%以上（具体见表7-9）。

四川对外贸易高质量发展，有着较为独特的优势。自古以来就是天府之国，经济发展基础较好。同时，四川也是我国高等教育较为发达、科技研发能力较强的省份，拥有四川大学、电子科技大学等双一流高校。同时，四川产业基础扎实，在电子信息、装备制造等产业上积累雄厚的实力。加之可借助长江黄金水道，贸易成本相对较低，因而推动了对外贸易的发展。

表7-9 四川贸易依存度及贸易竞争力指数

年份	贸易依存度/%	出口贸易依存度/%	进口贸易依存度/%	贸易竞争力指数/%
2010	12.99	7.49	5.50	15.25
2011	15.03	9.14	5.89	21.65
2012	15.64	10.17	5.47	30.09
2013	15.15	9.84	5.31	29.92
2014	15.11	9.65	5.46	27.74
2015	10.61	6.86	3.75	29.30
2016	9.94	5.64	4.31	13.36
2017	12.43	6.86	5.58	10.28
2018	14.63	8.19	6.43	12.03
2019	14.56	8.37	6.19	14.93

数据来源：根据历年《中国统计年鉴》计算整理。

10. 西藏自治区贸易依存度及贸易竞争力指数

西藏对外贸易依存度下降态势明显。从表7-10中我们可以看到2010年西藏对外贸易依存度为11.25%，但是在2012年飙升到30.83%，此后走向持续下滑的通道，2019年对外贸易依存度仅为2.86%，在国民经济中的比重已经下降到非常低的比例。但是其外贸竞争力表现优秀，个别年份甚至高达96.67%。

西藏作为我国内陆高原的自治区，地处世界屋脊的西藏高原，地域辽阔，人口稀少，产业发展较为落后。同时其对外贸易由于运输成本高，制成品在国际贸易中缺乏竞争力。2021年尼泊尔与西藏进出口贸易值为17.97亿元，同比增长37.4%，占西藏与"一带一路"共建国家贸易值比重的69.4%。西藏出口尼泊尔的商品主要是鞋靴、裤装、便服等。

表7-10　西藏贸易依存度及贸易竞争力指数

年份	贸易依存度/%	出口贸易依存度/%	进口贸易依存度/%	贸易竞争力指数/%
2010	11.25	10.37	0.88	84.44
2011	14.85	12.93	1.92	74.16
2012	30.83	30.21	0.62	95.97
2013	25.20	24.82	0.38	96.97
2014	15.04	14.02	1.03	86.33
2015	5.55	3.56	1.98	28.45
2016	4.51	2.72	1.79	20.66
2017	4.45	2.23	2.22	0.36
2018	3.24	1.92	1.32	18.48
2019	2.86	2.20	0.66	53.89

数据来源：根据历年《中国统计年鉴》计算整理。

11. 云南省贸易依存度及贸易竞争力指数

云南对外贸易发展较为稳健。2010—2019年，云南对外贸易依存度在8.94%~14.19%波动，总体波动幅度较小，其进口贸易依存度和出口贸易依存度也保持较为稳定（具体见表7-11）。云南贸易竞争力指数波动较大，尤其是2017—2019三年都是负值，且有继续下行的趋势。

云南对外贸易的发展具有较为独特的优势，其毗邻东盟国家，是中国通往印度洋最为便捷的通道，随着中老铁路和泛亚铁路的开通，云南在扩大同东盟国家和南亚国家的贸易方面有着得天独厚的优势。云南对外贸易依存度的小幅波动，也反映了云南产业基础较为扎实，为对外贸易的发展提供了强有力的基础。但是云南贸易竞争力指数的表现不容乐观，说明推动进出口平衡发展对于云南是非常必要的。

表 7-11　云南贸易依存度及贸易竞争力指数

年份	贸易依存度 /%	出口贸易依存度 /%	进口贸易依存度 /%	贸易竞争力指数 /%
2010	12.69	7.19	5.51	13.26
2011	11.93	7.05	4.88	18.19
2012	12.87	6.13	6.73	−4.66
2013	13.24	8.20	5.04	23.87
2014	14.19	9.01	5.19	26.91
2015	11.20	7.60	3.60	35.69
2016	8.94	5.16	3.78	15.47
2017	9.67	4.73	4.94	−2.21
2018	11.05	4.74	6.31	−14.19
2019	10.01	4.46	5.55	−10.82

数据来源：根据历年《中国统计年鉴》计算整理。

12. 重庆市贸易依存度及贸易竞争力指数

重庆对外贸易依存度呈现先上升后下降的基本态势。对外贸易依存度从 2010 年的 10.71% 快速上升到 2014 年的 41.10%，此后逐步进入下降通道，2019 年保持在 24.53%。相较于西部其他省（区、市），重庆的外贸依存度较高。从出口贸易依存度和进口贸易依存度来看，重庆是一个拥有贸易顺差的直辖市，其出口贸易依存度长期高于进口贸易依存度。由此，重庆市的贸易竞争力指数长期保持在 20% 以上，最高达到了 48.22%。

重庆对外贸易表现强劲，与其政策优势、产业基础和交通运输优势紧密相关。重庆一直以来具有良好的产业基础和科教优势，尤其是随着电子信息、汽车等高新技术产业的持续发展，重庆对外贸易发展呈现出较高质量。重庆位于长江黄金水道的关键节点，通过江海联运，实现了对外贸易的低成本扩张。同时，作为直辖市，重庆拥有中央赋予的政策优势，是国家重点打造的西部地区中心城市，是西部陆海新通道的起点和核心运营中心，是成渝双城经济圈的核心。

表 7-12　重庆贸易依存度及贸易竞争力指数

年份	贸易依存度/%	出口贸易依存度/%	进口贸易依存度/%	贸易竞争力指数/%
2010	10.71	6.45	4.25	20.53
2011	19.32	13.12	6.20	35.80
2012	29.44	21.34	8.10	44.98
2013	33.28	22.67	10.61	36.25
2014	41.10	27.31	13.80	32.87
2015	29.51	21.87	7.64	48.22
2016	23.50	15.22	8.27	29.57
2017	23.15	14.81	8.34	27.91
2018	25.68	16.69	8.99	29.98
2019	24.53	15.72	8.81	28.18

数据来源：根据历年《中国统计年鉴》计算整理。

13. 新疆维吾尔自治区贸易依存度及贸易竞争力指数

新疆对外贸易依存度呈现出较为明显的下降趋势。从表 7-13 可以看出，新疆对外贸易依存度从 2011 年的 22.86% 走向下降通道，到 2019 年为 12.03%。出口贸易依存度和进口贸易依存度同样呈现出较为明显的下降趋势，但是贸易竞争力指数则保持高位。

新疆维吾尔自治区是我国面积最大的省级行政区域，地广人稀、物产丰富，为经济发展提供了广阔的空间。新疆的农产品在全球都具有较强的竞争力，比如棉花、番茄、水果等，同时，新疆毗邻中亚国家，是这些国家轻工业产品的重要来源，也是我国"一带一路"建设的前沿阵地，为对外贸易的发展提供了良好的政策环境和区位优势。

表 7-13　新疆贸易依存度及贸易竞争力指数

年份	贸易依存度/%	出口贸易依存度/%	进口贸易依存度/%	贸易竞争力指数/%
2010	21.51	16.29	5.23	51.41
2011	22.86	16.85	6.00	47.47

表7-13（续）

年份	贸易依存度 /%	出口贸易依存度 /%	进口贸易依存度 /%	贸易竞争力指数 /%
2012	21.17	16.27	4.90	53.72
2013	20.22	16.33	3.88	61.59
2014	18.33	15.55	2.78	69.71
2015	13.14	11.69	1.45	77.90
2016	12.14	10.73	1.41	76.69
2017	12.76	10.94	1.82	71.46
2018	10.85	8.90	1.95	64.13
2019	12.03	9.15	2.87	52.23

数据来源：根据历年《中国统计年鉴》计算整理。

从上述研究结果可以看出，西部陆海沿线各省（区、市）的对外贸易发展存在较大差异，既有存在较大贸易顺差的省（区、市），如广西、四川、新疆等，呈现出较强的外贸竞争力，也有海南、内蒙古等地呈现出较大的贸易逆差。差异的背后是各地的资源禀赋条件的差异，如深度依赖资源发展的内蒙古、青海、新疆等，依托本身雄厚的科教实力，在高新技术产业和高端制造业，加工贸易发展都表现出较强竞争能力的陕西、四川和重庆等，也有充分发挥通道优势，做大做强对外贸易广西和云南。这种多样化的差异为西部陆海新通道沿线地区的协同发展提供了较为广阔的空间，各省（区、市）可以通过充分发挥自身比较优势，形成跨区域的产业链协同，培育具有国际竞争力的产业，从而为高质量发展奠定扎实的基础。

（二）利用外资及对外投资状况

1. 利用外资能力

西部陆海新通道沿线省（区、市）利用外资能力相对较弱。从表7-14可以看出，其中外资利用能力最高的是海南，但是近年来也存在显著下降的趋势，从2010年最高的15.7%下降到2019年的5.24%。而利用能力较弱的甘肃，最低的年份甚至只有0.06%，外资在总投资中的比重微乎其微，其他的比如广西、宁夏、青海、云南都保持在低位，其他的贵州、内蒙古、陕西、四川、新疆和重庆也都较弱。相对而言，四川和重庆依托长江黄金水道，同时依托雄厚的科教资源，在外资利用上走在西部地区的前列（见图7-1）。

西部陆海新通道沿线省（区、市）利用外资能力低下是多重因素作用下的结果。一是区位问题，我国西部地区除广西外都位于内陆地区，远离海洋，而自开启海洋时代后，依托海洋运输巨大的成本优势拓展国际市场成为世界各国的选择。资本、人才等生产要素也主要流向沿海省市，造就了我国东部地区的高速增长。而西部地区由于区位原因，在吸引外资上存在劣势。二是我国西部陆海新通道沿线省（区、市），基础设施，尤其是交通基础设施短板非常明显。三是营商环境有待优化，亟须改善投资环境，提升投资吸引力。

表7-14 沿线各省（区、市）利用外资能力情况表

年份	甘肃	广西	贵州	海南	内蒙古	宁夏	青海	陕西	四川	新疆	云南	重庆
2010	0.29	0.76	1.15	15.7	2.95	0.39	3.72	1.41	3.36	2.39	2.05	3
2011	0.11	0.68	1.23	13.44	2.65	0.85	2.12	1.65	4.74	3.45	2.21	5.09
2012	0.07	0.39	1.47	11.01	2.16	0.68	2.05	1.59	3.87	1.97	2.74	2.4
2013	0.07	0.38	1.16	9.56	2.1	0.35	0.44	1.58	3.4	1.76	2.46	2.32
2014	0.09	0.46	1.52	8	1.72	0.18	0.19	1.53	3.01	1.38	2.37	1.98
2015	0.08	0.68	1.79	6.76	1.72	0.36	0.31	1.89	2.75	1.4	2.38	1.53
2016	0.08	0.34	2.15	6.38	1.98	0.46	0.05	1.69	2.14	1.48	0.59	1.01
2017	1.26	0.28	2.27	6.22	1.72	0.64	0.04	1.69	1.7	0.11	0.35	3.94
2018	0.06	0.18	2.22	2.47	2.36	0.52	0.01	1.74	1.68	0.15	0.34	3.64
2019	0.1	0	0.35	5.24	1.5	0.71	0.12	2	2.24	2.71	0.22	3.61

数据来源：根据各省（区、市）历年的统计年鉴计算整理。

2. 对外投资能力

西部陆海新通道沿线省（区、市）的对外投资能力较弱。从表7-15中，我们发现对外投资能力最强的依然是海南，尤其是近几年，其对外投资能力显著提升，在2019年甚至达到了58.95%。甘肃对外投资能力近年来有较大幅度的增长，从2016年开始驶入快车道，到2019年已经上升到了7.25%。广西对外投资能力较弱，但是上升趋势较为明显，从2010年的0.16%上升到了1.74%。贵州对外投资能力持续低位运行，即使是最高的2019年，也仅有0.48%，2010年甚至只有0.01%。内蒙古、宁夏保持高速增长势头，对外投资能力显著提升。青海、陕西、四川、新疆、重庆和云南对外投资能力增长较为缓慢，但是上升趋势较为明显。

总的来看，我国西部陆海新通道沿线地区的对外投资能力弱是多重因素作用的结果。一是我国西部陆海新通道沿线地区本身的经济实力有限。西部陆海新通道沿线地区多位于西部地区，本身就是资本比较稀缺的地方，招商引资往往是政府工作的头等大事。本身资本的稀缺使得对外投资成为无源之水、无本之木。二是产业实力偏弱。根据对外投资的理论，产业对外投资是要依托于自

身的优势产业的。但是西部地区多为资源依赖型发展模式，在技术、管理、人才、资本等方面都缺乏比较优势。

表7-15　西部陆海新通道沿线各省（区、市）对外投资能力情况表

年份	甘肃	广西	贵州	海南	内蒙古	宁夏	青海	陕西	四川	新疆	云南	重庆
2010	0.22	0.16	0.01	2.3	0.07	0.03	0.02	0.2	0.39	1.7	0.79	0.36
2011	1.03	0.11	0.03	10.76	0.09	0.05	0.02	0.31	0.28	4.25	0.32	0.35
2012	1.54	0.14	0.03	2.15	0.28	0.2	0.13	0.33	0.23	2.34	1.3	0.36
2013	0.43	0.04	0.15	4.32	0.18	0.21	0.17	0.13	0.19	1.22	0.81	0.19
2014	0.24	0.1	0.06	3.76	0.48	0.67	0.06	0.15	0.4	2.1	1.11	0.36
2015	0.09	0.18	0.05	4.05	0.21	2.11	0.27	0.25	0.32	2.13	0.75	0.61
2016	2.98	1.3	0.32	15	2.47	4.49	0.89	1.21	1.47	14.75	4.63	2.45
2017	5.61	1.28	0.29	30.1	8.41	4.3	1.14	1.21	1.6	2.88	2.78	4.05
2018	7.07	1.74	0.3	45.89	4.77	6.33	1.06	1.25	1.7	3.97	2.7	4.27
2019	7.25	1.74	0.48	58.95	4.72	12.48	1.12	1.43	2.1	4.85	2.34	3.65

数据来源：根据各省（区、市）历年的统计年鉴计算整理。

三、西部陆海新通道开放度测评

（一）测度方法

1. 熵权法概述

熵最先由香农引入信息论，目前已经在工程技术、社会经济等领域得到了非常广泛的应用，熵权法的基本思路是根据指标变异性的大小来确定客观权重。

信息论是熵权法的理论基础，其基本原理是：信息量是对信源发出的某一个信号所含信息的度量，其度量方法是随机变量取某个值时，其概率倒数的对数就是信息量。通俗地说，就是事物所含信息量与其发生的概率负相关，一件事物出现的概率决定了它的不确定性大小，也就决定了所含信息量的大小，出现的概率越大，不确定性越小，所含信息量也就越小。信息熵是对一个信源所含信息的度量，也就是信息量的期望，其不确定性越大，信息熵也就越大。

根据熵权法的原理，我们可以认为：若某个指标的信息熵越小，表明指标值的变异程度越大，提供的信息量越多，在综合评价中所能起到的作用也越大，其权重也就越大；相反，某个指标的信息熵越大，表明指标值的变异程度越小，提供的信息量也越少，在综合评价中所起到的作用也越小，其权重也就越小。

2. 熵权法的求解

第一步：数据标准化。首先将各个指标进行去量纲化处理。假设给定了 m 个指标：

$$X_1, \ X_2, \ X_3, \ \cdots, \ X_m$$

其中

$$X_i = \{x_1, \ x_2, \ x_3, \ \cdots, \ x_n\}$$

假设对各项指标数据标准化后的值为

$$Y_1. \ Y_2, \ Y_3, \ \cdots, \ Y_m$$

那么

$$Y_{ij} = \frac{x_{ij} - \min(x_i)}{\max(x_i) - \min(x_i)} (正向指标时)$$

或

$$Y_{ij} = \frac{\max(x_i) - x_{ij}}{\max(x_i) - \min(x_i)} (负向指标时) \tag{7-6}$$

第二步：求各指标在各方案下的比值。即第 j 项指标在第 i 个方案中占该指标的比重，其实也就是为了计算该指标的变异大小。

$$p_{ij} = \frac{Y_{ij}}{\sum\limits_{i=1}^{n} Y_{ij}}, \ i = 1, \ 2, \ \cdots, \ n; \ j = 1, \ 2, \ \cdots, \ m \tag{7-7}$$

第三步：求各指标的信息熵。根据信息论中信息熵的定义，一组数据的信息熵为

$$E_{ij} = - \ln(n)^{-1} \sum\limits_{i=1}^{n} p_{ij} \ln p_{ij} \tag{7-8}$$

其中 $E_{ij} \geqslant 0$。若 $p_{ij} = 0$，定义 $E_{ij} = 0$。

第四步：确定各指标的权重。根据信息熵的计算公式，计算出各个指标的信息熵为 $E_1, \ E_2, \ \cdots, \ E_m$

$$w_{ij} = \frac{1 - E_j}{k - \sum E_j} (j = 1, \ 2, \ \cdots, \ m) \tag{7-9}$$

其中 k 指的是指标个数，即 $k = m$。

也可以通过计算信息冗余度来计算权重：

$$D_j = 1 - E_j \tag{7-10}$$

然后计算指标权值：

$$w_{ij} = \frac{D_j}{\sum\limits_{j=1}^{m} D_j} \tag{7-11}$$

第五步：计算每个方案的综合评分

$$S_i = \sum_{j=1}^{m} w_j \times x_{ij} \tag{7-12}$$

（二）测度结果及分析

运用熵值法计算，结果如表7-16所示。

通过对测度结果进行观测，我们发现：

1. 产业开放发展已经成为大趋势

从测度结果来看，各省（区、市）的产业开放发展程度都有较大的波动，但是开放发展的程度已经成为大趋势。重庆、海南、内蒙古、宁夏、陕西等省（区、市）的产业开放发展指标都呈现增长趋势，其他的个别省（区、市）由于各种原因短期内开放发展程度有差异，但是推进产业开放的态势是非常明显。

不可否认，也有个别省份的开放发展程度持续下滑。比如贵州省、青海省和新疆维吾尔自治区。但是，如果深入掌握其产业发展现状，就能够做出合理的解释。比如贵州，其产业主要是大数据、白酒、烟草以及旅游等，这些产业的核心驱动力都来自国内市场，而且这些产业的高速发展挤占了其他产业发展的空间。

2. 产业开放发展呈现梯度分布

海南、重庆的产业开放发展处于第一梯队，基本保持在20%以上，显著高于其他省（区、市）。比如海南省，遥遥领先于其他省（区、市），甚至达到了某些省份的20倍以上。广西、内蒙古、宁夏、陕西、新疆、四川和云南属于第二梯队，基本保持在10%~20%。而甘肃、贵州、青海则低于10%，是属于第三梯队。

表7-16 西部陆海新通道沿线各省（区、市）开放度测度结果

年份	重庆	甘肃	广西	贵州	海南	内蒙古	宁夏	青海	陕西	四川	新疆	云南
2011	0.292 4	0.056 5	0.125 1	0.072 5	0.683 3	0.107 4	0.076 3	0.070 7	0.102 8	0.245 4	0.302 2	0.154 0
2012	0.313 3	0.048 8	0.127 5	0.082 3	0.561 1	0.086 8	0.062 0	0.071 2	0.090 2	0.228 4	0.239 8	0.180 9
2013	0.344 2	0.042 3	0.124 8	0.077 3	0.513 8	0.084 0	0.069 2	0.032 9	0.099 6	0.212 0	0.220 2	0.174 6
2014	0.405 4	0.030 9	0.143 3	0.092 8	0.459 1	0.081 5	0.106 0	0.030 0	0.114 5	0.202 7	0.198 4	0.182 0
2015	0.293 0	0.025 7	0.176 1	0.100 6	0.390 8	0.075 0	0.081 6	0.033 6	0.133 2	0.156 0	0.153 4	0.154 0
2016	0.236 4	0.035 7	0.158 4	0.075 7	0.394 8	0.091 7	0.086 1	0.025 2	0.130 5	0.140 8	0.211 9	0.108 8
2017	0.316 2	0.069 6	0.190 6	0.086 2	0.443 4	0.129 6	0.116 5	0.009 2	0.149 3	0.152 2	0.121 2	0.099 7
2018	0.332 0	0.048 8	0.183 0	0.078 9	0.445 3	0.128 6	0.096 6	0.008 2	0.168 9	0.171 4	0.111 1	0.111 1
2019	0.317 7	0.045 5	0.195 3	0.026 1	0.580 2	0.110 0	0.130 4	0.008 7	0.169 4	0.187 2	0.191 0	0.097 0

资料来源：根据各省统计年鉴数据计算整理。

第三节　西部陆海新通道促进区域产业开放发展的机制

通道本质上是一个交通的概念，是连通两个地域空间的交通基础设施的综合体。从建设规划来看，西部陆海新通道其核心在于交通基础设施建设、物流体系建设等，是以基础设施带动区域经济、社会发展的典范。因此，西部陆海新通道促进区域产业开放发展，其核心逻辑是基于交通基础设施促进产业的联动、开放。同时，从广义的基础设施来看，也包括贸易便利化、投资便利化等软环境建设，以促进外贸、外资的高质量发展，从而带动外向型经济的进步。所以本书从基础设施的硬环境和软环境两个方面来全面构建通道促进区域产业开放发展的机制模型。

一、基础设施投资促进经济增长的机理

基础设施能够"直接或间接地有利于提升产出水平和生产效率，其基本要素是交通运输、能源、通信、金融、教育和卫生等系统，以及政府及政治治理结构"（Greenwald，1982）。基础设施可分为经济性基础设施和社会性基础设施。经济性基础设施包括交通运输、邮电通信、能源体系等，这些可以作为经济增长的物质资本，直接参与到生产过程，促进社会生产能力提升从而加速经济增长。社会性基础设施主要包括科学研究、教育、文化体育、生态环境等，这些要素有利于形成人力资本、社会资源、文化资本等，有利于调整、改善和优化经济结构、投资环境和生存环境，进而推动经济高质量发展。

（一）基础设施投资的增长效应

1. 政府公共支出促进需求扩张和资本积累

20 世纪 30 年代，随着凯恩斯主义的兴起，基础设施投资作为政府支出的重要组成部分受到重视。凯恩斯通过投资的乘数理论和有效需求理论，系统论述了政府增加公共设施投资的必要性和可行性。到 20 世纪 40 年代，随着二战结束，为了重建因战争被破坏的国家和脱离殖民统治独立的发展中国家，发展经济学家高度重视基础设施建设的资本积累效应。但是以 Solow 为代表的新古典经济增长理论则认为"边际报酬递减规律"将抑制资本扩张对经济增长的贡献，基础设施投资只能对经济增长产生短期刺激作用，从长期来看无助于经济增长。也就是说基础设施投资不是经济增长的关键因素，只有技术进步才能从根本上刺激和保证经济的长期增长。

2. 基础设施的外部性及经济内生增长

内生增长理论认为技术进步是经济长期增长的根本源泉，而技术进步是内化于企业研发、人力资本投资和基础设施投资等活动，从而引起了学术界对于基础设施投资外部性的深入研究。Arrow &Kurz（1970）将公共资本存量纳入总量生产函数，提出公共资本和私人资本竞争金融资源，通过市场机制提升了私人资本的边际生产能力；同时外生的公共支出存量变化动态影响经济转移，从而达到经济的稳态增长。Barro（1990）建立的现代内生经济增长模型显示，政府的基础设施等共同产品投资可以促进经济长期增长，其内在机理在于基础设施投资具有公共产品属性，对私人投资具有溢出效应，从而导致私人投资能够获得外生的技术进步贡献，如高素质、健康的人力资本，政府效率和治理结构等。学者们也从公共产品的拥挤性（Barro& Sala-I-Martin，1992），纯公共性质和拥挤性基础设施的促进机制（娄洪，2004），经济性基础设施的生产性（Bougheasetal.，2000）等方面系统阐述了基础设施的经济增长效应。基础设施的外部效应还可以从提高要素生产率、降低企业成本等维度影响经济增长：基础设施改善了投资环境，减少了要素流动的成本，从而提升全要素劳动生产率（Duggal 等，1999；Hulten 等，2006；刘秉镰 等，2010；AgénorandNeanidis，2006；Easterly&Servén，2003；Fu 等，2004）。同时，基础设施是由政府免费提供给企业和社会使用，从而改善了企业决策环境（Demetriadesand Mamuneas，2000；Reinikka&Svensson，2002；Agénor，2008；赵红军，2005），提升了企业有形资本的质量及耐性用（Morenoetal.，2003；World Bank，1999；杨小凯，2003；Yoshino，2008；骆永民，2008）。关于我国基础设施和经济增长的弹性，也有了较多的研究（Demurger，2000；Fan & Zhang，2004；范九利、白暴力，2004）。

（二）基础设施投资的福利效应

经济发展的最终目标是实现居民福利提升，而基础设施投资是提升民生福利的重要手段，是世界各国应对贫富差距扩大、绝对贫困问题的重要手段，能够最终影响一个国家或地区的社会福利、居民收入水平和生活质量，提升居民的获得感。一是基础设施有利于提升教育和健康水平。基础设施投资通过改善居民的健康状况及受教育水平（Brennemanand Kerf，2002），改善提升儿童生存环境（Leipziger et al.，2003），降低室内空气污染和呼吸系统疾病的发病率（Saghir，2005），降低了婴儿和产妇死亡率（WagstaffandClaeson，2004），提高学校的入学率、降低辍学率（Levy，2004），提高学习质量（Saghir，2005），从而提升居民的福利水平。二是基础设施投资有利于消除贫困。通过大规模基础设施投资摆脱贫困的观点始见于罗斯托"大推进论"和 Nurkse 的"贫困恶性"。罗斯托认为基础设施投入是落后地区经济腾飞的关键条件，Henderson（2002）提出基础设施投资可以提高城镇化水平，降低贫困率，实现可持续发展；Dattand Ravaillon（1998）研究发现印度农村地区的发展主要得益于基础设施条件的改善。我国农村贫困地区减贫效果也受益于基础设施建设（Fan 等，2002；郭劲光和高静美，2009）。三是基础设施投资有利于缩小地区差距。基础设施是企业选址和劳动力流动的关键影响因素，因此，改善基础设施对于吸引投资，吸引人口流入，促进产业集聚，提升 GDP 产出水平具有重要意义。研究发现，我国基础设施水平跟人均国民收入存在高度正相关关系（李泊溪和刘德顺，1995；Démurger，2001）。基础设施具有集聚效应，虹吸周边的生产要素，并对基础设施落后的地区产生负溢出效应（Cohen&Paul。2004），且基础设施也具有对地区经济发展进行重新调整和分配的功能（Boarnet，1998）。

二、基础设施促进对外贸易的机理

基础设施对外贸的影响，可以从贸易成本、贸易便利化、出口产品质量和技术复杂度等多维进行。

（一）基础设施建设可以降低企业贸易成本

基础设施能够降低企业出口的固定成本，交通和通信等各项基础设施的完善，减少了出口过程中的运输和通信成本，降低了风险和不确定性，从而使更多的企业选择出口；基础设施能够减少出口厂商的可变成本。快捷便利的交通和通信网络使企业能够对库存水平进行及时调整，减少了企业库存采购成本，提高产出效率，在固定成本给定的情况下，基础设施的改善能够增加企业的出口规模与贸易流量（盛丹 等，2011）。Lawless（2010）认为贸易成本是双边贸易的重要影响因素，最为经典的贸易引力模型提供了稳健、持久的关于贸易成本与贸易流量间的负相关关系的经验证明。新贸易理论基于垄断竞争模型构建了新的关于贸易理论的框架，然而其企业同质和消费者多样化的假设认为所有企业的产品都将出口到所有的地方，从而忽略了贸易成本的影响，但是这一研究范式随着 Meltiz（2003）的研究得以转变。Meltiz（2003）的研究使得国际贸易深入微观企业层次，认为考虑企业间生产效率禅意的企业异质性，企业能否出口取决于其劳动生产率水平，只有劳动生产率高的企业才能克服成本出口，为以贸易成本影响企业出口的微观研究奠定了基础。Lawless（2010）指出运输距离对贸易成本有着显著影响，Persson（2010）进一步指出市场中现有贸易者和新进入者对成本的敏感程度。然而现实中，贸易成本的涵盖内容非常多，Anderson & van Wincoop（2004）认为贸易成本包含了运输成本、关税、非关税贸易壁垒、货币兑换、法律成本、管理成本、契约执行成本等多种成本，而刻画双边贸易成本的主要因素就是距离，也就是运输成本。

现有文献从运输成本的角度全面分析了基础设施对出口贸易数量的影响。Bougheas 等（1999）将运输成本和基础设施内生化，发现基础设施水平和贸易流量成正比，且由于基础设施数量和质量差异造成的国家间运输成本差异最终将会影响国家竞争力。Limo&Venables（2001）基于非洲的数据，运用贸易引力模型发现基础设施完善程度和水平是运输成本和双边贸易流量的重要决定因素。Fujimura&Edmonds（2006）对湄公河流域公路基础设施和双边贸易关系的研究表明公路基础设施对双边贸易影响巨大，而 Stone&Strutt（2009）对湄公河流域的研究也有同样的发现。Nords&Piermartini（2004）发现港口效率极大影响了双边贸易流量，就具体部门而言，电话线密度与汽车贸易高度相关，通关时间和飞机场密度对服装贸易较为重要，而纺织品贸易受距离和关税影响较大。Francois&Manchin（2007）发现基础设施不仅影响双边贸易流量，而且影响贸易的可能性，Edwards 和 Odendaal（2008）的研究同样发现贸易伙伴间的最低水平的基础设施和运输成本与贸易流量高度相关。Rojas 等（2005）指出基础设施水平不仅影响贸易数量，而且对双边能够进行贸易活动具有决定性意义。Yeaple&Golub（2007）指出基础设施水平的提升可以提升大多数部门的全要素生产率，也就是说国家间的技术差异程度很大程度上取决于基础设施水平。

其他研究对不同贸易成本对双边贸易的影响，分别从距离（Disdier & Head，2008）、地理距离和关税（Crozet & Koenig，2010）、各国完成每件标准货物出口需要的天数（Djankov 等，2010；Persson，2010），Lawless（2010）增加进口流程中需要填写的文件数量、网络和电话等通信工具的使用情况以及是否采用英语作为通用语言以方便贸易洽谈等新的变量来刻画贸易成本。要克服距离对贸易成本的影响，基础设施的建设就极为关键。我国现有的实践表明，只有高质量的基础设施才能带动内陆地区逐步走向开放，我国川渝城市群电子信息产业的发展，就是高度依赖其在高铁、航空等领域大规模的基础设施投入，从而极大程度降低了贸易成本所致。而我国成长为世界最大的货物贸易国，且贸易区域主要集中在沿海地区，也是我国大规模推进港口基础设施，同时依托沿海地区优越的自然条件和高度密集的路网等基础设施所致。盛丹、包群和王永进（2010）考察了基础设施与我国企业出口行为的关系，指出基础设施建设促进了我国企业出口决策的制定和出口数量。黄玖立和徐旻鸿（2012）从境内运输成本角度给出了完善交通基础设施，减少交通运输成本从而促进贸易的理论和实证结果。白重恩和冀东星（2018）分析了国道主干线对出口的影响，研究结果表明与国道主干线距离近的地方有更高的出口增长率，说明基础设施有利于出口。

（二）基础设施建设提升贸易便利化程度

贸易便利化是指通过程序和手续的简化、适用法律和规定的协调、基础设施的标准化和改善，为国际贸易交易创造一个协调的、透明的、可预见的环境程度，是一个国家或地区外贸竞争力的重要指标。在全球经济一体化不断深化进程中，世界平均关税水平、非关税贸易壁垒大幅下降，对世界贸易的影响越来越小，但是贸易的"非效率"往往作为一种隐性因素，对世界贸易产生越来越多的影响。各国积极参与区域经济合作，其内在的诉求就是通过降低双边贸易中的制度性和技术性障碍，从而提升贸易便利化程度以降低贸易成本，从而促进贸易规模的提升。同时，基础设施也会极大影响通关、检验检疫、结算等的效率，对贸易成本产生重大影响。Shepherd 和 Wilson（2008）通过以东盟国家为样本进行研究，发现在关税和非关税贸易壁垒极低的情况下，东盟内部的贸易流量取决于其贸易便利化程度，比如港口效率的影响。谢娟娟和岳静（2011）对我国与主要贸易伙伴的研究表明贸易便利化程度的提升促进了我国对主要贸易伙伴的出口，且实证结果表明贸易便利化的敏感程度远超关税。李豫新和郭颖慧（2013）运用贸易引力模型分析了我国新疆边境贸易情况，结果表明边境贸易便利化程度的提升可以极大促进边境贸易繁荣，这也为我国推进"一带一路"倡议，强调与周边国家的"五通"，尤其是加强基础设施的互联互通提供了实证支撑。

信息基础设施建设与国际贸易的关系也得到了学界的广泛关注，认为信息基础设施通过提升国家的信息化水平，从而对国际贸易产生重要影响。互联网的发展催生了信息化对国际贸易影响的研究，发现贸易伙伴国互联网发展能够有效促进双边服务贸易和货物贸易发展（Freund & Weinhold，2002；Freund & Weinhold，2004），信息基础设施建设水平的提高和商业交易中心互联网的广泛使用能够提高国际贸易量（Vemuri & Siddiqi，2009；Choi，2010），但是互联网的发展对于不同国家的影响存在差异，互联网发展能够有效促进发展中国家对发达国家的出口，而对于发展中国家之间以及发达国家对其他国家的出口贸易影响并不显著（Clarke & Wallsten，2006）。Liu & Nath（2012）系统总结了信息基础设施引致的信息化水平提升影响贸易发展的机制，认为国家信息化水平上升能够有效降低出口商获取信息、建立分销渠道、广告及其他交易成本支出，降低了出口固定成本；而且信息化可以在减少国际贸易货物延误问题的同时，提高应对这些风险的处理效率，同时信息化促使信息密集型服务全球生产过程的解体，对服务贸易，尤其是信息密集型服务贸易的促进作用更大。

三、基础设施建设与出口产品质量、出口技术复杂度

无论是传统贸易理论还是新贸易理论，甚至新新贸易理论，都强调成本是影响国际贸易的关键因素。且国际贸易以相比国内贸易，其固定成本、运输成本、风险等都较国内贸易具有更大的不确定性（Rodrik，2000）。因此，更为优越的基础设施条件更加有利于企业通过提升采购频次减少库存，提升管理运营效率，降低贸易不确定性，从而降低成本，同时也能够保障贸易高质量有序进行，促进地区出口产品质量提升。实证研究的结果表明，优越的基础设施有利于企业节约库存，调整生产要素，降低贸易成本（Moreno et al.，2002；Shirley &Wintson，2004；Lai，2006；李涵，黎志刚，2009）

完善的基础设施对于那些高复杂度产品的出口具有格外显著的促进作用，从而有助于一国总体出口技术复杂度的提高。王永进等（2010）在企业异质性分析框架基础上，从理论上探讨了基础设施影响出口技术复杂度的微观机制，并通过实证研究表明，基础设施稳健地提高了各国的出口技术复杂度。此外，人力资本、贸易开放与FDI也起到了积极作用，自然资源禀赋的影响则恰好相反。

第四节　西部陆海新通道促进区域产业开放发展的实证分析

一、研究设计

（一）样本选择

本书研究西部陆海新通道沿线省（区、市）及延伸区域13个省（区、市）。其中，2017年重庆、广西、贵州与甘肃四省（区、市）正式签订"南向通道"框架协议。2018年青海、新疆加入，同时"南向通道"更名为"西部陆海新通道"。同时，2019年陕西、四川、内蒙古、西藏、海南与广东湛江先后加入，广东湛江为地级城市不作为研究对象。但是，考虑到海南、西藏的数据具有较大的差异性，因此，在实证研究中，剔除西藏的数据，仅仅将广西、

重庆、贵州、四川、云南、陕西、甘肃、青海、内蒙古、新疆、宁夏11个省份纳入实证研究的范围之内。

（二）模型构建

根据研究需要，构建以下研究模型：

$$\ln OPEN_i = a_1 + a_2 \ln RAIL_i + a_3 \ln ROAD_i + a_4 \ln PGDP + a_5 \ln INDUST_i$$
$$+ a_6 \ln EDU_i + a_7 \ln INFOR_i \qquad (7-13)$$

其中，$OPEN_i$ 表示产业开放发展；$RAIL_i$ 表示铁路密度，用每平方千米上的铁路里程表示；$ROAD_i$ 表示公路密度，用每平方千米上的公路里程表示；$PGDP_i$ 表示人均GDP；$INDUST_i$ 表示三次产业结构；EDU_i 表示人力资源储备，用每十万人的大学生人数来表示；$INFOR_i$ 表示企业信息化程度，用每万人移动电话普及率表示。实证研究的各项数据均来源于统计年鉴。

对所有变量进行描述性统计分析，具体结果如表7-17所示：

表7-17　变量的描述性统计分析

Variable	N	Mean	p50	SD	Min	Max
open	108	0. 164	0. 126	0. 131	0. 008 00	0. 683
rail	108	0. 014 0	0. 011 0	0. 008 00	0. 003 00	0. 030 0
road	108	0. 051 0	0. 049 0	0. 037 0	0. 006 00	0. 189
Infor	108	0. 092 0	0. 093 0	0. 017 0	0. 055 0	0. 128
pgdp	108	0. 042 0	0. 040 0	0. 014 0	0. 016 0	0. 076 0
indust	108	0. 043 0	0. 043 0	0. 008 00	0. 021 0	0. 058 0
edu	108	0. 022 0	0. 022 0	0. 006 00	0. 011 0	0. 038 0

从描述性统计来看，所有指标都属于正常值，不存在异常值。

二、实证研究

（一）变量的基本检验

1. 相关性分析

运用stata17.0软件，对所有变量进行相关性统计分析（具体结果见表7-18），显示各变量相关系数都小于0.8，相关性较小，适合进行实证分析。

表 7-18 变量的相关性统计分析

变量	lnOPEN	lnRAIL	lnROAD	INFOR	lnPGDP	lnINDUST	lnEDU
lnOPEN	1						
lnRAIL	0.494 ***	1					
lnROAD	0.529 ***	0.784 ***	1				
lnINFOR	0.049 0 **	0.323 ***	0.163 *	1			
lnPGDP	0.100 **	0.315 ***	0.235 **	0.787 ***	1		
lnINDUST	−0.502 ***	−0.287 ***	−0.223 **	−0.264 ***	0.040 0	1	
lnEDU	0.249 ***	0.694 ***	0.662 ***	0.336 ***	0.426 ***	0.038 0 **	1

数据来源：作者计算整理。

2. 多重共线性检验

变量多重共线性检验结果如表 7-19 所示，各自变量的 VIF 值都小于 10，可以认为各变量之间没有线性相关。

表 7-19 变量的多重共线性诊断

变量	VIF	1/VIF
lnRAIL	3.420	0.292
lnROAD	3.060	0.327
lnINFOR	3.670	0.272
lnPGDP	3.470	0.288
lnINDUST	2.640	0.379
lnEDU	1.640	0.612
Mean	VIF	2.980

数据来源：作者计算整理。

（二）模型选择

分别对样本运用 OLS、固定效应和随机效应模型进行初步分析，发现无论是固定效应模型还是随机效应模型，其回归结果都要优于 OLS 检验。在此基础上，进一步通过豪斯曼检验确定应该选择固定效应模型还是随机效应模型，豪斯曼检验结果如表 7-20 所示。

表 7-20 豪斯曼检验结果

	Coefficients			sqrt(diag(V_bV_B))
	(b)	(B)	(b-B)	
	fe	re	Difference	Std. err.
lnRAIL	.3259143	.3293284	−.0034141	0. 213 178 7
lnROAD	.2263619	.4470451	−.2206833	0. 483 602 8
lnINFOR	2. 374 489	1. 423 598	.9508915	.0000
lnPGDP	−1. 076 976	−.9730178	−.1039583	0. 313 327
lnINDUST	1. 597 632	1. 056 667	.5409653	0. 196 117 6
lnEDU	−1. 871 847	−1. 138 59	−.7332569	0. 088 791 2
Test of H0：Difference in coefficients not sOPENstematic				
chi2(6) = (b-B)´[(V_b-V_B)^(−1)] (b-B) = −292. 73				

但是检验结果为负值，无法进行判断。进一步构建 h 统计量进行检验，检验结果如表 7-21 所示。

表 7-21 构建 h 统计量的豪斯曼检验结果

	Coefficients			sqrt(diag(V_b))
	(b)	(B)	(b-B)	
fe	re	Difference	Std. err.	
lnRAIL	.3259143	.3293284	−.0034141	0. 270 111 5
lnROAD	.2263619	.4470451	−.2206833	0. 506 097 4
lnINFOR	2. 374 489	1. 423 598	.9508915	0. 169 684 1
lnPGDP	−1. 076 976	−.9730178	−.1039583	0. 379 605
lnINDUST	1. 597 632	1. 056 667	.5409653	0. 303 053 5
lnEDU	−1. 871 847	−1. 138 59	−.7332569	0. 295 276 9
Test of H0: Difference in coefficients not sOPENstematic				
chi2(6) = (b-B)´[(V_b-V_B)^(−1)] (b-B) = 40. 12				
Prob > chi2 = 0. 000 0				

从检验结果来看，服从卡方为 6 的分布，且为正值，其 p 值接近 0，因此可以判定模型采用固定效应模型的拟合效果更优。

（三）面板回归

1. 基本回归分析。对样本采用面板回归方法，运用 stata17.0 软件进行拟合，分别列出 4 个回归模型，第一个是全部变量都进入回归，第二个只选取铁路密度指标及相关的控制变量，第三个方程则只选取公路密度指标及相关的控制变量，第四个方程采用信息基础设施指标和相关控制变量，得到面板回归的基本结果，如表 7-22 所示。

表 7-22　基本面板回归结果

	（1） lnOPEN	（2） lnOPEN	（3） lnOPEN	（4） lnOPEN
lnRAIL	0. 493 （1. 11）	0. 487 （1. 05）		
lnROAD	−0. 001 79 （−0. 00）		−0. 007 53 （−0. 01）	
lnINFOR	2. 389 *** （4. 38）			2. 387 *** （4. 41）
lnPGDP	−1. 002 （−1. 80）	0. 314 （0. 71）	0. 533 （1. 09）	−0. 783 （−1. 69）
lnINDUST	1. 635 ** （3. 13）	0. 869 （1. 65）	0. 583 （1. 19）	1. 347 ** （3. 03）
lnEDU	−1. 949 ** （−3. 12）	−1. 643 * （−2. 45）	−1. 581 * （−2. 31）	−1. 887 ** （−3. 10）
_ cons	0. 103 （0. 03）	−2. 632 （−0. 82）	−4. 821 （−1. 72）	−2. 099 （−0. 91）
N	99	99	99	99

注：$^{*} p < 0.05$，$^{**} p < 0.01$，$^{***} p < 0.001$。

从回归结果来看，全部通过检验的只有信息基础设施和受教育程度两个指标，而铁路和公路两个指标都没有通过检验，产业结构指标在方程（1）和方程（4）通过。

2. 滞后项回归分析

考虑到铁路和公路通车后具有滞后性，我们对样本进一步进行滞后检验，分别对铁路密度、公路密度两个指标进行滞后回归，选取通过性较高的滞后阶数，如表 7-23 和表 7-24 所示。

表 7-23　对铁路密度滞后项回归结果

	（5）	（6）	（7）	（8）	（9）	（10）	（11）	（12）
	lnOPEN	lnOPEN	lnOPEN	lnOPEN	lnOPEN	lnOPEN	lnOPEN	lnOPEN
lnRAIL	0.550 (0.82)	0.578 (0.91)	1.355 (1.57)	2.097 (1.84)				
lnROAD	−0.037 6 (−0.05)	−0.266 (−0.32)	−0.910 (−0.89)	−0.600 (−0.48)	0.028 3 (0.04)	−0.048 0 (−0.06)	−0.229 (−0.24)	0.003 56 (0.00)
lnINFOR	2.142 *** (3.52)	1.777 * (2.41)	1.666 (1.82)	0.507 (0.49)	2.047 *** (3.44)	1.566 * (2.24)	1.377 (1.52)	0.541 (0.51)
lnPGDP	−0.811 (−1.29)	−0.733 (−1.05)	−0.878 (−1.06)	−0.552 (−0.55)	−0.662 (−1.10)	−0.501 (−0.78)	−0.342 (−0.45)	0.196 (0.21)
lnINDUST	1.107 (1.91)	0.574 (0.87)	0.174 (0.21)	−0.563 (−0.51)	1.039 (1.81)	0.419 (0.66)	−0.193 (−0.24)	−0.718 (−0.63)
lnEDU	−2.139 ** (−3.15)	−2.088 ** (−2.82)	−2.051 * (−2.21)	−3.051 * (−2.36)	−2.143 ** (−3.16)	−2.127 ** (−2.88)	−2.261 * (−2.43)	−3.095 * (−2.32)
L. lnRAIL	−0.144 (−0.22)				0.207 (0.43)			
L2. lnRAIL		−0.062 9 (−0.11)				0.128 (0.25)		
L3. lnRAIL			−0.237 (−0.38)				−0.176 (−0.28)	
L4. lnRAIL				0.299 (0.42)				0.196 (0.27)
_cons	−2.783 (−0.78)	−5.142 (−1.22)	−6.422 (−1.09)	−7.448 (−0.95)	−3.426 (−0.99)	−6.546 (−1.68)	−10.93 * (−2.10)	−13.55 (−1.85)
N	88	77	66	55	88	77	66	55

注：t statistics in parentheses，$^*p<0.05$，$^{**}p<0.01$，$^{***}p<0.001$。

表 7-24　对公路密度滞后项回归结果

	（13）	（14）	（15）	（16）	（17）	（18）	（19）	（20）
	lnOPEN	lnOPEN	lnOPEN	lnOPEN	lnOPEN	lnOPEN	lnOPEN	lnOPEN
lnRAIL	0.540 (1.10)	0.906 (1.61)	1.711 * (2.18)	2.391 * (2.21)	0.479 (0.97)	0.765 (1.33)	1.639 (1.97)	2.314 * (2.09)
lnROAD					1.022 (0.81)	1.084 (1.09)	0.326 (0.29)	0.625 (0.47)
lnINFOR	2.103 *** (3.63)	1.973 ** (3.06)	2.078 * (2.62)	1.372 (1.40)	2.128 *** (3.66)	2.029 ** (3.14)	2.093 * (2.61)	1.412 (1.42)
lnPGDP	−0.674 (−1.13)	−0.543 (−0.87)	−0.925 (−1.22)	−0.569 (−0.61)	−0.792 (−1.29)	−0.736 (−1.13)	−0.977 (−1.24)	−0.677 (−0.70)
lnINDUST	1.035 (1.79)	0.380 (0.60)	−0.008 02 (−0.01)	−0.543 (−0.53)	1.005 (1.73)	0.414 (0.65)	0.015 9 (0.02)	−0.428 (−0.40)
lnEDU	−2.067 ** (−3.04)	−1.905 * (−2.66)	−1.690 (−1.93)	−2.316 (−1.83)	−2.023 ** (−2.96)	−1.855 * (−2.58)	−1.671 (−1.88)	−2.245 (−1.75)
L. lnROAD	−0.447 (−0.66)				−1.270 (−1.04)			
L2. lnROAD		−1.361 (−1.93)				−1.990 * (−2.19)		

表7-24(续)

	(13)	(14)	(15)	(16)	(17)	(18)	(19)	(20)
	lnOPEN	lnOPEN	lnOPEN	lnOPEN	lnOPEN	lnOPEN	lnOPEN	lnOPEN
L3. lnROAD			-2.062*				-2.210*	
			(-2.53)				(-2.29)	
L4. lnROAD				-1.842				-2.137
				(-1.66)				(-1.66)
_cons	-3.160	-5.975	-6.201	-7.151	-3.060	-5.352	-5.944	-6.092
	(-0.91)	(-1.50)	(-1.15)	(-1.01)	(-0.87)	(-1.33)	(-1.07)	(-0.81)
N	88	77	66	55	88	77	66	55

注: t statistics in parentheses, * $p < 0.05$, ** $p < 0.01$, *** $p < 0.001$。

通过滞后项回归我们发现,铁路对于产业开放发展影响依然不显著,而公路在滞后2期和滞后3期均能对产业产生正向影响。铁路的影响不显著,其原因不是铁路的建设对产业开放发展没有作用,而是西部地区的特征是地广人稀,且大多数省份都位于青藏高原、云贵高原、祁连山脉、阿尔泰山脉等地,尤其是新疆、青海、甘肃、内蒙古、云南和贵州等地,地理环境等因素导致铁路的覆盖面小,换算到铁路密度后这个指标被严重稀释,因而影响不显著。显然,公路指标具有显著的滞后效应,随着公路的开通,对产业开放发展具有显著的正向影响。因此,基础设施的建设不是立竿见影的行为,必须要注重基础设施的长期效应,要着眼未来扎实推进基础设施建设。而信息基础设施在西部地区产业开放发展中具有显著的正向影响,跟交通基础设施的区别在于,信息基础设施能够为企业走出去、引进来显著降低成本,其结果能够快速见效,这与我国加大新型基础设施建设的初衷是相吻合的,也为我国后续进一步推进新型基础设施建设提供了实证支撑。

3. 调节效应分析

进一步分析铁路、公路和信息基础设施的联动、协同效应对产业开放发展的影响,通过铁路与公路、铁路与信息基础设施、公路与信息基础设施的联动,我们发现,绝大多数指标项都通过检验,尤其是交互项,表现出较高的系数和较高的识别度(具体见表7-25)。通过调节分析我们发现,各项基础设施的建设,必须是一个系统工程,把铁路作为主干线,同时要推动等级公路的建设,解决物流运输的最后一公里等问题,强化支线物流的毛细血管作用。在这个过程中,要高度重视信息基础设施建设,用数字化改造和提升传统交通基础设施,从而最大限度地发挥基础设施建设对产业发展的促进作用。

表 7-25　调节效应分析结果

	（21）	（22）	（23）
	lnOPEN	lnOPEN	lnOPEN
lnRAIL	2.027**	4.644***	0.544
	(2.71)	(5.28)	(1.27)
lnROAD	1.824	-0.620	1.857*
	(1.93)	(-1.11)	(2.07)
lnINFOR	1.709**	9.077***	4.959***
	(2.88)	(6.69)	(4.68)
lnPGDP	-0.964	-1.056*	-1.413*
	(-1.78)	(-2.18)	(-2.54)
lnINDUST	0.846	1.125*	1.192*
	(1.42)	(2.42)	(2.26)
lnEDU	-1.591*	-1.304*	-1.326*
	(-2.56)	(-2.35)	(-2.07)
tj12	0.445*		
	(2.51)		
tj13		1.586***	
		(5.26)	
tj23			0.839**
			(2.79)
_cons	3.581	16.34***	5.676
	(1.09)	(4.01)	(1.59)
N	99	99	99

注：t statistics in parentheses，* p<0.05，** p<0.01，*** p<0.001。

4. 异质性分析

由于西部陆海新通道从具体实施看，主要的核心区是重庆、广西和四川，我们以这三个区域为一组，把其他省（区、市）作为一组（同样剔除西藏和海南），进行分组回归的调节分析，得到的结果如表 7-26 所示。

表 7-26　分组回归的调节分析结果

	（24）	（25）	（26）	（27）	（28）	（29）
	lnOPEN	lnOPEN	lnOPEN	lnOPEN	lnOPEN	lnOPEN
lnRAIL	1.923	2.516**	3.084*	4.888***	0.292	0.332
	(1.49)	(2.73)	(2.50)	(4.08)	(0.64)	(0.65)
lnROAD	1.345	4.083**	-1.605	0.525	1.479	4.382***
	(1.32)	(3.25)	(-1.49)	(0.72)	(1.63)	(3.50)

表7-26(续)

	（24）	（25）	（26）	（27）	（28）	（29）
	lnOPEN	lnOPEN	lnOPEN	lnOPEN	lnOPEN	lnOPEN
lnINFOR	1.132	1.008	5.692**	9.631***	4.195*	6.299***
	(1.47)	(1.46)	(3.06)	(4.66)	(2.73)	(3.73)
lnPGDP	−0.927	0.176	0.0733	−0.713	−1.113	−0.696
	(−0.98)	(0.27)	(0.07)	(−1.11)	(−1.37)	(−1.00)
lnINDUST	0.802	1.384	0.798	1.871**	1.021	1.706*
	(1.33)	(1.73)	(1.46)	(3.00)	(1.79)	(2.41)
lnEDU	1.362	−4.329***	1.032	−3.064**	2.212*	−3.789***
	(1.74)	(−4.85)	(1.54)	(−3.34)	(2.44)	(−4.11)
tj12	0.572	0.617*				
	(1.47)	(2.65)				
tj13			1.165*	1.681***		
			(2.53)	(4.01)		
tj23					1.097*	1.281**
					(2.11)	(2.93)
_cons	10.99	3.624	15.57**	18.00**	14.49*	7.132
	(2.00)	(0.93)	(2.92)	(3.17)	(2.56)	(1.63)
N	27	72	27	72	27	72

注：t statistics in parentheses，* $p<0.05$，** $p<0.01$，*** $p<0.001$。

通过分组回归，我们进一步证实：铁路密度指标在对外开放发展中具有重要作用，而公路密度指标不显著。西部陆海新通道沿线地区普遍距离海洋和国际市场较远，公路运输由于成本较高，在长距离运输不占优势。而铁路运输的长距离优势有所体现。但是从分组回归来看，公路和铁路调节效应在四川、重庆和广西不显著，其原因可能在于四川、重庆外贸主要依赖中欧班列和长江黄金水道，或是经过北部湾国际门户港的铁海联运；因此，铁路和公路协同作用不显著。而在其他省区，铁路和公路的协同作用非常显著。分组回归同样证实了信息基础设施具有显著的影响，同时，信息基础设施与公路、铁路调节效应非常显著。

第五节 结论与政策建议

一、研究结论

(一) 西部陆海新通道沿线区域产业开放发展呈梯度分布且上升趋势明显

通过对西部陆海新通道沿线区域产业开放发展的测度,发现各省(区、市)呈梯度分布。具有较好对外开放条件、经济基础较好的省(区、市)在产业开放发展上具有领先,而产业基础薄弱或地理位置上不具有优势的区域产业开放发展水平较低。然而,从总体趋势来看,沿线区域推动产业开放发展的趋势显著上升。这显然是我国各省(区、市)都在践行新发展理念,推动经济社会开放发展的必然结果。

(二) 传统交通基础设施建设具有长期效应

公路密度对产业开放发展的影响不够显著,其原因可能与前述铁路密度指标类似。但是公路的滞后效应比较显著,在滞后 3 期的回归中较为显著,表明公路建设能够显著促进产业发展,但是需要有一个过程。而公路与铁路的联动,公路与信息基础设施的协同,都能显著推动产业开放发展。因此,从长远和系统的角度来看,推动传统交通基础设施建设对于西部地区来说是非常重要的。更好地发挥西部陆海新通道对产业发展的促进作用,必须要做到打通交通堵点,打造更加高效的交通网络。

(三) 新型基础设施建设能够显著推动区域产业开放发展

实证结果显示,信息基础设施对于西部陆海新通道沿线地区产业开放发展影响非常显著,更是通过与铁路、公路等联动,有力推动了产业开放发展。信息基础设施是新型基础设施的代表性产业,也是数字经济时代最为基础的生产资料。因此,要高度重视西部陆海新通道沿线地区的新型基础设施建设。

(四) 基础设施发挥作用的关键是协同

从实证结果来看,铁路密度对于产业开放发展的影响不显著。前述分析认为可能是西部地区地广人稀,铁路密度指标较低,对于产业开放发展的作用显然难以直接体现。然而,通过调节分析发现,铁路和公路的联动,铁路和信息基础设施的联动,是能够显著影响产业开放发展的。因此,我们可以认为不是铁路密度没有影响,而是需要通过其他基础设施的协同,才能显著推动产业的开放发展。同样,公路基础设施单独影响西部陆海新通道沿线地区产业开放发展的效应不够显著,但是通过与信息基础设施和铁路协同,就能够显著发挥作用。

二、政策建议

（一）加快基础设施互联互通

1. 共同完善综合运输体系

以西部陆海新通道建设为牵引，加强铁路、公路、航空、航运等基础设施建设，打通广西与周边省（区、市）的交通梗阻。

铁路上，要以主通道畅通为核心。西线通道要着力建成自贡至宜宾铁路，加快建设隆黄铁路叙永至毕节段、隆昌至叙永铁路扩能改造，开工建设黄桶至百色铁路、成渝铁路成都至隆昌扩能改造、南昆铁路百色至威舍段增建二线，规划研究成都铁路枢纽东南环线、南宁铁路枢纽南环线外移建设。加快建设G80广昆高速公路百色至南宁段扩容等工程。推动湘桂线南宁至凭祥段扩能改造工程、沿海铁路钦州至防城港段扩能改造工程、黔桂铁路扩能改造工程、云桂沿边铁路、柳州经梧州至广州铁路等7条线路。全面打通广西区内以及与周边省（区、市）的铁路网络。中线要加大自重庆经贵阳、南宁至北部湾出海口（北部湾港、洋浦港）中通路运输能力，稳步推进贵阳至南宁高铁建设，着力建成贵阳至南宁高铁、重庆铁路枢纽东环线，建设黔桂铁路增建二线、泸州至遵义铁路、重庆鱼嘴铁路货运站南场站等项目，规划研究重庆至贵阳高铁。东线要进一步完善自重庆经怀化、柳州至北部湾出海口东的通路，加快建设重庆至黔江的高铁，加快渝怀铁路双线沿线站点扩能改造，促进点线衔接协调。协同强化东中通路与兰州至重庆、柳州至广州、西安至安康及襄阳至重庆等干线铁路连接。加快陆路跨境通道建设，推动与周边国家设施互联互通。建成中老铁路，推进连接凭祥、东兴、龙邦、磨憨、瑞丽等口岸铁路建设。

公路上，要积极推进G72泉南高速公路广西段扩容等项目，加快建设呼北高速灌阳至平乐段，加快普通国省道建设，不断提升干线公路通行能力。着力加快推动G75兰海高速公路重庆至南宁段、G93渝遂高速公路扩容，配合铁路打通西部陆海新通道东、中、西三大主通道。

内河运输，要以平陆运河开工建设为契机，加快推进湘桂运河工程，打通长江、珠江水系，开辟长江沿湘桂沿河进入珠江水系，再沿平陆运河进入北部湾港的新航线，全面打通长江——珠江水系，实现我国南北水陆交通新的大变局。

统筹新型基础设施建设。抢抓国家推动新基建的机遇，以数字经济、大数据为重点，强化新型基础设施建设，提升区域智慧化、数字化水平。

2. 强化提升西部陆海沿线重要枢纽功能

以北部湾港为核心，优化港口功能布局，大力推进港口、码头等重大项目建设，完善海港、陆港、空港和口岸等基础设施建设，加强集疏运体系建设，优化提升物流枢纽功能，强化交通在推进省际合作方面的支撑作用。

优化提升物流枢纽功能。高水平推进广西北部湾国际门户港建设，对标上海港、宁波—舟山港等国际一流港口，打造智慧港口，织密国际航线，提升港航服务业，增强港口赋能产业发展的能力。充分发挥海南自贸区优势，打造海南洋浦区域国际集装箱枢纽港。大力推进洋浦港基础设施建设，完善集疏运体系，增强国际中转业务功能，提升国际中转港地位。发挥重庆在西部陆海新通道中的中心地位，建设重庆物流和运营组织中心，强化提升其物流和运营组织中心功能，提升辐射带动作用，重点加强团结村集装箱中心站、果园港等基础设施建设，完善"一主两辅多节点"的物流体系。大力推进成都建设国家重要商贸物流中心，以铁路为核心，强化提升枢纽功能，加强对跨境电商和市场采购贸易等新业态的运输保障，建设成都陆港型国家物流枢纽。

大幅提升西部陆海新通道沿线物流枢纽与集疏运体系。高水平推进南宁、贵阳、昆明等西部陆海新通道沿线物流枢纽建设，着力完善玉林、百色、柳州、遵义、泸州、自贡、宜宾等沿线重要物流节点建设，完善集散、分拨、转运等基础物流设施。

（二）促进区域产业协同发展

1. 构建省际产业利益共享机制

探索适应广西及协同省（区、市）产业园区不同需求的合作模式及利益共享机制，细化财税分配方案，通过按比例分成、按股份分成及在此基础上提取产业基金等方式，调动多方参与主体积极性。建立健全园区合作长效机制，坚持以需求和优势分类对接、引导产业转移，统筹兼顾分工与分享。加快推进跨区域资质互认，消除企业认证标准壁垒。

探索构建城市群各城市之间的发展利益共享机制。要在兼顾城市群整体发展目标和各地区发展利益的基础上，探索建立各地区在产业协同发展过程中的利益共享机制，着力打造区域发展利益共同体，鼓励城市群各成员开展经济技术合作活动。

2. 提升产业要素配置效率

坚持走党的二十大报告中关于推进中国式现代化的总体路径，坚持市场化改革的总体方向。一是构建国内统一大市场，坚决破除地方保护和各种市场进入壁垒，推动西部陆海新通道沿线省（区、市）的市场运行和经济治理规则相互衔接，不断提升沿线省（区、市）市场一体化水平，促进人才、资金、信息、科技等要素资源跨区域自由流动，在新通道沿线省（区、市）内部形成基于市场力量的专业分工格局，同时辐射带动中部地区广泛参与西部陆海新通道的产业协作，进一步丰富北部湾港的腹地货源。二是构建新通道沿线省（区、市）要素协调配置机制，不断提升要素资源配置效率。各省（区、市）可以根据沿线产业经济发展需求与人口密度等关键指标，明确各省（区、市）土地等要素资源的供给，优化产业平台和产业园区空间布局，强化产业园区、重大项目等公共投资支持，不断引导各省（区、市）优势产业集聚发展。三是提升沿线省（区、市）的全要素生产率，新通道沿线省（区、市）要素的回报率相对较低，主要竞争优势是成本或资源，未来亟须提升全要素生产率，带动区域产业高质量发展。

3. 以产业配套能力建设延伸区域产业链

一是坚持培育龙头企业。按照自治区"强龙头、补链条、聚集群"的总体思路，引进和培育行业龙头企业。如广西，就要瞄准制糖、有色金属、机械、汽车、冶金、建材、石化化工等传统产业，积极引进世界龙头企业，如正威国际等。

二是强化产业链招商，推动补链、延链。强化粤港澳大湾区产业转移良机，积极融入粤港澳大湾区，同时推动本地企业进链、融链、延链、补链、强链，推动产业聚集，加速形成浓厚的产业氛围。在此基础上，引导相关产业链、供应链、服务链、创新链、资金链企业入驻重点产业园区，实现产业集聚发展。如广西，就要在新一代信息技术、新能源汽车、高端装备制造、生物医药、新材料、绿色环保等新兴产业中，全面嵌入粤港澳大湾区产业链，为粤港澳大湾区做好产业配套，促进产业提质升级。同时，要强化与四川、重庆等地的产业联系，积极嵌入成渝都市圈产业，拓展产业链宽度，延伸产业链长度。

三是创新驱动，提升产业附加值。科学技术是第一生产力，是推动经济社会创新发展的第一动力。要充分依托新通道沿线省（区、市）丰富的资源，深入实施创新驱动发展战略，实现对资源开发的深度开发，从而衍生出多种产业，实现产业链的延伸，形成产业的集聚。

四是持续提升产业配套能力，要瞄准龙头企业的上下游环节，有针对性地补链，引进和培育专精特新企业，增强产业链的整体竞争力。

4. 完善产业创新生态系统

营造开放、公平的创新创业环境，建立多元化的创新体制机制。强化科技创新对新兴产业的催化功能，引育一批国际领先的科研团队和核心企业，建设共性技术研发平台，推动高端产业集聚发展。

（三）进一步完善省际协同机制

1. 进一步完善国家层面的省际合作机制

随着《西部陆海新通道总体规划》《"十四五"推进西部陆海新通道高质量建设实施方案》等的印发实施，从国家层面将重庆、广西、四川、贵州、云南、陕西、新疆、青海、内蒙古、西藏、海南等纳入西部陆海新通道联合共建范畴，推动沿线各省（区、市）的联动合作。今后，必须将国家层面推动的省际合作机制落到实处，形成常态化联席会议制度，高位推进西部陆海新通道建设。推动各省（区、市）轮流举办联席会议，充分调动各省（区、市）参与的积极性，推动"共商共建共享共荣"。

2. 进一步完善"13+2"省际合作机制

随着西部陆海新通道建设持续深入，越来越多的省市自治区都积极主动融入，目前已经形成了"13+2"格局，东中西部地区的全方位合作为高水平建设西部陆海新通道夯实了基础。

在协调解决跨区域重大问题、组织实施重大工程、研究制定政策措施等方面发挥作用。把陆海新通道打造成全面深化改革开放的新示范，建立"13+2"省际协商合作联席会议机制、班列运输协调委员会，推动开展地方政府紧密协商、企业互利合作形成长效机制。

2019年10月，在重庆召开了西部陆海新通道省际协商合作联席会议第一次会议，达成了一系列协同推进西部陆海新通道建设的共识，为共同建好新通道提供了深入合作机制。要将部陆海新通道省际协商合作联席会议建设成为常态性的沟通机制，每一年或两年召开一次，共同商讨新通道建设中亟须解决的问题。

3. 提升陆海新通道运营有限公司的赋能作用

为了顺利推进西部陆海新通道建设，重庆牵头成立了陆海新通道运营有限公司作为跨区域综合运营平台，并由重庆、广西、贵州、甘肃、宁夏、新疆、湖南等省（区、市）合作共建，并同步成立重庆、贵州、甘肃、宁夏、新疆、湖南等区域子公司，公司按照"统一品牌、统一规则、统一运作"原则，协同各省（区、市）共同推进，有效破解了各省（区、市）之间的恶性竞争。今后，要进一步发挥陆海新通道运营有限公司的作用，联合设立在各省（区、市）的分公司，以共建统一大市场，构建统一物流体系，深化产业合作为导向，推动区域深度合作。

本章小结

本章首先深入分析和探讨了产业开放发展的内涵，从比较优势理论、要素禀赋理论及新贸易理论等阐述了产业开放发展的理论基础，并明确了产业开放发展的内涵及意义。在此基础上，构建以贸易依存度、外贸竞争力、利用外资能力和对外投资能力四个维度的产业开放发展评价指标体系，系统分析了西部陆海新通道沿线省（区、市）各指标的具体情况，然后运用熵权法对各省（区、市）的产业开放发展水平进行了测度。

基于西部陆海新通道建设与产业发展的文献梳理，本章以产业开放发展为因变量，构建了以铁路密度、公路密度和信息基础设施为核心解释变量，加入了三次产业结构、人均 GDP 和人力资源储备水平为控制变量的分析模型，采用面板数据分析方法，对方程进行了回归，并加入了滞后项回归和调节效应分析，发现铁路、公路和信息基础设施的联动有利于促进产业开放发展，为我国系统推进传统基础设施建设和新型基础设施建设提供了理论依据。最后，本章从加快基础设施建设、促进区域产业协同发展和完善省际协同机制等方面提出了推动产业开放发展的对策建议。

第八章　西部陆海新通道与产业升级

　　党的二十大报告提出"加快建设西部陆海新通道"，西部陆海新通道是我国在西部地区通过国际合作、区域联动，打造的一条对外开放的复合型国际陆海贸易走廊。西部陆海新通道连接广西、贵州、重庆、四川、云南、陕西、甘肃、青海、新疆、内蒙古、宁夏、西藏、海南等省（区、市），拥有港口、高铁、高速公路等网络，未来发展潜力巨大，与"一带一路"建设、京津冀协同发展、长江经济带建设等国家重大战略具有同等战略意义。

　　以对外开放应对百年未有之大变局，是新时代坚持的基本国策。然而，东强西弱、海强陆弱的区域间不平衡发展格局未能得到根本性的改变，内陆地区、西部地区依旧是中国区域开放布局中的"短板"。数据显示，西部地区拥有全国72%的国土面积、27%的人口、20%的经济总量，而对外贸易仅占全国的7%，利用外资和对外投资分别占7.6%和7.7%。西部陆海新通道建设将加快西部地区对外开放进程，把西部地区逐步从开放的末梢转变为前沿，为其参与全球化合作竞争提供一条有效途径。

　　学界对于西部陆海新通道也予以了高度的重视，研究的焦点由宏观到微观不断深化，例如：杨祥章和郑永年（2019）分析了西部陆海新通道对于连接"一带"与"一路"、促进中国—东盟互联互通的重要意义；唐红祥和许露元（2019）分析了西部陆海新通道财税支持政策的现状及不足并提出了相关财税政策建议；王娟娟（2020）剖析了西部陆海新通道贯穿"一带一路"区域在促进国内国际双循环中的作用；丛晓男（2021）认为西部陆海新通道有利于深化我国与"一带一路"共建国家的经贸合作，对拉动我国西部地区经济增长具有显著作用。然而，"西部陆海新通道对产业升级的影响"却没引起足够的重视，西部陆海新通道在中国产业升级陷入困境的背景下提出，其对中国产业升级特别是西部地区产业升级的影响具有重要研究价值，但仅有数篇文献对此进行了零星的探讨：马子红（2021）建议西部陆海新通道的建设应致力于打造"通道+平台+产业+制度"的区域协调治理新体系，以解决西部地区产业升级缓慢的问题；全毅（2021）认为西部陆海新通道建设为西南地区开放开发及产业升级提供了新的战略契机。

综上所述，现有研究均停留在定性分析和政策建议层面，尚未出现实证类研究。因此，本书对西部陆海新通道沿线区域产业转型升级效应及机制进行分析，并提出区域产业高质量发展路径，对于推动西部地区对外开放，促进西部地区经济转型升级及形成全面开放新格局具有重要意义。

第一节　西部陆海新通道沿线产业升级的事实特征考察

西部陆海新通道作为发展的大轴带，随着其建设的持续推进，区域内部的行政壁垒将会被逐渐打破，内部地区与沿海地区、沿边地区的合作将得到进一步增强，陆海双向联通也将得到进一步深化，这就有效地促进了资本、劳动力、技术等生产要素的全面流动，专业化分工有利于交通运输、仓储和邮政业的发展。此外，在西部陆海新通道的建设也有利于企业的生产性经营活动（如企业内部资源整合），通过运输成本的降低和运输效率的提升，带动国际贸易、跨境物流、电子信息、智能制造、金融等产业快速发展，促进产业结构向合理化和高级化方向发展。

一、西部陆海新通道带动沿线经济发展

根据《西部陆海新通道发展指数报告（2022）》的统计数据显示，2022年西部陆海新通道发展指数值为 135.2，比 2011 年提升了 12.6。可见，西部陆海新通道建设运营的增长态势非常强劲。在西部陆海新通道的建设中，建设互联互通的基础设施是第一要务，因此，伴随着基础设施建设发展，依托成本效率的综合比较优势，西部陆海新通道为沿线资金、人员、资本、物资等要素的流动提供了非常有力的保障，更助力了沿线地区的经济增长。2022 年，西部陆海新通道沿线货运总量达 143.1 亿吨，占全国货运总量将近 30%，GDP 将近 27 万亿元，占全国 GDP 总量的 22.2%。

虽然西部陆海新通道带动了沿线经济发展，但从统计数据进一步来看，沿线地区重要城市的经济发展存在较大的差距，其 GDP 均值呈现出明显的梯度差异，其中重庆、成都等为第一梯队，经济发展较快；昆明、贵阳、南宁等为第二梯队，经济发展较好；西宁、银川、湛江、北海等为第三梯队，经济发展相对迟缓。

二、西部陆海新通道助力沿线产业结构调整

根据前文的论述可知，西部陆海新通道的建设使得沿线地区的经济发展呈现出明显的梯度差异，从产业结构的角度来看，西部陆海新通道的建设也使得沿线地区形成明显的"三、二、一"产业结构格局。根据中经网统计数据库统计数据显示，截至2022年年末，沿线地区三次产业增加值占GDP比重调整为3.42∶36.3∶62.7，工业经济向服务经济转型的趋势明显，服务业的地位逐年提升，其产业结构不断向高级化迈进。

第二节　西部陆海新通道促进产业升级的理论基础与研究假说

一、理论基础

在西部陆海新通道建设中，基础设施的互联互通是第一要务，建设互联互通的基础设施将会引致中国交通、能源和通信基础设施等产业的对外直接投资。当前学界对于基础设施建设的经济效应已达成了基本共识，即"提升一国基础设施水平对引进外资具有明显正效应"。此外，随着基础设施的改善，一国的贸易便利化水平会得到进一步的促进（Francois and Manchin，2013），这无疑将会推动中国对西部陆海新通道参与国的直接投资；此外，嵌入西部陆海新通道的高层国际政治合作和政府支持可以大大减少中国"走出去"的不确定性和政治风险，为中国企业进行对外直接投资提供保障。

那么，西部陆海新通道在推动中国企业对外直接投资的同时是否会助力中国的产业升级呢？从现有研究来看，关于对外直接投资（OFDI）对母国产业升级的影响效应学界大多持正面观点。比如，早期的"产品生命周期理论""雁形发展模式""边际产业扩张论"等都认为OFDI可以促进母国的产业升级。在实证研究中，李逢春（2010）、杨建清和周志林（2013）、贾妮莎和申晨（2016）等人的研究均证实了OFDI对中国的产业升级具有显著的促进效应。

二、研究假说

基于以上事实，本书认为，西部陆海新通道在为中国企业对外直接投资提供机遇的同时，会进一步促进中国的产业升级，因此，提出假说H8-1：

H8-1：西部陆海新通道可以显著地促进产业升级。

当然，根据上述分析，假说 H8-1 成立的条件在于西部陆海新通道确实促进了中国企业的对外直接投资，虽然根据近年来官方公布的数据来看这已是既定事实，但为了保证结论的严谨性，本书进一步提出了假说 H8-2：

H8-2：西部陆海新通道可以显著地促进中国企业的对外直接投资。

一般而言，中国的 OFDI 主要有"顺梯度投资"和"逆梯度投资"两种模式（刘夏明 等，2016），就理论层面而言，这两种投资模式都可以助力中国产业升级，原因在于：通过"顺梯度投资"模式，中国可以将其优质富余产能转移到更低梯度的国家，为更具发展潜力的产业让渡资源，也为新兴战略产业的发展创造机会，还可以通过相对优势获取投资收益以带动原产业的优化升级。也即，在"顺梯度投资"模式下，中国可以通过基于资源禀赋的"比较优势"实现产业升级。在"逆梯度投资"的模式下，一方面，中国企业可以通过跨国并购技术领先型企业，利用共享研发资源、结成技术联盟等方式进行研发创新，并利用逆向转移的机制提升本国企业的技术水平；另一方面，中国企业往往会通过技术创新来提高生产效率以保持竞争力，如此"逆梯度投资"就可以通过研发创新实现产业升级，也即，在"逆梯度投资"模式下，中国可以通过基于研发创新的"技术赶超"实现产业升级。

那么，在西部陆海新通道建设中，中国的对外直接投资会通过哪种路径实现产业升级呢？本书认为，在西部陆海新通道的建设中，OFDI 可以同时通过"顺梯度投资"和"逆梯度投资"实现中国的产业升级，即基于资源禀赋的"比较优势"和基于研发创新的"技术赶超"都是西部陆海新通道助力中国产业升级的重要路径，如图 8-1 所示。

基于上述分析，提出假说 H8-3 和 H8-4：

H8-3：西部陆海新通道可以通过"比较优势"实现中国的产业升级。

H8-4：西部陆海新通道也可以通过"技术赶超"实现中国的产业升级。

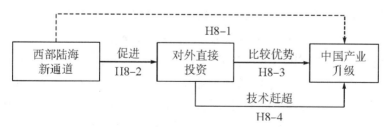

图 8-1　西部陆海新通道促进中国产业升级的作用路径

第三节　西部陆海新通道促进产业升级的研究设计

一、样本与数据

本书选取中国 A 股上市公司 2015—2020 年数据为样本，其中，用以计算劳动生产率和全要素生产率的财务数据、研发投入以及控制变量数据均来自 WIND 数据库中各上市公司的年度财务报表；用来计算显性比较优势指数的出口数据通过 WIND 数据库整理而得，并剔除 ST 类和主变量存在缺失的样本，最终得到 12 985 条观测值。同时，为了缓解可能存在的非正态分布问题，本书对计算所得的劳动生产率、资本生产率和资本生化程度的数值变量做了取自然对数的处理。此外，为了消除异常值带来的影响，对于所有连续型变量本书都进行了 1% 的 winsor 缩尾。

二、模型与变量

（一）基准模型的设定

对于政策效应的估计，基于准自然实验的双重差分（DID）模型近年颇受青睐，因为它可以通过两次差分较好地剔除不相关因素的干扰。DID 模型的使用中，寻找合理的处理组和控制组至为关键。鉴于西部陆海新通道的前身为"南向通道"，因此 2017 年"南向通道"的提出及其工作机制的签署可以视为一次准自然实验，其对各个行业的影响力度不同，所以以其对不同行业的不同影响力度为依据，就能确定受其重点影响的行业。具体的做法为：首先，基于对《西部陆海新通道总体规划》的解读，整理归纳受其重点影响的行业，将属于重点影响行业的上市公司设置为处理组，将其他行业的上市公司设置为控制组，利用如下模型对西部陆海新通道的产业升级效应进行识别：

$$y_{it} = \theta(\text{treat}_{it} \times \text{post}_{it}) + \beta x_{it} + \lambda_t + \mu_i + \varepsilon_{it} \qquad (8\text{-}1)$$

在模型（8-1）中，i 表示公司，t 表示年份。被解释变量 y 包括劳动生产率（lp）、资本生产率（kp）、资本深化程度（kl）和全要素生产率（tfp）等；treat 为企业分组，处理组取 1，控制组取 0；post 为时间分组，西部陆海新通道实施前取值为 0（2015—2016 年），实施后取值为 1（2017—2020 年）。

x 代表控制变量组，由企业规模（size）、企业年龄（age）、企业成长能力（growth）、资本结构（lev）、现金流量（cashflow）、大股东持股占比

（stockratio）和市场竞争程度（hhi）组成。λ_t 表示时间固定效应；μ_i 表示不随时间变化的企业个体固定效应；ε 表示随机扰动项。

依据 DID 模型的原理，需要重点关注的交乘项 treat×post 的系数 θ，因为它代表了剔除其他干扰因素之后，西部陆海新通道对被解释变量的影响。

此外，由于政策本身的时效性，以及在政策实施后其效果的显现通常存在滞后性，所以西部陆海新通道对产业升级的影响可能是非线性的。鉴于此，本书将模型（8-1）中的平均效应分解到西部陆海新通道实施后的每一年，并利用模型（8-2）来识别西部陆海新通道实施之后产业升级的年均效果及变化趋势。

$$\mathrm{lp}_{it} = \sum_{t=2017}^{t=2020} \theta_t (\mathrm{treat}_{it} \times \mathrm{year}_t) + \beta x_{it} + \lambda_t + \mu_i + \varepsilon_{it} \qquad (8\text{-}2)$$

在模型（8-2）中，lp 为企业劳动生产率，作为产业升级的代理变量；year_t 为年度虚拟变量，分别取 2017、2018、2019 和 2020；θ_t 可以识别西部陆海新通道实施对产业升级的动态效应及变化趋势。

（二）影响机制检验的设计

前文通过理论分析认为西部陆海新通道可以同时通过比较优势和技术赶超助力产业升级，并据此提出了假说 H8-2 和 H8-3，要想检验这两个假说，则需检验比较优势和技术赶超对西部陆海新通道影响产业升级的调节效应，在模型的设计上，本书为了考察影响机制的显著性，将调节变量置于基准模型中，具体模型如下：

$$\mathrm{lp}_{it} = \theta_1 (\mathrm{treat}_{it} \times \mathrm{post}_{it} \times \mathrm{mec}_{it}) + \theta_2 (\mathrm{treat}_{it} \times \mathrm{post}_{it}) + \theta_3 \mathrm{mec}_{it}$$
$$+ \beta x_{it} + \lambda_t + \mu_i + \varepsilon_{it} \qquad (8\text{-}3)$$

在模型（8-3）中，lp 为企业劳动生产率；调节变量 mec 为分别表示比较优势（rca）和技术赶超（lnrd）。在该模型中，企业分组、时间分组和调节变量交乘项的系数 θ_1 需要重点关注，因为它可以识别西部陆海新通道是否可以通过比较优势和技术赶超助力产业升级。

对于比较优势，本书以显性比较优势指标表示，其公式如下：

$$\mathrm{RCA}_{jgt} = \frac{\exp_{jgt}/\mathrm{EXP}_{gt}}{\sum_i \exp_{jgt} \Big/ \sum_i \mathrm{EXP}_{gt}} \qquad (8\text{-}4)$$

在模型（8-4）中，j、g 和 t 分别表示行业、国家和年份；RCAjgt 表示 g 国 j 行业第 t 年的显性比较优势指数，若某行业的 RCA≥1，则表示该行业具有比较优势，反之则表示该行业无比较优势；$\exp_{jgt}$ 表示 g 国 j 行业第 t 年的出口额，EXP_{gt} 表示 g 国第 t 年的出口总额。具体地，在利用模型（8-3）进行估计时，当企业 i 所在行业在第 t 年的 RCA $\geqslant 1$ 时，赋值调节变量 rcait 等于 1，否则等于 0。

对于技术赶超，具体以企业研发投入的自然对数（rd）表示，依据模型（8-2），构建捕捉西部陆海新通道通过比较优势和技术赶超影响产业升级的动态效应及变化趋势的模型，具体如下：

$$lp_{it} = \sum_{t=2017}^{t=2020} \theta_t (\text{treat}_{it} \times \text{year}_t \times \text{mec}_{it}) + \sum_{t=2017}^{t=2020} \theta_t (\text{treat}_{it} \times \text{year}_t) \qquad (8\text{-}5)$$
$$+ \theta \text{mec}_{it} + \beta x_{it} + \lambda_t + \mu_i + \varepsilon_{it}$$

在模型（8-5）中，year_t 为年度虚拟变量，该变量分别取 2017、2018、2019 和 2020；系数 θ_t 代表了西部陆海新通道通过比较优势和技术赶超影响产业升级的动态效应以及变化趋势，需要重点关注。

第四节 西部陆海新通道促进产业升级的实证结果分析

一、描述性统计特征

由表 8-1 可见，核心被解释变量劳动生产率的均值为 11.297，标准差为 0.859，最小值为 4.236，中位数为 12.171，最大值为 17.029，说明在样本选取期间，企业劳动生产率差异较大。另外，其他控制变量在样本企业之间浮动也较大，这为研究西部陆海新通道是否影响以劳动生产率提高为表征的产业升级提供了素材。

表 8-1 主要变量描述性统计

变量	观测值	均值	标准差	最小值	中位数	最大值
lp	12 985	11.297	0.859	4.236	12.171	17.026
size	12 985	7.523	1.247	4.329	7.466	11.074
age	12 985	2.705	0.306	1.899	2.817	3.496
growth	12 985	0.635	0.443	0.079	0.538	2.627
lev	12 985	41.986	21.172	5.136	40.627	90.032
cashflow	12 985	4.216	7.067	-18.362	4.187	23.766
stockratio	12 985	58.866	15.476	22.562	60.072	91.372

表8-1(续)

变量	观测值	均值	标准差	最小值	中位数	最大值
hhi	12 985	0.098	0.102	0.011	0.069	0.619

二、西部陆海新通道促进产业升级的效应分析

（一）单变量分析

由8-2可见，在西部陆海新通道建设实施前，处理组和控制组企业的劳动生产率的差异显著（在1%的水平上显著，对应 t 值=6.137 4），控制组企业的劳动生产率均值比处理组高出0.131 9，说明在西部陆海新通道建设实施之前，处理组的产业升级水平低于控制组，这与实际情况基本相符，因为受西部陆海新通道建设重点影响的处理组包含了多数产能严重过剩行业，其普遍特点是创新力不足，生产率低下；在西部陆海新通道建设实施之后，处理组企业的劳动生产率依然低于控制组（在1%的水平上显著，对应 t 值=5.467 3），但二者的差值由倡议前的0.133 4降低到了0.100 1，说明西部陆海新通道建设的实施虽然没有使处理组的产业升级水平超过控制组，但对于处理组企业的产业升级还是发挥了一定作用。

从处理组的情况来看，西部陆海新通道建设实施后，企业劳动生产率的均值比倡议实施前的均值高出0.256 5，而且该差异在1%的水平上显著，但这种情况也同时发生在控制组，所以单从单变量分析并不能确定西部陆海新通道是否真的提高了处理组的产业升级水平，需要利用 DID 模型进行进一步估计。

表 8-2　西部陆海新通道建设促进中国产业升级的单变量 t 检验结果

		处理组（1）	控制组（2）	Difference（1）－（2）	t-Test（1）－（2）
lp	实施前（a）	12.203 7	12.335 6	-0.131 9	6.137 4***
	实施后（b）	12.460 2	12.560 3	-0.100 1	5.467 3***
	Difference（b）－（a）	0.256 5	0.224 0		
	t-Test（b）－（a）	14.200 9***	10.546 9***		

（二）DID 估计

由表8-3的方程（1）可见，当加入控制变量并同时控制年度固定效应和企业个体固定效应后，交乘项 treat×post 的系数为正且在1%的水平上显著，说明西部陆海新通道可以显著地促进以劳动生产率提升为表征的产业升级。但正如前文所述，企业劳动生产率的提高也有可能是人力资本深化的结果，因此需

要对这种可能的影响进行进一步排除。按照惯常逻辑，倘若企业实现了升级，那么劳动生产率的提升也会伴随着资本生产率的提升，而资本深化程度则会保持在原有水平，所以只需进一步验证西部陆海新通道同时也提高了企业的资本生产率但对资本深化程度没有影响便可验证假说 H8-1 成立。表 8-3 的方程（2）、方程（3）则报告了该验证过程的结果，即西部陆海新通道对企业资本生产率的影响在 1% 的水平上显著为正，但对企业资本深化度的影响并未达到常规的显著性水平。至此，假说 H8-1 成立，也就是说，西部陆海新通道确实促进了产业升级。

再从表 8-3 的方程（4）来看，在西部陆海新通道实施的第一年（2017年），其产业升级效应的系数值为 0.048 1 且在 5% 的水平上显著（t 值 = 2.04）；在实施后的第二年（2018 年）、第三年（2019 年）和第四年（2020年）中，效应系数值分别为 0.057 2、0.078 3、0.078 8（对应的 t 值分别为 2.30、2.99 和 2.91），上升趋势明显。以上结果充分说明，在样本期间，西部陆海新通道对产业升级的影响呈现出稳步上升的趋势，其原因可能在于，一方面，南向通道框架协议于 2017 年 8 月颁布，这可能会导致当年的实施效果不够明显；另一方面，从西部陆海新通道的实施到引致对外直接投资，再到对外直接投资通过比较优势和技术赶超反哺产业升级，这个过程需要一定的时间。

表 8-3　西部陆海新通道与中国产业升级：DID 估计结果

变量	劳动生产率 （lp）	资本生产率 （kp）	资本深化度 （kl）	动态效应 （lp）
	（1）	（2）	（3）	（4）
treat×post	0.059 8 *** (2.86)	0.091 7 *** (3.09)	-0.032 3 (-1.35)	
treat×year2017				0.048 1 ** (2.01)
treat×year2018				0.057 2 ** (2.30)
treat×year2019				0.078 3 *** (2.99)
treat×year2020				0.078 8 *** (2.91)
size	-0.277 9 *** (-10.55)	-0.022 8 (-0.61)	-0.254 9 *** (-7.91)	-0.279 0 *** (-10.83)

表8-3(续)

变量	劳动生产率 （lp） （1）	资本生产率 （kp） （2）	资本深化度 （kl） （3）	动态效应 （lp） （4）
age	0.594 4 *** （3.30）	-0.373 5 （-1.48）	0.968 0 *** （4.90）	0.587 5 *** （3.40）
growth	0.533 0 *** （12.11）	0.692 3 *** （12.21）	-0.158 0 *** （-3.92）	0.536 0 *** （12.10）
lev	-0.003 4 *** （-3.20）	-0.007 0 *** （-5.00）	0.004 0 *** （3.46）	-0.002 7 *** （-3.25）
cashflow	0.009 2 *** （7.92）	0.005 9 *** （4.27）	0.002 1 ** （2.30）	0.009 6 *** （7.86）
stockratio	0.012 9 *** （11.50）	0.011 9 *** （7.50）	0.000 8 （0.75）	0.012 9 *** （11.35）
hhi	-0.027 9 （-0.15）	-0.014 6 （-0.04）	-0.012 9 （-0.04）	-0.032 3 （-0.16）
年度固定效应	YES	YES	YES	YES
企业固定效应	YES	YES	YES	YES
常数项	11.636 5 *** （24.18）	0.133 5 （0.26）	11.503 2 *** （21.20）	11.655 0 *** （24.22）
观测值	12 985	12 985	12 985	12 985
Adj-R^2	0.208	0.099	0.131	0.208

（三）内生性处理

要使用 DID 模型研究西部陆海新通道对产业升级的影响效应必须满足政策外生性的前提，但现实情境并非如此理想，因为西部陆海新通道重点影响行业的选择与企业劳动生产率间可能存在一定因果关系。例如，突破中国经济的发展困境是西部陆海新通道的使命之一，如此西部陆海新通道可能更青睐于为发展遇到瓶颈、整体劳动生产率低的行业提供机会。这就会导致本书所选择的处理组难免受到内生性的干扰，进而难以保证估计结果的准确性。对此，本书尝试使用"工具变量法"予以解决。

在工具变量法的使用中，工具变量的选取需要同时满足"相关性"和"外生性"两个条件。本书认为西部陆海新通道沿线的落后产业是可选取的工具变量，原因是：西部陆海新通道伊始，中国主要与西部陆海新通道沿线国家进行合作，对于中国的对外投资而言，西部陆海新通道沿线国家的落后产业不失为一个潜力巨大的海外市场，所以，西部陆海新通道重点影响的产业与沿线国家落后产业之间势必存在关系，相关性条件成立；其次，西部陆海新通道沿线国家的落后产业不会直接影响到国内企业的劳动生产率，外生性条件也满足。

在模型（8-2）中，作为内生变量的 treat 以交乘项的形式出现，故而本书的内生变量应为交叉项 treat×post，在考虑是否将西部陆海新通道沿线国家落后产业作为工具变量（iv）时，交叉项 treat×post 对应的工具变量应该为 iv×post，故第一阶段的回归模型如下：

$$\text{treat}_{it} \times \text{post}_{it} = \theta(\text{iv}_{it} \times \text{post}_{it}) + \beta x_{it} + \lambda_t + \mu_i + \varepsilon_{it} \qquad (8\text{-}6)$$

在模型（8-6）中，iv 为工具变量，iv=1 表示公司所属行业属于西部陆海新通道沿线国家落后产业，否则为 0。

由表 8-4 的方程（1）可见，交叉项 iv×post 的系数在 1% 的水平上显著为正，而且 Kleibergen-Paap Wald 和 Kleibergen-Paap LM 统计量远远大于临界值 10，说明工具变量与原内生变量高度相关，不可识别和弱工具变量问题均不存在。再由表 8-4 的方程（2）可见，交叉项 treat×post 的系数为在 1% 的水平上高度显著，说明即使解决了处理组选择的内生性问题，西部陆海新通道仍然可以显著地促进以企业劳动生产率提高为表征的产业升级。

表 8-4 工具变量回归结果

变量	第一阶段回归	第二阶段回归
	treat×post	劳动生产率（lp）
	（1）	（2）
treat×post		1.226 0 *** (5.12)
iv×post	0.085 3 *** (3.80)	
size	0.033 0 *** (2.89)	−0.318 2 *** (−20.17)
age	0.651 2 *** (4.75)	−0.163 6 (−0.77)
growth	0.021 4 (1.06)	0.511 8 *** (18.27)
lev	0.000 8 ** (2.16)	−0.004 5 *** (−6.66)

表8-4(续)

变量	第一阶段回归 treat×post (1)	第二阶段回归 劳动生产率（lp） (2)
cashflow	−0.000 2 (−0.30)	0.008 7*** （10.08）
stockratio	−0.003 9*** (−6.10)	0.017 5*** （15.29）
hhi	0.052 7 （0.46）	−0.080 7 （−0.52）
年度固定效应	YES	YES
企业固定效应	YES	YES
常数项	−1.791 4*** （−4.79）	13.725 2*** （22.47）
观测值	12 985	12 985
Adj-R^2	0.481 7	0.232 6
Kleibergen-Paap Wald 统计量	762.732 4	
Kleibergen-Paap LM 统计量	597.667 2	

三、西部陆海新通道促进产业升级的路径分析

前文的实证结果表明，西部陆海新通道确实显著地促进了中国的产业升级，本书在理论分析部分指出，西部陆海新通道的产业升级效应是在提高中国企业对外直接投资的基础上实现的，即：在西部陆海新通道的建设中，中国企业的对外直接投资会同时通过"比较优势"和"技术赶超"促进中国产业升级，即假说 H8-3 和 H8-4。在对 H8-3 和 H8-4 进行检验之前，有必要计量验证西部陆海新通道是否促进中国企业对外直接投资。具体的做法是：首先，从中国商务部网站的企业目录整理了 2015—2020 年《境外投资企业（机构）名录》；然后依据企业名称对原样本和《境外投资企业（机构）名录》进行匹配生成变量 ofdiit——如果企业 i 在第 t 年有对外直接投资行为，ofdi 赋值为 1，否则为 0；最后，利用模型（8-2）对变量 ofdi 进行 DID 估计。由表 8-5 方程（1）可以看出，在同时控制企业层面的特征变量、时间和企业个体固定效应后，西部陆海新通道对中国企业对外直接投资的影响在 5% 的水平上显著为

正，因此，假说 H8-2 成立。

至此，仍有一个问题需要回应，即西部陆海新通道的产业升级效应与对外直接投资是否真的存在相关性？对此，本书将原样本数据划分为对外投资企业组和非对外投资企业组，并进行了分组回归，如果西部陆海新通道的产业升级效应真的跟对外直接投资有关系，那么"相较于对外直接投资企业，西部陆海新通道更能助力对外直接投资企业的升级"这一命题理应成立。从表 8-5、方程（2）、方程（3）来看，对外直接投资企业的交叉项系数在 1% 的水平上显著为正，而非对外投资企业的交叉项系数没有达到常规的显著性水平，因此可以认为，对外直接投资确实是西部陆海新通道助力中国产业升级的作用路径。

表 8-5　西部陆海新通道对企业对外直接投资的影响及分组回归

变量	对外直接投资（ofdi）	劳动生产率（lp）	
		对外直接投资企业	非对外直接投资企业
	(1)	(2)	(3)
treat×post	0.272 9 ** (2.01)	0.124 1 *** (3.30)	0.013 8 (0.53)
size	1.072 0 *** (11.45)	-0.220 8 *** (-5.43)	-0.306 6 *** (-8.13)
age	-4.999 4 *** (-3.80)	0.572 9 ** (2.01)	0.838 5 *** (3.70)
growth	0.941 2 *** (4.96)	0.420 7 *** (5.96)	0.737 0 *** (12.18)
lev	-0.012 6 *** (-3.09)	-0.003 3 * (-1.90)	-0.005 0 *** (-4.00)
cashflow	-0.007 9 (-1.26)	0.005 5 *** (3.92)	0.010 8 *** (7.02)
stockratio	-0.001 9 (-0.39)	0.009 9 *** (5.32)	0.011 9 *** (8.30)
hhi	-1.761 0 * (-1.74)	-0.253 0 (-0.76)	0.206 0 (0.79)
年度固定效应	YES	YES	YES
企业固定效应	YES	YES	YES

表8-5（续）

变量	对外直接投资（ofdi）	劳动生产率（lp）	
		对外直接投资企业	非对外直接投资企业
	(1)	(2)	(3)
常数项		11.338 0*** (15.10)	11.378 1*** (18.51)
观测值	4 778	5 667	7 318
Adj-R2		0.146	0.239

既然以上假说成立，那么西部陆海新通道到底是通过比较优势还是技术赶超实现产业升级的呢？从表8-6方程（1）、方程（3）的结果来看：方程（1）为平均效应，treat×post×rca 的系数在5%的水平上显著为正；方程（3）的动态效应及变化趋势结果显示，西部陆海新通道背景下，比较优势对中国产业升级的激励效应在第一年并不显著，但在随后的两年中均在1%的水平上显著为正，且系数值逐年增加，说明西部陆海新通道确实可以通过比较优势助力中国的产业升级，假说 H8-3 成立。

再从表8-6的方程（2）、（4）的结果来看，就平均效应而言，treat×post×rd 的系数为正，并在5%的水平上显著，但 t 值要略小于比较优势机制；在动态效应中，第一年和第二年的系数均不显著，但第三年的系数在1%的水平上显著为正。这说明，西部陆海新通道倡议同样可以通过技术赶超实现中国产业升级，但在西部陆海新通道背景下，技术赶超对产业升级的激励效应存在一定的时滞性，假说 H8-4 成立。

至此，本书通过实证分析描摹了西部陆海新通道助力中国产业升级的作用路径，基本结论是：西部陆海新通道可以同时通过比较优势和技术赶超促进中国的产业升级，但相较于比较优势，在西部陆海新通道建设中，技术赶超的产业升级效应存在一定的时滞性。

表 8-6　西部陆海新通道促进产业升级的路径分析结果

变量	劳动生产率（lp）			
	平均效应		动态效应及变化趋势	
	比较优势	技术赶超	比较优势	技术赶超
	(1)	(2)	(3)	(4)

表8-6(续)

变量	劳动生产率（lp）			
	平均效应		动态效应及变化趋势	
	比较优势	技术赶超	比较优势	技术赶超
	（1）	（2）	（3）	（4）
treat×post	0.029 0 （1.35）	−0.039 0 （−0.70）		
rca	−0.081 0*** （−2.75）		−0.081 2*** （−2.70）	
rd		0.006 0* （1.82）		0.006 0* （1.90）
treat×post×rca	0.072 2** （2.40）			
treat×post×rd		0.006 5** （2.00）		
treat×year2017			0.001 9 （0.07）	0.038 0 （0.66）
treat×year2018			0.047 0* （1.90）	−0.055 0 （−0.72）
treat×year2019			0.035 5 （1.28）	−0.114 0* （−1.70）
treat×year2020			0.029 0 （1.21）	−0.142 9* （−1.85）
treat×year2017×rca			0.027 5 （0.75）	
treat×year2018×rca			0.095 0*** （2.92）	
treat×year2019×rca			0.098 5*** （2.63）	
treat×year2020×rca				
treat×year2017×rd				0.000 7 （0.23）
treat×year2018×rd				0.007 0 （1.60）

表8-6（续）

变量	劳动生产率（lp）			
	平均效应		动态效应及变化趋势	
	比较优势	技术赶超	比较优势	技术赶超
	（1）	（2）	（3）	（4）
treat×year2019×rd				0.011 6 *** （3.28）
treat×year2020×rd				0.013 9 *** （3.75）
size	−0.297 3 *** （−10.85）	−0.287 8 *** （−11.16）	−0.298 0 *** （−10.88）	−0.289 0 *** （−11.20）
age	0.560 5 *** （3.12）	0.590 0 *** （3.35）	0.551 0 *** （3.10）	0.575 0 *** （3.26）
growth	0.532 6 *** （12.05）	0.536 7 *** （12.13）	0.533 6 *** （12.07）	0.538 3 *** （12.16）
lev	−0.003 3 *** （−3.23）	−0.003 2 *** （−3.12）	−0.003 4 *** （−3.19）	−0.003 0 *** （−3.13）
cashflow	0.008 8 *** （7.96）	0.008 8 *** （8.01）	0.008 8 *** （7.96）	0.008 9 *** （8.10）
stockratio	0.012 9 *** （11.58）	0.012 7 *** （11.46）	0.012 9 *** （11.65）	0.012 8 *** （11.50）
hhi	−0.022 6 （−0.10）	−0.007 2 （−0.04）	−0.026 0 （−0.11）	−0.001 2 （−0.01）
年度固定效应	YES	YES	YES	YES
企业固定效应	YES	YES	YES	YES
常数项	11.903 0 *** （24.12）	11.637 4 *** （24.19）	11.933 5 *** （24.12）	11.676 2 *** （24.35）
观测值	12 985	12 985	12 985	12 985
Adj-R2	0.208	0.209	0.210	0.211

第五节　结论与政策建议

一、主要结论

作为"一带一路"倡议的重要组成部分，西部陆海新通道是中国在"新常态"背景下推动中国经济稳步发展的尝试与探索，消化国内优质富余产能并推动产业升级是西部陆海新通道的重要使命之一。如此一来，关于西部陆海新通道与产业升级的实证研究就具有重要的理论价值与现实意义。鉴于此，本书利用2015—2020年中国上市公司的数据，基于准自然实验的双重差分法经验研究了西部陆海新通道对产业升级的影响效应。结果显示：西部陆海新通道可以明显地促进以劳动生产率提高为表征的产业升级，且其影响程度呈现出逐年上升的趋势，在采用工具变量法缓解了内生性问题之后，西部陆海新通道对产业升级的激励效应依然稳健。进一步地，本书对西部陆海新通道影响产业升级的作用路径展开了分析，发现西部陆海新通道可以同时通过比较优势和技术赶超促进产业升级，但与比较优势路径相比，技术赶超路径存在着一定的时滞性。

二、政策启示

本书首次从微观企业的劳动生产率视角验证了西部陆海新通道的产业升级效应，既考虑了新国际分工背景下产业升级的内涵，也弥补了西部陆海新通道与产业升级的实证研究空白。与此同时，本书的研究也具有重要的现实意义，体现为：作用路径分析表明，在西部陆海新通道建设中，产业升级可以同时通过比较优势和技术赶超实现，因此对于中国这样一个"超大型发展中国家"而言，其存在着丰富的多样性和显著的差异性，产业升级模式不应拘泥于单一的理论范式，要想有效地实现产业升级，就需要全面认知并完善政府的经济职能，通过对不同理论范式的取长补短以制定尽可能周全的产业政策。

强化产业与物流协同，打造以西部陆海新通道为牵引的产业物流深度融合的综合运输通道。要以北部湾国际门户港为核心，在提升其基础设施能力的同时，也拓展培育其海运航线，并加快推进平陆运河建设，实现江海联动，织密航运服务网络，打造升级版集疏运体系。以南宁国际铁路港为枢纽，加快实施重大公路铁路项目建设，打造区域陆路国际国内联运中心。要加快推进重庆、南宁交通枢纽临空、临港产业开发区建设，高质量打造空港、无水港经济开发区，强化枢纽与产业的协同发展。重视战略性新兴产业在交通与港口枢纽地区的培育、发展与集聚，适当降低通道各港口对于重化工产业的依赖程度，增加具有显著提升效应的产业类型的培育与引进。

提升生产性服务业服务能力，推进制造业产业升级。本书研究结论表明，西部陆海新通道可以同时通过比较优势和技术赶超促进产业升级。因此，一是要发展科技金融，技术研发通常伴随着高风险、高收益，金融的本质是处理风险，金融支持有助于科技研发和成果转化；二是要发展"服务型制造"，加大对于技术密集型和知识密集型服务业的支持力度，将研发设计、信息技术服务、商务咨询等技术密集型服务业务融入制造业生产，助力制造业升级。

加强西部陆海新通道沿线省市产业协同，联合做大通道产业规模。本书研究结论表明，西部陆海新通道可以明显地促进以劳动生产率提高为表征的产业升级。因此，应鼓励沿线省份依托自贸区框架，构建高水平的规则和制度框架，打造具有优势互补、优势叠加的产业合作园区，搭建产业合作平台。鼓励沿线省份依托经济技术开发区、综合保税区、高新技术产业开发区等重大开放平台，以高端制造业为基础，建立制造业"专精特新"合作专区。支持沿线省份在北部湾经济区建设"飞地园区"，依托"飞地经济"壮大通道产业合作共建的规模与质量。

本章小结

西部陆海新通道在中国产业升级动力不足的背景下提出，其对中国产业升级的作用有着重要意义。鉴于此，本章结合 2015—2020 年中国上市公司的数据，利用双重差分法研究了西部陆海新通道对产业升级的影响效应，结果显示：西部陆海新通道可以显著地促进以劳动生产率提高为表征的产业升级，且其影响程度呈现出逐年上升的趋势；在作用路径方面，西部陆海新通道可以同时通过比较优势和技术赶超促进产业升级，但与比较优势路径相比，技术赶超路径存在着一定的时滞性。为进一步发挥西部陆海新通道对中国产业升级的促进作用，应强化产业与物流协同，打造产业与物流深度融合的综合运输通道；提升生产性服务业服务能力，推进制造业产业升级；加强西部陆海新通道沿线省市产业协同，联合做大通道产业规模。

第九章　西部陆海新通道与区域产业创新发展

第一节　产业创新的内涵与特征

一、产业创新的内涵

产业创新是介于宏观国家创新与微观企业创新之间的中观层面产业的创新活动。产业创新是指特定产业根据市场需要与获取的资源，在一定政策条件和制度下，通过有效组合生产要素从而生产新商品与服务，进而推动形成新的产业体系或产业集群的过程。产业创新是一个系统过程，是产业内的企业群体相互协作、共同作用的结果，是技术创新等多个要素共同形成的网络系统。作为中观层面的产业创新，是国家创新的一部分，区域创新环境对其有重要影响，产业创新与区域创新环境整合度越高，越有利于产业创新。

产业创新不同于企业创新，它是以产业的技术创新为基础，发展并形成产业竞争力的过程。产业创新的核心为产业的技术创新，产业创新的标志是新产业的出现，产业创新的结果是产业的竞争力得到提升。产业创新通常表现为两方面。一方面是产业内企业协同创新，它主要是指产业内各个企业相互协作，对产业的关键和重要环节突破攻关，取得重大技术进步，并以此进行组织创新，提升产业创新能力。另一方面，产业内创新推动产业向外扩展，这主要表现为产业创新导致产业的结构发生变化，使得产业的形态发生变化，扩大了产业的边界，进而又推动产业内创新。产业创新的这种良性循环是产业发展根本动力，是推动产业不断由低级层面向高级层面转化的过程。

二、产业创新的特征

产业创新是一个系统过程，其包括技术创新、组织创新、市场创新等方面，由多要素共同形成复杂网络。产业创新具有如下的特征：

（一）产业创新的核心是技术创新

技术创新是产业创新的支撑，通过正确的技术路线推动产业创新。不同的产业的技术创新范式不同，在产业发展的不同阶段，技术创新的重点存在较大的差异。不同产品的技术架构具有不同的特点，因此，技术创新与工艺创新需同时推进，确保技术创新能契合产业发展需要。

（二）产业创新的推力是组织创新

现代产业发展需要各企业分工协作。产业创新需要区域产业内各上下游企业共同合作形成的创新网络。通过创新网络，产业内各企业相互配合形成协同创新。在协同创新的过程中，产业内各企业必须进行组织创新，确保各企业之间能彼此配合，以形成过专业化分工协作关系，从而推动产业技术创新。

（三）产业创新的收益是市场创新

产业形成通过市场创新，实现技术创新的成果市场化应用，从而实现企业技术创新的收益。产业技术创新的成果需要探索新的商业模式，完善和推广产品与服务的产业链。盈利模式对产业创新是十分重要的，盈利模式与产业创新相匹配，才能推动产业升级不断发展。

（四）产业创新的结果是产业转型升级

产业步入衰退期时，产业就会失去竞争力，这时产业必须转型升级才能重新具有竞争优势。而产业转型升级的动力与效率取决于产业创新。产业创新的结果是通过促进新兴技术来实现产业的升级换代。大多数战略性新兴产业来源传统产业。传统产业通过技术创新、组织创新与市场创新，可转换为战略性新兴产业。

第二节　西部陆海新通道促进区域产业创新发展的机制

西部陆海新通道贯穿我国西部地区，通过铁路、公路、水运、航空等多种运输方式，将我国西部地区与北部湾港联通，推动"一带一路"建设经西部地区形成完整的环线，构建了连接国际市场的网络。西部陆海新通道本质是西部地区的重大交通基础设施。它不仅发挥着交通基础设施的基本功能，联通西部地区与国际市场，同时也对西部地区的产业创新产生重要影响。

一、创新环境的促进机制

创新环境是影响创新活动的各种因素的外部条件，是创新活动的支持条件与保障性因素（王宏伟 等，2021）。赵彦云等（2011）认为区域创新环境是创新活动的重要保障因素，是创新活动顺利开展与提升的基础。创新环境一般可分为硬环境与软环境。硬环境是指经济环境，地区雄厚的经济实力是创新活动物质保障。软环境是指制度环境，包括创新法律法规、知识产权制度和创新文化等。候鹏等（2014）指出我国不同地区的法律法规、产权专利制度差异是导致区域创新能力差异的主要因素。

西部陆海新通道作为重大交通基础设施，其将对西部地区的创新硬环境与软环境产生影响，从而推动地区产业创新。在微观层面，西部陆海新通道将降低沿线地区的企业运输成本与库存成本，从而提升企业的经济效益，为企业创新活动提供保障（梁双陆 等，2016）。在宏观层面，重大交通基础设施可以促进地区经济增长，形成新产业，改善地区的创新硬环境。重大交通基础设施作为公共物品，其外部性可以推动地区的要素流动与聚集。地区创新要素，包括人力资本、资本要素与技术要素的聚集，将有力促进地区创新活动。其中，人力资本素质高有利于企业获取创新人才，创造更多市场机会，增强技术创新能力，提高技术创新效率。创新需要大批优秀人才，属于知识密集型活动，因此，创新人才素质高、数量庞大的地区更利于创新活动有效顺利地开展。人才素质水平的不断提高会催生更为高端的知识需求，以及形成鼓励与推动创新活动进行的区域创新环境氛围，进而激发技术创新活动的积极性，促进科技成果的转化。重大基础设施建设同时将推动区域间交流，使得先进地区的法律法规、知识产权制度等软性制度在落后地区实施，改善区域创新的软环境，提升区域创新绩效。良好的基础设施环境有利于知识与技术的高效快捷流动，有利于降低技术创新的成本，有利于科技创新成果的转化以及市场价值的实现。基础设施是技术创新所需的各类资源要素的载体，实现了各类要素的有效整合以及对创新投资耐用性的提高。完善的基础设施可以提高区域内的人力资本水平，吸引区域外人才，实现人才的聚集，增加知识密集度，提高技术创新效率。

基于以上分析，提出本书的假说 H9-1：西部陆海新通道通过影响区域创新环境促进产业创新。

二、科技知识的溢出机制

创新的投入要素包括科技人才、投入资金、科技知识等。具有专业知识的高技术人才是创新活动的核心（刘芳，2019）。科技人才的流动过程中，将会产生知识的溢出。西部陆海新通道的开通，减少了沿线地区时间成本和运输成本，促进了劳动力、资本等竞争性要素流动，加快了知识、信息和技术等共享性要素扩散，从而对沿线地区的创新能力产生影响。西部陆海新通道通过促进这些以人为载体的共享性要素流动，强化不同沿线地区及其企业间的创新学习和扩散效应，这有助于促进知识生产和创新溢出，促使创新要素沿西部陆海新通道沿线地区向外围疏解，从而强化沿线地区创新的空间溢出效应。

研发活动中的技术溢出与直接引进专利成果也是知识溢出的重要途径（魏守华 等，2017），但其范围有限，随距离递减。西部陆海新通道作为重大基础设施，它的开通必将拉近沿线节点城市的距离，促进人力资本为载体的知识、技术与信息的传播与扩散。一方面西部陆海新通道通过加强沿线地区之间及其内部的快速交通连接和经济联系，促进了沿线地区边界外溢和空间拓展，使得西部陆海新通道承载的高知识密集型要素能够在更大范围内以更高速度流动，从而突破了以往沿线地区之间知识溢出的空间约束，扩大了沿线地区创新的空间范围；另一方面西部陆海新通道使得沿线地区之间人员直接接触和面对面交流更加便捷和频繁，知识、信息、技术和经验等创新要素交流传播更加便利，有助于不同沿线地区产业部门间知识生产，加强相互之间的创新联系与合作，推动创新扩散和知识密集型产业发展，促进沿线地区创新能力水平提升。

从宏观上来看，交通基础设施的完善推动科技人员与研发资本的流动，使得创新要素不但促进了地区间的创新活动相互促进，推动本地区的创新活动，而且通过空间的溢出效应带动邻近地区的创新活动。随着西部陆海新通道开通，沿线地区将可能增加对各种资源的和要素的吸引力，推进整个沿线的地区的产业创新活动。

基于以上分析，提出本书的假说 H9-2：西部陆海新通道通过科技知识投入对邻近地区产生溢出效应促进产业创新。

第三节　西部陆海新通道沿线地区产业创新的事实考察

一、度量方式与数据来源

根据西部陆海新通道的规划，共三条南向主通道，通道有核心的覆盖区、辐射延伸区，陆海新通道的成员从最初的 4 个省（区、市）扩大到了 14 个省（区、市）。本书主要以省级单位作为研究的对象，因此将广东湛江予以去掉，共 13 个省（区、市），分别是重庆、广西、贵州、甘肃、青海、新疆、云南、宁夏、陕西、四川、内蒙古、西藏、海南。

关于产业创新的度量，由于专利数据公开、完整，能广泛度量地区创新（陈海燕 等，2021），本书参考现有的研究，主要采用规模以上企业人均专利数申请数来度量产业创新。同时本书还采用规模以上工业企业人均实际新产品销售收入来表示产业创新（梁双陆 等，2016）。该指标可以体现新产业的形成，也可以反映传统产业的改造。本书的新规模以上新产品销售收入、规模以上工业企业专利申请数与人口数据均数据来源于 EPS 数据库，研究时间区间为 2010—2019 年。

二、区域产业创新发展的情况

表 9-1 与表 9-2 分别给出了 2010 年、2013 年、2016 年与 2019 年的每隔三年的省（区、市）产业创新情况。以 2019 年为例，以人均专利数为代表的产业创新与之大致一致，从高到低依次为重庆、宁夏、陕西、四川、广西、内蒙古、新疆、青海、云南、贵州、甘肃、海南与西藏。而用人均新产品销售额度量的产业创新中，产业创新程度从高到低依次为重庆、陕西、宁夏、广西、四川、内蒙古、甘肃、贵州、云南、新疆、海南、青海与西藏。

表 9-1 西部陆海新通道沿线省（区、市）规模以上企业人均专利数

单位：件/人

年份	2010 年	2013 年	2016 年	2019 年
内蒙古	0.47	0.83	1.18	2.59
广西	0.37	0.95	1.05	2.78
海南	0.39	0.84	0.55	1.78
重庆	2.37	4.11	5.75	7.93
四川	0.68	1.94	2.62	3.54
贵州	0.51	0.98	1.22	2.11
云南	0.3	0.6	1.04	2.17
西藏	0.03	0.07	0.13	1.05
陕西	0.94	1.93	2.14	3.8
甘肃	0.34	0.95	1	1.98
青海	0.25	0.58	1.03	2.19

表 9-2　西部陆海新通道沿线省（区、市）规模以上企业人均新产品销售额

单位：万元/人

地区	2010 年	2013 年	2016 年	2019 年
内蒙古	1 725.16	2 516.03	3 093.69	4 439.52
广西	2 221.77	3 362.16	4 094.42	5 206.13
海南	920.48	1 389.05	1 580.5	2 190.24
重庆	8 545.96	9 077.82	16 451.26	26 972.36
四川	2 663.14	3 054	3 685.22	5 029.05
贵州	910.21	1 051.74	1 518	2 360.12
云南	711.42	945.98	1 317.23	2 234.02
西藏	109.46	175.17	237.73	656.32
陕西	2 171.85	2 697.87	3 242.82	6 619.98
甘肃	1 440.59	2 095.54	2 161.34	2 687.74
青海	559.01	217.01	639.8	2 030.02

　　本书以最初签订西部陆海新通道的四个省（区、市）为例，分别以规模以上企业人均新产品销售额与规模以上企业人均专利数作为产业创新的代理变量，做出其产业创新的时序图见图 9-1 与图 9-2。由以上两图可知，对于以人均专利数为代表的产业创新，2010—2019 年，重庆的平均增速为 13.82%，但 2017—2018 年，其增速达到 34.71%，增速提升了一倍多；2010—2017 年，广西的平均增速为 19.91%，2017—2018 年，其增速达到 31.69%，增速有明显提升；2010—2017 年，贵州的平均增速为 14.37%，2017—2018 年，其增速达到 36.15%，增速提升一倍多；2010—2017 年，甘肃平均增速为 19.42%，2017—2018 年，其增速达到 24.22%，增速有明显提升。对于人均产品销售额度量的产业创新中，2010—2017 年重庆的平均增速为 10.61%，但 2017—2018 年，其增速达到 42.07%，增速提升了四倍多；2010—2017 年，广西的平均增速为 7.98%，2017—2018 年，其增速达到 47.78%，增速提升六倍多；2010—2017 年，贵州的平均增速为 9.26%，2017—2018 年，其增速达到 28.58%，增速又提升三倍；2010—2017 年，甘肃平均增速为 3.43%，2017—2019 年，其增速达到 55.04%，增速提升十八倍。由以上分析可知，四省（区、市）的产业创新随时间不断上升，但 2017 年后有了明显的递增。但这只是直观定性分析，严谨的分析需要回归实证进行检验。

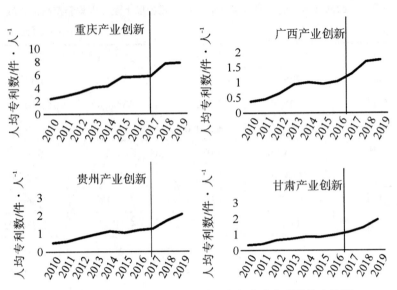

图 9-1　四省（区、市）规模以上企业人均专利数的走势图

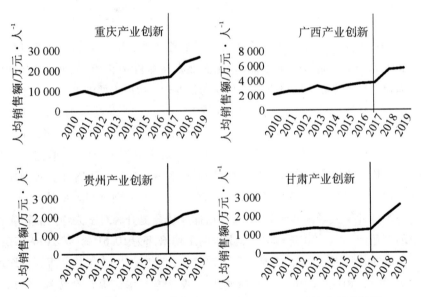

图 9-2　四省（区、市）规模以上企业人均新产品销售额的走势图

第四节 西部陆海新通道促进区域产业创新发展的实证分析

一、研究设计

(一) 样本选择

本书研究西部陆海新通道沿线省 (区、市) 及延伸区域 13 个省 (区、市)。其中,2017 年重庆、广西、贵州与甘肃四省 (区、市) 正式签订 "南向通道" 框架协议。2018 年青海、新疆加入,同时 "南向通道" 更名为 "西部陆海新通道"。同时,2019 年陕西、四川、内蒙古、西藏、海南与广东湛江先后加入,广东湛江为地级城市不作为研究对象。

(二) 创新环境的评价

参考王宏伟等 (2021)、马永红等 (2021)、尹秀娟 (2021) 的研究,本书从经济环境、文化环境、支撑环境、成长环境、制度环境五方面选取人均地区生产总值、互联网普及指数、研发费用、企业个数、市场化指数五个指标建立指标体系,如表 9-3 所示。为了使得各省 (区、市) 的创新环境具有可比性,本书采用等权重进行计算。所有数据采用极差法进行标准化处理,然后采用综合加强法得到创新环境的指数。

表 9-3 创新环境指标体系

要素层	指标层
经济环境	人均地区生产总值
文化环境	互联网普及指数
支撑环境	研发费用
成长环境	企业个数
制度环境	市场化指数

(三) 研究方法

1. 基准回归方法

为检验西部陆海新通道开通后对区域产业创新的影响,本书建立如下模型,见公式 9-1。

$$\text{innov}_{it} = \alpha_0 + \alpha_1\,\text{pass}_{it} + \alpha_2\,\text{open}_{it} + \alpha_3\,\text{pass}_{it} \times \text{open}_{it} +$$
$$\alpha_n X_{it} + \mu_i + \gamma_i + \varepsilon_{it} \qquad (9\text{-}1)$$

其中，innov_{it} 为被解释变量，表示第 i 个地区在 t 时间的产业创新。pass_{it} 为解释变量，表示 i 个地区在 t 时间的交通运输量，反映西部陆海新通道的运输能力。open_{it} 为虚拟变量，表示 i 个地区在 t 时间开通西部陆海新通道。$\text{pass}_{it} \times \text{open}_{it}$ 为交互变量，反映西部陆海新通道开通的影响。

2. 机制分析方法

（1）中介效应分析方法

本书理论分析已经指出创新环境在西部陆海新通道影响区域产业创新中起着中介作用，因此，本书采用温忠麟等（2014）的分步估计来分析创新环境的中介效应。估计模型如下：

$$\text{envir}_{it} = \beta_0 + \beta_1\,\text{pass}_{it} + \beta_2\,\text{open}_{it} + \beta_3\,\text{pass}_{it} \times \text{open}_{it} +$$
$$\beta_n X_{it} + \mu_i + \gamma_i + \varepsilon_{it} \qquad (9\text{-}2)$$

$$\text{innov}_{it} = \delta_0 + \delta_1\,\text{envir}_{it} + \delta_n X_{it} + \mu_i + \gamma_i + \varepsilon_{it} \qquad (9\text{-}3)$$

$$\text{innov}_{it} = \theta_0 + \theta_1\,\text{envir}_{it} + \theta_2\,\text{pass}_{it} + \theta_3\,\text{open}_{it} + \theta_4\,\text{pass}_{it} \times \text{open}_{it} +$$
$$\theta_n X_{it} + \mu_i + \gamma_i + \varepsilon_{it} \qquad (9\text{-}4)$$

由公式（9-1）至公式（9-4）共同构成中介效应的分步回归的方程。公式（9-2）考察西部陆海新通道对创新环境的影响，公式（9-3）考察创新环境对区域产业创新的影响，公式（9-4）考察创新环境在西部陆海新通道影响区域产业创新中的中介效应。根据理论分析，β_1 预期显著为正，δ_1 为正，中介效应为 $\beta\delta_1$。如果 θ_1 与 θ_2 均显著为正，且的绝对值小于公式（9-1）的绝对值，则创新环境起着间接中介作用。如果 θ_1 系数不显著，则创新环境起着完全中介作用。

采用分步估计法来验证中介效应，每个回归方法的误差项可能存在相关性，为此，本书结合广义最小二乘法（GLS）与广义矩估计（GMM）以消除模型可能存在的内生性问题。

（2）空间计量分析方法

为验证本书的假说 H9-2，本书采用空间模型来验证科技与知识投入产生的空间溢出效应。为此，本书构造三种不同的空间权重矩阵。

①邻接空间矩阵

如果两个省（区、市）相互之间有共同边界，就记为 1，否则为 0。邻接空间矩阵，能初步判断区域的空间关系。

$$W_{ij}^1 = \begin{cases} 1 & i\text{ 地区和 }j\text{ 地区相邻} \\ 0 & i\text{ 地区和 }j\text{ 地区不相邻} \end{cases} \qquad (9\text{-}6)$$

②地理距离空间矩阵

西部陆海新通道的开通，使得沿线地区的经济联系相对以前更为密切，沿线地区的产业间也加强了联系，尤其是上下游企业更因交通距离与时间减少紧密联系。本书根据各省（区、市）的首府地理坐标间的距离计算地区间的欧氏距离，并对其取距离的平方的倒数。

$$W_{ij}^2 = 1/d^2 \tag{9-7}$$

其中，d 为两地区首府的欧氏距离。

③经济距离空间权重矩阵

邻接空间矩阵与地理空间矩阵虽能在一定程度上反映地区之间的相互关系，但经济距离更能体现地区之间的复杂经济关系。因此，为了全面衡量西部陆海新通道开通后的区域产业创新的变化，本书引入经济距离空间权重矩阵。本书使用研究期间各地区人均 GDP（平减）后的均值进行计算，公式如下：

$$W_{ij}^3 = 1/\left|\overline{GDP_i} - \overline{GDP_j}\right| \tag{9-8}$$

其中，$\overline{GDP}$ 为研究期内地区以 2010 年为基期人均 GDP 平减后的均值，该矩阵对角线均为 0，其余值取研究期间内两地人均 GDP 的均值差的绝对值倒数。

④空间模型设定

本书的空间计量模型设定为

$$y_{it} = \rho W y_{it} + X_{it}\beta + W X_{it}\delta + v_i + \varepsilon_{it}$$
$$\varepsilon_{it} = \lambda W \varepsilon_{it} + \xi_{it} \tag{9-9}$$

公式（9-9）为个体固定效应的空间杜宾模型（SDM），其中 v_i 表示个体固定效应，ε_{it} 为随时间和个体改变的随机扰动项，ρ 被解释变量的空间溢出效应为，δ 为解释变量的空间溢出效应。

（四）变量选取

1. 被解释变量

本书被解释变量即为产业创新，采用规模以上企业万人专利数申请数来度量，采用规模以上工业企业人均实际新产品销售额进行稳健性分析。

2. 解释变量

（1）西部陆海新通道的运输量。由于西部陆海新通道主要是通过三条铁路运输通道通往北部湾港，因此，本书采用各省（区、市）的人均铁路运输量来反映通道的运输能力，同时采用各省（区、市）的人均运输总量进行稳健性分析。

（2）西部陆海新通道开通的虚拟变量。考虑时间的长度，本书以 2017 年作为西部陆海新通道最初开通时间。用西部陆海新通道运量与虚拟变量的交互项表示西部陆海新通道开通后的影响。

（3）创新环境。本书采用表 9-3 的指标体系计算得到的各省（区、市）的创新环境指数来度量。

（4）人均科技支出。产业创新离不开各地政府对科技的支持，同时各地政府为鼓励创新也出台了相关鼓励政策，政策的实施需要财政的支持。一般说来，对科技的财政支出越多，产业创新的能力越强。因此，采用人均科技经费投入来衡量对财政对科技的支持。

（5）人均教育投入。产业创新最重要的因素是高素质的创新人才，各地对教育的投入表明其对人才的重视，也反映知识的存量。各地教育投入同样需要财政的投入，本书采用人均教育投入反映知识对产业创新的影响。

（6）经济开放度。相关研究（靳巧花 等，2017）表明外商直接投资是国际技术溢出的重要方式，也是区域对外开放的重要指标。对外开放度高的地区，通过参与国际市场，可消化吸收外来技术，因而其产业创新相应增多。本书采用 FDI 与当年 GDP 的比值来衡量地区对外开放度（刘芳，2019）。

（7）产业结构。地区的产业结构反映着地区经济发展所处的阶段，同时由于产业创新主要存在于第二产业，其对产业创新也具有正向的影响。本书用第二产业占比反映地区的产业结构。

（五）数据来源

本书选取 2010—2019 年作为研究区间，数据来源于历年的各地的统计年鉴与 EPS 数据库，市场化指数来源的樊纲主编的《中国市场化指数》（2018版），2019 年以推算出的 2017 年 2018 年数据为基础计算得出。所有变量描述性统计见表 9-4。

表 9-4 变量描述性统计

变量	变量含义	单位	观测值	均值	标准差	最小值	最大值
patent	每万人专利数申请数	件	130	1.41	1.28	0.10	7.93
inpatent	每万人发明专利数申请数	件	130	1.23	1.21	0.03	5.55
product	人均实际新产品销售额	元	130	2 950.83	3 211.92	58.51	26 972.36
rail	人均铁路运量	吨	130	4.99	7.04	0.10	32.12
freight	人均货物运量	吨	130	31.26	18.14	3.27	96.01

表9-4(续)

变量	变量含义	单位	观测值	均值	标准差	最小值	最大值
open	是否开通陆海新通道	—	130	0.18	0.38	0	1
envir	创新环境	—	130	0.43	0.17	0.10	0.94
sci	人均科技投入	元	130	1.41	0.71	0.43	4.79
edu	人均教育投资	元	130	21.16	10.43	6.72	72.92
fdi	fdi 与 gdp 占比	—	130	3.42	3.34	0.77	19.61
sec	第二产业占比	—	130	43.04	8.26	20.70	58.4

二、实证分析

(一)基准分析

本书采用 LLC、ADF 与 PP 三种方法对各变量进行单位根检验,结果显示各变量均为一阶单整。在此基础上,进一步采用 Pedroni 检验与 Kao 检验对各变量进行协整检验,结果显示变量间存在协整关系。

本书对模型 9-1 进行个体固定与时间固定双固定模型估计,结果如表 9-5 中的(1)、(2)和(3)列。从表 9-5 可知,人均铁路运量对产业创新没有显著影响,但虚拟变量及两者的交互项在 5% 显著性水平下对产业创新有着正向影响,说明西部新通道的开通后铁路运量的提升对区域产业创新有正向影响。由于动态 GMM 的估计结果更稳健,本书以 GMM 回归结果作为分析依据,由表 9-4 可知其开通后,铁路运量每提升一单位沿线地区每万人专利申请数可提升 1.695 件。控制变量中,科技投入与教育投入对区域产业创新在 5% 显著性水平下有正向影响,以 GMM 估计结果来看,科技投入每增加一个单位,可使得区域产业创新增加 0.671 件,教育投入每增加一个单位可使得区域产业创新增加 0.523 件,符合前文理论分析,且三种分析结果均显示科技投入的影响大于教育投入的影响,可能的原因是科技投入可直接推动产业创新,而教育投入需要较长时间才会有收益。但经济开放度的影响不显著,可能的原因是西部陆海新通道沿线地区经济对外依存度低,外商投资少,因而外商投资导致的技术溢出少以致对区域产业创新的影响不显著。

表 9-5　基准回归结果

变量	(1) OLS	(2) GLS	(3) SYS-GMM
	patent	patent	patent
L. patent	—	—	0.440 ** (2.77)
rail	0.206 (1.47)	0.379 (1.63)	0.412 (1.17)
open	0.971 (1.23)	1.062 ** (2.26)	1.123 ** (2.33)
rail * open	1.042 ** (2.48)	1.563 *** (2.68)	1.695 *** (3.50)
sci	0.428 ** (2.12)	0.654 *** (5.01)	0.671 *** (4.21)
edu	0.444 * (2.06)	0.492 ** (2.51)	0.523 *** (2.60)
fdi	0.234 (1.70)	0.039 (0.59)	0.021 (-0.13)
sec	0.816 ** (3.10)	0.628 * (2.03)	0.231 ** (2.56)
_ cons	1.408 (1.23)	-3.055 ** (-2.29)	-2.488 (-0.45)
个体效应	是	是	是
时间效应	是	是	是
样本量	130	130	117
AR (2)	—	—	0.256
Sargan P	—	—	0.512

注：_ cons 为常数项，括号内为标准误，*、**、*** 分别表示在 10%、5% 与 1%的显著性水平下显著。以下同。

（二）稳健性检验

为验证上述结果的稳健性，本书用人均实际新产品销售额与每万人发明专利数申请数代替每万人专利数申请数，用于度量产业创新。由于西部陆海新通道不仅有铁路运输，而且包括水路与公路运输，因此，本书用各地区的人均货运总量代替人均铁路运输量，重新用上述三种方法进行回归，结果见表 9-6。

表9-6中（1）～（3）列为被解释变量为人均实际新产品销售额，（4）～（6）列为每万人发明专利数申请数。由表9-6可知，人均货运总量对产业创新无显著影响，而虚拟变量及交互项在5%的显著性水平下显著影响产业创新，这说明西部陆海新通道的开通对区域产业创新有着显著影响，本书的结论是稳健的。以GMM为例，西部陆海新通道的开通，货运量每增加1单位可推动沿线地区的人均新产品销售额提升3.521千元，其万人发明专利申请数提升0.821件。控制变量的影响，科技投入与教育投入的影响与前文相同，同时外商投资的影响还是不显著。但第二产业在前3列中影响不显著，而在后3列中影响显著，可能原因是，由于新产品销售额代表的区域产业创新的范畴较大，可能使得某些与产业创新没有太多相关性的创新，如产品外观改变都可能纳入其中，因而产业结构对其影响不显著。而专利数相对于新产品销售额而言，其对产业创新的范畴要小，与第二产业的关联性更高，因而其对产业创新的影响存在显著相关性，符合理论预期，用人均专利数相对于人均新产品销售额能更好地度量产业创新。

表9-6 稳健性检验结果

变量	(1) OLS	(2) GLS	(3) GMM	(4) OLS	(5) GLS	(6) SYS-GMM
	product	product	product	inpatent	inpatent	inpatent
L. product			0.752* (2.23)			
L. inpatent						0.495 (1.86)
freight	0.520 (1.92)	0.638 (1.22)	0.624 (1.07)	0.101 (0.55)	0.462 (1.39)	1.130 (1.30)
open	2.238* (1.97)	2.125** (2.41)	2.910** (2.32)	1.53* (1.95)	0.160* (2.26)	0.802*** (2.77)
freight * open	3.625** (2.56)	4.832** (2.46)	3.521** (2.75)	0.443** (2.83)	0.792** (2.52)	0.821** (2.77)
sci	0.296*** (2.61)	0.522*** (2.65)	0.699*** (2.68)	0.495*** (3.96)	0.658**** (4.54)	0.245*** (2.85)
edu	0.230*** (2.76)	0.448** (2.26)	0.591** (2.13)	0.337*** (4.60)	0.093** (2.52)	0.121* (2.20)
fdi	0.006 (0.04)	0.182 (1.89)	0.270 (0.08)	0.160 (1.62)	0.116 (1.27)	0.005 (0.05)

表9-6(续)

变量	(1) OLS	(2) GLS	(3) GMM	(4) OLS	(5) GLS	(6) SYS-GMM
	product	product	product	inpatent	inpatent	inpatent
sec	0.349 (0.75)	0.338 (0.94)	0.304 (0.56)	2.524*** (8.11)	1.377*** (3.66)	1.688** (2.90)
_cons	6.350*** (3.22)	5.249*** (3.50)	2.488 (1.34)	5.849*** (4.40)	2.875 (1.91)	2.256 (0.79)
个体效应	是	是	是	是	是	是
时间效应	是	是	是	是	是	是
样本量	130	130	117	130	130	117
AR（2）	—	—	0.326	—	—	0.298
Sargan P	—	—	0.635	—	—	0.856

三、机制研究

（一）创新环境的中介影响机制

西部陆海新通道对创新环境的影响估计见表9-7。由表9-7可知，三种不同的方法估计结果均显示在5%的显著性水平下，人均铁路运输量与西部陆海新通道开通的虚拟变量交互项对创新环境存在正向影响，这表明结果是稳健的。

表9-7　西部陆海新通道对创新环境的影响

变量	(1) OLS	(2) GLS	(3) GMM
	envir	envir	envir
L. envir	—	—	0.753*** (8.95)
rail	0.056 (1.08)	0.056 (1.13)	0.072 (1.22)
open	0.046 (1.61)	0.035 (0.86)	0.029 (0.76)
rail * open	0.005** (2.78)	0.006** (2.63)	0.018** (2.54)

表9-7(续)

变量	(1) OLS	(2) GLS	(3) GMM
	envir	envir	envir
sci	0.157*** (3.77)	0.244*** (4.05)	0.077** (2.82)
edu	0.577*** (10.90)	0.237** (3.12)	0.198** (2.44)
fdi	0.071* (2.19)	0.160*** (4.46)	0.002* (2.05)
sec	0.103 (1.00)	0.203 (1.51)	0.266 (0.66)
_cons	-2.718*** (-6.37)	-2.667*** (-4.54)	-1.814 (-1.04)
个体效应	是	是	是
时间效应	是	是	是
样本量	130	130	117
AR(2)	—	—	0.312
Sargan P	—	—	0.605

由表9-8可知,三种估计方法均表明,在1%显著性水平下创新环境对区域产业创新有着正向显著影响。结合表9-9的估计结果,可以认为西部陆海新通道通过创新环境促进了区域产业创新。因此,本书的研究假说H9-1得到证实。

表9-8　创新环境对产业创新的影响

变量	(1) OLS	(2) GLS	(3) GMM
	patent	patent	patent
L. patent	—	—	0.391 (0.56)
envir	0.663*** (3.59)	1.716*** (11.37)	1.699** (2.67)
sci	0.332** (2.84)	0.279* (2.42)	0.119* (2.16)

表9-8(续)

变量	(1) OLS	(2) GLS	(3) GMM
	patent	patent	patent
edu	0.225 (1.10)	0.238 (1.65)	0.558* (2.29)
fdi	0.207* (2.43)	0.211** (3.12)	0.027 (0.19)
sec	1.049*** (4.23)	0.169 (0.76)	0.117 (0.16)
_cons	3.940** (3.04)	1.820 (1.61)	2.919 (1.49)
个体效应	是	是	是
时间效应	是	是	是
样本量	130	130	117
AR (2)	—	—	0.326
Sargan P	—	—	0.519

为验证创新环境的影响是否为完全中介变量，公式（9-1）中将西部新通道开通与创新环境纳入同一方程，然后采用上述三种方法进行参数估计进行验证。表9-9报告了估计结果。表9-9中人均铁路运输量与西部陆海新通道开通的虚拟变量交互项显著为正，且其绝对值小于表9-5中的相应系数数值，这表明创新环境在西部陆海新通道促进区域产业创新中为部分中介变量。

表9-9 创新环境的中介效应

变量	(1) OLS	(2) GLS	(3) GMM
	patent	patent	patent
L. patent	—	—	0.153* (2.13)
envir	0.606* (2.43)	1.719*** (12.08)	1.674* (2.21)
rail	−0.172 (−1.25)	−0.045 (−0.99)	0.178 (0.11)
open	−0.045 (−0.60)	0.026 (0.31)	0.234 (1.19)

表9-9(续)

变量	(1) OLS	(2) GLS	(3) GMM
	patent	patent	patent
rail * open	0.166*** (3.51)	0.114* (2.00)	0.059** (2.72)
sci	0.374** (3.23)	0.419*** (3.63)	0.091** (2.52)
edu	0.273 (1.37)	0.498*** (3.36)	0.096 (0.12)
fdi	0.277** (3.20)	0.272*** (4.37)	0.203 (1.10)
sec	0.816** (3.16)	0.208 (0.91)	2.130 (0.49)
_ cons	3.056* (2.34)	2.476* (2.16)	−6.671 (−0.38)
个体效应	是	是	是
时间效应	是	是	是
样本量	130	130	117
AR (2)	—	—	0.389
Sargan P	—	—	0.621

（二）科技投入与教育投入的溢出机制

表9-10为加入科技投入与西部陆海新通道是否开通虚拟变量交互项用来验证科技投入与西部陆海新通道开通的交互作用。由表9-10可知，两者交互项在三种空间权重的空间模型中均显著呈正向效应，这说明西部陆海新通道开通后，本地科技投入对产业创新有着正向影响。其空间滞后项在距离权重与经济权重模型中均在5%的显著性水平下为正，说明西部陆海新通道开通后，邻近地区的科技投入会通过空间溢出效应对本地区产业创新产生显著的正向影响。

表 9-10　科技投入溢出效应的回归结果

变量	邻接矩阵 W_1	距离矩阵 W_2	经济矩阵 W_3
	patent	patent	patent
rail * open	0.156* (2.18)	0.124* (2.10)	0.120** (2.81)

表9-10(续)

变量	邻接矩阵 W₁	距离矩阵 W₂	经济矩阵 W₃
	patent	patent	patent
sci * open	0.227** (2.45)	0.342* (2.25)	0.077** (2.68)
rail	0.383 (1.69)	0.218 (0.84)	0.286 (0.83)
open	0.165 (1.25)	0.143 (1.35)	0.019 (0.15)
sci	0.354** (3.05)	0.322* (2.49)	0.377* (2.23)
edu	0.224* (2.03)	0.211** (2.76)	0.293* (2.13)
fdi	0.348 (1.56)	0.449 (1.67)	0.261 (1.33)
sec	0.382 (1.23)	0.270 (0.63)	0.305 (0.92)
W * rail * open	−0.072 3 (−0.91)	0.278 (1.36)	−0.347** (−2.69)
W * sci * open	0.577 (2.62)	1.362** (2.96)	0.220** (2.44)
W * sci	0.184 (0.68)	0.687 (1.56)	0.637 (1.34)
W * 其他变量	有	有	有
样本量	130	130	130
R2	0.834	0.853	0.845

注：*、**、*** 分别表示在10%、5%、1%的统计显著性水平，括号内为 z 值，W * rail * open、W * sci * open、W * sci 分别表示 rail * open、sci * open、sci 的空间滞后项。

表 9-11 为加入教育投入与西部陆海新通道是否开通虚拟变量交互项用来验证教育投入与西部陆海新通道开通的交互作用。由表9-11可知，两者交互项在三种空间权重的空间模型中均显著呈正向效应，这说明西部陆海新通道开通后，本地教育投入对产业创新有着正向影响。其空间滞后项在三种空间权重的空间模型中均在5%的显著性水平下为正，说明西部陆海新通道开通后，邻近地区的教育投入会通过空间溢出效应对本地区产业创新产生显著的正向影

响。以上研究结果证实了本书的研究假说 H9-2，即西部陆海新通道通过科技知识投入对邻近地区产生溢出效应促进产业创新。

表 9-11　教育投入溢出效应的回归结果

变量	邻接矩阵 W_1	距离矩阵 W_2	经济矩阵 W_3
	patent	patent	patent
rail * open	0. 363 *** (6. 79)	0. 157 *** (3. 73)	0. 145 *** (4. 73)
edu * open	0. 400 *** (4. 96)	0. 444 ** (3. 13)	0. 534 *** (4. 36)
rail	0. 363 (1. 79)	0. 285 (1. 46)	0. 296 (1. 52)
open	−1. 369 (−0. 83)	−1. 530 (−1. 24)	−1. 752 (−1. 07)
sci	0. 346 *** (4. 05)	0. 327 ** (3. 29)	0. 418 ** (2. 95)
edu	0. 270 ** (2. 90)	0. 339 * (2. 30)	0. 553 ** (2. 75)
fdi	0. 212 (1. 20)	0. 312 (1. 83)	0. 200 (1. 12)
sec	0. 182 (0. 72)	0. 150 (0. 34)	0. 052 * (2. 19)
W * rail * open	0. 072 * (2. 17)	0. 187 ** (2. 67)	0. 337 ** (2. 79)
W * edu * open	0. 606 ** (2. 70)	0. 935 ** (2. 79)	0. 257 ** (2. 55)
W * edu	0. 644 (1. 48)	0. 136 (0. 24)	0. 475 (0. 70)
W * 其他变量	有	有	有
样本量	130	130	130
R^2	0. 845	0. 855	0. 833

注：*、**、*** 分别表示在 10%、5%、1% 的统计显著性水平，括号内为 z 值，W * rail * open、W * edu * open、W * edu 分别表示 rail * open、edu * open、edu 的空间滞后项。

第五节　结论与政策建议

一、主要结论

本书研究发现，西部陆海新通道的开通改善了西部地区交通运输状况，拉近了西部地区与国际市场的联系，推动了沿线地区的经济交往，改善了区域的创新环境，促进了人力、人才、资本、信息等要素在沿线地区的流动与配置，从而加速了知识和技术的溢出，推动了沿线地区的产业创新。本书的主要结论如下：

第一，西部陆海新通道的开通推进了沿线地区的产业创新，开通后铁路运量每增加1单位促进沿线地区每万人专利申请数提升1.695件，货运量每增加1单位万人发明专利申请数提升0.821件，人均新产品销售额提升3.521千元；同时科技投入与教育投入每增加1单位，万人专利申请数代表的产业创新分别增加0.671件和0.523件。

第二，创新环境是创新活动顺利开展与提升的基础。西部陆海新通道开通的推动区域经济发展，形成新产业，改善地区的创新硬环境，同时其促进了先进地区的法律法规、知识产权制度等软性制度在落后地区实施，改善区域创新的软环境。因此，西部陆海新通道的开通改善了沿线地区的创新环境，促进了区域产业创新。实证发现创新环境起着部分中介变量的作用。

第三，西部陆海新通道的开通推动了政府增加在教育与科技方面的投入。西部陆海新通道的开通与科技教育投入相互作用，推动了区域产业创新，并对周边地区产生了空间溢出效应，即西部陆海新通道的开通拉近沿线节点城市的距离，促进了人力资本为载体的知识、技术与信息的传播与扩散，有效促进了隐性知识传播，加快了知识积累，更新了技术知识与信息再利用，推动了创新活动。实证发现，其空间溢出效应为正，即邻近地区开通新通道将促进本地的产业创新。

第四，西部陆海新通道沿线地区的经济对外依存度低，外商投资少，因而外商投资所产生的技术溢出效应对区域产业创新无显著影响。产业创新主要发生在第二产业部门，专利比新产品销售额能更好地度量的产业创新。

二、政策建议

本书的研究结果具有重要的现实意义，为此带来的政策建议如下：

第一，加强西部陆海新通道的建设，推动区域产业创新，应当进一步增加西部陆海新通道货运班车开通的频率，加快完善综合立体交通网络，提升西部陆海新通道通行能力和衔接水平。加快新一代信息基础设施建设，推进西部陆海新通道用数字化改造，建设公共信息平台，加大信息对接和共享力度，以信息化与数字化提升西部陆海新通道的运输能力。

第二，改善西部陆海新通道沿线地区的创新环境促进区域产业创新。一是应营造适宜的创新文化环境，打造兼容并包、宽容失败的科研环境；二是推进科研制度改革，向创新资源集聚的产业集群倾斜。三是推进沿线地区建立知识产权保护的监管数据体系。四是加强营商环境建设，为产业存在提供良好的市场环境。

第三，重视人才引进与培养。一是大力引进区域产业发展急需的人才。二是完善科技人才的评价与激励机制。三是加大对科研人才的培养，培养企业所需的创新型人才。四是加大对科技基础设施投入。

第四，大力引进外资，发展外向型经济。一是营造良好的投资环境，改善基础设施等硬环境及营商环境等软环境。二是引进具有自主知识产业的外商以及能与本地产业发展相配套的企业。三是利用新版《鼓励外商投资产业目录》对中西部优势产业倾斜的特点，多引进高新技术企业。

本章小结

本章系统梳理了西部陆海新通道对产业创新的影响机制包括创新环境的促进机制与科技知识的溢出机制，基于2010-2019年西部陆海新通道沿线地区的数据，运用中介效应模型与空间计量模型，实证分析西部陆海新通道对区域产业创新的影响效应及作用机制。研究发现：西部陆海新通道通过创新环境这个中介变量促进了沿线地区的产业创新，推动了区域要素流动与聚集，改善了区域创新环境；西部陆海新通道建设与沿线地区创新要素相互作用推动了区域产业创新，并对周边地区产生了空间溢出效应；西部陆海新通道沿线地区的外商投资少，其所产生的技术溢出效应对区域产业创新无显著影响。并据此提出了具体的政策建议：加快完善西部陆海新通道沿线地区综合立体交通网络，提升西部陆海新通道通行能力和衔接水平；改善沿线地区的创新环境，重视人才引进与培养，大力引进外资与发展外向型经济。

第十章 西部陆海新通道与区域产业绿色发展

党的十九大报告中明确指出"推动绿色发展就是要建立包括绿色经济、绿色技术、清洁能源、资源节约在内的绿色生产体系,倡导绿色生活方式",这正契合我国从高速增长阶段向高质量发展阶段转型的现状。绿色发展不仅在狭义上能衡量资源和环境效率,在广义上更是经济社会高质量发展的重要特征,同时也符合我国当前构建"内外双循环"新发展格局和推动现代化经济体系建设的迫切要求。因此,在我国实现经济社会高质量发展、建设美丽中国和迈向社会主义现代化强国的道路上,建立资源节约和环境友好的绿色发展体系,有着重大战略意义和深远影响。

作为中新(重庆)战略性互联互通示范项目的关键组成部分,"西部陆海新通道"以重庆为起点,向南途经贵州、湖南、广西等省区,以及广西北部湾等沿海沿边口岸,综合铁路、水路、公路、航空等多种运输方式,最后到达新加坡和东盟的主要物流节点。西部陆海新通道能够实现将我国西部地区腹地,向北对接丝绸之路经济带,向南连通21世纪海上丝绸之路,其在区域协同发展中的战略地位显而易见。2021年9月2日国家发展改革委发布的《"十四五"推进西部陆海新通道高质量建设实施方案》明确提出,到2025年,基本建成经济、高效、便捷、绿色、安全的西部陆海新通道,这也标志着西部陆海新通道建设将绿色发展纳入其中。

第一节 产业绿色发展的内涵

一、产业绿色发展的内涵界定

产业绿色发展是实现区域转型发展的战略目标和重要推力。从内涵上讲,产业绿色发展主要包括区域经济、区域社会和区域生态三个主要的系统相互交叉和相互融合组成，通过绿色创新，实现人与自然生态环境的和谐统一，伴随完成人类绿色财富积累的过程。基于经济增长模型，产业绿色发展以生态资本、绿色技术创新和产业劳动为投入要素，其中绿色科技创新是产业各部门的绿色实践路径，逐步实现产业绿色发展成果。除此之外，产业绿色发展追求的是人类和自然的整体绿色福利，即绿色生产方式、绿色生活方式和绿色生态环境，进而实现人类健康状况、生活质量和安全状态的不断提升。

二、产业绿色发展的意义

（一）产业绿色发展能够创造生态效益

产业绿色发展能够促进生态系统和经济系统的双向效益互动协调和对立统一。产业绿色发展的过程，伴随着资源的利用，并在这个过程中发生生产方式的转变、社会结构的变化和科学技术的进步。在推进产业绿色发展的过程中，能够实现经济发展规律和生态效益规律的协调互动，并从物质交换、信息流动和制度建设等方面推动人类思想的开放和进步。因此，产业绿色发展是符合时代发展规律的新的发展模式，是物质文明和精神文明的协调统一。

（二）产业绿色发展有助于促进可持续发展

产业绿色发展能够实现"可持续发展"理念的经济和环境互动协调的状态，即在发展过程中实现经济增长、环境美好和人民生活质量提高的动态循环发展过程。当经济发展到一定阶段，资源环境不能承受经济发展和社会需求时，便产生生态危机，也就是环境承载能力满足不了人类生存的需要。而产业绿色发展强调自然资本和经济增长的互动协调关系，将空间尺度纳入发展理念中，更加看重自然和社会系统的有机融合和系统转变。

（三）产业绿色发展有助于提高区域竞争力

当前国内外各竞争市场纷纷关注新能源、节能产品等绿色产业的发展，均将其作为未来国内外新一轮产业竞争的重点，纷纷企图占据未来经济发展的制高点。产业绿色发展模式，已经逐渐成为各个区域争相推进重大战略，并以此作为未来进行国际竞争的重要手段。我国也必须发展绿色经济，并形成新的经济增长点，只有这样才能在国际市场竞争中赢得主动和一席之地。

第二节　西部陆海新通道促进区域产业绿色发展的理论机理

推动产业绿色发展是西部陆海新通道经济社会可持续发展的内在诉求，在这一诉求的引导和推动下，西部陆海新通道应从发展方式、发展模式和发展目标等维度重构产业发展的内在逻辑。在经济新常态下，西部陆海新通道产业的发展方式要向质量效率型转型，发展模式要向资源节约与环境友好型转型，发展目标要向可持续发展转型。对西部陆海新通道产业发展方式、模式和目标的绿色化重构，是推动西部陆海新通道产业绿色发展的前提条件，是打造新的产业发展动力机制和实施路径的重要依据。

一、产业发展方式向质量效率型转型

调整西部陆海新通道产业发展方式具有客观的现实依据。一是西部陆海新通道传统行业盈利能力不足，多数行业近年来的利润率持续下降，同时这类行业又往往伴随高能耗和高污染的现象。二是西部陆海新通道高新技术产业整体规模较小，盈利能力较弱，缺乏对绿色发展的支撑。三是西部陆海新通道能源利用效率较低，能源供给约束增强导致供需矛盾突出。虽然西部陆海新通道各省（区、市）的单位地区生产总值能耗强度呈现逐年降低趋势，但能耗水平存在较大差异，西部陆海新通道的能耗水平出现分化，整体上表现为下游最低，中游次之，上游较高。西部陆海新通道产业发展质差效低的现状进一步加剧了资源消耗和环境污染，也是促使西部陆海新通道产业发展方式转型的内在矛盾。

二、产业发展模式向资源节约与环境友好型转型

推动产业绿色发展，就是要促进产业发展模式由依赖资源消耗和环境损害的粗放型向资源节约型和环境友好型转变。但从实际情况来看，西部陆海新通道在产业规划过程中存在重经济发展、轻环境保护的现象，导致一再出现"公地悲剧"。如今西部陆海新通道已难以承受传统产业发展模式所产生的巨大环境损害。尤其是过度开发与水环境的日益恶化，严重威胁了西部陆海新通道的水生态系统平衡。目前，西部陆海新通道农业用水占比高企，虽然总体上有轻微下降趋势，但西部陆海新通道农业用水保障面临一定的风险。可以看

出，大规模资源能源投入及线性开放式发展模式是导致西部陆海新通道生态环境损害的主要原因。循环经济模式所产生的协同效应能够实现企业物资利用减量化、园区废弃物资源化和环境库茨涅兹曲线平缓化，这是西部陆海新通道产业加快向资源节约与环境友好型转型的内在逻辑。

三、产业发展目标向可持续发展转型

绿色发展的理论前提是经济系统、自然系统和社会系统的共生性。就西部陆海新通道而言，实现产业绿色发展是谋求产业系统、能源系统和环境系统的有机协调和统一。西部陆海新通道既有的增长方式和发展模式形成了较难转型的路径依赖和碳锁定现象，煤炭、石油等化石能源占能源结构较大比例，而生产过程的线性化导致资源难以循环利用，加剧了产业发展的不可持续性。因此，西部陆海新通道产业发展目标亟需向可持续发展转型。具体而言，一是产业发展应逐步降低对自然资源和化石能源的依赖，实现产业发展与资源、能源消耗的脱钩；二是产业发展应逐步降低对生态环境的损害，实现产业发展与环境损害的脱钩。

第三节　西部陆海新通道沿线区域产业绿色发展的事实考察

依据《高质量发展蓝皮书：中国经济高质量发展报告（2022）——践行绿色发展理念》，2021 年中国经济绿色发展指数为 70.12，较"十三五"初期提高了 32.2%。分地区看，发达地区的绿色发展水平总体上高于西部陆海新通道沿线区域，在资源利用和环境保护方面的优势较为明显，但两者之间的差距呈现缩小趋势。

依据邹一南和韩保江（2022）《中国绿色发展指数报告（2022）》[①]，2020 年西部陆海新通道沿线地区绿色发展指数平均值为 60.8，其中重庆的绿色发展指数最高为 75.5，全国排名第 7，如表 10-1 和图 10-1 所示。新时代中国经济绿色发展指数是一个指标体系，其自身就是这个指标体系的一级指标。在此基础上，可持续发展、资源利用和环境保护三者为二级指标。

---

① 邹一南，韩保江. 新时代中国经济绿色发展指数研究 [J]. 行政管理改革，2022（9）：31-43.

表 10-1 2020 年西部陆海新通道沿线地区绿色发展指数及排名

地区	指数	全国排名	地区	指数	全国排名
内蒙古	54.9	26	西藏	45.0	30
广西	62.1	19	陕西	67.5	14
海南	68.4	13	甘肃	55.9	24
重庆	75.5	7	青海	63.9	18
四川	70.7	11	宁夏	44.7	31
贵州	60.9	21	新疆	46.8	28
云南	74.6	8			

数据来源:《高质量发展蓝皮书:中国经济高质量发展报告（2022）》。

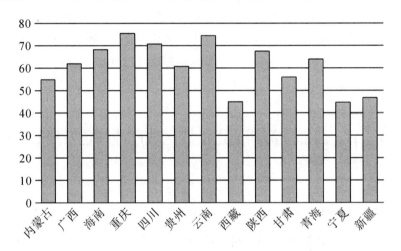

图 10-1 2020 年西部陆海新通道沿线地区绿色发展指数

数据来源:《高质量发展蓝皮书:中国经济高质量发展报告（2022）》。

通过表 10-2 和图 10-2 可以看出，2020 年西部陆海新通道沿线地区绿色发展分指标指数中，西藏自治区的可持续发展指数最高，为 64.4，而且在全国排名第一；重庆的资源利用指数和环境保护指数在西部陆海新通道沿线地区中最高，在全国排名均为第 7。

表 10-2 2020 年西部陆海新通道沿线地区绿色发展分指标指数

省份	可持续发展	资源利用	环境保护
内蒙古	33.1	68.4	70.4

表10-2(续)

省份	可持续发展	资源利用	环境保护
广西	43.5	75.3	73.6
海南	40.7	80.9	93.0
重庆	47.7	92.3	95.7
四川	58.1	83.6	74.5
贵州	38.2	78.9	73.1
云南	62.6	84.8	80.5
西藏	64.4	32.7	31.5
陕西	33.9	89.1	90.6
甘肃	37.9	62.0	73.9
青海	62.5	66.8	62.8
宁夏	20.2	48.9	73.1
新疆	31.8	44.4	69.0

数据来源:《高质量发展蓝皮书:中国经济高质量发展报告(2022)》。

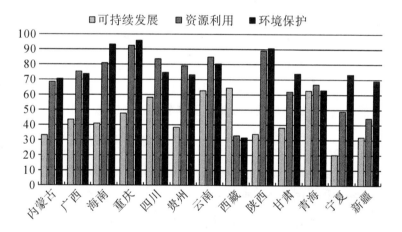

图10-2 2020年西部陆海新通道沿线地区绿色发展分指标指数

数据来源:《高质量发展蓝皮书:中国经济高质量发展报告(2022)》。

第四节　西部陆海新通道促进区域产业绿色发展的实证结果分析

本书对绿色发展水平用绿色全要素生产率来衡量，其中资源环境约束下的工业绿色全要素生产率用方向性距离函数和 ML 指数测算，然后构建动态面板模型并运用 SYS-GMM 方法估计西部陆海新通道对产业绿色全要素生产率的影响。

一、指标选取

（一）被解释变量

本书以区域工业绿色全要素生产率表示区域产业绿色发展水平。学者普遍认可方向性距离函数（DDF）符合生产过程的可持续发展的理念，因此本书参考陈超凡（2016）、刘志彪等（2020）学者的研究方法，使用方向性距离函数，并结合运用 Malmquist-Luenberger（ML）生产率指数，来测算区域工业绿色全要素生产率。同时，可以将 ML 指数进一步分解为技术效率变化（ML-TE）以及技术进步变化（ML-TA）。其中，技术效率变化表示的是由于纯技术或者产业规模变化引起的效率变化进而促进产业产出增加，技术进步变化则是表示技术创新引起的产业产出增加。因为 ML、TE 和 TA 均表示的是指标的变化，即相对上一年度绿色全要素生产率的变化，因此，当指标大于 0 时代表区域产业发展水平提高，当指标小于 0 时代表区域产业发展水平下降。

本书的区域工业绿色全要素生产率及其分解与陈超凡（2016）等学者的测算过程基本一致，而在测算过程中的投入产出指标选择上，投入要素指标包括劳动投入、资本投入和资源投入。其中，使用行业从业年均员工数量表示劳动投入强度，资本投入用行业年末资本存量衡量，资源投入则采用行业年末能源消费总量表示。产出要素指标包括产业总产值和 CO_2、工业废水废气、固体废弃物排放，其中产业总产值表示期望产出，其他四个指标则表示非期望产出。

（二）解释变量

参考谌莹和张捷（2016）等相关领域学者的研究成果，本书的解释变量包括规模结构（scale）、禀赋结构（endow）、产权结构（owner）、能源结构（energy）、环境规制（envir）和技术水平（tech）6 个指标。其中，用大中型工业企业增加值占全部规模以上工业企业增加值比重表示规模结构（scale），即大中型企业所占比重越高，其技术创新、成本节约等方面的优势作用就越明显，越有利于产业绿色发展水平的提升；用资本劳动比表示禀赋结构（endow），即资本劳动比越高则资本深化程度越强；用国有企业工业增加值占全部国有及非国有企业工业增加值比重衡量产权结构（owner），即考察企业产权结构的差异对产业绿色发展的影响；在环境规制（envir）的指标选择上，虽然当前对于环境规制的衡量方法上存在明显差异，但是鉴于当前行政型环境规制在经济社会发展中的核心作用，本书采用污染治理运行成本占工业总产值的比重代表环境规制强度；用标准煤消费量占能源消费总量的比重代表能源结构（energy），选取规模以上工业企业研究与试验发展经费内部支出作为衡量技术水平（tech）的指标。

二、实证模型构建

由于产业绿色发展不仅受到当前因素的影响，还受上期绿色发展状况的影响，为消除内生性问题并进一步估计前期产业绿色发展水平对当前绿色发展的动态影响，以反映区域产业绿色发展的动态趋势，本章将被解释变量的一阶滞后项引入解释变量中，以反映并控制被解释变量的跨期影响。同时，本书对变量取自然对数处理，以降低异方差或量纲等其他因素的影响。因此，建立如下面板数据模型：

$$ln\,Y_{it} = \alpha_0 + \alpha_1 ln\,Y_{i,\,t-1} + \alpha_2 ln\,scale_{it} + \alpha_3 ln\,endow_{it} + \alpha_4 ln\,owner_{it} + \alpha_5 ln\,envir_{it} + \alpha_6 ln\,energy_{it} + \alpha_7 ln\,tech_{it} + \varepsilon_{it}$$

其中，$lnYit$ 表示 i 行业 t 时间的产业绿色全要素生产率及其分解，εit 为随机误差项。学者已经普遍认可系统态矩估计（SYS-GMM）具有强工具变量的特征，能够有效解决内生性问题，是估计动态面板模型的有效方法。因此，本书选择 SYS-GMM 模型估计方法对模型进行估计测算。本书研究时间为 2011—2019 年，原始数据来源于相应年份的《中国统计年鉴》《中国工业经济统计年鉴》《中国能源统计年鉴》《中国环境统计年鉴》《中国城市生活与价格年鉴》以及国泰安（CSMAR）中国工业经济研究数据库。

三、实证结果分析

本章在已构建的动态面板模型的基础上还进行了固定效应、随机效应、混合效应回归以对不同方法下的回归结构进行比较考察估计结果的稳健性，各方法的模型估计结果如表 10-3 所示。在表 10-3 中，AR（2）和 Sargan test 结果证明，模型满足 SYS-GMM 估计中"不存在二阶自相关"以及"工具变量均有效"的原假设。综合各方法的估计结果以及相应的检验，我们认为利用 SYS

-GMM 方法估计的动态面板数据模型所得到的结论是稳健的。本书主要基于 SYS-GMM 方法的估计结果进行分析。

表 10-3 回归结果

	FE ML	RE ML	OLS ML	SYS-GMM ML	SYS-GMM ML-TE	SYS-GMM ML-TA
Ln（L. Y）				1. 023*** (3. 61)	1. 320** (2. 30)	1. 674*** (4. 21)
lnscale	0. 005 (0. 31)	0. 004 (0. 62)	0. 003 (0. 51)	0. 005 (0. 32)	0. 003 (0. 51)	0. 002 (0. 46)
lnendow	−0. 012** (−1. 99)	−0. 009** (−2. 39)	−0. 021* (−1. 71)	−0. 006** (−2. 21)	−0. 003** (−2. 03)	0. 004** (2. 15)
lnowner	0. 008** (2. 18)	0. 009*** (2. 91)	0. 004 (1. 10)	0. 004** (2. 12)	0. 002** (2. 10)	0. 003*** (3. 60)
lnenergy	−0. 007*** (3. 21)	−0. 007*** (3. 61)	−0. 005*** (3. 39)	−0. 002 (1. 11)	−0. 002 (0. 91)	−0. 002 (1. 01)
lnenvir	−0. 004** (−2. 24)	−0. 003 (−1. 12)	−0. 003 (−1. 17)	−0. 003** (−2. 03)	−0. 002** (−2. 04)	−0. 002** (−2. 11)
lntech	0. 001 (0. 36)	0. 001** (2. 39)	0. 002* (1. 89)	0. 002 (0. 49)	0. 002 (0. 72)	0. 001* (1. 69)
Cons_	−0. 001 (−0. 01)	−0. 001 (−0. 31)	−0. 236** (−2. 95)			
R^2	0. 447	0. 448	0. 631	0. 594	0. 700	0. 610
Sargan test				0. 366	0. 374	0. 362
Wald−test−p				0. 000	0. 000	0. 000
AR（2）				0. 261	0. 265	0. 270

注：***、**、*分别表示在1%、5%、10%的显著性水平下显著。Sargan 统计量检验矩条件是否存在过度识别问题，以判定工具变量是否有效。Wald 为系数联合显著性检验，AR（2）为残差二阶序列相关检验。

表 10-3 估计结果显示，滞后一期的产业绿色发展水平的估计系数为正，并在1%的显著性水平上显著，表明区域产业绿色发展具有明显的动态效应，即当前西部陆海新通道绿色发展水平的变动不仅受到结构、技术等多种因素的影响，还会受到前期的绿色发展状况的影响。根据表中结果我们发现如下规律：

（1）产业规模结构对西部陆海新通道区域产业绿色发展水平提升的促进

作用并不明显。这表明，西部陆海新通道区域产业的规模大小并不是影响产业绿色发展的主要因素，两者不存在显著的直接联系。原因在于，较大规模的企业在资源能耗和污染排放方面的不足削弱了其在绿色技术研发投入方面的优势。与之相比，规模较小的企业虽然绿色技术研发投入相对较少，但是其资源能耗和污染排放方面却明显较少，这也就更加凸显了小企业的特点和优势。

（2）禀赋结构变量的模型回归系数显著为负，即禀赋结构显著负向影响西部陆海新通道区域绿色发展水平的提升。在20世纪90年代我国高速工业化的发展过程中，工业资本得到了极其快速的积累，主要的积累方式就是来自资本家的直接投资。在这一特殊的经济发展时期，企业主要依靠简单地扩大企业的生产规模以达到提升资本劳动比的目标。在最近的几年，我国的重工业有着明显的发展趋势，工业结构的重型化进一步提升了资本的密度，但是对工业的环境质量也带来了新的挑战。然而从调查的结果来看，资本劳动比的持续提高对西部陆海新通道区域产业绿色技术的发展却有着积极的意义，随着资本支持的力度不断增加，市场越来越向资本密集型经济结构靠近，在资本密集型的企业身上，可以看到其有着发达的技术能力，由资本转变的技术也会中和企业对于生态方面的危害。

（3）对于提升西部陆海新通道区域产业绿色全要素生产率，产权结构起到了积极的促进作用。由于政府政策的变化以及深化改革的持续推进，国有企业在市场上的竞争力和活力有着很大的进步，出现这一情况的原因则是市场的快速发展带动了国有企业的转型升级。国有企业这种产权结构对于带动西部陆海新通道区域产业绿色全要素生产率有重要的推动作用。一方面，因为国有企业特殊的产权结构，其提升绿色全要素生产效率可以通过开展规模经济这一简单的生产方式；另一方面国有企业可利用较多的资金投入到相关技术的研发和工业污染治理这两方面，相较于其他民营企业，国有企业有着研发成本低和可发展范围广的特殊优势。

（4）环境规制对于西部陆海新通道区域产业绿色全要素生产率有负面影响，而且在动态面板的条件下，环境规制并不突出。从经验方面来看，环境规制对西部陆海新通道区域产业绿色全要素生产率的影响目前还没有超过"波特拐点"，即环境规制对于西部陆海新通道区域产业绿色全要素生产率的影响，还没有实现从"遵循成本"的负效应转向"创新补偿"的正效应。从原因来看，西部陆海新通道区域主要的环境政策目标是进行节能减排，环境规制的起点则是环境治理以及进行对污染物排放的限制，从而最终达到企业生产效益和环境污染在一个特定条件下的有限均衡。但是从单个的产业的角度出发，由于产业的生产模式和性质存在差异，那么环境规制对其影响也必然存在或多或少的差异。要想提升西部陆海新通道区域产业绿色全要素生产率，必须设计出正确有效的环境规制，避免错误环境规制的负面影响。

（5）能源结构显著负向影响西部陆海新通道区域产业绿色全要素生产率的提升。由此可知，在西部陆海新通道地区的工业发展升级过程中，能源结构存在很大的问题，已经影响到了工业的转型升级。能源结构存在的问题主要有两点，一是工业生产中对传统化石能源的消耗量是非常大的，二是由于传统化石能源的耗用也产生了大量的废气、废水等有害物质。为进一步提升西部陆海新通道区域产业绿色全要素生产率，应当及时解决能源结构问题，否则会持续产生负面影响。

（6）技术水平对于西部陆海新通道地区工业绿色全要素生产率及其分解有显著正向影响。当企业增加其在科研方面的支出时，科学技术也会得到同步的发展，从而也会提高企业的绿色生产效率。从目前来看，在工业生产领域，绿色技术并未得到较为广泛的应用。因此，持续推进技术水平的升级，然后带动工业模式的转型升级，将是新发展阶段产业改造的重要着力点。

第五节　结论与政策建议

一、研究结论

通过构建西部陆海新通道促进区域产业绿色发展的动态面板模型，利用SYS-GMM 估计方法分别检验了区域规模结构、禀赋结构等要素对西部陆海新通道区域产业绿色发展水平的影响。结果显示，西部陆海新通道建设能显著促进区域产业绿色发展水平提升。此外，在其他要素的实证检验中发现，产权结构和技术水平能显著正向促进西部陆海新通道产业绿色发展水平，但是能源结构、环境规制等因素则呈负向影响。从影响路径来看，技术水平和产权结构可以从提高竞争活力和提升经济效率水平等进而促进区域产业绿色发展水平。西部陆海新通道产业绿色发展，需要寻求一种经济、资源、环境、生态相互协调与均衡的发展方式，由高能耗、高排放、高污染、低附加值向低能耗、低排放、低污染、高附加值转型是西部陆海新通道产业实现绿色发展的重要路径。

二、政策建议

基于上述研究结论，提出如下促进西部陆海新通道沿线区域绿色创新发展的政策建议：

（一）优化西部陆海新通道现代能源产业体系

西部陆海新通道受整体高碳型能源结构的影响，煤炭消费占能源消费的很大一部分。西部陆海新通道煤炭消费比例常年高达60%左右，同时西部陆海新通道产业能效普遍较低，这也成为西部陆海新通道二氧化碳排放强度居高不下的根本原因。因此，构建清洁、安全、低碳的能源产业体系，是实现西部陆海新通道产业绿色发展的总体路径，是着力构建集清洁、安全和低碳于一体的能源产业体系。一是在保护生态环境的基础上开发水能、风能、太阳能、地热能、海洋能、生物质能、页岩气等可再生能源，实施煤炭消费总量控制策略，降低化石能源在产业一次能源供应结构中的比例。二是调整西部陆海新通道电力结构，大力发展智能电网装备，提升水能、风能、核能在发电领域的比例，逐步降低火电比例。三是提高工业能源利用效率，在西部陆海新通道实施严格的高耗能产业准入制度，加大已有高耗能行业的技术改造力度，淘汰落后的高耗能工业产能。

（二）推动西部陆海新通道战略性新兴产业规模化发展

战略性新兴产业具有高附加值和低排放的双重特征，也能带动传统产业提高发展质量。通过战略性新兴产业实现产业绿色发展的路径包括：一是积极探索发展新型环保产业、现代能源产业和生物医药产业等对传统产业进行升级改造，该类产业可为传统产业低碳化转型提供清洁能源和节能环保服务，从而产生直接的节能减排效果。集中发力培育和支持行业内的骨干型企业强化对产业链的整合组织能力，运用系列化的产业链整合战略，提升产业链上的企业集成创新能力和资源整合能力，打造创新资源的整合机制，大幅度提升创新资源的集聚度，优化创新资源配置。二是通过发展新材料产业、绿色装备制造业、新一代信息通信技术产业为西部陆海新通道产业绿色发展提供低碳材料、清洁装备和技术支撑。重点在于增强该类行业企业的原始创新和集成创新水平，提升核心技术的自主能力，着重核心部件研发和高端产品开发，培养高附加值产业链，突破关键性技术、颠覆性技术的攻关，强化产品的核心竞争力。

（三）构建西部陆海新通道中上游绿色承接产业转移模式

西部陆海新通道中上游地区承接产业转移是提升当地经济发展质量和促进区域经济协调发展的重要途径，但是中上游地区在承接产业转移的过程中较少关注产业转入对当地生态环境的影响。因此，走绿色承接产业转移之路，是推动西部陆海新通道协调发展的应有之义。一是建立严格的转入产业环境影响评价制度，采用量化方式明确产业转入在能耗、污染和排放方面的红线，鼓励和支持中上游地区引进节能环保型和能源集约型产业。二是西部陆海新通道中上游地区应按照产业"建链、补链、强链"的要求和园区循环式发展的需要，有选择性地承接产业转移。三是加强产业承接区域的配套基础设施建设，通过增强产业服务、支持创新研发的举措提升产业承接能力，不断促进承接产业在本地形成生态化共生发展格局。

（四）完善建立跨区域的横向生态补偿机制

构建有效的生态补偿机制，有利于促进西部陆海新通道上中下游区域的经济发展平衡关系。OECD 的发展经验为生态补偿系统的构建提供了一个积极的范本，设计合理的生态补偿系统是推进区域环境可持续发展的保障，并且有助于区域环境和经济社会的协调健康发展。西部陆海新通道的中上游区域，是下游优质水资源的重要来源，也是重要的水资源涵养区和生态功能区对生态环境维护至关重要。因此，构建合理的生态补偿机制，下游补偿中上游，是实现环境成本内化和公共服务水平提升的重要路径。一是推进西部陆海新通道生态补偿机制的统筹规划，建立高级别的协调工作机制，解决通道沿线城市在环境保护和经济发展之间的利益冲突问题。二是创新生态补偿模式，合理协调行政管控和市场调控的作用，协商划定生态保护红线，提高生态补偿的市场化运作效率。

本章小结

绿色发展是"十四五"推进西部陆海新通道高质量建设的重要目标之一。本章通过构建西部陆海新通道与区域产业绿色发展的实证模型，以绿色全要素生产率表示区域产业绿色发展水平，分析了规模结构、禀赋结构等因素对区域产业绿色发展水平的影响。结果显示，西部陆海新通道建设能显著促进产业绿色发展水平提升，同时，区域产权结构和技术水平能显著正向促进西部陆海新通道产业绿色发展水平，但是能源结构、环境规制等因素则呈负向影响。基于此，本章提出应从转型升级、协调发展等方面通过调整西部陆海新通道现代能源供应结构和构建西部陆海新通道中上游绿色承接产业转移模式等对策，提升西部陆海新通道产业绿色发展水平。

第三篇

实践篇

第十一章 广西西部陆海新通道建设与产业融合发展的实践

西部陆海新通道广西段沿线城市主要包括南宁、柳州、桂林、玉林、百色、崇左、防城港、钦州、北海等城市。自 2017 年启动西部陆海新通道建设以来，广西积极采取各项措施，与重庆、贵州、甘肃等西部地区积极开展合作，推进西部陆海新通道建设。2018 年，广西壮族自治区人民政府办公厅出台了《关于优化通关环境畅通南向通道的若干措施》。2019 年 8 月，西部陆海新通道建设上升为国家战略。广西先后出台了《广西建设西部陆海新通道实施方案》《西部陆海新通道广西物流业发展规划（2019—2025 年）》《广西加快西部陆海新通道建设若干政策措施（修订版）》《广西加快西部陆海新通道建设若干政策措施（修订版）》《西部陆海新通道广西海铁联运主干线运营提升实施方案（2019—2020 年）》《关于推动进一步降低广西北部湾港口中介服务收费专项行动方案（2020—2021 年）》《金融支持西部陆海新通道建设的若干政策措施》等系列政策，在资金、金融、土地、基础设施等方面支持西部陆海新通道建设，持续推进西部陆海新通道建设，在建立跨区域合作机制、完善基础设施破解陆海联运交通瓶颈、构建班列班轮政策体系、合作共建通道运行平台、提升口岸通关效率等方面，取得明显成效，并推动了贸易和物流向通道沿线集聚。

第一节 广西推动西部陆海新通道建设概况

一、大力推进通道基础设施建设，优化设施空间布局

在基础设施方面，广西积极推进各项交通基础设施建设，高速公路增线扩能，完善港航基础设施，加快铁路、高速公路等多通道协同建设，建设从北部

湾港出海，与黔、渝、川、陕、甘等地区畅通、面向东盟的西部陆海新通道。

高速公路增线扩能，三大主通道广西段实现了全线畅通。截至 2021 年 6 月，G69 乐业至百色、G75 南宁经钦州至防城港、G72 柳州至南宁八车道改扩建等高速公路重点项目顺利完成，三大主通道公路运输能力明显提升。贵阳经天峨至南宁的高速公路加快建设，将成为西南出海第二高速公路主通道。

铁路三大通道部分实现提质升级。钦州铁路集装箱中心站、南宁国际铁路港等枢纽设施投入运营。2019 年以来，先后对南防铁路南钦段、焦柳铁路怀化至柳州段实行电气化改造，建成北海铁山港进港铁路专用线。

加快内河航道高等级化建设。近年来，广西持续加大投入，推进西江黄金水道建设，提升西江航道通过能力和通达范围，加快干支衔接的高等级航道网络建设。推动贵港二线船闸建设、贵梧 3 000 吨级航道一期和二期工程、来宾至桂平 2 000 吨级航道工程、柳江红花枢纽至石龙三江口 II 级航道工程、百色水利枢纽通航设施 1 000 吨级升船机、右江百色至桂滇省界 1 000 吨级航道工程、西津水利枢纽二线船闸、柳江红花枢纽至石龙三江口 II 级航道、大藤峡水利枢纽船闸等项目建设，加快打造现代化水运体系，为推动江海联动疏通堵点。

港口航道设施持续改善。2020 年以来，广西加大投资，对钦州港东航道扩建、防城港渔澫港区第四作业区 401 号泊位，钦州港集装箱自动化泊位，防城港企沙港区赤沙作业区 1、2 号泊位等项目开展建设。2021 年，钦州港建成北部湾港靠泊吨位最高的泊位——30 万吨级油码头并开展试运营。新增一批专业化装卸设备，新增货物通过能力 4 400 万吨，其中集装箱通过能力 130 万标箱。全国首个新建规模最大的数字化自动化散货堆场——防城港散货专业化中心堆场顺利投产。2021 年，北部湾港泊位达到 272 个，其中，万吨级泊位 99 个，设计吞吐能力 28 300 万吨。

二、加快多式联运体系建设，提升互联互通效率

加快口岸基础设施建设。广西依托于东盟地区陆路接壤的优势，优化口岸联通设施，联通东兴、凭祥友谊关、峒中、龙邦等口岸的高速公路建设得到快速推进，为拓展面向东盟地区的跨境公路运输、边境贸易等发展奠定了坚实的基础。新建完成靖西至龙邦高速公路、崇左至水口高速公路，崇左至爱店口岸高速公路、大新经龙州至凭祥高速公路、南宁吴圩经上思至防城港高速公路、上思至峒中口岸高速公路、崇靖高速至岳圩高速公路等项目已开工建设。

积极构建中国—东盟多式联运联盟，有效衔接的海铁联运体系初步建成。

自 2017 年 9 月海铁联运常态化班列（北部湾港—重庆班列）首次实现双向对开以来，西部陆海新通道多式联运取得积极进展，多式联运网络日趋完善。2020 年，建成钦州铁路集装箱中心站、北海铁山港进港铁路专用线等海铁联运"最后一公里"项目，开工建设钦州港东线电气化改造、防城港企沙支线电气化改造等支专线项目，初步形成了有效衔接的海铁联运体系。北部湾港海铁联运主干线从渝桂班列 1 条线路拓展至连通西部省（区、市）的 5 条常态化运行线路。航线方面，新开行北部湾港至泰国、柬埔寨冷链水果快线和至上海内贸航线，正在推进开行印巴、中东和欧美远洋航线。贺州无水港前期工作加快推进，新增开通 19 个海铁联运站点。南宁国际铁路港多式联运枢纽逐步成型，海关监管作业场所已封关运营。

加强通道货源组织和班列运营工作，打造西部陆海新通道海铁联运班列品牌，提升通道竞争力。2019 年以来，广西与重庆、四川、贵州、甘肃、海南、云南、湖南等省份开展合作，签署合作框架协议，推动通道基础设施互联互通水平的提升和通关一体化建设。与通道沿线地区开展合作，共建通道运营平台，建立由广西、重庆、贵州、甘肃、宁夏、新疆 6 省份 8 股东合资的陆海新通道运营有限公司作为运营中心平台，并设立广西、重庆、贵州、甘肃、宁夏、新疆区域运营公司，构建平台公司统筹、区域公司协同的运营模式，形成了巨大的发展合力。同时，强化货源组织力度，班列已覆盖重庆、四川、贵州、云南等 10 省份，并与中欧班列有效衔接，2021 年广西已陆续开通"柳州—俄罗斯""南宁—哈萨克斯坦"等中欧班列，同时通过川桂海铁联运班列衔接中欧班列至德国杜伊斯堡。中越（南宁—河内）铁路货运班列实现每周 3 班常态化运行，全年累计开行 111 班；常态化开行广西至越南、泰国、柬埔寨、老挝 4 条跨境公路运输线路，凭祥友谊关口岸跨境公路运输日均通行货车 1 000 辆左右。

通过改革创新，口岸开放和通关便利化水平不断提升。广西制定《关于优化通关环境畅通南向通道的若干措施》，出台 18 条措施，推进口岸对外开放和国际贸易"单一窗口"建设，延长重点口岸货物通关时间，降低口岸收费标准。北部湾港三港实现便利化转港，重庆、广西、贵州和甘肃 4 地海关共同推动"三互"协作和通关一体化。广西"单一窗口"主要业务应用已覆盖所有口岸，"单一窗口"关检融合统一申报率和海港口岸运输工具申报率均达到100%。南宁海关联合重庆、贵阳、兰州等沿线各省海关大力推进通关一体化，实现"一次报关，异地验放"。着力提升友谊关口岸货运专用通道的通关效率，实行节假日和周末正常通关（为全国首个全天候通关陆地边境口岸）、优化行车线路、引导企业错峰报关等措施，有效缓解了货运通道拥堵问题。

南宁海关推进"4+20"项业务创新改革，提高通关服务效能。推进北部湾集装箱进出口环节对标提升，以简化单证、优化流程，减少录入和推进无纸化为方向，推进'智慧湾'系统建设；全面推广应用"提前申报"和"两步申报"进出口货物通关模式，进行进出口货物"船边直提""抵港直装"改革；南宁海关所属钦州港海关与西部陆海新通道沿线重要节点的隶属海关签订合作备忘录，科室之间建立了"点对点"联系配合机制；设置"陆海新通道专窗"和"专用查验平台"，对来自西部陆海新通道沿线省份的鲜活农产品第一时间安排查验，提前与企业对接，确保货物即到即查、快查快放。2020年，南宁海关进一步压缩通关时间，推动北部湾国际门户港建设，北部湾港集装箱吞吐量全年增长18.9%；广西北部湾海运货物进口时间26.02小时，快于全国58.2小时的平均水平。

加快提升陆海新通道海关互联互通信息水平，陆海新通道海关互联互通信息平台于2019年4月正式上线应用，实现南宁、重庆、贵阳、兰州、成都五地海关数据互联互通。2020年年初，北部湾港集团与华为合作，推动港口企业数字化转型，梳理70多个业务流程和上千个流程节点，识别关键问题和痛点，基于华为云解决方案，打造数字运营平台和统一数据底座。2021年7月，数字化运营平台（OCC）正式上线，实现了港口、物流等业务全过程可视，提高了港口作业效率，缩短了船舶等泊时间，优化了客户体验等方面，取得了初步成效。

三、持续降费提效优服，提升通道竞争力

强化政策支持，推动降低综合物流成本。通过政策支持、铁路运价下浮、港口费用减免等多项优惠政策，整合北部湾港到西部各省（区、市）多个站点的班列产品以及航线服务资源，推出"一口价"菜单式产品，为企业提供优质、便利的物流服务，目前"一口价"产品基本实现通道站点全覆盖。

创新服务模式，大幅提升物流服务水平。为企业提供"定制化"服务，为巴西进口纸浆、卷纸等进出口企业"量身定制"物流解决方案。探索叉车整车海铁联运新模式，为广西车企提供"一箱到底"出口运营模式。将北海、梧州地区卷纸、瓷砖引入班列货源，服务好区内客户。

开展北部湾港"阳光口岸"降费提效优服专项行动。陆续实施北部湾港海铁联运"一口价"。深入实施进一步推动降低北部湾港口中介服务收费专项行动。2020年5月，为推动广西北部湾港进一步降低中介服务收费，提升港

口的综合服务水平和竞争力，广西出台了《关于推动进一步降低广西北部湾港口中介服务收费专项行动方案（2020—2021年）》，提出对标对表上海港、宁波港、新加坡港等国内国际一流港口，运用更多市场化手段，降低广西北部湾港口中介服务收费。

推进"一单制"试点改革，降低综合贸易成本。钦州港片区联合优质生产制造企业、贸易企业、物流公司和金融机构签订多方协议，赋予多式联运提单类物权属性，并借助物流全流程可视化系统和区块链技术的赋能，开展广西陆海贸易新通道多式联运"一单制"改革。通过全方位物流信息化服务建成多式联运物流管理平台，实现一份合同、一张单据、一个主体、一种费率、一票到底、高效运转。通过开发物流管理模块实现跨境贸易多式联运场景下货物全流程追踪，为平台应用提供实时物流、货物数据集成接入服务。

搭建一站式综合金融服务平台，实现物流金融创新。运用科技赋能物流金融场景，整合银行、保险、保理等金融机构资源，构建供应链及物流金融服务平台，开展物流金融产品创新，发展仓单质押、贸易融资、应收账款融资、运费融资、租赁融资等服务，在不同业务场景下为物流行业提供线上供应链金融解决方案，为企业提高资金周转率、降低资金成本，实现高效绿色的供应链整体服务。依托区块链技术搭建数据平台，对接出口国和进口国本地的供应链服务机构，最终实现跨境贸易端到端的实时数据集成，实现在隐私安全下的数据共享，并确保数据的真实性，可通过物流管理平台进行信息实时查询、运单等单据等级、质押等方式，实现全程运输数据监控+智能控货，降低银行融资服务的风险。2020年，西部陆海新通道（广西）多式联运"一单制"综合金融服务平台运营，广西第一单海铁联运"一单制"业务"柳州—钦州港—印尼"成功完成。

强化新通道建设的金融支持。完善金融服务政策，搭建政策框架。广西出台了《金融支持西部陆海新通道建设的若干政策措施》，提出从资金支持、产品创新、金融科技赋能、银企对接、政策保障等方面强化金融服务，支持西部陆海新通道建设。成立西部陆海新通道建设金融服务部，提出构建规范的常态化的会议制度和信息发布机制，提出搭建银企对接平台，加强面向企业的金融机构信贷融资信息服务、金融产品与金融服务创新，发行了全国首单服务国家重大战略实施并购票据。创新"三单"融资，建设银行广西区分行发挥集团优势加强母子公司和境内外分行联动，针对不同类型企业的个性化需求，聚焦账单、仓单和运单"三单"，创新提出了"三单通"综合金融解决方案，为降低贸易综合成本、提升物流效率、提高融资效率提供新思路。

四、补齐物流设施短板，提升集疏运能力

在物流基础设施方面，不断加大投入，补齐物流设施短板。2019 年，钦州铁路集装箱中心站运营之后，其铁路集装箱年装卸能力从 15 万标箱上升为 105 万标箱，装卸车能力从每天 4 列提升为 20 列以上。南宁国际铁路港一期、钦州港东航道扩建一期工程先后完成投入运营。2021 年，建成钦州港东航道扩建一期二期调整工程等项目，建成港航物流信息平台，北部湾国际门户港航运服务水平持续提升。积极招商引资，将万纬物流、复星国药、太古冷链等龙头企业引入南宁国际物流园。友谊关口岸和凭祥铁路口岸物流中心分别开启了浦寨至新清的货运专用通道和"点对点"跨境运输。

加强物流枢纽建设，大力发展通道枢纽经济。近年来，广西积极推进南宁国际铁路港、南宁临空经济区、柳州铁路港、南宁国际空港综合交通枢纽（GTC）等重要通道枢纽建设。

第二节　广西产业发展概况

一、产业结构得到优化

自启动西部陆海新通道建设以来，广西抢抓机遇促进经济，广西地区生产总值由 2015 年的 14 797.8 亿元增加至 2020 年的 22 156.69 亿元，"十三五"时期年均增长 6.1%。按照"强龙头、补链条、聚集群"的思路，着力培植"工业树"、打造"产业林"，狠抓"双百双新"产业项目建设，推动糖、铝、冶金等传统产业转型升级，加快发展电子信息、新材料等新兴产业，推动形成汽车、电子信息等 10 个千亿元级工业产业集群，形成蔬菜、优质家畜等 6 个千亿元级特色农业产业集群，服务业增加值占地区生产总值比重超过 50%。全区产业结构和发展层次得到优化提升，三大产业结构从 2015 年的 15.3∶45.9∶37.8 调整为 2020 年 10 月的 13.1∶32.4∶54.5，推动了第一产业比重稳中提质、第三产业比重明显上升。

出口结构明显优化，工业制品持续保持上升趋势，尤其是深加工、高附加值和高技术含量的产品出口比重有较大提高。2020 年年初级产品出口占比从 2015 年的 12.7% 下降为 4.7%，而工业制品出口占比则从 86.2% 上升为 91.9%。2020 年，全区实现高新技术产品出口额为 657.70 亿元，比 2015 年增长 185.6%，高新技术产品出口总额占比从 11.3% 提高为 19.7%。2020 年全区

劳动密集型产品实现出口 637.22 亿元，比 2015 年增长 17.2%。

二、工业经济稳步发展

近年来，广西实施工业强桂战略，加大对工业发展的政策支持，提升科技创领支撑，推动工业规模总量稳步扩大，产业结构逐渐优化。2016 年广西工业增加值为 4 307.3 亿元，2020 年广西工业增加值为 5 172.76 亿元，如图 11-1 所示。2016—2020 年期间工业增加值年均增长率为 3.5%，工业对经济增长的贡献率超过 30%。

广西加快推进工业结构调整，推动汽车、机械、铝、冶金、糖业等传统优势产业企业"二次创业"，建立"双百双新""千企技改"等项目平台，开展工业"三企入桂"，促进工业高质量发展。目前，在 2.0T 发动机、智能手机、电声产品、高端铝车身、新能源汽车动力电池、锂电池新能源材料等领域建设了一批补链强链项目。通过实施龙头企业培育计划，目前拥有 17 家百亿元产值企业（其中，柳钢、上汽通用五菱超 800 亿元）、10 家全国制造业 500 强企业、27 家全国专精特新小巨人企业，引进了华谊、桐昆、吉利、正泰、华友、正威、太阳纸业、浪潮、华为、深科技、比亚迪、惠科等一大批世界 500 强、全国 500 强企业。

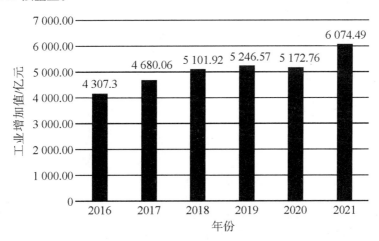

图 11-1　广西工业增加值

一批特色产业初步实现产业集群化发展。2016 年以来，广西先后打造了 10 个千亿元产业，其中食品、冶金等 2 个产业产值超过 2 000 亿元，汽车、有色金属、石化、机械、电子、电力、建材、造纸与木材加工 8 个产业产值超 1 000 亿元。目前，汽车、机械、高端金属新材料、绿色化工、电子信息等产业集群在全国已具有较大的影响力。

积极参与"一带一路""西部陆海新通道"建设,工业开放发展取得新成效。工业企业在"一带一路"共建国家和地区投资项目42个。柳工、玉柴、金川、南国铜业等企业在海外和国内建立制造基地、研发中心、销售中心和原料保供基地。上汽通用五菱印尼工厂、马中关丹产业园区年产350万吨钢铁等对外合作项目建成投产。电子信息、金属新材料、绿色石化等产业建立起了跨境产业链供应链。

三、服务业总量规模稳步扩大

近年来,广西服务业增加值实现大幅增长,从2016年的7 226.6亿元,增加为2020年的11 428.11亿元,如图11-2所示。服务业增加值年均增速为8.0%,高于同期全国平均增速1.3个百分点,服务业增加值占地区生产总值比重从2016年的47.774%上升为2020年的51.9%。

图11-2 广西服务业增加值

从行业发展情况看,资产规模排名靠前的是道路运输业、商务服务业和铁路运输业。2020年年末,广西规模以上服务业资产总计22 019.49亿元,其中,道路运输业、商务服务业和铁路运输业资产分别为477.18亿元、176.38亿元、63.21亿元和14.56亿元。

规模以上服务企业不断发展壮大。2020年,营业收入规模超亿元的规模以上服务业法人单位有449家,占规模以上服务业单位数量的15.5%。其中,超过十亿元以上的单位有42家。营业收入超亿元的企业比2015年增加223

家，占比提高了 4.4 个百分点。2020 年有 10 个行业的亿元企业数量超过两位数，比 2015 年增加了 4 个行业，分别是软件和信息技术服务业、多式联运和运输代理业、水上运输业、房地产业。规模以上企业竞争力得到提升，有 8 家企业上榜"中国企业 500 强"，比 2015 年增加 1 家。

四、战略性新兴产业加快发展

"十三五"以来，政府出台《广西战略性新兴产业发展"十三五"规划（2016—2020）》，推进产业结构调整，广西依托南宁、柳州、桂林和北海等国家级高新区和重点产业园区，重点发展新一代信息技术、智能装备制造、节能环保、新能源汽车、新材料、大健康等战略性新兴产业，推动广西战略性新兴产业加快发展。广西规模以上工业战略性新兴产业企业数，从 2015 年的 361 家增加为 2019 年的 789 家，战略性新兴产业增加值总量比 2015 年增加 1.2 倍，2016—2019 年的年均增长率为 19.4%，占全部规模以上工业企业数的比重从 2015 年的 5.4% 上升为 2019 年的 15.4%。主要城市经过产业结构调整，形成了具有特色的产业基地和产业带。广西战略性新兴产业布局情况如表 11-1 所示。

表 11-1　广西战略性新兴产业布局情况

地区	战略性新兴产业	产业基地
柳州市	新能源汽车、智能装备制造、新材料、新一代信息技术产业	重点打造新能源汽车基地、智能工程机械和机器人制造基地、稀有金属新材料基地
桂林市	发展智能装备制造、大健康、新一代信息技术、新能源汽车产业	重点打造机器人和高档数控机床制造基地、电力装备制造基地
北海市	发展新一代信息技术、新材料产业	重点打造新一代信息技术产业基地、高品质特殊钢生产基地
钦州市	发展智能装备制造、新一代信息技术产业	重点打造海洋工程装备及高技术船舶制造基地
防城港市	发展智能装备制造、新材料	重点打造海洋工程装备及高技术船舶制造基地、高品质特殊钢生产基地
崇左市	发展新材料、节能环保等产业	重点打造新型能源材料生产基地
百色市	发展新材料等产业	重点打造高性能铝合金材料生产基地

广西新材料快速发展。2016—2019 年新材料产业增加值年均增长率为

23.8%，对全区战略性新兴产业增长的贡献率为 50.1%，是广西战略性新兴产业中最大的一个产业。2015 年新材料企业 111 家，2019 年新材料企业共 153 家，主要分布在南宁、柳州、北海、防城港、贵港、百色、河池等市。

高端制造业稳步发展。近年来，广西重点发展智能工程机械、高端数控机床、先进轨道交通装备、智能农机和电力装备产业，推进柳州工业机器人产业园、桂林电气节能及电力电子产业基地建设，有力促进了智能装备制造业发展。2015 年规模以上工业高端装备制造业企业 16 家，2019 年达到 66 家，2016—2019 年行业增加值年均增长 2.6%。该产业主要聚集在南宁、柳州和桂林等地。拥有柳工机械、玉柴机器、康明斯工业动力和柳州传动件等一批实力雄厚的龙头企业。

新一代信息技术产业规模不断扩大。2015 年，广西规模以上工业新一代信息技术产业企业共 23 家，2019 年达到 90 家，2016—2019 年，新一代信息技术产业增加值年均增长 22.2%，行业增加值占全区战略性新兴产业比重为 2.2%。拥有富桂精密、冠捷、三创、深科技等一批企业，主要产品有计算机零部件、通讯设备、计算机显示设备和电子元件等。

生物产业稳步发展。广西规模以上工业生物医药企业从 2015 年的 119 家增加为 2019 年的 206 家，2016—2019 年生物产业增加值年均增长 3.0%。企业主要聚集柳州、桂林、梧州和玉林，拥有梧州制药、三斤药业、桂林南药、广西金嗓子、玉林制药等医药龙头企业，优利特医疗、威诺敦医疗等生物工程企业。

新能源汽车产业快速发展。广西加大推广应用与产业发展、创新机制与政策配套协调发展的思路，推动纯电动汽车、插电式混合动力汽车、燃料电池电动汽车及其关键零部件制造和配套产业发展。规模以上工业新能源汽车企业从 2015 年的 16 家增加为 2019 年的 29 家，2016—2019 年新能源汽车产业增加值年均增长 73.8%，拥有上汽通用五菱、华澳新能源等新能源整车生产企业以及一批新能源汽车零部件和配套企业。该行业主要分布在南宁、柳州、桂林、贵港。

五、海洋经济逐渐发展壮大

近年来，按照"陆海联动、优势集聚、功能明晰"的要求，北海、钦州、防城港等沿海城市立足资源禀赋，积极发展壮大海洋产业，广西海洋生产总值逐年增加。广西海洋生产总值从 2016 年的 1 251 亿元增加到 2020 年 1 651 亿元，年均增速为 7.2%。海洋生产总值占广西地区生产总值比重从 2016 年的

6.8%增加到 2020 年的 7.5%，占全国海洋生产总值比重从 2016 年的 1.77%增加到 2020 年 2.06%，海洋经济成为广西经济持续快速增长的重要引擎。全区海洋三次产业结构从 2016 年的 16.2：35.1：48.7 调整为 2020 年的 15.2：30.7：54.1，海洋第三产业比重进一步提升。

沿海地区也加快调整海洋产业空间布局，初步形成以电子信息、石油化工等八大"千亿级"产业集群。北海加快电子信息、石化、新材料等临海先进制造业发展，积极发展海洋生物医药产业，重振南珠特色产业，建设惠科电子北海产业新城。钦州以打造特色海洋产业体系为重点，发展石化、海洋工程、装备制造等现代临港产业，建设钦州 1 000 万吨炼油、钦州华谊新材料。防城港积极打造沿海经济带，发展钢铁、有色金属、核电等龙头临港工业；推出防城港红沙核电、防城港钢铁基地等一大批重大产业项目。

第三节　广西推动西部陆海新通道与产业融合的举措

一、聚力打造物流枢纽经济

自参与西部陆海新通道建设以来，广西积极推进南宁、柳州、桂林、钦州—北海—防城港、东兴和凭祥等为核心的广西国家物流枢纽体系建设，推动广西从发展"通道经济"向发展"枢纽经济"转变。

在南宁重点打造陆港型国家物流枢纽，发展商贸服务型物流和空港型物流经济。建设南宁临空经济示范区，加快培育临空产业，打造西部陆海新通道枢纽经济示范区。依托临空经济区建设，广西加快培育航空物流、航空维修制造、临空高新技术和临空商务等产业集群。引进了吉利新能源、零公里空港产业园、荷兰夸特纳斯、唯品会、锦莹药业等一批项目建设。引入 50 多家航空公司入驻南宁机场运营，积极拓展客货运航线，提升机场枢纽能力。建设南宁国际铁路港，推进"港、产、城"一体化联动，打造西部陆海新通道核心节点和区域合作发展的多式联运枢纽。截至 2022 年 10 月，广西对南宁国际铁路港累计投资 60 多亿元，建成铁路货场、海关监管作业场所、农产品加工区并投入运营，建设了公路港电商物流区、龙光东盟生鲜食品智慧港、城市配送区成件货物作业仓库等项目。引进广西顺丰速运有限公司、广西丰豪新通道供应链有限公司、南宁市龙光生鲜食品科技有限公司、广西南港市场开发投资有限责任公司等企业入驻。建立中新南宁国际物流园。2018 年 10 月开工建设以来，物流园累计启动 13 个项目建设，竣工运营大型物流项目 3 个，累计完成园区建设总投资约 70 亿元。

立足柳州比较优势，着力将柳州打造为生产服务型物流枢纽。柳州工业服务型国家物流园区快速发展，依托柳州铁路港核心区为基础，推动宁铁柳州工业物流园、柳州传化公路港等重点物流项目。宁铁柳州汽车工业物流园、柳州铁路港面向柳州汽车产业提供汽配仓储、流通加工、配送、货运和信息一体化服务，吸引 33 家大型物流企业入驻，助力汽车产业发展。推动柳东新区汽车及零部件供应链物流产业园、鹧鸪江钢铁深加工及物流产业园、五菱汽车物流园、食品（螺蛳粉）产业园发展，生产服务型国家物流枢纽初具规模。

支持桂林市打造商贸服务型国家物流枢纽。桂林市加快推动桂林西物流中心、桂林东站冷链物流园、中辰电商物流交易中心、苏桥无水港等项目建设。目前有 9 个物流园投入使用，在建 7 个物流园，商贸服务型国家物流产业快速发展。

推动钦州—北海—防城港港口型国家物流枢纽建设。依托港口经济，在钦州大榄坪港区、北海铁山港西港区和防城港渔澫港区东湾物流园发展港口物流枢纽经济。钦州市与 9 个东盟国家建立中国—东盟港口城市合作网络。自治区北部湾办公室和交通厅与 6 家物流运输企业共同成立钦州—北海—防城港港口型国家物流枢纽共建共治联盟。

北部湾港已开通 15 条至东盟国家的直航航线，航线涉及新加坡、越南等国的 14 个港口。开行至渝、川、滇、黔、陇、陕西省市的 6 条班列，通过"渝新欧""蓉欧"中欧班列，实现"一带一路"物流衔接。

二、立足优势大力发展口岸经济

广西立足沿边优势，积极推动"口岸+"产业发展，发展沿边口岸经济。推动东兴、凭祥、百色三个重点开发开放试验区加快发展，支持发展互市贸易进口商品落地加工试点，加快打造边境特色产业发展经济带。

百色市积极发展互市进口商品落地加工，布局建设 5 个落地加工产业园，推进龙邦万生隆国际商贸物流中心产业园、深圳龙岗—百色靖西协作共建产业园、那坡龙岗边境贸易扶贫产业园等 5 个园区建设，发展冰冻水产品和中药材加工业。2021 年全市边民互市贸易进口商品落地加工产值超 35 亿元，落地加工占辖区互市进口比重约为 70%，占广西落地加工贸易比重约为 50%，边境地区加工业集聚提速，推动当地从"通道型口岸"向"加工型口岸"转变。

崇左市发挥区位优势和中国（广西）自由贸易试验区崇左片区、中国（崇左）跨境电商综合试验区、凭祥市场采购贸易方式试点优势等平台优势，依托中越"两国双园"中方园区、凭祥综合保税区、凭祥电子信息产业园建设吸引加工企业聚集，发展跨境电子信息产业和东盟特色产品深加工业。依托凭祥、龙州、宁明等边民互市进口商品落地加工试点县（市）建设，发展以电子信息产品、服装、电动摩托车、红木、坚果、水果、粮食、木材、淀粉、海产品、中草药为主的进出口加工基地。凭祥借助通道建设加快推动口岸经济发展，依托口岸发展休闲食品加工业、电子信息加工业、木材（红木）加工业三大特色产业。中国（凭祥）东盟水果小镇、凭祥边境出口加工产业园、中国东盟红木产业园等重点园区建成并初具规模，引进盐津铺子、三诺数字科技、生和堂食品等知名企业入驻。凭祥宁明县爱店口岸以药材进出口贸易为依托，推动药材加工企业发展。

东兴市通过实施落地加工合法化、通关便利化、进口商品成本最低化、试点企业优先化、贸工互动效益最大化等措施，积极发展边境贸易以及互市商品落地加工，促进边民互市从通道经济向口岸经济转型升级。推动东兴农产品物流中心、东兴跨合区智慧物流产城融合中心、东盟（东兴）农产品跨境冷链物流分拨中心等物流项目建设。

三、加快发展向海经济

近年来，按照"陆海联动、优势集聚、功能明晰"的要求，北海、钦州、防城港等沿海城市立足资源禀赋，积极壮大海洋产业，发展临港产业集群，加快发展向海经济，加强陆海联动。

成立"打造广西向海经济"工作领导小组，编制《打造广西向海经济行动方案》等系列指导方案，出台发展向海经济推动海洋强区建设的"1+6"系列文件。通过实施2020—2022年向海经济三年行动计划，沿海三市初步建立起了集群化、高端化、创新型、质量效益型现代海洋产业体系，增强了西部陆海新通道桥头堡北部湾港和沿海增长极的产业聚集能力。

在沿海三市加快调整海洋产业空间布局，制定《北钦防一体化产业协同发展会商制度》，实施一批重大产业项目，包括广西生态铝项目（一期）、防城港钢铁基地（一期）、华谊钦州化工新材料一体化基地、信义玻璃产业园项目一期、金桂、绿传、华为、恒逸等重点产业项目，聚力打造临港产业集群。在沿海三市重点发展以石化、粮油、新材料、新能源、先进装备制造、航运服务等产业为龙头的临港产业集群，培育北海、钦州、防城港形成以电子信息、绿色化工、金属新材料等七大临海优势产业体系。推动广西钢铁集团有限公司、北部湾新材料有限公司等龙头企业"二次创业"，加快打造"三千亿级"

高端金属新材料产业集群。加快华谊钦州、北海液化天然气等项目建设，打造"三千亿级"绿色化工新材料产业集群。加快中国电子北部湾信息港、惠科电子北海产业新城等项目建设，打造"三千亿级"电子信息产业集群。打造"千亿级"林浆纸产业集群、"千亿级"轻工食品产业集群，打造能源、先进装备制造两个"千亿级"产业集群。打造百亿元级以上重点产业园区 11 个，其中产值超千亿元园区 2 个。加快中马钦州产业园升级版建设，成为国际产能合作示范区。

四、不断加强跨区域产业合作

广西不断深化与沿线地区的合作，为通道物流运输业发展提供新动力。2017 年以来，西部陆海新通道建设主体从最初的渝、桂、黔、甘 4 个省（区、市），发展到 2019 年中国的 14 个省（区、市）。为提高多式联运效率，广西北部湾国际港务集团与中铁南宁铁路局集团、成都铁路局集团开展了"港口+铁路"合作，探索整合各方资源，提升通道运营能力和运营效率。2020 年，钦州港与新加坡开展国际贸易"单一窗口"国际合作试点建设，有效推动了重庆、钦州港与新加坡在海运集装箱物流方面的信息共享。

与沿线区域开展合作，加强产业合作园区建设，推动产业向通道聚集。在跨国产业合作方面，加强中马钦州产业园、中新南宁国际物流园等国际合作园区建设。在开展跨省合作园区建设方面，积极寻求与重庆、云南、甘肃、湖南等中西部省（市）共建通道产业合作园区。重庆、四川等沿线省份企业参股北部湾港建设运营，加快川桂国际产能合作园区建设，共商共建共享通道共识不断转化为实际成果。

第四节　广西推动西部陆海新通道与产业融合的成效

一、物流成本显著降低，物流产业规模持续增长

近年来，广西积极提升通关效能和港口服务能力，使西部陆海新通道货物通关时间明显缩短，通道综合物流成本明显下降，物流产业的发展环境不断改善。围绕西部陆海新通道的重点物流园区建设、班列和班轮运营、物流和通关费用、多式联运综合信息服务平台等方面出台了系列优惠政策，降本增效效果显著。

创新实行互市商品落地加工"集中申报""直通式"通关监管，通关便

利化水平不断提升。"13+1"西部陆海新通道省际协商合作机制成功建立，为广西通道物流业发展提供机制保障。物流信息化建设步伐加快。开展广西国际贸易"单一窗口"、北部湾港无纸化（智慧湾）项目建设，北部湾港统一客户服务门户网站（北港网）投入使用，有效服务西部陆海新通道建设。电子商务等专业化平台建设有序推进，有力促进了物流行业信息交换和共享。

通过持续的改革创新，广西通关效率明显提升。2020年，广西口岸进口和出口整体通关时间分别为5.56小时和0.77小时，在全国处于领先水平，实现通关高效便利化。公路口岸通关时效也继续保持全国领先。

北部湾港实施集装箱进出口环节对标提升行动，北部湾港集装箱进出口业务人工环节由36个减至目前的8个，纸质单证由41份减至8份。持续开展北部湾港降费提效优服专项行动，通关作业全流程优化与单证精简港口降费提效方面成效显著，通道综合物流成本明显降低。北部湾港进口环节流程平均时间，从2019年的78小时压缩为2021年的55小时，压减了30%，出口环节平均时间从27小时压缩为20小时，压减了26%。此外，南宁、成都等铁路局集团对陆海新通道集装箱运价进行了调整，北部湾港往重庆、成都方向集装箱运价下调30%，昆明、贵阳方向下调了10%。北部湾国际港务集团积极降低港口收费，免收通道货物提柜费，铁路至港口堆场倒短费由400元/标箱降至130元/标箱。通道整体费用从8000元/标箱降至5000元/标箱，与传统江海联运基本持平，正在形成稳定的市场竞争力。开展海铁联运"一口价、一票制"，从重庆经北部湾港至新加坡，海铁联运实行3800元/标箱的"一口价"，比分段运输成本下降38%，提升了海铁联运的竞争力。2019年以来，北部湾港海港口岸集装箱进、出口环节合规成本持续下降，进口环节边界合规成本从2019年年底的3300元下降为2020年的2000元，降低39.4%；出口环节边界合规成本从2019年的2300元下降为2020年的1900元，降低17.4%，与国内宁波港等一流港口的差距逐渐缩小。

物流产业规模实现稳定增长。2020年，广西社会物流总额为5.27万亿元，与2015年相比，实现年均增长7.4%。2020年，广西社会物流总费用为3279.3亿元，占地区生产总值比重为14.8%，高于全国平均水平0.1个百分点。完成货物运输总量18.亿吨，较2015年增长25.2%。2020年，广西北部湾港的货物吞吐量和集装箱吞吐量分别为2.96亿吨和505万标准箱。

物流企业数量和实力不断壮大。在参与西部陆海新通道建设过程中，培育了一批本土优秀物流企业，吸引了一批知名物流企业入驻广西，物流企业竞争力显著增强。2020年，广西从事交通运输、仓储和邮政业法人单位2.04万个，较 2015 年增长 139.6%。2015 年广西只有 A 级以上物流企业 22 家，2020 年广西有 5A 级物流企业 5 家，A 级以上物流企业 83 家，如表 11-2 所示。

表 11-2　广西物流基础设施与物流产业发展情况

类型	指标	2015 年	2020 年	2020 年比 2015 年增长比例/%
物流基础设施	公路里程/万公里	11.8	13.16	11.5
	高速公路里程/万公里	0.43	0.68	58.1
	铁路运营里程/公里	5 086	5 206	2.4
	高速铁路里程/公里	1 704	1 792	5.2
	北部湾港口货物综合通过能力/亿吨	2.3	2.77	20.4
	内河港口货物通过能力/亿吨	1.0	1.22	22.0
	万吨级以上泊位/个	79	98	19
	内河千吨级以上泊位/个	143	164	21
	运输机场/个	7	8	1
物流企业	A 级以上物流企业/家	22	83	61
	5A 级物流企业/家	—	5	5
	从事运输和仓储业务的物流企业/万个	0.3	2.04	1.66
物流产业规模	社会物流总额/万亿	4	5.27	
	社会物流总费用/亿元	1 300	3 279.3	152.25
	社会物流总费用占地区生产总值比重/%	7.7	14.8	7.1
	货物运输总量/亿吨	14.97	18.7	24.92
	港口货物吞吐量/亿吨	3.15	4.69	48.9
	北部湾港货物吞吐量/亿吨	1.28	2.96	131.25
	北部湾港集装箱吞吐量/万标准箱	142	505	255.63

数据来源：《广西物流业发展"十三五"规划》《广西物流业发展"十四五"规划》《2015 年广西国民经济和社会发展统计公报》。

物流设施布局不断完善。南宁陆港型、钦州—北海—防城港港口型国家物流枢纽建设稳步推进，7 个城市纳入国家物流枢纽承载城市规划。防城港东湾物流园区、凭祥综合保税区物流园入选国家示范物流园区，共有自治区示范物流园区14个。全区拥有综合保税区4个、保税物流中心2个、保税仓28个，保税物流发展迅速。物流园区类型不断丰富、规模不断扩大，集聚程度明显提升。

交通基础设施建设不断加快。截至2020年年底，铁路营运里程达到5 206公里，高速铁路运营里程达到1 792公里，铁路路网密度为全国平均水平的1.4倍。全区公路里程13.16万公里，较2015年新增1.36万公里，其中高速公路里程6 803公里。2020年，广西北部湾港口货物综合通过能力和集装箱通过能力分别达到2.77亿吨和425万标箱，北部湾港拥有98个万吨级及以上泊位，北部湾国际门户港服务能力不断提升。

物流服务能力逐步提升，西部陆海新通道集聚效应显著。截至2020年年底，广西区内已开通桂东班列、桂北班列和北部湾至玉林班列；同时，北部湾港至西部省份的5条海铁联运班列线路实现常态化开行。海铁联运班列规模翻倍增长，2017年，海铁联运班列不到180列，2020年海铁联运班列达到4 607列，开行班列数量增长近25倍，2021年海铁联运班列年开行6 117列。

经过多年的努力，北部湾港航运服务网络不断织密。2021年，北部湾港与世界100多个国家和地区的200多个港口通航，开通了集装箱航线54条（其中，东盟航线21条，远洋航线3条）。北部湾港集装箱吞吐量也明显提升，从2006年19万标箱上升为2021年601万标箱，在我国沿海港口中排第8位。2021年，北部湾港开启通航30万吨级巨轮历史，港口货物吞吐量达到3.6亿吨，在全国沿海港口中排第9位，在全球港口中排第19位。此外，广西积极推进集装箱业务智能化升级，钦州集装箱中心站智能化水平得到提升。

跨境陆路运输频次不断加密，常态化开行广西至越南、泰国、老挝、柬埔寨4条跨境公路班车运输线路，高速公路直通4个边境口岸，南宁至越南河内等跨境公路直达运输线路常态化运行。国内冷链货运班列和"点对点"铁路冷链运输稳定开行。

二、提升了产业聚集发展水平，临港产业集群加快形成

西部陆海新通道建设，为广西经济发展特别是广西沿海城市的发展带来了机遇，随着基础设施的不断完善，营商环境的持续优化，物流业、交通运输业加快发展，广西第三产业聚集发展水平持续提升，如表11-3所示。2015—2020年，虽然广西第二产业区位熵没有得到提升，但第三产业区位熵持续提升，以物流产业、交通运输业加快向主通道沿线聚集发展为特征，广西第三产业的聚集发展水平也得到提升。

表 11-3　广西非农产业区位熵

年份	第二产业区位熵	第三产业区位熵
2015	0.892 2	0.909 4
2016	0.881 3	0.910 3
2017	0.864 7	0.935 5
2018	0.858 9	0.947 5
2019	0.860 1	0.937 4
2020	0.849 2	0.952 3

资料来源：根据相关年份《广西统计年鉴》数据计算得到。

在西部陆海新通道带动下，2020 年，广西签约"三企"入桂项目达 2 300 个，总投资约 3.4 万亿元。实际开工项目超过 1 200 个，实际投资超过 1.12 万亿元，如表 11-4 所示。

表 11-4　2020 年广西"三企入桂"情况

类别	央企入桂	湾企入桂	民企入桂	"三企"入桂
招商合同项目超过/个	250	1 000	1 050	2 300
项目总投资达到/万亿	1.06	1.24	1.1	3.4
其中，开工项目超过/个	100	570	600	1 200
总投资超过/万亿	0.25	0.35	0.52	1.12

资料来源：广西投资促进局。注："湾企"是指粤港澳大湾区企业。

通道建设推动区域开放合作，临港产业集聚效果逐步显现。近年来，北海、防城港、钦州着力发展临港工业，加快打造的 3 个工业产值超千亿元的临港产业园区初具规模。钦州绿色高端化工新材料产业和防城港金属新材料产业加快聚集。

绿色化工产业加快集群化发展。通过引进华谊化工新材料、恒逸化工化纤项目、浙江桐昆集团等龙头企业入驻，钦州石化产业园形成了"油、煤、气、盐"多元石化产业体系，成为西南地区最大的化工园区。

装备制造产业聚集规模不断扩大，钦州引入了中船海工 10 万吨级修船项目和 2 万吨级规模化造船项目，还引进了锦峰海洋重装、中船海上风电、远景智能风机装备制造等项目入驻。

电子信息产业和数字经济加快发展。北海工业园区引进中国电子、惠科电子、京东云、冠捷科技等知名企业，电子信息产业加快向北海产业园区聚集。2021年，已有466家企业入驻中国电子北部湾信息港，凡普金科、中国软件、北京旋极、中星电子、北京大数据等行业龙头企业带动了园区数字经济加快发展。

广西沿海粮油产业集群不断发展，粮油食品加工业加快发展。钦州粮油食品加工业加快产业规模化、集团化发展，产值突破200亿元。防城港已有大海粮油工业有限公司、广西惠禹粮油工业有限公司、防城港枫叶粮油工业有限公司、嘉里粮油有限公司、益海大豆工业有限公司、防城港澳加粮油有限公司、防城港富味乡油脂食品有限公司、防城港市鼎业粮油有限公司、防城港上思县思甜土特产贸易有限公司等9家规模以上粮油企业，达到日榨大豆11 500吨、日压榨菜籽2 300吨、日精炼油脂1 900吨、日分提棕榈油1 400吨、日处理皂角200吨的生产加工能力，产品出口越南、韩国、菲律宾和欧盟，成为全国最大的食用植物油籽加工基地之一。

广西临港万亿级的冶金产业集群加速形成。防城港以钢、铝、铜深加工产业为核心，引进、培育广西钢铁集团有限公司、广西盛隆冶金有限公司、金川集团广西有限公司、广西华昇新材料有限公司、广西北部湾新材料有限公司等龙头企业，产业规模不断扩大。广西生态铝工业基地于2018年开工建设，中铝集团旗下广西华昇新材料有限公司的200万吨氧化铝项目投产。

广西着力推进通道沿线节点城市的物流枢纽加快建设，枢纽经济初具规模。目前，南宁国际铁路港、柳州传化公路港、桂林西物流中心、柳州铁路港、钦州—北海—防城港港口型国家物流枢纽等通道枢纽加快建设与发展。南宁临空经济示范区获得国家批复，南宁临空经济示范区正在加快航空物流、航空维修制造、临空高新技术、临空商务等临空产业的发展。

三、通道运输效率和通关便利化水平快速提升，促进了区域贸易发展

西部陆海新通道海铁联运班列以北部湾港为主要出海口，经北部湾港的班列数量从2017年的178列增加到2020年的4 607列，增长近25倍，2020年较2019年增长105%。云南、成渝地区为主要海铁联运班列开行区域，分别占比39.22%、45.47%。通过与中欧班列、中亚班列的联动，西部地区的各向贸易通道被逐步打开。

通关便利化水平的提升促进了出口贸易发展。广西加快跨境电商出口监管改革，通过对出口跨境电商企业实施信用分级和动态管理，推行不卸车监管模式，并根据企业信用等级及监管情况等动态调整抽查验核力度，通关时间从原来的平均3~4个小时缩短到1个小时左右，效率提升了大概70%。南宁海关创新"边民互市+落地加工"模式。2020年3月，南宁海关所辖友谊关海关创新推出边民互市落地加工手机APP掌上申报新方式，边民几十秒内就能完成一票互市进口落地加工商品申报，原材料申报完成后，友谊关海关采用直通加工厂区模式，不用区内过驳，直通落地加工厂。

　　陆海新通道建设促进了广西对外贸易的增长。首先，广西对外出口总额快速增长，从2015年的1 746亿元上升为2020年的2 708亿元，年均增长率为9.17%，如图11-3所示。按出口贸易方式看，一般贸易从2015年的314亿元上升为2020年的710亿元，是2015年的2.261倍；进料加工贸易从257亿元上升为480亿元，是2015年的1.87倍；边境小额贸易从1 014亿元上升为1 098亿元，是2015年的1.08倍。如图11-4所示。

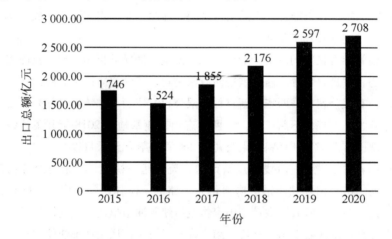

图11-3　广西出口总额

　　除了一般商品贸易增长迅速，通道发展带动了加工贸易快速发展，如图11-4所示。自2015年以来，广西进料加工贸易出现稳步持续增长态势，从2015年的257亿元上升为2020年的480亿元。

　　随着西部陆海新通道建设的持续推进，广西与东盟的进出口贸易总量稳定增长。进出口贸易总额从2015年的1 807.05亿元上升为2020年的2 374.41亿元，年均增长率为5.61%。其中，一般贸易进出口总额增长最快，从2015年的176.70亿元，上升为2020年的387.41亿元，年均增速为17%。如图11-5所示。

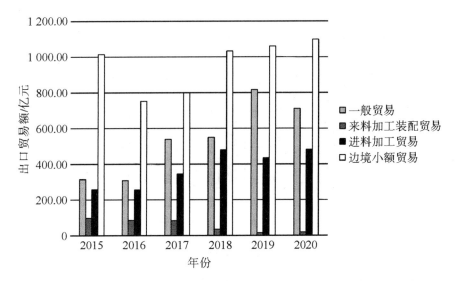

图 11-4　广西各类出口贸易额

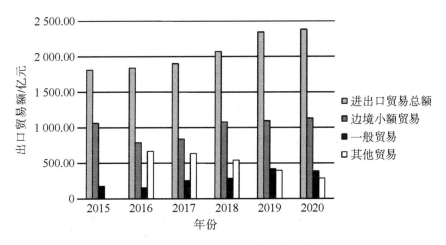

图 11-5　广西与东盟进出口贸易额

　　广西对东盟的出口贸易快速增长。如图 11-6 所示，广西对东盟的出口额从 2015 年的 1 211.74 亿元上升为 2020 年的 1 533.44 亿元，年均增长率为 4.8%。其中，广西对东盟一般出口贸易从 2015 年的 98.53 亿元上升为 2020 年的 209.48 亿元，年均增长率为 16.28%。

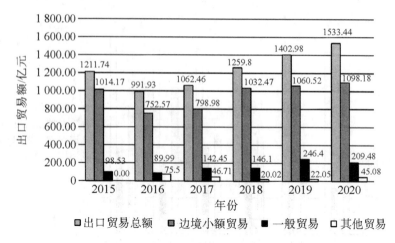

图 11-6　广西对东盟的各类出口贸易额

2014 年以来，南宁市、崇左市先后成为国家跨境贸易电子商务服务试点，北海和钦州的跨境电商零售进口试点建设。2019 年建立中国（广西）自由贸易区试验区，2020 年南宁海关关区获批开展跨境电商 B2B 出口试点。这些都为广西跨境电商产业发展带来重大发展机遇，推动广西与马来西亚、越南、印尼开展电子商务合作。2021 年广西跨境电商继续保持强劲增势，其中，南宁市和崇左市的跨境电商进出口额分别为 77.7 亿元和 23.8 亿元，两地的跨境电商进出口总额分别同比增长 2.6 倍和 10 倍。

四、合作机制不断完善，搭建了地区间产业合作平台

广西与西部陆海新通道相关省份的合作机制不断深化。2018 年，渝桂黔陇与川滇陕青蒙新等西部 10 省（区、市）联合发布合作倡议，渝、桂、黔、陇四省（区、市）与青海签署工作层面合作备忘录。与新加坡合作关系进一步深化，成功举办"南向通道之机遇·桂新企业对接会""桂新企业家创新合作交流会"，并达成一批合作项目意向。

通过完善合作机制，搭建了地区间的产业合作平台，促进了与相关地区的产业合作。一方面，西部陆海新通道企业运营平台进一步充实，中新南向通道物流发展有限公司（渝桂平台公司）先后与中新互联互通物流发展有限公司（新加坡控股）以及甘肃、贵州平台企业达成合作意向，并就"统一品牌、统一规则、统一运作"总体合作思路达成一致。另一方面，合作机制的完善也直接推动了广西相关产业与这些地区的合作。如广西与甘肃、重庆、贵州四省（区、市）共同成立"南向通道旅游推广联盟"，推动与西部陆海新通道沿线国家和地区的旅游合作。如柳州市以西部陆海新通道建设为契机，加强与新加坡、重庆等产业发展优势明显的国家和地区的合作，成功引入重庆超力、爱柯迪等汽配项目，进一步增强了柳州汽车零部件产业聚集。

第五节　广西推动西部陆海新通道与产业融合的经验

一、推进通道节点建设，持续优化设施布局

广西在开展西部路陆海新通道建设过程中，注重加强节点城市的建设，如南宁、柳州，作为支撑通道建设的重要增长极，通过开展陆港型物流枢纽建设，提高节点城市的产业支撑能力和服务能力。并依托物流产业园区建设，引导生产要素向重要城市聚集，培育通道沿线的特色产业，加快了特色产业聚集区的发展。

二、强化腹地支撑，促进陆海联动

近年来，广西加快调整南宁、柳州和桂林等内陆腹地产业结构调整，在原有产业基础上，培育战略新兴产业集群，促进内陆地区做大做强现代工业。同时，广西提出发展向海经济，加强内陆地区与沿海城市的互动，为提升沿海港口货源聚集能力提供支持，形成陆海联动。

三、加强跨区域合作机制建设，加强产业合作

广西积极与其他地区开展区域合作，通过开展园区合作建设加快临港工业聚集。自启动通道建设以来，广西积极深化与中西部地区产业合作。加强桂渝合作，强化平台建设；推进桂川共同建设川桂国际产能合作产业园，支持四川航空公司与南宁机场共同打造航运基地；推进与西南、中南其他省份合作，共同推进基础设施建设和升级。鼓励各省区在广西建设临海、沿边产业园，加快发展"飞地经济"。同时，广西开展与沿线通道地区的合作，提升服务质量，降低费用，加强了货源聚集的协调与组织能力，北部湾港口的货运量也得到明显提升。

四、持续优化营商环境，加强运输协调和货源组织

近年来，广西持续推动港口优服降费，对标先进港口，强化服务能力，深入推进北部湾港优服提质降费工作。清理不合理收费，规范收费行为，降低北

部湾港口服务收费。减少集装箱倒转环节，压缩货物在港时间。健全"量价捆绑"和全程运价机制，持续推进陆海新通道铁路运价下浮，降低运输成本。推动在通道沿线省份重要物流节点设立集装箱还箱点，解决异地还箱成本高的问题。取消公路增设道口费、超限运输车辆行驶公路费，停收部分高速公路一类桥隧车辆通行费，完善货车计重收费政策，开展高速公路差异化收费试点工作。

此外，广西着力降低制度性交易成本。以交通、物流、贸易、产业等领域为重点，深化"放管服"改革，对所有涉企经营许可事项实行"证照分离"改革，进一步压缩企业开办时间，加大审批权限下放或取消力度，优化审批流程，推行一站式审批，提高工作效率。

本章小结

自 2017 年启动西部陆海新通道建设以来，广西积极采取各项措施，与重庆、贵州、甘肃等西部省（区、市）积极开展合作。广西出台了系列政策措施，在资金、金融、土地、基础设施等方面支持西部陆海新通道建设，持续推进西部陆海新通道建设。

广西大力推进通道基础设施建设，优化设施空间布局。加快口岸基础设施建设和多式联运体系建设，加强通道货源组织，拓展班列运营线路，口岸开放和通关便利化水平不断提升，互联互通效率得到提升。通过降低综合物流成本、创新港口物流服务模式，实施持续降费提效优服务专项行动，推进"一单制"试点改革，降低综合成本。搭建一站式综合金融服务平台，完善金融服务，提高融资服务效率。不断加大投入，补齐物流设施短板，提升集疏运能力。加强物流枢纽建设，大力发展通道枢纽经济。

广西积极推动西部陆海新通道与产业融合发展。推进南宁、柳州、桂林、钦州—北海—防城港、东兴和凭祥等为核心的广西国家物流枢纽体系建设，推动广西从发展"通道经济"向发展"枢纽经济"转变。立足沿边优势，积极推动"口岸+"产业发展，发展沿边口岸经济。推动东兴、凭祥、百色三个重点开发开放试验区加快发展，支持发展互市贸易进口商品落地加工试点，加快打造边境特色产业发展经济带。按照"陆海联动、优势集聚、功能明晰"的要求，北海、钦州、防城港等沿海城市立足资源禀赋，积极壮大海洋产业，发展临港产业集群，加快发展向海经济，加强陆海联动。不断加强跨区域产业合作。与沿线区域开展合作，加强产业合作园区建设，推动产业向通道聚集。

通过不断努力，广西推动西部陆海新通道建设与产业融合取得明显成效。一是通过提升通关效能和港口服务能力，使西部陆海新通道货物通关时间明显缩短，通道综合物流成本明显下降，物流产业的发展环境不断改善，物流产业规模持续增长。二是提升产业聚集发展水平，临港产业集群加快形成。通道运输效率和通关便利化水平快速提升，促进了区域贸易发展 。通过完善合作机制，搭建了地区间的产业合作平台，促进了与相关地区的产业合作。

本章研究发现，广西推动西部陆海新通道与产业融合的经验主要有以下几点：推进通道节点建设，持续优化设施布局；强化腹地支撑，促进陆海联动；加强跨区域合作机制建设，加强产业合作；持续优化营商环境，加强运输协调和货源组织。

第十二章 重庆西部陆海新通道建设与产业融合发展的实践

第一节 重庆西部陆海新通道建设概况

重庆地处内地西南部，是长江中上游地区绝对的政治经济商贸中心，近年来重庆积极与周边省（区、市）共同建设"一带一路"，进一步深化与东盟国家的经贸合作，其中典型的有中新互联互通项目。该项目的实施推动西部陆海新通道建设进入新的阶段。至 2021 年，重庆推动西部陆海新通道运营持续保持较快增长态势，全年运输 11.2 万标箱，同比增长 54%，增幅超年度目标 2.6 倍。铁海联运班列货运量、货值超通道全线总量 30%，在已开行铁海联运班列的沿线 11 个省（区、市）中位居第 1 位。外贸箱量、货值占比分别提升至51%、72%。回程货量、货值分别占比 43%、41%，物流网络覆盖 107 个国家（地区）的 315 个港口，货物品类增加至 640 个。基本形成以成渝为中心分别延伸至贵湘桂的三天货运铁路的建设，实现了与中欧班列每日双向常态化对开，初步建立了以中国西南为中心，南至中南半岛诸国双向定期的公路班车和双边陆铁联运的跨国物流组织形式。现今，随着环北部湾港口区的建设与完善以及海内外航线的拓展，国家中西部地区通过陆海新通道的建设实现了自身产业结构的转型升级、海外份额的扩张、地区经济的发展。

一、加强通道物流和运营组织中心建设

重庆市作为陆海新通道的中西部地区组织运营协调中心，积极协调通道实体机构的建设工作。通过落实西部陆海新通道沿岸省（区、市）联席会议议定事项、依据协议推动跨国际跨区域的运营组织合作关系，建立通道沿线动态项目库。推进陆海新通道方面集成了交通产业，物流产业，贸易业务的三方调

和，设计出高效便捷的交通模式、稳健便利的物流贸易体系、科学的产业结构、科学的研发机制。重庆市创新了通道运营的模式、多式联运，联动共享促进通道资源的合理配置，为保证通道的运输安全，还建立了陆海新通道应急物流组织保障体系以备不时之需。具体而言：

一是强化通道能力建设。加强沿线铁路运力建设是关键，以公路港、航空港、水港运力的提升为延伸，完善通道市域网络等。

二是通过强化地区枢纽的分工协作，打通主辅枢纽间的障碍，实现主辅枢纽间微循环，地区枢纽间大循环的结构。在此基础上有力地提升了陆海新通道的服务效能，将内地通道和海外通道进行了衔接，设立海内外供应链节点体系，提升了通关报关的业务水平。

三是以通道经济培育枢纽经济，以枢纽经济辐射区域经济，协同发展通道经济和区域经济，推动了贸易质量的提升，发展具有通道特色的物流体系。

四是发挥模范实验平台的整合作用，提高境内外通道建设的开放水平。例如中新战略性的互联互通项目可以起到地区性的模范带头示范的作用。

重庆地处巴渝地区，其处于中西部地区的核心区域，独特的区位优势使得重庆成为陆海新通道的国际枢纽和口岸高地，通过产业融合，带动经济，交通，物流，商贸的发展，通过汇总地区的信息、人口、财物。最终实现跨区域的通道经济，辐射周边的地域经济协同发展的新格局。

2019年《西部陆海新通道总体规划》颁布，文件正式提出国内13个省（区、市）外加1个直辖市共建新通道的格局，到同年《合作共建西部陆海新通道框架协议》的正式签订，为策应大通道省（区、市）攻坚新格局，"建立陆海新通道综合运营平台"的计划在重庆横空出世，计划的提出让重庆市成为大通道建设的领头羊。综合运营平台是集托运企业、物流保险、供应链金融、智能仓储、物流企业、物流追踪平台、单一窗口于一体的信息共享平台，借助云端工程使得陆海联动的效率提升。重庆市通过建立"综合运营平台"，希望整合多方优势，促进多元合作，达到多方共赢。

西部陆海新通道开通后，重庆联动多条经济带形成涵盖西部大开发、长江经济带、"一带一路"经济带、海上丝绸之路经济带的联动发展格局，由6省（区、市）政府牵头，共同建立了陆海新通道运营有限公司，陆海新通道运营有限公司以"服务并促进国内国际区域经济发展"为使命，辐射国内13个省（区、市）、90个站点以及全球106个国家和地区的311个港口，服务货物品类超640个。公司的宗旨是敢为人先，攻坚克难，搭建国际贸易服务平台、跨区域物流信息平台、跨境物流金融服务平台，构筑数据+金融+产业+贸易"四位一体"的生态圈，努力打造服务区域经济发展、陆海融通全球的综合服务平台。通过各节点，以点串线、点线带面，推动经济的发展。

二、强化通道能力建设

自《西部陆海新通道总体规划》实施以来，重庆作为西部陆海新通道中西部地区重要的节点，产业集群建设效果明显。随着规划的正式实施，东中西三条通路持续强化，重庆涉及多项铁路建设。重庆已经在建的项目，主要涉及：扩能中线通路板块重庆铁路枢纽东环线、完善东线通路渝湘高速铁路（重庆到黔江段）。渝湘高铁东起重庆西至黔江，全长265千米，沿线设置8个车站，设计速度350千米/小时，届时，重庆主城至黔江由目前的4小时缩短至50分钟，到长沙约3小时。一旦通车，将促进沿线区县旅游资源开发，以及改变沿线部分居民的生活。

为带动渝北地区发展，国家将开建渝西铁路，预计渝西高铁通车后能改变重庆忠县、开州、城口目前尚无铁路的历史，以及交通建设滞后的现状。重庆市和三峡库区的重镇万州区，渝西高铁建成后，可使万州成为公铁水联运的地区重点交通枢纽，带动整个重庆北部发展。西部陆海新通道通路持续强化通道功能，强势带动沿线经济的发展。未来重庆市将对西部陆海新通道的建设能力进行进一步的论证提升，重庆将力争在2025年基本建成高效便捷、绿色环保、经济稳定的西部陆海新通道，力争到2035年全面完成西部陆海新通道建设。

三、提升通道物流服务效能

自西部陆海新通道建设以来，重庆以提升通道物流服务效能为立足点，持续强化通道建设，加快铁港、水港和综保区联动发展。一方面，充分发挥江津在重庆西部陆海通道建设中的主枢纽作用，积极承接主通道中线建设任务，保障江津班列稳定运行，加密开行频次，并适时启动冷链班列；另一方面，依托小南垭和珞璜港的多式联运优势，实现了"沪渝直达"，将长江航运与铁路班列的中转服务实现联运，提升铁水联运组织效率。

近年来重庆积极与周边省市互动，例如与成都共建成渝地区双城经济圈时，通过成渝贵铁路环线，构建与渝西、川南、黔北地区的快速联通网络，畅通"微循环"，打造覆盖更多区域的"小转运"系统，不断加强西部陆海新通道中线与西线通路的互联互通，进而带动成渝地区经济发展。这将改变重庆长期以来依托主城区的物流体系对外进行交流，周边县市物流体系利用率不高的格局，提出"井"字型货运通道格局布置主城区，并以主城区（含江津区）

为主枢纽，以万州区、涪陵区为辅枢纽，以市区周边县市为重要节点，构建起"一主两辅多节点"的网络枢纽体系，形成枢纽网络的区域性辐射态势。

四、提升通道对外开放水平

为进一步稳固重庆在陆海新通道中的战略高地地位，提升通道的对外开放水平，重庆市政府通过加快多层设计的方式，以出海出境大通道为顶层设计的出发点、落脚点，为进一步打破区域壁垒，重庆市率先推动各物流园区的智能化转型，利用数智物联网络的发展，实现全园区的机械化、自动化、专业化。并且园区在高效作业的基础上，积极利用平台优势，汇聚更多物流资源，吸引更多潜在客户，实现园区区域一体化，改变原先的分工体系，通过区域内的航空港、国际物流枢纽园区、果园港多式联运示范基地等节点优化陆海新通道重庆段的物流枢纽布局，此外重庆市也积极向区域外拓展，延伸物流网络，在中国香港、越南、新加坡三地建立国际货物分拨中心。从而实现重庆物流辐射能力的提升，为进一步开放型经济的发展打下坚实的物质基础。

重庆建立西部合作开放的体制机制，通过深化改革弥补制度性短板。以"西部陆海新通道"为载体，在国家各部委、海关的统筹指导和政策支持下，西部各省份基于中新两国联席会议和地区合作协议启动了共建共享模式的机制探索，形成了良好的政策环境，合作内容包括多式联运、跨区域交通、通关一体化、物流和信息服务等多个层次。例如，推动陆海铁国际联运，开通渝新欧铁路集装箱班列，着力提升跨省、跨国联运效率；合作弥补跨地区运力不足、协调不顺畅的问题，与东盟沿线国家共推港口合作网络和中国—中南半岛经济走廊建设。对外深化中新、中越等境外港口的港务合作，积极参与东盟国家内陆港联通建设，支持相关单位在中南半岛、马来群岛等主要枢纽节点建立公共的境外分拨集散中心、集装箱提还箱点和海外仓，降低物流运输运行成本。对外开放通道，不仅是面对海外，也同样面对国内的其他省（区、市）。重庆市利用西部陆海新通道的平台优势，积极与沿线省（区、市）政府共同建立跨区跨部门的联控机制。目前沿线各省市区以原先的广东湛江"13+1"合作共建协议为模板，实现了"五统"的布局模式，即：统一的任务部署、统一的跨地区的协同政策、统一的重大项目建设库、统一的监测运行状态、统一的区内外宣传机制。同时，沿线各省（市、区）的软硬件设施正在稳步建设中，这将极大降低企业的外部交易成本，促进各类资源的汇总和共享，实现通道物流和运营中心建设朝着既定的目标迈进。不仅建立起信息资源动态数据库，还将集装箱分拨调度共享体系平台化，推动通道物流服务高效运转。通过主动集装箱分拨调度体系的建立，强化了箱源源头化管理，为进一步推动"铁箱下水、海箱进陆"打下坚实的基础。当前集装箱分拨调度体系已经初具规模。为推动西部陆海新通道的建设增添了动力。

第二节　重庆产业发展概况

重庆是中国传统制造业基地之一和国家重要的现代制造业基地，1983 年成为全国第一个经济体制综合改革试点城市，实行计划单列。重庆于 1997 年成为中国西部地区唯一的直辖市，自直辖以来重庆的发展步入快车道，在区位优势、产业优势、政策优势的加持下，地方经济飞速发展。步入 21 世纪后，重庆大力推动自身产业结构的升级改造，淘汰落后产能，建立引进先进产能，焕发了老工业基地的第二春，并逐步成为全球重要的电子信息产业基地并发展出国内重要的汽摩产业集群，战略性新兴产业取得长足发展，以数智物联技术为引领的创新驱动进一步发展，产业经济的发展更加具有活力。2021 年实现地区生产总值 27 894.02 亿元，较同期增长 8.3%，地区生产总值在全国城市中排行第五。

一、形成"6+1"支柱产业体系

2012 年以来重庆形成了"6+1"支柱产业。"6+1"支柱产业，这当中"6"指的是电子制造业、材料业、能源工业、化工医药业、装备制造业、汽车制造业六大传统制造业。其中的"1"是指消费品行业。通过近十年的发展，"6+1"的结构布局更加合理，能效比进一步提升。

一是实现电子信息产业的稳定高速发展。云端计划的落实，重庆市将着重打造 PC 本、软件及信息服务、通信设备及物联网三个千亿级的产业集群。同时通过六大辅助的百亿产业集群的建造，一座国际化的电子信息产业基地即将在重庆地区拔地而起。近年来重庆市积极推动产业链的升级改造，吸引了诸多跨国公司和国内外的龙头企业在本地设立研发中心和支付结算中心，使得重庆逐步摆脱原先的发展模式，实现了研发设计和加工制造一体化的全流程产业链。重庆市还利用本地高校平台的优势，建立起一批高质量的云计算业务中心，大力推广云端技术的运用，形成具有地域特色的云计算产业链。重庆作为我国中西部地区重要的电子产业基地，有着先天的产业优势，在此基础上，当地积极将引进与自主研发相结合，逐步提高国内电子产业研发设计能力，进一步增加国产电子元器件在电子信息化产业中的占比。

二是优化汽车产业结构升级改造。新能源动力汽车的出现，给传统的汽车产业带来冲击，同时也给相关产业的转型升级带来新的机遇。目前长安汽车通过十多年的发展，已经成为重庆地区汽摩产业的龙头企业，形成极具地方特色的"1+6+1000"的汽摩综合产业体系。为进一步推动产业的升级改造，重庆也在利用"鲶鱼效应"，积极吸引海内外诸多汽车产业名企在渝投资建厂，抢占国内外的乘用车市场，推动自身向新型车型方向发展，逐步增加产品的技术附加值和产品的盈利能力，通过整车制造技术的升级，提高产业配套水平。为进一步响应国家"十四五"规划中提出的发展新能源产业的号召，重庆市正在加快新能源配套设施的建设，推动新能源巴士、出租车新能源产业化升级。

三是建立制造业发展新格局。面对国际贸易保护主义的抬头，得益于中国政府的严格防控，中国逐步成为国际投资的热门场所之一。国内引进增长的潜力逐步扩大，装备工业产品的竞争优势逐渐增强。通过这些年的发展，重庆逐步建立起千亿级的摩托车产业集群和十多个百亿级的新兴产业集群。作为国家现代化制造业的示范性基地之一，重庆将海外并购和国内研发相结合，面向通用航空产业市场，以轻型飞机、直升机的产业带动重庆市整体制造业的多元化发展。重庆作为中国首屈一指的摩托车制造基地，在经历产业升级后，将向"世界摩托车之都"发起冲击。

四是推动化工产业的综合发展。绿水青山就是金山银山，我们国家正在实施产业升级改造，逐步淘汰落后低效的产能。当前重庆地区正在探索一条环保的发展模式，通过与国家化工巨头和央企的合作，促进化工产业的升级改造，推动"一体化，园区化，集群化"发展的模式，加强国家战略性工程的建造。通过精炼石油、化工新材料、天然气产业、精细化工四大百亿级产业园区的建设，优化资源配置，完善产业链的建设。在保证化工行业及产品安全的情况下，不断提高产品的附加值和单位资源的产出强度。

五是建立绿色环保的材料产业链，为进一步落实绿色发展的理念，重庆市积极推动"走出去"的战略，通过海外投资，加强铁矿石、铝土矿、铜矿等国家战略性资源的收购与储备，对内也加强了废旧金属的回收利用，打通制造业各行业的壁垒，将不同行业的制造业个体串联在一起，形成新的产业链。重庆市政府计划围绕龙头企业的升级改造，通过以点带面的方式，建立并完善七大百亿级产业集群。截至2021年年底重庆已经成为中国西部最大的精品钢材生产基地、内地铝制品加工之都、长江上游绿色建材生产基地。利用本地产业集群的优势，将原材料的本地供应率提升至新的高度。

六是加快新能源产业布局。为了进一步稳固新能源产业在产业布局的基础性地位。目前，重庆市正通过加快天然气的勘探力度，着重处理页岩气的开发和利用工作，加快建设现代化的油气存储设施，完善优化城乡、城际、省际电网建设，加快特高压变电系统的建设，减少输电过程的损耗，同时仿效油气存储的模式，建立电力存储中心。为新能源和可再生资源的发展添砖加瓦。

七是鼓励向消费型制造业转型。民生工程与人民息息相关，民生工程也能带动产业升级发展，当前重庆已经建立起生态农业、医药及医疗器械制造两大千亿级民生工程产业基地。通过新冠疫情让大家意识到完善的配送体系对于一个地区的发展有多么重要。地方政府也从这个层面考虑，通过建立和完善相关的配送体系，从源头实现食品和药品保障安全以及企业用材的稳定供应。

二、优化产业集群空间布局

重庆自 1997 年成为直辖市后，借助政策上的支持，逐步实现由原先单一的产业布局向多元的产业集群方向发展。产业集群的发展不仅说明重庆市的经济具有活力，还体现了政府机关利用手头的资源积极进行整合，将相关互联企业、科研院所以及社会机构的资源进行了整合，统一一盘棋，形成以汽摩产业和制造业为主、以生物医药和电子信息产业为辅的多元产业体系。

首先，重庆市作为我国传统的制造业基地，以汽摩产业最为人称道，宗申、嘉陵、鑫源摩托等企业的产品更是远销海内外。通过十多年的发展，重庆市已经建立起了完整的汽摩产业链，拥有深厚的企业文化积累、良好的工业生产基础。作为世界上最大最成熟的摩托车产业集群，重庆市政府正在利用摩托车产业带动汽车产业，推动重庆的汽车产业链向外延伸拓展，同时利用汽车产业的拓展反哺带动本地的摩托产业向着集群化的方向发展。通过这种措施的实施，实现了国内独有的汽摩产业集群的协同发展。

其次，自 1978 年改革开放后，重庆市就利用自身的优势，早早地布局高端产业，近些年更是发展出符合本地发展实情的高端制造业产业集群，涵盖金属制造，通用/专用设备、电子信息设备等门类的全行业发展。近年来随着渝新欧班列的开通，重庆制造业也迈入新的阶段，通过与沿线各国的技术交流，重庆的高端装备制造产业得到了突飞猛进的发展，在精密机械装备及智能制造装备产业等方面已形成显著的规模优势，并已发展为具有产业集群效应的装备制造业体系，推动了重庆产业结构的升级与转型。

再次，多山的环境给重庆带来丰富的生物医药和药材原料的资源。重庆的独特的地形气象条件使得巴渝地区成为众多药材原材料的供应地，再结合本地区三甲医院的平台优势（截至 2020 年年底重庆市拥有 36 家三级甲等医院），重庆以技术带动了本地的医药产业集群的发展。并且，重庆地区涌现了一批本土的医药龙头企业，这些企业的出现为重庆打造中国西部生物医药高地打下了坚实的物质基础。另外，重庆还拥有为数众多的高校和科研院所，这些单位给重庆市医药产业集群的发展提供了众多的人才资源，为重庆市的医疗产业融合提供了强大的内驱力，进一步带动了本地生物医疗产业的发展。

最后，电子信息产业作为近年来重庆市的支柱产业之一，重庆市逐步形成了包括"芯屏器核网"在内的比较完备的电子信息产业集群。自 2008 年重庆市引进惠普生产基地后，重庆在电子产业方面实现了弯道超车。当前，全球电子信息产品的产量的近三分之一被打上"重庆造"，重庆也已经实现集研发、生产、销售及服务为一体的产业链布局。至 2020 年重庆市实现了电子制造业产值 6 700 多亿元的历史最好成绩。这一切离不开多年来重庆市在电子信息产业化集群方面的布局。

三、发展了战略性新兴产业

结合国家 2035 年愿景目标纲要和"十四五"规划概要，重庆通过前瞻部署新兴产业集群，优先发展一批先导产业，坚持战略宏观调控，抓住时代创新机遇，突出大数据智能化发展先行优势，聚力培育战略性新兴支柱产业，前瞻性布局面向未来的先导性产业，打造相对自主可控、安全可靠的产业链和供应链，推动全市战略性新兴产业迈向价值链中高端。重庆在集成电路、新型显示、新型智能终端、新能源汽车和智能网联汽车、生物、先进材料、高端装备制造、绿色环保、软件和信息技术服务、软件和信息技术服务、新兴服务业等战略性新兴产业方面加大建设力度。

重庆在战略性新兴产业取得了显著成就。一是产业发展水平不断提升。全市战略性新兴产业保持快速增长态势。2020 年，规模以上工业战略性新兴产业产值由 2015 年的 4 000 亿元增加至 7 600 亿元，占全市规模以上工业总产值比重由 2015 年的 18.7% 提升至 32%。二是智能化引领产业创新发展。加快"芯屏器核网"全产业链培育和"云联数算用"全要素集聚建设，全市集聚数字经济企业超过 1.5 万家，累计推动 7.1 万户工业企业"上云上平台"。三是产业集群发展成效显著。培育形成智能终端、软件和信息技术服务、新兴服务业 3 个千亿级产业集群，生物医药、新型显示、绿色环保、先进材料 4 个五百亿级产业集群。四是产业创新能力稳步提升。全社会研发经费投入逐年递增，占地区生产总值的比重由 2015 年的 1.57% 提高到 2020 年的 2.11%。规模以上工业企业研发投入强度为 1.61%。五是产业发展要素持续集聚。全市研发人员达到 16.07 万人，新增国家级高层次人才 2 500 名。

第三节　重庆推动西部陆海新通道与产业融合的举措

一、发展通道经济

西部陆海新通道的建设目的在于推动西部地区的发展，建立开放型新西部，拉近中国与世界的距离。西部陆海新通道的建设使得重庆的开放格局发生改变，由原先的地域开放格局向国际化开放格局转变。这些年来，重庆市一改往日单一的东向发展格局，利用陆海新通道的建设契机，以中欧班列为大动脉，加强与周边省市区和国家的交流，同时积极将长江经济带与"一带一路"经济带相结合，将自身建设成为两大经济带的枢纽，真正地让重庆形成陆海统筹，南北通济，东西互连的内外开放新体系。

围绕重庆陆港型国家物流枢纽建设，做大电子、汽摩、生物医药、材料、装备、消费品等产业，打造高品质陆港经济区，完善铁路口岸通关设施，拓展国际商贸流通服务功能。围绕重庆港口型国家物流枢纽建设，加快发展航运经济，拓展果园港大宗商品分拨中心交易功能，建设粮食、钢材、金属矿指定期货交割库和交易中心，建设水运服务集聚区，推进长江沿线临港产业转型升级。围绕重庆空港型国家物流枢纽建设，建设国家级通用航空产业综合示范区和国家级临空经济示范区，培育发展通用航空整机、机体零构件、无人机、机载设备等，形成以航空运输为基础、航空关联产业为支撑的高端产业体系。

二、培育枢纽经济

重庆市地处中国内陆腹地，是典型的陆港型城市，通过几十年的建设，重庆市不断在自己的优势产业方面做大做强，打造了高品质的陆港经济区，完善了重庆段内的铁路口岸设施，拓展了国际贸易流通的服务功能。利用重庆市的三大关键口岸（果园港，临港，重庆空港），实现陆运、水运、空运三运联运，加快了物流周转的效率，大大减轻了沿线仓储的压力。

重庆市通过弥补交通基础设施短板，一方面，加快铁路、公路、重要港口、物流园区和产业园区的连接线建设，逐步实现铁路、高等级公路进港、进站、进园区；另一方面，则要依托现有的物流通道，加快发展各类多式联运，探索建设国际多式联运中心，建设枢纽产业体系。为把枢纽地位优势转化为经济优势，重庆以物流带产业，以枢纽聚产业，加快发展高铁经济、临空经济、航运经济等，完善枢纽功能。加快重庆主城区都市圈规划建设，推动主城与渝西片区交通一体、产业链接、生态共建、服务共享、功能互补，有效激发主城区都市圈的经济活力，并以此为基础促进成渝城市群融合发展。

三、发展特色物流

为进一步加强与东盟国家的贸易往来，重庆市结合实情，加快了冷链运输物流体系的建立。对内通过采取铁路冷链运输、冷藏集装箱多联运和公铁冷藏集装箱联运，向周边地区开启冷链专线。对外，积极与东盟国家开启定期，固定班次的航空冷链运输服务，打通双向冷链物流服务通道，鼓励发展冷链新技术、新模式。

目前，重庆综合保税区及保税物流中心在数智物联体系的加持下实现通道公告服务平台与跨境电商对接，将跨境电商公共仓储、海外仓储、退换货中心等中心平台化集中管理，同时平台化的管理也使得通报关速度大大提高，间接地减少了因人为原因造成的损耗。专项物流在现代物流体系中的作用愈发明显，推动专项物流的发展已经成为当前重庆物流业的主要任务，政府通过支持重庆多港国际多式联运，以及发展大宗物资和商品车物流，来支持专项物流的发展。

第四节　重庆推动西部陆海新通道与产业融合的成效

西部陆海新通道是西部地区融合发展的关键。随着西部陆海新通道建设不断完善，越来越多的企业在西部陆海新通道沿线兴业建厂。跨境物流产业的发展带动跨境支付结算平台的兴起，2021 年年底，全国首个跨境金融区块链通道融资结算应用场景在重庆上线，首轮融资就为通道建设的相关物流产业融资超 4 亿美元。陆海大通道建设直接带动了成渝经济圈、黔中、滇中、川北、北部湾城市群的发展。随着"飞地园区"政策落地，西部地区的融合发展在西部陆海新通道的区位优势下平地起飞。

一、物流业飞速发展

重庆地处中国中西结合部地带，坐拥长江黄金水道，承东启西，辐射周边11 个省（区、市），是名副其实的国家中心城市。

一是交通基础设施得到显著提升。目前已经开通的铁路有渝怀铁路二线。东环线作为重庆铁路枢纽工程东向方面的重要项目，总体进度已经完成70%。如渝贵高铁、渝湘高铁、成达万等高铁项目也已经上马。为进一步协调统一管理。京昆高铁西昆公司在重庆挂牌成立。同期，高速方面，多条高速的改扩建工程也在稳步推进中，如渝湘高速复线、渝黔高速、渝遂高速等重点工程正在建设。渝泸高速、渝赤高速也已经完成相关的论证审查，即将开工建设。长江航运的能力已经满负荷，难以进一步拓展，重庆积极打通南北货运通道，减轻长江水道的航运压力。

二是加强陆海通道沿线基础物流设施建设。重庆市作为国内唯一一座兼有陆港型、港口型国家物流枢纽的城市，为重庆实现现代物流体系的建设打下了坚实的物质基础。目前重庆正在打造"通道+枢纽+网络"的多层次、立体化物流体系。国家批准了重庆港水运口岸扩大开放自果园港区的计划，这使得口岸查验基础设施的建设步入了快车道。

三是拓展陆海新通道沿线口岸服务功能。2020年年底，重庆市江北国际机场和果园港区获设立综合性指定监管场所的批复，铁路口岸也首次成为进境肉类指定监管场所。2021年年初重庆成为继北上广后，国内第四家，西部第一家，授权办理化学药品首次药品进口备案的口岸城市。这使得重庆的口岸服务能力更上一层楼，也为之后业务的拓展提供了平台的支持。

四是物流业收入大幅提升。2020年，重庆市社会物流总额为31 787.5亿元，同比增长10.0%。2020年全市物流业总收入为2 877.9亿元，同比增长3.3%。2020年，重庆市社会物流总费用为3 618.0亿元，同比增长4.4%。重庆市目前物流业服务能力不断增强，物流效率逐步提升，物流成本不断下降。

二、枢纽经济发展迅速

2019年以来重庆枢纽经济发展迅速，其通过加速川渝通道融合发展，搭建川渝毗邻地区经重庆中转集结模式，建设周边省（区、市）集散分拨中心并开行班列，累计集结成渝地区货物14 606标箱，助力成渝地区双城经济圈建设。重庆还通过加强内陆通道网络衔接，开通湖南怀化班列、甘肃张掖专列、宁夏班列，连接广西北部湾出海口和新疆阿拉山口、霍尔果斯出境口，形成西北货物经重庆集结后整列南下出海，东盟货物北上经重庆集散后分拨至西北各区域的集散联动模式，为西部地区的产业出海发展提供了便捷，重庆依托国家级进出口商品质量安全风险评估中心，开展质量安全区域合作，完善了区域风险预警监管体系。此外，为进一步加快重庆中西部枢纽经济的建设，重庆市政府也提出了一些措施：

一是加强枢纽经济发展规范引导。当前我们面临着各地区发展不平衡的情况，重庆作为西部陆海新通道的战略性支点，需要统筹好自身的发展，推动各层级，各地区利用自身优势差异化发展，各地区需要齐力同心，协调发展一盘棋，抓住机遇，科学定位，优势互补。当下国际形势纷繁复杂，重庆需要充分利用现有资源，广泛吸收外来资源，积极参与国际枢纽的建设，争取在国际舞台上发挥更大的作用。不断扩大内需，形成对内对外开放的格局。近些年国家贸易保护主义抬头，中美贸易争端加剧，2020年国家正式提出"国内大循环"的理念，在此背景下，需要遵循"国际循环"和"国内大循环"双循环并行的战略，提升国内地区经济的辐射范围，提高国际资源的集聚辐射能力，实现与市场的精准布控，紧密对接。打造区域枢纽经济的高地。21世纪是数字化的时代，要把握科技发展前沿概况，运用互联网技术给枢纽经济添砖加瓦。将线下实体与线上虚拟相结合，利用数智互联技术的发展，实现枢纽经济的平台化管理。创兴产业链、数据链、价值链、供应链、推动枢纽优势向产业优势转变。发挥地区人才优势，利用本地的高校、科研院所等资源，培养枢纽经济的创新型人才，实行校企合作，为枢纽经济区的发展提供稳定的人才保障。注重近期目标与远期目标相结合，加强规划留白，为未来的发展留下发展空间。注重信息的对接，将资本信息、流量信息、产业信息等信息源与组织相匹配，形成高效，便捷的现代化枢纽产业集群。

二是打造国际化的综合交通枢纽体系。重庆位于中国内陆腹地，依托长江的黄金水道，可以实现将内河港与沿海港相互通，推进海港陆港内河港功能的高效融合以及口岸功能的内移。重庆目前有一大四小五座民用机场，江北机场率先成为国家区域枢纽机场，其余几座机场也在加紧自身的步伐。目前重庆市正在推动空港、陆港一体化的建设，使得空地衔接，一方面，突出了航空港在国际、国内快运方面的优势；另一方面，也突出了陆港（铁路港和公路港）在地域集疏方面的优势。接下来，重庆将依托现代化的物流园区，改造现有的单一物流体系现状，未来重庆将实现集现代物流、金融结算、报关报检等一体的综合物流体系，并且将利用互联网技术将各个节点中心信息平台化处理，全面推进电子口岸的建设。

三是打造现代化高水平物流体系。得益于我国基础设施建设的逐步完善，我国的物流业取得了迅猛的发展。重庆作为国内唯一一座兼有陆港型、港口型国家物流枢纽的城市，需要在巩固原先的普货物流的基础上增加高附加值的特色物流，如冷链运输，危险品运输，大宗货物运输。加快物流网络的建设，使得不同交通快运方式的物流体系无缝衔接。重庆作为西部陆海新通道的关键节点，利用自身经济的辐射优势，建立健全区域性国际邮件互换局和国际快件监管中心，提升国际快件分拨处理的效能和辐射范围。并且利用信息平台实现全产业链的信息协同，合理规划仓储，建立专业的冷链运输服务平台；协同多方，实现物流配置效益最大化。

第五节 重庆推动西部陆海新通道与产业融合的经验

一、加强区域合作，促进通道经济发展

重庆加强区域合作，以区域共识促进通道建设。重庆牵头陆海新通道沿线地区，建立"13+1"省际协商合作联席会议制度，召开省际协商合作联席会议制定联席会议工作规则、铁海联运"一单制"、公共信息平台、通道发展指数和需求清单5个方案。重庆与沿线地区共商共建国际贸易"单一窗口"西部陆海新通道平台、西部林产品供应链平台等8个重点项目共同谋划"十四五"发展。重庆通过加大区域合作力度，加人基础设施建设，为"十四五"时期西部陆海新通道高质量发展夯实基础。

重庆立足当下，谋求长远，利用区位优势，发挥区域经济辐射中心的作用，以点带面，推动成渝双城经济示范区的建设，积极推进省际互联区的发展，实现跨流域治理，跨省（市）市场建设，扶贫开发，文旅开发，生态环保一体化的发展格局。积极促进西部陆海通道与"一带一路"的融合，打造大平台，推进大开放。重庆强化同沿线省（区、市）联动和"三统一"，尽快实现跨区域综合运营平台"13+1"省（区、市）全覆盖。设立海外公司、建设海外仓，增强海外服务能力。搭建全程物流、运贸一体、供应链金融、数字科技等专业服务平台，提升供应链综合服务能力。重庆以打通"断头路"为重点，加快规划衔接和基础设施一体化建设，同时完善综合立体交通网络，积极探索跨省跨区合作新模式，并联动川渝，携手滇黔，推动全区域的开放合作，促进通道经济发展，力争"十四五"期间建立全球第一个"内陆自由贸易港"。

重庆发挥区域协商合作机制作用，以RCEP生效为契机，发挥陆海新通道对构建中国—东盟的命运共同体的基础支撑作用，研究构建通道沿线省（区、市）与东盟合作框架、合作格局以及合作路径等。重庆常态化召开省际协商合作联席会议，协商解决区域合作有关事项。积极对接RCEP、澜湄经济带等重大战略，发挥通道衔接东南亚和中亚、欧洲的陆桥纽带作用，提升国际合作

水平，更好地服务产业"走出去"和"引进来"。

二、建立枢纽核心，促进物流发展

重庆聚焦物流大通道建设，加快完善铁路、公路、航空和水运立体发展的综合国际物流网络体系，全方位推进出市、出海、出境通道建设，大力发展通道经济、枢纽经济，构建内陆国际物流枢纽支撑，不断提高参与全球资源配置能力。推进"四中心一枢纽"建设，打造集展示、交易、国际交流、数字通道、消费体验等功能于一体的对外开放平台。推动"四流合一"重大项目建设，建设覆盖"13+1"省（区、市）的公共信息平台，搭建"13+1+N"特色商品及进出口贸易服务平台，推广应用跨境金融区块链服务平台至通道沿线其他省（区、市），常态化发布通道发展指数，打造服务通道全线供应链的集成服务体系。

重庆紧抓西部陆海新通道机遇，携手共建"一带一路"和长江经济带，加快构建东西南北"四向"连通、铁公水空"四式"联运、"四流"（人流、物流、资金流、信息流）融合的开放通道体系，构建内陆国际物流枢纽支撑。加速川渝通道融合发展，搭建川渝毗邻地区经重庆中转集结模式助力成渝地区双城经济圈建设。加强内陆通道网络衔接，开通与周边地区多条铁路，形成西北货物经重庆集结后整列南下出海，东盟货物北上经重庆集散后分拨至西北各区域的集散联动模式，有效带动西部地区机械、化工、粮食等重点产业的发展。

重庆提升通道互联互通水平。加速果园港多式联运基地和团结村集装箱中心站等设施改造，提升枢纽节点承载能力。推动在通道沿线设立集装箱还箱点，探索海运和铁路集装箱共享共管等业务模式和服务手段创新。重庆强化创新赋能，提升通道活力。开展铁海联运"一单制"试点，签发全国首单中国国际货运代理协会提单，并在通道沿线推广。增强金融支撑力度，开展通道全线运行数据统计和发布工作，联合沿线省（区、市）发布通道发展指数，通道运行呈现良好态势。

三、以通道建设为契机，促进了产业创新发展

西部陆海新通道的建设，进一步促进交通、物流、商贸等产业的合作融合，激活了市场潜力，开创了新产业、新模式、新业态。不断地深化了创新发展机制，为重庆市在"十四五"阶段向中高端产业链发起冲击提供了有力的支撑，也为建设现代化经济体系提供了保障。

重庆通过促进通道沿线产业融合，促进创新发展。通过发展"通道+贸易""通道+园区""通道+金融"模式，持续做大"运贸一体化"。加大沿线产业园区合作，加强"港—产—园"联动，推动形成产业链的生产和贸易协同，积极发挥通道对通道沿线经济发展的带动作用。

重庆以西部陆海新通道建设为契机，对接国际产能，增添产业动力。以市场为导向，助力内地企业"走出去"、服务海外产品"引进来"，有效对接国内外产能需求，实现小康汽车、长安汽车等"重庆造"产品经通道直达海外，柑橘、洋葱、柠檬等特色农副产品首次通过海运冷链原箱出口立足西部餐饮和食品加工行业特色，搭建印度进口辣椒中国西部分拨中心，马来西亚榴梿、越南巴沙鱼、柬埔寨大米、巴西冻牛肉等大量优质农产品依托通道进入国内市场。"通道带物流、物流带经贸、经贸带产业"效果日益凸显。

重庆利用建设徐陆海新通道的机会，全面接轨长江经济带，提高对国内外的开放水平，统筹全局发展，整合内外资源，截至 2020 年底，重庆已经建设了两路寸滩保税港区、两江新区、重庆经开区，重庆高新区等 19 个国家级开放平台。发展开放型经济。

本章小结

本章首先介绍了重庆西部陆海新通道建设情况，重庆加强了通道物流与组织运用中心的建设，由 6 省（区、市）政府牵头，共同建立了陆海新通道运营有限公司。在通道建设能力方面，重庆建设了多条通向周边省市的铁路与公路。在提升通道物流服务效能方面，重庆加快铁港、水港和综保区联动发展，提升铁水联运组织效率。在提升通道对外开放水平方面，重庆以出海出境大通道为顶层设计了出发点和落脚点，进一步打破区域壁垒，与东盟沿线国家共推港口合作网络和中国—中南半岛经济走廊建设。

接着本章介绍了重庆产业发展的概况。重庆目前已经形成了"6+1"支柱产业，其中"6"指的是电子制造业、材料业、能源工业、化工医药业、装备制造业、汽车制造业六大传统制造业；"1"，是指消费品行业。重庆优化产业集群空间布局，逐步实现由原先单一的产业布局向多元的产业集群方向发展。重庆发展了战略性新兴产业，优先发展一批先导产业，推动全市战略性新兴产业迈向价值链中高端。

然后本章介绍了重庆推动西部陆海新通道与产业融合的举措。重庆利用陆海新通道的建设契机发展通道经济；重庆市利用三大关键口岸，培育枢纽经济；重庆通过西部陆海新通道加强与东盟国家的贸易往来，发展特色物流产业。

本章研究发现重庆在推动西部陆海新通道与产业融合方面取得了显著成效，主要是物流业飞速发展，交通基础设施得到显著提升，陆海新通道沿线物流设施得到加强，物流业收入不断上升；重庆枢纽经济发展迅速，出台了枢纽经济发展规范，打造国际化的综合交通枢纽体系。

本章发现重庆在推动西部陆海新通道与产业融合的经验主要有：一是加强区域合作，促进通道经济发展；二是建立枢纽核心，促进物流发展；三是以通道建设为契机，促进了产业创新发展。

第十三章　四川西部陆海新通道建设与产业融合发展的实践

第一节　四川西部陆海新通道建设概况

四川，是我国重要的经济发展战略纽带和交通走廊，沟通华南华中、贯通西南西北、联通南亚东南亚，是西南地区各种要素和商品的重要集散地，亦是"一带一路"和长江经济带联动发展的支撑点。截至到2021年12月，四川在南向通道建设方面取得了积极成效，已建成南向进出川铁路通道4条、高速公路通道8条，累计开行国际班列数量超6 000列，成都经钦州港至东南亚的国际铁海联运班列实现双向稳定运行，通达广西北部湾、粤港澳大湾区和云南昆明的综合运输通道初步形成。四川物流贸易快速发展，规模以上物流企业达914家，A级以上物流企业224家，建成开放口岸1个、临时开放口岸3个，进境产品指定口岸功能8个。随着川桂、川渝等省际合作不断深入以及各重点园区平台建设的加快，如国别合作园区、天府新区、四川自贸试验区，四川西部陆海新通道的建设基础越发坚实。总的来看，则是在四个方面推动西部陆海新通道的建设，即交通物流设施系统能力、通道物流运行质量效益、通道对外开放合作水平和通道发展协调联动能力。

一、提升交通物流设施系统能力

重点是补齐劣势短板和强化弱势项目，聚焦重大项目，统筹发展多种运输方式，完善优化物流设施功能，增强交通物流设施保障能力。

一是铁路设施方面，重点围绕西线铁路主通道加快推进了铁路建设以及推进了高铁新通道建设，释放既有货运通道能力。具体措施主要有：对隆黄铁路，加速完成隆昌至叙永段扩能改造前期工作使其具备开工建设条件，同时加速叙永至毕节段的建设；对成渝铁路，加速完成成都至隆昌段扩能改造项目的前期工作；对黄桶至百色铁路建设，完成成昆铁路米易至攀枝花段扩能改造。此外，开始了广元至巴中、达州至万州铁路的扩能改造前期工作；加速了大理至攀枝花等铁路建设的前期工作和成都至自贡至宜宾、重庆至昆明高铁的建设；推进了铁路进港"最后一公里"宜宾港疏港铁路的建设。

二是公路设施方面，重点围绕建设川渝滇黔省际高速公路大通道，提高了公路通行效能。具体措施主要有：开始了开江至梁平、泸州至永川、南充至潼南、内江至大足、泸州古蔺至金沙等重点高速公路的建设；加速了成都放射线繁忙路段扩容改造和渝广支线、广安城市过境高速、宜宾至彝良等关键高速公路的建设；完成了攀枝花至大理、成都至宜宾、叙永至威信、成都经天府国际机场至潼南等重要高速公路的建设。此外，实施一批普通国省干线提档升级和城市群快速通道建设，并继续推广应用电子不停车收费系统（ETC），提升高速公路通行效率。

三是内河航运设施方面，以"共抓大保护、不搞大开发"为导向，优化长江黄金水道四川段功能，提升了内河航运能级。加快长江干线航道宜宾至重庆段险滩整治、岷江犍为龙溪口航电枢纽等项目的实施。具体措施主要有：推进专业化、规模化、现代化港区建设，推动泸州港、宜宾港、乐山港深度融合，加强与重庆港合作发展，共建长江上游航运中心。

四是交通枢纽设施方面，重点强化成都国际性综合交通枢纽辐射带动能力，提升了交通枢纽功能。具体措施主要有：开启了成都青白江多式联运转换中心的建设；加速完成了成都天府国际机场空港铁路货站的前期工作，推进了秦巴（达州）国际无水港、西南（自贡）无水港、成都天府国际空铁公多式联运物流港、泸州临港物流园区、宜宾临港物流园区等重点项目的建设；打造了干支结合枢纽体系，强化成都铁路主枢纽功能。

五是物流设施方面，重点发挥成都国家重要商贸物流中心作用，加强了物流设施建设。具体措施主要有：开工建设西部（成都）汽车物流多式联运中心一期项目。完善通道沿线节点物流枢纽功能，支持成都、泸州、攀枝花、遂宁、达州等国家物流枢纽的建设，有序推进中国西部现代物流港（遂宁）、南充现代物流园等国家级示范物流园区建设。加快一批大型货运场站和铁路物流基地建设，新开工成都龙泉驿铁路货站、成都铁路局城厢铁路物流基地。

二、提升通道物流运行质量效益

提升交通物流质量效益的关键是通盘筹划铁路、提升物流效率、推进多式联运发展、兼顾海上运输，最终增强通道整体竞争力。

一是加强了班列运输组织。优化车流组织，推进成都至北部湾班列开行"天天班"。加强集装箱源组织和空箱调运，在通道沿线地市重要物流节点设立集装箱还箱点。强化货源组织，引导货源向主通道聚集，积极组织回程货源，促进双向货流均衡。

二是降低了综合物流成本。推进物流降本增效综合改革试点，坚持市场化导向，鼓励铁路运输企业与地方相关企业签订中长期协议，合理确定运价水平，提升通道综合竞争力。持续深化交通、物流领域"放管服"改革，清理乱收费、乱罚款、乱设卡等推高物流费用的痼疾，有效降低制度性成本。

三是大力发展了多式联运。与海运联合承运形成互信互认互通机制，建设以"一单制"为基础，单证、通关、金融为业务流程的试点。加快铁海联运"一单制"试点的建设，并且把铁路运单物权化试点的建设作为重心。整合各种运输方式，标准化货品分类代码和危险品分类。积极发展运单融资、商业保理、融资租赁等金融业态。

四是提升了物流信息化水平。加快四川（西部）物流大数据中心建设，增强物流信息化服务能力，打造四川现代全球物贸综合服务平台。与重庆等省（市）协作共建通道公共信息平台，促进物流公共信息数据互联互通。鼓励支持各类市场信息平台发挥作用，促进货、车、船的高效匹配，提升物流组织及交易效率。

五是持续推动了通关便利化。加强国际贸易"单一窗口"建设，加大"单一窗口"推广应用力度，推动四川特色功能建设。优化口岸功能布局，推动成都航空口岸扩大开放至天府国际机场，推进九寨黄龙机场航空口岸建设。强化国际通关合作，推进实施中欧安全智能贸易航线试点计划。深化国际海关检验检疫合作，巩固中国—东盟海关检验检疫合作机制，扩大经认证的经营者（AEO）互认范围。

六是培育壮大了多式联运经营企业。依托四川省铁投集团、四川省交投集团、四川省港投集团等国有大型企业，加快通道培育壮大进程。吸引国铁集团、中远海运集团、招商局集团等大型物流企业参与通道建设运营，在通道沿线重要枢纽设立区域总部，发展跨区域、跨产业的合作联盟。

三、提升通道对外开放合作水平

四川不断加强通道沿线省（区、市）以及周边国家协商合作，促进西部陆海新通道实现共商共建共享。

一是加强省际协商合作。深化川渝合作，以成渝地区双城经济圈建设为统领，充分发挥成都、重庆国际门户枢纽功能，加强产业发展、基础设施、开发开放等领域合作。加强川桂合作，推动成都国际铁路港、宜宾港、泸州港、西南（自贡）无水港与钦州港等北部湾出海港口联动发展，加强重大产业分工协作，高水平建设川桂产业合作园区。推进川黔、川滇合作，密切成都、泸州、宜宾、自贡与贵阳、昆明、遵义等西南地区重要节点城市和物流枢纽间的联系，组建西部陆海新通道物流产业发展联盟。

二是优化开放体制环境。积极推进放宽市场准入，推动制造业、服务业、农业扩大开放，全面落实外商投资准入前国民待遇加负面清单管理制度，吸引更多海外金融机构、企业来川投资兴业，争取推动和落地一批先进制造业和高端服务业的重大外资项目。复制推广四川自贸试验区改革试点经验，打造对外开放高地。

三是打造国际合作载体。建设国际化合作平台，鼓励各地承接沿海地区产业转移，与南向国家（地区）合作共建产业园区。加快建设四川自贸试验区和中德、中法、中韩、中意、新川等国际（地区）合作园区及成都高新西园综合保税区、成都青白江综合保税区、宜宾综合保税区、泸州综合保税区等海关特殊监管区，争取中日（成都）现代服务业开放合作示范项目加快落地，建设国家外贸示范基地。

四是用好国际合作平台。充分发挥中国西部博览会等既有合作平台的功能，促进西博会、智博会、西洽会、中新金融峰会等国际大型会展有机互动、互促互进，加强与周边国家的经贸合作。完善重点国别产能合作机制，实施重点国别市场拓展计划，大力实施国际产能合作"1122"工程。依托中国—东盟信息港，与重庆运营组织中心协同合作，促进信息资源互联互通与共享共用。

四、提升通道发展协调联动能力

四川主要通过推进统筹力度，省部级、全省协调机制进一步加强，给通道发展的深度融入助力。

一是发挥了联席会议作用。强化四川参与西部陆海新通道建设的统筹协调，认真落实国家省部级联席会议议定任务，强化与国家部委及相关省（区、市）的沟通衔接和协商合作，推动重大任务、重大工程、重大举措的组织实施，及时协调解决跨部门、跨地区的重大问题。

二是强化了合作协议落实。在与重庆等13省（区、市）及广东湛江市签订的《合作共建西部陆海新通道框架协议》的基础上，加强与通道沿线省（区、市）合作。落实好与广西、贵州、云南分别签订的《加快推进西部陆海新通道建设合作协议》，推动与通道沿线省（区、市）组建运营平台公司。

三是共同做好了宣传引导。及时报道西部陆海新通道建设进展情况，促使各类市场主体和广大人民群众了解政府意图与政策导向，充分调动社会各界的积极性、主动性、创造性，营造社会各界关心支持西部陆海新通道建设的良好氛围，合理引导社会预期。

第二节　四川产业发展概况

四川是中国西部经济大省，主要经济指标均居西部第一位，在全国经济发展格局中处于重要地位。四川根据自身地理位置、发展阶段的任务和具有的产业优势，实施了从"大轻工"战略到"工业强省"战略再到现今的"优势产业带动"战略等，不断推动四川产业发展从低到高、从弱到强，完成了从工业强省到优势产业领航的升级。

一、实施了优势产业带动战略

改革开放以来，四川优势产业发展先后经历了"8+5"工程、六大支柱产业、四大特色优势产业、"7+3"优势产业、七大优势产业、"双七双五"优势产业等阶段。

2013年，四川省紧紧围绕着"坚持走新型工业化道路，突出工业主导地位，构建现代产业新体系"的主题，对七大优势产业（电子信息、装备制造、饮料食品、油气化工、能源电力、钒钛稀土、汽车制造）进行发展壮大。既推动生物、节能环保、高端装备制造、新能源、新一代信息技术、新材料等战略性新兴产业快速发展，也推动服务外包、现代物流、金融保险、工业设计、科技咨询等行业快速发展，让生产性服务业与先进制造业发展融合。四川省开展大企业大集团倍增计划，让重要的资源向重点企业汇集，帮助和引导合适的企业兼并重组，培育出一些新的、销售收入超百亿元的企业，加速养成超千亿元龙头企业。关注健康、社区、医疗、文化、养老、体育服务等生活性服务业，特别关注特色旅游产品，壮大旅游经济，推进旅游经济强省的建设，努力将四川省发展成为世界旅游目的地。开展对国家级和省级产业园区建设的提速，实现了一批产业集聚区的建设，这些产业集聚区具有特色鲜明、产业关联度高、创新能力强的特点。大力推动成都国家级服务业示范城市以及西部重要金融中心、商贸中心、物流中心的建设。在坚持"转型才能更好发展、后发也要高点起步"的基础上，四川以前所未有的力度抓先进制造强省建设，先后实施了四川行动计划，大力培育新兴产业和高端产业，深入推进传统产业改造升级，形成了"7+7+5+5"①的产业梯度培育体系。

二、产业实力显著增强

在优势产业带动战略导向下，至2021年四川省大类行业里有31个得到了增长，占整个大类行业的75.6%，增加速度超过了规模以上工业平均水平的行业有十一个；前十大增加值比重行业中9个得到增长，产出量与投入量之比总共为79.2%，提升规模以上工业增长7.7%。具体来看，石油和天然气开采业增长21.4%，电力、热力生产和供应业增长14.7%，非金属矿物制品业增长10.8%，酒、饮料和精制茶制造业增长10.5%，计算机、通信和其他电子设备制造业增长22.5%，医药制造业增速高于规模以上工业平均水平增长10.3%，产出量与投入量之比总计达70.7%，规模以上工业提升6.9%。新科技产业增加值同比提高19.4%，增速比规模以上工业平均水平快9.6个百分点，两年平均增长15.5%，占规模以上工业比重为15.6%，比上年提高0.2个百分点。其中，计算机及办公设备制造业，航空、航天器及设备制造业分别增长44.1%、32.5%，两年平均分别增长29.0%、19.6%。五大现代产业增加值比上年增长10.9%，增速比规模以上工业平均水平快1.1个百分点，两年平均增长8.0%，占规模以上工业的比重为82.8%，比上年提高0.8个百分点。其中，电子信息产业、能源化工产业、装备制造产业、食品饮料产业、先进材料产业分别增长23.7%、11.6%、8.5%、8.2%、7.2%，两年平均分别增长20.4%、7.3%、5.1%、5.1%、8.4%。七大优势产业实施取得初步成效后，四川根据战略性新兴产业发展加快的形势，在已有的优势产业中，再优选出电子信息产业、装备制造产业、食品饮料产业、先进材料产业和能源化工产业作为五大现代产业，作为高端成长型产业加以培育，进一步推动了高新技术产业的发展。2021年，

---

① 四川"双七""双五"产业为七大优势产业、七大战略性新兴产业、五大高端成长型产业以及五大新兴先导型服务业。其中七大优势产业包括：电子信息、装备制造、饮料食品、油气化工、钒钛钢铁及稀土、能源电力、汽车制造；七大战略性新兴产业包括：新一代信息技术、高端装备制造、新能源、新材料、生物、节能环保、新能源汽车；五大高端成长型产业包括：页岩气、节能环保装备、信息安全、航空及燃机、新能源汽车；五大新兴先导型服务业包括：电子商务、现代物流、现代金融、科技服务、养老健康服务。

全省五大现代产业实现利润总额 3 620.1 亿元，比上年增长 36.8%，增速比规模以上工业平均水平高 2.5 个百分点，占规模以上工业利润的比重为 83.1%，分别比 2019 年、2020 年提高 3.4 和 1.3 个百分点。其中，先进材料产业利润总额增长 98.0%，电子信息产业增长 64.8%，能源化工产业增长 41.3%，食品饮料产业增长 19.7%，装备制造产业增长 14.9%。

四川一直保持实施的发展理念是创新，致力于提升城市高质量发展的效率和动力能级。截至 2021 年，发展能级进一步提高，成都地区生产总值同比增长 7.1%，提高到 1.77 万亿元，全国城市排名从第 9 位提高到第 7 位，人均地区生产总值超过 10 万元。1 000 亿元以上营收的产业集群增加到 8 个，国家首批战略性新兴产业集群也将其生物医药和轨道交通纳入其中，万亿级高新技术产业达成，全市第一个营收超万亿的产业集群出现，即电子信息产业。上市企业数量含境内境外为西部第一，有 122 家。成都市完善了多项制度并实现创新，制度创新成果在全国复制推广，其中 12 项源自道贸试验区。服务贸易创新发展、市场采购贸易、跨境电商等成为国家改革试点。新的人才政策效果凸显，引进青年人才落户超 41 万，连年获评"中国最佳引才城市奖"。"大众创业、万众创新"进一步优化，获国务院通报表扬，科技领域进行的改革，即职务科技成果权属改革也收获了美誉。研发能力居全国前列的有网络安全、超高清显示、飞机制造等领域，中国新一代先进磁约束核聚变实验研究装置建成投用，有效发明专利量每万人得到超 100% 的增长，国家级创新平台增至 119 家，创新动能加速蓄积。实现"5G 双千兆+"全面商用，5G 基站突破 3 万个，冠绝全国。新一代人工智能研究成为国家级试验区，"城市未来场景实验室""创新应用实验室"启动搭建，新经济企业得到了有层次的发展和"双百工程"的支持。更进一步实施完善"放管服"，市场主体近 300 万户，在副省级城市中排第二，发展的活力连续爆发。

三、产业布局日趋科学

2018 年四川省政府办公厅印发《关于优化区域产业布局的指导意见》，引导各地优化产业布局，做强"一干多支"发展战略的产业支撑，使得产业布局日趋科学。构建区域发展新格局，将全省经济区划分为成都平原经济区（含成都和环成都经济圈）、川南经济区、川东北经济区、攀西经济区、川西北生态示范区，具体产业布局如下：

成都市。围绕建设全面体现新发展理念的国家中心城市，对外提高国际优质资源的整合统一和利用能力，对内壮大制造业核心竞争力，推进产业生态圈和现代产业体系的建设，增强其全球竞争力。打造全国有影响力的高科技制造业基地，通过关注主要产业重要关键技术的开发与产业化和关注食品饮料产业、数字经济、装备制造、电子信息和先进材料的发展来实现，力求成为国家级示范区和综合试验区。在数字经济和大数据方面，通过关注国内第一梯队产业集群（新型材料、汽车、航空航天、集成电路、轨道交通等）和全球最前沿的信息技术以及最优质的装备制造产业集群的建设来实现。

环成都经济圈。大力开展与成都产业相关的配套设施建设，形成多产业包含成雅甘、成眉乐、成德资和成德绵的协作区。具体有：德阳把重心放到壮大前沿装备制造业和工业转型升级；绵阳把重心放在加快科技城超常规发展和军民融合等。

川南经济区。强调一体化发展，致力于在省内形成又一经济增长点。具体有：泸州建设极具全球影响力的白酒品牌和白酒生产基地并大力推动中国（四川）自由贸易试验区川南临港片区的成型等。自贡快速壮大通用航空产业集群，大力推动装备制造的发展，加快老工业城市产业变革示范区的建设。

川东经济区。大力打造天然气综合开发利用国家级示范区，大力发展联系产业转移示范区，积极创建优质农产品生产加工和清洁能源化工的基地。如：广元建设中国食品工业名城，南充建设新能源汽车基地、丝纺服装设计研发生产基地、油气化工基地、西部重要的绿色食品基地和绿色家居产业基地等。

攀西经济区。围绕国家战略资源创新开发试验区和现代农业示范基地建设，依托矿产、水能和光热资源优势发展特色经济，大力发展先进材料、能源化工、食品饮料产业，培育世界级钒钛材料产业集群。加强战略资源综合利用、核心技术攻关，创建钒钛新材料国家产业创新中心。

川西生态示范区。以国家生态建设示范区为中心创建，重心放在生态经济发展，结合当地的条件壮大"飞地经济"，大力建设土特产产品、清洁能源、新型农牧业等绿色产业。在清洁能源方面进行绿色转化试点示范，打造国家级清洁能源产业基地和现代高原特色农牧业基地，加快培育民族工艺品、藏药产业集群。

四、创新能力不断提高

四川前 100 强企业的创新能力可以大致反映出其总体产业创新能力。一般关注企业的研发支出、研发人员、新产品销售收入、专利等方面，根据四川前 100 强企业已公开的数据，截至 2020 年：

研发经费总额达 68.57 亿元，平均每家企业研发支出 6 857.04 万元，研发经费支出占主营业务收入的比重为 3.58%，比 2016 年上升 0.2 个百分点；用于购买技术开发仪器设备支出为 29.74 亿元。从研发经费占比分布来看，近半企业研发经费占比大于 5%，研发经费占比介于 3%~5% 的企业数量最多，达 43%；有 18 家企业的研发投入占比大于 10%，7 家大于 20%。

研发人员总数为 19 123 人，平均每家企业拥有 191 名研发人员，研发人员占员工总数的比例由 2016 年的 14.34% 提高至 2019 年的 17.25%。从分布看，过半企业 2019 年的研发人员占比大于 20%，8 家企业占比大于 50%，排名第一的企业的研发人员占比达 66.35%。高水平研发人员方面，截至 2019 年，100 强企业共拥有 706 名高级专家、299 名博士、2 571 名外部专家；高级专家、博士数占研发人员总数的 5.26%，数量相比 2016 年复合增长 57.14%。

新产品销售收入从 2016 年的 975.73 亿元增加到 2019 年的 1 175.60 亿元，占主营业务收入的比重从 38.88% 增加到 61.31%；新产品销售利润从 2016 年的 73.90 亿元增加到 2019 年的 88.86 亿元，占利润总额的比重从 37.17% 增加到 65.55%。

拥有有效发明专利 2 427 项，平均每家企业拥有 25 项发明专利；另外 100 强企业中有 59 家企业通过参与标准制定，来形成具有国内外影响力的创新成果，塑造国际化品牌；这些企业近年来主持和参加制定国际、国家和行业标准 321 个，复合增长 16.4%。

第三节　四川推动西部陆海新通道与产业融合的举措

与其说西部陆海新通道是一条物流通道，不如说是一条促进产业融合发展的独特通道，具有高效、便捷、经济、绿色、安全的特点。西部陆海新通道是陆海联运交汇的门户亦是陆路干线的重要一环，四川推动西部陆海新通道与产业融合，是在推动产业与交通、产业与物流、产业与商贸的深度融合，同时给物流基础设施和通道建设提速，物流发展质量效率和运输能力升级，最终为持续性发展和建设现代化经济体系奠定坚实的基础。

一、发展通道经济

推动新旧动能转换，充分发挥通道竞争优势，引导生产要素向通道沿线更有竞争力的地区聚集，着力培育新一代信息技术、高端装备、生物医药、新能源汽车等战略性新兴产业。实施制造强国战略，鼓励和支持高校、科研院所、企业围绕战略性新兴产业、优势特色产业等领域的关键共性科学问题，加大力度研究关键核心技术和成果导向的应用，强化自主创新的意识，壮大一些有核心竞争力、有前沿技术、品牌有影响力的企业集团，打造一些能够带动周边经济且规模效应高的特色产业集聚区，打造具有国际竞争力的新兴产业集群。发展国际合作园区，积极搭建国际化产业合作平台，鼓励各地与沿海地区、南向国家（地区）合作共建产业园区，加快建设中德、中法、新川、中韩、中意等国际合作园区，支持有条件的地方设立对外合作园区，积极承接产业转移。

成都国际铁路港以通道促进贸易发展，依托国际班列、中欧班列，铁路港不断拓展开放平台，先后获批成都铁路保税物流中心（B型）、整车口岸、肉类口岸、进境粮食指定监管场地、木材进口、平行车进口、二手车出口等资质，开放功能在全国内陆港领先。全省对"一带一路"共建国家波兰、俄罗斯进出口增长尤为突出，2021年前三季度分别增长203.9%和42.9%。

二、培育枢纽经济

打造高品质陆港经济区，加快推进成都青白江经济开发区、成都经济技术开发区建设，围绕陆港型国家物流枢纽，打造一批现代物流中心，完善成都等铁路口岸通关设施，拓展国际商贸流通服务功能。积极发展临港外向型工业，依托成都国际铁路港及国际班列，加速形成"买全球、卖全球"资源配置和加工制造能力，积极发展适铁适欧（适合铁路运输到欧洲）加工贸易，助推全省外向型工业发展。推进临空经济区建设，依托成都国际航空枢纽，强化成都国家级临空经济示范区、成都天府国际机场临空经济区双核驱动牵引带动作用，推动形成"一区两园"格局，主动吸收发展电子信息、新能源汽车、航空航天制造等前沿科技制造业，加速推动检验检测、文化创意、航空物流等现代服务业，打造以航空产业为中心的高新科技产业体系。根据可持续发展的原则，主动加速泸州和宜宾等长江沿线临港产业的变革。

成都青白江经济开发区发挥成都国际铁路港"吸金石"作用，聚焦现代物流，引进玉湖、菜鸟、盒马鲜生、中远海运、苏宁云商等总投资1090亿元的160个重大物流项目入驻，京东、易商、安能等供应链管理企业前50强41家落户该区；聚焦国际贸易，引进实施绿地贸易港、英国利洁时等进出口贸易龙头企业43个，搭建多功能国际贸易综合服务平台；聚焦综保区招商，签约引进美国诺伏克-明宇生物健康保税加工、美的家电西南出口中心、厦门建发进出口贸易结算中心、顺丰铁路跨境平台、长久整车进出口基地等项目30个，保税产业链初具规模。

三、培育高铁经济

四川优化国土空间布局，引导聚集电商快递产业，重点推进成都、广元、达州、攀枝花、乐山、自贡—内江、宜宾、泸州、绵阳、遂宁、南充、雅安等高铁快运节点布局规划建设，将成都天府国际机场高铁快运及空铁联运基地等项目打造为国家级示范项目，探索实施四川特色高铁 TOD 模式。围绕成都国际生物城、攀枝花农产品基地、区域邮政及电商快递分拨中心等园区，构建基于高铁快运及空铁联运的供应链物流服务体系，推动高铁快运相关装备设计制造产业基地布局发展，推动高铁快运产业专业化、集约化发展。

高铁缩短时空距离，助力实现各类生产要素在更广阔的区域内流转与整合，加速传统产业的转型升级，形成了比较优势。"成达铁路"扩能改造的2008 年，四川地区生产总值为 1.28 万亿元，人均地区生产总值为 1.6 万元，而到 2021 年，全省地区生产总值达 5.39 万亿元。

高铁显著降低了货物运输成本和运输时间，从而提高了生产效率、出口产品的价格竞争力和出口周转率。高铁的资源集聚又会产生规模效应、信息溢出等，效率的提高和成本的降低进一步刺激商品外部输出。2013 年四川外贸进出口总额为 4 008.1 亿元，2015 年、2016 年两年下降之后快速增长，2020 年增长至 8 081.9 亿元。

第四节　四川推动西部陆海新通道与产业融合的成效

一、通道建设助推区域合作

全面深化川渝合作。落实《重庆市人民政府四川省人民政府关于合作共建中新（重庆）战略性互联互通示范项目"国际陆海贸易新通道"的框架协议》，以共建"一带一路"为统领，充分发挥重庆、成都的国际门户枢纽功能，以广西北部湾港口作为国际陆海联通的重要交汇点，实现与中欧、中亚等国际通道的有机衔接，形成"一带一路"经中国西部地区的完整环线，构建联通全球的互联互通网络。加强两地在产业发展、基础设施、开发开放等领域合作，推动成渝城市群一体化发展加快上升为国家战略，打造西部地区开发开放的核心引擎。

川桂合作落在实处。落实《四川省人民政府广西壮族自治区人民政府关于深化川桂合作共同推进西部陆海新通道建设行动计划（2019—2021 年）》，合力推进省际互联互通项目建设，推动成都国际铁路港、宜宾港、泸州港与钦州港等北部湾出海港口联动发展，推进西部陆海新通道贸易便利化，加强重大产业分工协作，高水平建设川桂产业合作园区，加强特色优势产业合作。

川黔、川滇合作进展顺利。贯彻落实四川省人民政府、贵州省人民政府深化战略合作协议和四川省、云南省签署的《经济社会发展合作行动计划（2019—2020年）》，围绕主通道建设完善川黔、川滇省际综合交通运输网络，密切成都、泸州、宜宾与贵阳、昆明、遵义等西南地区重要节点城市和物流枢纽间联系。推动泸州港、宜宾港、乐山港、水富港，西南（自贡）无水港、黔东南无水港等，与北部湾港、洋浦港联动发展。鼓励成都国际铁路港、成都公路口岸等与云南河口、磨憨、瑞丽等重点口岸合作，推动构建成都—昆明—磨憨—万象—曼谷双向互动陆上直达通道。

长江上游省际协作得到强化。落实重庆市人民政府、四川省人民政府、云南省人民政府、贵州省人民政府关于建立长江上游地区省际协商合作机制的协议，筑牢长江上游生态屏障，坚持绿色创新高质量发展。强化对外大通道建设，持续完善长江上游地区综合交通基础设施网络，促进上游地区网络共建共享，设施互联互通。强化交通设施建设的红线意识和底线思维，提高通道等不可再生资源利用效率，实现基础设施建设和资源环境利用的和谐统一。

对外开放程度得到加深。引导国内国外企业在技术上进行深入交流，关注知识产权等方面让外资企业的合法权益得到保护。加速优化政策措施让外资股比不受过多限制，不断深化制造业、服务业和农业的开放。制定优化相关外资投资管理措施并严格执行，构建公平公正市场环境，让国内国外企业得到同等看待、不分厚薄，可以公平竞争，让更多的外资企业可以通过更多的方式投入陆海新通道建设。针对相关国家加大引资力度，吸引更多海外机构、企业来川投资兴业，争取推动和落地一批先进制造业和高端服务业的重大外资项目。

开放合作平台发挥好的功能。按照"政府引导、企业主体、市场运作"原则，大力实施"走出去"战略，开展经贸合作。充分发挥中国西部博览会等既有合作平台的功能，加强与"一带一路"共建国家（地区）的经贸合作。完善重点国别产能合作机制，大力实施国际产能合作"1122"工程，有序推动冶金建材、机械装备、医药化工、特色农业等行业优势企业到境外投资兴业，拓展南向工程建设市场，带动四川制造、技术、标准、服务、品牌链条式"走出去"。积极推动西部地区物流企业之间的合作或合资以及并购，打造出高质量的海外仓、全球物流基地、分拨集散中心等物流基地，让全球物流业务和回程货源组织得到进一步发展。和重庆运营组织中心共同发力，凭借中国一东盟信息港，推动各种信息资源的整合和利用。

二、枢纽建设迈上新台阶

对外通道宽度得到大力扩张。国际直飞业务中新增六条定期客运航线，定期全货机航线增至十条。在世界最繁忙机场排名中，双流国际机场升至第八名，国际机场团体再添一员——成都天府国际机场，航运业形成"两场一体"的运营模式。西部陆海新通道建设加快推进，陆路营运里程方面铁路和高速公路通车分别增加375公里和468公里，总里程增至5 687公里和8 608公里，出省大道增至40条。中欧班列境外铁路营运方面，新增10个城市站点至68个，集结中心和铁路运邮成为试点，年开行4 317列、同比上涨35.5%，营运载体显示上升趋势。新获批一个省级经济开发区和一个国家级示范区以及一个国家级出口基地，封关运营两个保税区，分别是成都国际铁路港经开区、进口贸易促进创新示范区、数字服务出口基地、高新西园综合保税区和国际铁路港综合保税区。达州商贸服务型国家物流枢纽被纳入建设"十四五"首批国家物流枢纽建设名单，成为物流行业分量最重的国家品牌。对外经贸逆势上扬。外贸进出口总额达7 154.2亿元、年增长22.4%，增速居副省级城市第2位，新设外商投资企业699家、年增长20.9%，世界500强企业新增4家。

成都空港经济发展成就突出，临空经济产业体系日趋成熟，推动了航空运营、制造维修、航空物流、跨境贸易、航空金融、航空总部六大航空核心产业加速集聚，筑牢临空经济示范生态圈。2020年，成都临空经济示范区地区生产总值突破1 000亿元，航空运营服务实现营业收入950亿元，航空制造维修实现营业务收入80亿元，航空物流主营业务收入突破40亿元，航空金融租赁产业规模突破20亿元。

第五节 四川推动西部陆海新通道与产业融合的经验

一、出台相关政策，加强产业引导

近年来，特别是四川省委十一届三次全会以来，四川畅通南向通道、深化南向开放合作取得积极成效。从国家《西部陆海新通道总体规划》出台后，四川立即行动，完善规划推动重点任务加快落实，先后出台了《四川加快西部陆海新通道建设实施方案》《2020年四川加快西部陆海新通道建设工作要点》等相关政策，在加速建设西部陆海新通道的同时也为推动西部陆海新通道与产业融合指出了方向。2020年，西部陆海新通道物流产业联盟成立，该联盟由四川、广西、重庆、云南、广东等新通道沿线省市相关单位和企业联合组建，这些单位和企业涉及港口、航运、制造、铁路等多个行业，牵头单位是四川省港投集团。联盟致力于物流高质量发展和运输承载力的提升以及产业与新通道的进一步加速融合。同时，重点推动西部陆海新通道在产业、物流、交通、贸易方面的打造，使其更便捷、更便利、更高效、更具竞争力。此外，打造产业合作和开放合作平台，加速加深通道沿线省市物流与经济的融合发展和国际经济合作。

二、加强通道建设，发展通道经济

四川一直贯彻项目建设为重点的理念，一抓住适宜的时间和有利的机会就加速一批关键通道基础设施的建设，在保证质量的情况下可以早建成就早建成。一方面，根据东、南、西、北不同方向分别采取加强、突出、通畅和扩大的思路，积极推进进出川大道的建设，重心放到成都主枢纽的关键项目上，优化升级主枢纽功能，打造围绕成都的一体化综合运输体系。另一方面，高效利用西部综合交通枢纽，积极推进加深各区域各产业之间的经济联系，打造由点至线再至面的"通道经济"发展格局。此外，为加强加深区域发展定位，优化区域全面长远的发展计划，四川深入思考了如何建设调整综合交通枢纽以及如何优化生产力发展布局，打造出了高质量的区域整体发展格局。同时，四川有序有效地开展产业分工和辅助工作，推动产业结构进一步改善，加强优势产业和基地的建设使其凸显各自特色，并在综合交通枢纽的建设方面进一步思考了如何发展特色优势产业，以大通道和枢纽以及节点为支点，通过壮大区域主导产业放大枢纽建设，实现低成本优势效应。

三、加强区域合作，拓展融合的空间

四川省近年来积极抢抓机遇，坚持稳中求进、统筹全面发展，在推进经济社会发展中高度重视深度融入西部陆海新通道建设，密切与通道沿线省（区、市）及相关国家（地区）协商合作，在铁路、公路、物流贸易方面发展迅速，初步形成了通达广西北部湾、粤港澳大湾区和云南昆明综合运输通道，持续提升物流效率，加速天府新区、四川自贸区、国别合作园区等平台建设，拓展了西部陆海新通道与产业融合的空间。具体措施有：

一是强化了省际协商合作。川渝之间围绕中欧班列价格联盟、通道口岸互联等领域开展深入合作。川桂之间多次开展工作交流对接，川桂国际产能合作产业园举行首批拟入园企业签约仪式，川桂产业合作示范园成都芯谷展示中心建成投运。

二是加强了国际贸易合作。深化新川合作，共同发布《新加坡—四川贸易与投资委员会关于深化新川合作的联合宣言》。加强与东盟经贸合作，2021年1~6月，四川对东盟进出口789.2亿元、增长9.1%，规模占全省19%。

三是用好国际合作平台。加强与通道沿线国家交流，积极筹办西博会、2021"一带一路"四川国际友城合作与发展论坛、中外知名企业四川行、进博会等活动。

四、优化营商环境，完善产业配套

将重心放到产业、贸易、交通等领域，进一步开展"放管服"改革，优化交易成本结构和审批流程，大力提升企业开办效率。积极加强对技术、资本、劳动力等要素的优化配置并使其能够自由跨区流动，优化允许进入市场的制度和标准，取消或减少不合理不科学的地方性法规，避免市场壁垒的形成让资源要素自由流动，打造科学健康的市场环境。科学改善执法过于主观、无效反复检查等问题，严惩私自不按规定设卡、收费和罚款的行为，加强对交通物流环境不科学收费的清除，推动建设"一张网"式收费清单。进一步加大市场监管合作，推动质量与资质在区间互认制度的建设。

根据外部环境以及省内各经济区产业发展趋势和内在需求，围绕重点配套产业，明确经济区产业配套发展目标。利用大数据技术，对经济区内企业布局、物流链条、产品结构等精确分析，发挥现有物流整合协同和产业服务引导效应，结合通道腹地经济条件、区位特点和产业基础，一方面拓展国际贸易通道，降低产业配套过程中运输的经济和时间成本；另一方面创新物流和供应链模式，搭建和整合物贸服务生态圈，推进交通、物流、商贸、产业的深度融合。此外，完善招商引资激励机制，加大对中小企业项目的财政支持力度，支持企业创新发展和绿色转型升级，并不断优化产业园区发展环境，及时给予企业各项指导意见，提高产业园内企业各项事宜审批速度，加快完善园区基础设施和配套设施建设。

本章小结

本章首先介绍了四川西部陆海新通道建设情况，四川聚焦重大项目，统筹发展多种运输方式，完善优化物流设施功能，提升了交通物流系统能力。在提升通道物流运行质量效益方面，四川通盘筹划铁路、提升物流效率、推进多式联运发展、兼顾海上运输，最终增强通道整体竞争力。在提升通道对外开放合作方面，四川不断加强通道沿线省（区、市）以及周边国家协商合作，促进西部陆海新通道实现共商共建共享。在提升通道发展协调联动能力方面，四川主要通过推进统筹力度，全省协调机制进一步加强，给通道发展融入助力。

接着本章介绍了四川产业发展的概况。四川实施了优势产业带动战略，形成了七大优势产业、七大战略性新兴产业、五大高端成长型产业以及五大新兴先导型服务业。改革开放以来，四川产业实力得到显著增强，产业布局日趋科学，全省形成了成都平原经济区、川南经济区、川东北经济区、攀西经济区、川西北生态示范区。四川产业创新能力不断提高，在研发支出、研发人员构成、新产品销售收入、专利等方面都有显示提升。

最后本章介绍了四川推动西部陆海新通道与产业融合的举措。四川引导生产要素向通道沿线更有竞争力的地区聚集，发展通道经济；四川打造高品质陆港经济区，围绕陆港型国家物流枢纽，培育枢纽经济；四川推动高铁快运产业专业化、集约化发展，培育高铁经济。

本章研究发现四川在推动西部陆海新通道与产业融合方面取得了显著成效，主要是通过通道建设助推区域合作发展，对外开放程度得到加深，开放合作平台发挥好的功能；四川枢纽建设迈上新台阶，对外通道宽度得到大力扩张。

本章发现四川在推动西部陆海新通道与产业融合的经验主要有：一是出台相关政策，加强产业引导；二是加强通道建设，发展通道经济；三是加强区域合作，拓展融合空间；四是优化营商环境，完善产业配套。

第十四章 贵州西部陆海新通道建设与产业融合发展的实践

第一节 贵州西部陆海新通道建设概况

西部陆海新通道，北接丝绸之路经济带，南连 21 世纪海上丝绸之路，协同衔接长江经济带。作为陆海贸易新通道，西部陆海新通道以我国西部的贵州省、广西壮族自治区和甘肃省等为关键节点省份，将重庆建设为运营中心，在中新（重庆）互联互通示范项目的战略框架下，利用铁路、公路、水运、航空等多种运输方式，助力中国西部枢纽城市（重庆、贵阳和南宁等）实现与新加坡等东盟国家的贸易经济合作。

2019 年，国家发展改革委发布了《西部陆海新通道总体规划》，提出了西部陆海新通道的五年建设目标和发展路径，并从主通道、重要枢纽、核心覆盖区、辐射延展带 4 个维度，提出了西部陆海新通道的未来空间规划布局。

（1）主通道：形成"重庆—贵阳—南宁—北部湾出海口（北部湾港、洋浦港）""重庆—怀化—柳州—北部湾出海口""成都—泸州（宜宾）—百色—北部湾出海口"等四条主通道。

（2）重要枢纽。依托重庆市在"一带一路"和长江经济带交汇点的区位优势，开展通道物流和通道运营中心建设，开发国际性综合交通枢纽功能；依托成都的引领带动作用，着力建设国家重要商贸物流中心；依托海南洋浦的区域国际集装箱枢纽港作用，积极建设广西北部湾国际门户港，实现通道出海口功能提升。

（3）核心覆盖区。通过城市综合交通运输网络建设，强化贵阳、南宁、昆明、遵义、柳州等西南地区重要节点城市和物流枢纽与主通道的联系，依托内陆开放型经济试验区、国家级新区、自由贸易试验区和重要口岸等，创新通道运行组织模式，提高通道整体效率和效益，有力支撑西南地区经济社会高质量发展。

（4）辐射延展带。加强兰州、西宁、乌鲁木齐、西安、银川等西北重要城市的联通，强化主通道与西北地区综合运输通道的衔接。结合西北地区禀赋和特点，充分发挥铁路长距离运输优势，协调优化运输组织，加强西部陆海新通道与丝绸之路经济带的衔接，提升通道对西北地区的辐射联动作用，有力促进西部地区开发开放。同时，注重发挥西南地区传统出海口湛江港的作用，加强通道与长江经济带的衔接。

《西部陆海新通道总体规划》坚持以下基本原则：第一，创新引领、协同高效。优化通道建设与运营模式，创新协调联动机制和通道服务方式，坚持区域协同、产业联动、国际协作、协力并进，努力实现通道资源开发有度、运输服务保障有力、物流运营组织高效、区域协同发展机制创新。第二，陆海统筹、双向互济。统筹陆上与海上通道发展，大力推进联程联运，秉持共商共建共享，以开放引领开发，进一步发挥陆海新通道的基础性、战略性和先导性作用，促进西部地区外向型经济与内需协调互动，拓展对外经济双向合作空间。第三，贯通南北、强化辐射。对接共建"一带一路"、长江经济带发展、海南全面深化改革开放等国家战略，加强西南、西北骨干通道衔接，延伸拓展辐射范围，发挥成渝、北部湾等重点区域的枢纽辐射作用，构建通道有效支撑、战略有机衔接、南北相互促进的发展新格局，形成西部地区开发开放新动能。第四，市场主导、政府推动。发挥市场在资源配置中的决定性作用，激发各类市场主体活力，积极发展新产业、新业态、新模式，助推相关地区产业迈向价值链中高端。更好发挥政府作用，着眼长远发展，做好顶层设计，强化规划引领，深化"放管服"改革，努力创造优良的营商环境。

2017年，贵州、重庆、广西、甘肃四省签署"南向通道"（陆海新通道前身）框架协议，建立联席会议机制。2018年，青海、甘肃相继加入，"南向通道"正式更名为"陆海新通道"；至今"陆海新通道"的合作范围已扩展至重庆、广西、贵州、甘肃、青海、新疆、云南、宁夏、陕西共九个省（区、市）。

贵州积极融入国家战略，依托地处"一带一路"连接"陆海新通道"重要节点的区位优势，抢抓通道建设机遇，创新建设双向经贸走廊，助力经济社会高质量开放发展。交通基础设施得到有效改善，围绕贵广、贵南、沪昆、黔渝、成贵等高铁、快铁线路打造高铁客货运输通道体系，构建形成北向到重庆、西向到成都、西南到昆明、南向到南宁、桂林和广州，东向到长沙的"3

小时米字形高铁经济圈"。通过高铁、高速公路等基础设施建设，贵州已把贵阳建设成为西南人流物流出海、粤港澳大湾区联接西南的重要门户。

第二节　贵州产业发展概况

一、结构概述

贵州产业结构总体为"12+10+10"发展格局，涵盖了一、二、三产业共32个细分产业。第一产业农业的12个细分产业分别为茶叶、食用菌、水果、蔬菜、石斛、油茶、辣椒、刺梨、中药材、生态畜牧、生态渔业、竹产业，后追加皂角产业，实为"12+1"个农业产业；第二产业工业的10个细分产业为十大千亿级工业产业，包括基础能源、基础材料、新型建材、优质烟酒、清洁高效电力、现代化工、先进装备制造、健康医药、生态特色食品和大数据电子信息等；第三产业现代服务业的10个细分产业分别为大旅游、大健康、大数据融合、现代物流、现代金融、现代商贸、科技研发、文化产业、养老服务和会展服务。经过多年特别是改革开放以来的发展与调整，贵州产业结构出现了显著变化。三大产业结构实现了由"一、二、三"型向"二、一、三"型再向"二、三、一"型的转变，产业结构逐渐向合理的方向转化。

第一产业内部结构逐步调整优化，畜牧业实现较快发展，林业和渔业增长幅度相对平稳，种植业比重仍然相对较多，农业经济的单一传统格局逐渐向多种经营、综合协调发展的格局转变。

在工业内部结构中轻工业比重不断上升，重工业有所下降，非公有经济发展加快，非国有经济产值占工业总产值比重大幅提高，贵州省加快了对工业结构的调整，在加强建设能源原材料工业、机械电子等传统产业的同时，加快了以卷烟和饮料酒为主的轻工业的发展。在巩固"两烟一酒"等支柱产业的基础上，逐步形成电力、铝和铝加工、冶金、汽车零部件工业等新的支柱产业。

贵州省第三产业内部结构层次较低，仍以传统商业、服务业为主。近年来金融、保险、房地产、旅游、文化、体育，尤其是房地产业稳步增长，所占比重逐年增大，上升势头强劲。同时，商业、饮食业快速增长，持续保持了第三产业中主导部门的地位，运输、邮电行业也有一定的发展。

二、发展现状

2021年全年贵州全省地区生产总值为 17 826.56 亿元，比上年增长 4.5%，如图 14-1 所示。其中，第一产业增加值为 2 539.88 亿元，增长 6.3%；第二产业增加值为 6 211.62 亿元，增长 4.3%；第三产业增加值为 9 075.07 亿元，增长 4.1%。第一产业增加值占地区生产总值的比重为 14.2%，比上年提高 0.6 个百分点；第二产业增加值占地区生产总值的比重为 34.8%，比上年下降 0.8 个百分点；第三产业增加值占地区生产总值的比重为 50.9%，比上年提高 0.1 个百分点。

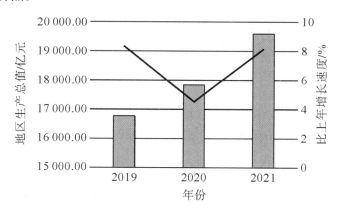

图 14-1　贵州省 2019—2021 年地区生产总值及增长速度

（一）第一产业

贵州复杂多样的生态环境，蕴藏着极为丰富的生物资源，生物多样性优势突出。栽培的粮食、油料、经济作物有 30 多种，水果品种 400 余种，可食用的野生淀粉植物、油脂植物、维生素植物主要种类 500 多种，天然优良牧草 260 多种，畜禽品种 37 个，有享誉国内外的"地道药材"32 种，是中国四大中药材产区之一，也是茶叶的原产地之一。同时，高海拔气候特征使贵州整体具有冷凉性，昼夜温差大，有利于干物质等营养成分的积累，具备发展夏秋蔬菜等的独特优势；境内河流纵横交错，深度切割，地表落差大，对疫病传播阻隔有很大帮助，病虫灾害相对较少。生态环境良好，耕地、水源和大气受工业及城市"三废"污染较少，具有发展畜、蔬、茶、薯、果、药等特色产业的优势和潜力，贵州正在逐步成为全国重要的"菜篮子"生产基地。

2021 年全年全省农林牧渔业总产值 4 358.62 亿元，比上年增长 6.5%。其中，种植业总产值 2 781.80 亿元，增长 7.7%；林业总产值 293.66 亿元，增长 8.2%；畜牧业总产值 1 019.01 亿元，增长 2.8%；渔业总产值 61.09 亿元，增长 6.4%。如图 14-2 所示：

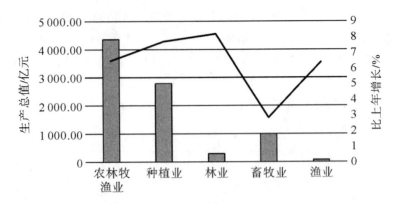

图 14-2　贵州省农林牧渔业总产值及增长速度

粮食种植面积 4 131.20 万亩（1 亩 ≈ 666.67 平方米，后同），比上年增长1.7%；粮食总产量 1 057.63 万吨，比上年增长 0.6%。全年蔬菜及食用菌种植面积 2 266.99 万亩，比上年增长 5.3%；蔬菜及食用菌产量 2 990.87 万吨，比上年增长 9.4%。2021 年年末果园面积 1 169.20 万亩，比上年年末增长13.9%；全年园林水果产量 478.58 万吨，比上年增长 30.4%。木材产量314.67 万立方米。2021 年年末全省生猪存栏 1 364.06 万头，比上年末增长16.5%；牛存栏 517.71 万头，增长 5.0%；羊存栏 382.38 万只，增长 0.6%；家禽存栏 12 082.48 万羽，增长 13.6%。2021 年全年猪出栏 1 661.77 万头，比上年下降 1.0%；牛出栏 176.14 万头，增长 4.5%；羊出栏 297.37 万只，增长1.3%；家禽出栏 17 602.17 万羽，增长 17.3%。全年猪牛羊禽肉产量 205.12万吨，比上年增长 1.3%；禽蛋产量 26.16 万吨，增长 14.0%；牛奶产量 5.25万吨，下降 0.7%。水产品产量 24.87 万吨，比上年增长 2.1%。其中，养殖水产品产量 24.16 万吨，增长 3.3%。

（二）第二产业

2021 年全年全省规模以上工业增加值比上年增长 5.0%，如图 14-3 所示。分经济类型看，国有控股企业增加值增长 7.0%，股份制企业增长 5.4%，外商及港澳台商投资企业增长 5.0%，私营企业增长 2.6%。分门类看，采矿业增长6.1%，制造业增长 5.1%，电力、热力、燃气及水生产和供应业增长 3.3%。19 个重点监测的行业中，18 个行业增加值保持增长。其中，黑色金属冶炼和压延加工业增加值比上年增长 16.7%，有色金属冶炼和压延加工业增长16.3%，汽车制造业增长 11.6%，电气机械和器材制造业增长 11.6%，酒、饮料和精制茶制造业增长 6.3%，煤炭开采和洗选业增长 5.5%，电力、热力生产和供应业增长 3.1%。生产智能电视机 183.62 万台，比上年增长 48.6%；汽车

7.91 万辆，增长 38.9%；铁合金 207.09 万吨，增长 20.8%；电子元件 48.47
亿只，增长 12.4%；辣椒制品 45.58 万吨，增长 7.9%；原铝（电解铝）
135.58 万吨，增长 6.1%。规模以上工业企业利润总额 1 056.14 亿元，比上年
增长 19.6%。全年营业收入利润率为 11.6%，比上年提高 2.1 个百分点；每百
元营业收入中的成本为 72.65 元，下降 2.1 元。年末规模以上工业企业资产负
债率为 60.2%，比上年年末下降 0.4 个百分点。年末全省具有资质等级的总承
包和专业承包建筑业企业 1 891 个，比上年年末增加 326 个。其中，特级和一
级资质建筑业企业 124 个，增加 13 个；二级资质企业 812 个，增加 127 个；三
级资质企业及其他资质企业 955 个，增加 186 个。全年建筑业增加值 1 613.51
亿元，比上年增长 6.5%。

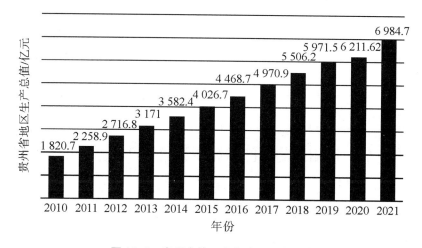

图 14-3　贵州省第二产业地区生产总值

（三）第三产业

2021 年贵州省服务业增加值比上年增长 4.1%，比前三季度加快 1.2 个百
分点，增速高于全国 2.0 个百分点。金融存、贷款保持较快增长。12 月末，
全省金融机构人民币各项存款余额 28 276.31 亿元，同比增长 4.1%。金融机
构人民币各项贷款余额 32 235.75 亿元，同比增长 13.3%。互联网等规模以上
服务业快速增长。1—11 月，全省规模以上互联网和相关服务业营业收入比上
年增长 115.7%，多式联运和运输代理业营业收入增长 93.4%，研究和试验发
展营业收入增长 31.0%。邮政、电信业增长持续较快。全省邮政业务总量
85.48 亿元，比上年增长 12.4%；邮政业务收入增长 9.8%；快递业务量增长
14.5%。电信业务总量 5 077.71 亿元，比上年增长 31.0%；移动短信业务量增
长 23.0%；互联网用户总数增长 4.1%。商品房销售平稳增长。全省商品房屋

销售面积 5 552.51 万平方米，比上年增长 4.3%；房屋销售额 3 224.23 亿元，比上年增长 1.3%。旅游业进一步恢复。1~11 月，全省接待旅游总人数达到上年同期水平的 52.8%，比前三季度提升 5.4 个百分点；实现旅游总收入达到上年同期水平的 44.6%，比前三季度提升 5.9 个百分点。表 14-1 所为 2021 年贵州省第三产业分布状况：

表 14-1   2021 年贵州省第三产业分布状况

第三产业类型	规模/亿元
住宿和餐饮业	379.33
交通运输、仓储及邮电通信业	725.39
房地产业	730.64
金融业	1 141.71
批发和零售业	1 369.48
其他行业	4 570.22

第三节   贵州推动西部陆海新通道与产业融合的举措

一、完善区域合作的体制机制

成立西部陆海新通道专项专班，全面负责贵州省新通道规划建设和政策实施推进，将参与西部陆海新通道建设与贵州内陆开放型经济试验区建设相衔接，实现双向促进。与合作省（区、市）和重点企业单位积极合作，先后签署《关于合作共建中新互联互通项目南向通道的框架协议》《渝贵黔陇海关、检验检疫支持推进中新互联互通项目南向通道建设合作备忘录》《关于合作共建中新（重庆）战略性互联互通示范项目"国际陆海贸易新通道"的框架协议》，与国铁集团成都、南宁、兰州铁路局集团公司签署了共建南向通道的合作备忘录。

专栏1：《贵州省关于支持中新（重庆）战略性互联互通示范项目"国际陆海贸易新通道"建设有关政策措施》（以下简称《政策措施》）

一、基本框架

《政策措施》共分5个部分10条，从支持集装箱多式联运、鼓励外贸进出口，降低物流成本、提高通关效率，支持口岸及口岸功能区建设，支持贵州绿色农产品出省和冷链物流运输，项目资金保障和绩效考核五个方面对我省主动融入陆海新通道建设的形式、目标、任务、支持范围和保障考核措施等进行了说明和规定，并结合我省实际，对我省农产品和冷链运输进行了针对性支持，考虑到"十三五"规划将于2020年结束和国家及贵州省新一轮开放措施的制定和实施，故将本政策措施的有效期设定为2020年12月31日，将根据新形势新任务新目标调整和修改本政策措施。

二、主要内容

1. 第一部分"支持集装箱多式联运、鼓励外贸进出口"。主要是对贵州省主动融入陆海新通道建设的形式和部分目标、任务进行了阐述。借鉴其他省（区、市）做法，主要以开展铁路运输为主的多式联运业务作为切入点，以外贸进出口运输为主要目标并制定了量化标准，针对贵州省存在从事外贸进出口的物流货代企业较为薄弱的情况进行支持。

2. 第二部分"降低物流成本、提高通关效率"。主要是对贵州省主动融入陆海新通道建设的支持范围、目标任务进行重点阐述，并制定了量化标准。

3. 第三部分"支持口岸及口岸功能区建设"。主要是对贵州省主动融入陆海新通道建设需要解决的口岸基础设施进行针对性支持。

4. 第四部分"支持贵州绿色农产品出省和冷链物流运输"。主要是针对贵州省脱贫攻坚工作，特别是贫困地区农产品对外运输和相配套的冷链运输进行一定程度的支持和倾斜，并制定量化标准。

5. 第五部分"项目资金保障和绩效考核"。主要对贵州省主动融入陆海新通道建设中的项目、资金来源情况进行明确，并就资金使用方式、拨付程序和绩效考核等方面进行规定。

三、《政策措施》的亮点

一是贵州省首次在支持外贸进出口货物运输中制定量化绩效指标作为资金拨付的依据，做到资金使用的公开、透明和有效。

二是结合目前的工作实际，对贵州省陆海新通道建设存在的基础设施薄弱、通关效率不高等问题进行了政策支持和目标制定。

三是对贵州省脱贫攻坚工作特别是贫困地区农产品对外运输进行了支持并量化了指标，助力我省大扶贫战略。

资料来源：《贵州省关于支持中新（重庆）战略性互联互通示范项目"国际陆海贸易新通道"建设有关政策措施（试行）》政策解读，http://swt.guizhou.gov.cn/zwgk/hqlmzcmbk/201911/t20191121_63755736.html.

二、出台新通道专项支持政策

为加快推进西部陆海新通道相关建设项目进度，贵州省先后颁布《关于支持国际陆海新通道建设有关政策措施（试行）》《贵州建设西部陆海新通道实施方案》和《推进西部陆海新通道建设实施方案》，不断优化营商环境，推进放管服改革，支持口岸服务机制优化，鼓励进出口贸易发展，支持绿色农产品出省和冷链物流运输等。通过明确贵州省参与西部陆海新通道建设工作的重点和难点任务，积极优化创新举措，着力释放贵阳市的核心枢纽功能，提升遵义市参与建设的地位和积极性，长远规划贵州省西部陆海新通道建设的发展目标和建设任务。

专栏2：国务院印发《关于支持贵州在新时代西部大开发上闯新路的意见》

2022年1月26日，国务院印发《关于支持贵州在新时代西部大开发上闯新路的意见》（以下简称《意见》）。

《意见》明确了贵州西部大开发综合改革示范区、巩固拓展脱贫攻坚成果样板区、内陆开放型经济新高地、数字经济发展创新区、生态文明建设先行区等战略定位，提出了到2025年、2035年的发展目标。

《意见》部署七个方面的主要任务。

一是建设西部大开发综合改革示范区，加快要素市场化配置改革，深化国企国资改革，全面优化营商环境。

二是全面推进乡村振兴和新型城镇化，接续推进脱贫地区发展，深入实施乡村建设行动，大力发展现代山地特色高效农业，全面推进以人为核心的新型城镇化。

三是推动内陆开放型经济试验区建设提档升级，促进贸易投资自由便利，畅通对内对外开放通道，推进开放平台建设，加强区域互动合作。

四是加快构建以数字经济为引领的现代产业体系，提升科技创新能力，实施数字产业强链行动，推进传统产业提质升级，促进文化产业和旅游产业繁荣发展。

五是持之以恒推进生态文明建设，改善提升自然生态系统质量，深入打好污染防治攻坚战，健全生态文明试验区制度体系，积极推进低碳循环发展。

六是提高保障和改善民生水平，提升劳动者就业能力和收入水平，推动教育高质量发展，推进健康贵州建设，完善公共服务体系。

七是强化重点领域安全保障和风险防范，提高水安全保障和洪涝灾害防治水平，提升能源安全保障能力，防范化解债务风险。

资料来源：国务院印发《关于支持贵州在新时代西部大开发上闯新路的意见》，http://www.gov.cn/xinwen/2022-01/26/content_5670571.htm.

三、加快新通道基础设施建设

贵州省大力开展新通道交通基础设施条件提量提质工程，在公路、铁路、航空和物流基地等方面开发系列项目建设，贵阳至南宁、叙永至毕节、渝怀铁路增建二线等铁路项目加快推进，国家高速公路 G75 重庆至遵义高速公路贵州段扩容工程持续建设，G75 重庆至遵义高速公路贵州段扩容工程、贵阳都拉营国际陆海通物流港一期项目等都为贵州省陆海新通道建设提供了良好的基础设施条件。全省形成了以贵阳和遵义为主要交通枢纽节点，以纵向贯通型铁路和高速公路为重点通道的新通道的交通物流新网络。

专栏3：贵州省推进交通强国建设实施纲要

2021年11月23日，中共贵州省委、贵州省人民政府印发《贵州省推进交通强国建设实施纲要》。

纲要指出，加快推进交通强国建设，到2025年，高质量完成交通运输投融资模式创新、智慧交通建设、交通与旅游融合发展、"四好农村路"高质量发展、山区公路建设运营安全风险管控等5个方面交通强国建设试点任务；到2035年，基本建成便捷顺畅、经济高效、绿色集约、智能先进、安全可靠的现代化高质量综合立体交通网，基本实现交通现代化；到本世纪中叶，全面完成贵州省推进交通强国建设任务，建成"人民满意、保障有力、全国前列"的现代化高质量综合交通运输体系，实现交通现代化，人民享有美好交通服务。

纲要明确，构建布局合理、外联内畅的综合立体交通网络体系；构建便捷舒适、经济高效的运输服务体系；构建融合高效、泛在先进的智慧交通体系；构建特色鲜明、服务优良的交旅融合发展体系；构建前沿高端、创新引领的交通产业体系；构建节约集约、生态环保的绿色交通体系；构建系统完备、防控有力的安全保障体系；构建规范有序、协同高效的现代管理体系；构建精良专业、创新奉献的人才体系。

资料来源：《贵州省推进交通强国建设实施纲要》印发，https://baijiahao.baidu.com/s？id = 1717179052802403860&wfr = spider&for = pc.

四、强化新通道多式联运组织

贵州省与中新南向通道（重庆）物流发展有限公司合资成立全国首个"陆海新通道"区域运营平台公司——贵州陆海新通道供应链管理有限公司，深度推进西部陆海新通道经贸合作。贵州铁路投资公司、成都局集团、贵州高速公路集团、贵州现代物流集团合资组建贵州多式联运公司，充分发挥通道交通资源优势，提高物流运输成效。重点推动黔新欧班列开行工作，已顺利完成多种通关模式，如搭乘周边省（区、市）中欧班列，开行贵州直发中欧（中亚）班列测试工作等。截至2020年9月底，贵州省已开行海铁联运下行班列176列，发运集装箱8 808标准箱。

第四节　贵州推动西部陆海新通道与产业融合的成效

一、现代化物流枢纽体系逐渐完善

贵州着重从优化物流基础设施网络、提升物流组织服务能力、推动干支配网络衔接畅通、构建多式联运服务网络等方面发力。贵州抢抓新一轮西部大开发新机遇，以西部陆海新通道建设为牵引，加速推进通道基础设施建设，致力打造西部地区物流枢纽，深入实施西部陆海新通道产业融合发展行动，培育打造西部陆海新通道开放发展经济带，初步形成南北纵向高水平开放、高质量发展、有机衔接"一带一路"建设的陆海联动经济走廊，为促进区域协调发展、打造国际合作和竞争新优势提供了有力支撑。2019 年，贵阳国际邮件互换局（交换站）获批设立，截至 2021 年 3 月底，贵阳国际邮件互换局（交换站）共监管进出境邮件（包含信函类）689 487 件，其中进口 145 668 件，出口 543 819 件。2020 年 10 月，贵阳陆港型国家物流枢纽入选国家发展改革委、交通运输部联合发布的 2020 年国家物流枢纽建设名单。2021 年贵州铁路、公路、水运货物运输总量 96 989.32 万吨，同比增长 12.2%；货物周转量 1 435.90 亿吨公里，增长 13.5%。

二、区域产业联动发展加速

贵州省借助国家战略落地以及基础设施建设贯通，积极与靠近东盟的沿边、近边省份合作共谋发展。贵州与广西加强合作，通过北部湾出海，打通了一条成本低、便捷的出海通道。据测算，平陆运河开通后，贵州从红水河经西江可到广西钦州出海，比从广州出海近 200 公里，将极大降低物流成本。《广西北部湾国际港务集团有限公司、贵州铁路投资集团有限公司战略合作框架协议》等协议的签署，标志着贵州同广西围绕西部陆海新通道的共建共商和互联互通的合作更加深入。

除此之外，贵州与四川在加快省级大通道建设、推进交通运输高质量发展等方面有着深厚的渊源。川黔两省持续深化泛珠三角合作，将川黔交通发展重大项目纳入国家规划纲要和交通转向规划，为两省交通运输持续高位运行注入强劲动能，进一步促进川黔两地在政治、经济、文化等方面的交流，推动产业发展。2019 年 1 月至 11 月四川在贵州投资项目 620 个，合同投资总额超过千亿元。

三、物流产业进入高质量发展阶段

贵州省货物运输量从 2012 年的 52 765 万吨增加到 2018 年的 102 536 万吨，全省物流时效提升幅度居全国第一位。2017—2021 年，贵州省货物运输量由 2017 年的 96 076 万吨提高到了 2019 年的 106 417 万吨，此后由于受新冠病毒感染的影响出现小幅下滑如表 14-2、图 14-4 所示。

贵州现代物流集团成功入选"2022 年全国供应链创新与应用示范城市和

示范企业名单",意味着贵州省在供应链管理领域的创新探索与实践已获得广泛认可。

表 14-2 2017—2021 年贵州省货物运输量　　　　单位：万吨

年份	货物运输总量	铁路	公路	水运
2017	96 076	5 278	89 298	1 500
2018	102 535	5 511	95 354	1 670
2019	106 417	5 523	99 220	1 674
2020	86 444	5 801	79 412	1 231
2021	96 990	7 276	89 154	560

数据来源：2022 年贵州统计年鉴。

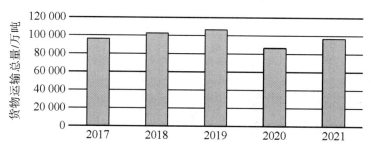

图 14-4 2017—2021 年贵州省货物运输总量

四、"贵州制造"高效走出国门

贵州大力开展外贸组团出海"拓市场抢订单促招引"行动，组织全省各类市场主体、行业主管部门主动赴境外国别市场开展各类国际贸易或商务促进活动。据统计，自 2021 年 11 月 18 日贵州首趟中欧班列开行以来，贵州中欧班列数量从每月 2 列临时计划到固定每周一列，开行线路覆盖范围持续扩大，货物运输品类日趋多元化。仅 2023 年 1 月，贵州完成中欧班列总计发运超 330 标箱，较 2022 年同期预计增长 80%。从进出口贸易总量来看，虽然受新冠病毒感染的影响，但是 2017—2021 年贵州省的进出口贸易总额仍然由 551 亿元提高到 654 亿元，实现较快发展，如表 14-3 和图 14-5 所示。

表 14-3 2017—2021 年贵州省进出口贸易情况   单位：亿元

年份	进出口总额	出口总额	进口总额
2017	551	391	160
2018	503	339	164
2019	453	327	126
2020	547	431	115
2021	654	487	167

数据来源：2022 年贵州统计年鉴。

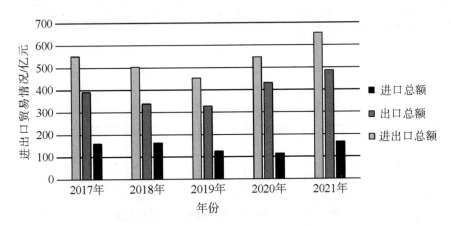

图 14-5 2017—2021 年贵州省进出口贸易情况

第五节 贵州推动西部陆海新通道与产业融合的经验

近几年，贵州先后做出"交通优先""交通先行"等战略部署，实现全省村村通路、通客运。尤其是《西部陆海新通道总体规划》的出台，明确把贵阳和遵义纳入重点物流枢纽、大型货运场站、铁路物流基地、运输干线重点项目建设及枢纽经济建设重点。可以说，西部陆海新通道的建设，为全省带来了千载难逢的机遇。

一、从主动融入"长江经济带"到变成连接"陆"和"海"的重要枢纽

受历史和地理条件等因素的影响，贵州在开放通道建设和融入"一带一路"倡议等方面，始终处于边缘地带，难以发力发展。但是从区位条件来看，

贵州地处西南地区南下出海大通道的重要交通枢纽位置，向北可以经过重庆、成都连接欧亚大陆桥，直接融入新丝绸之路经济带；向南可以通过高速铁路和高速公路连接广东、广西等地，融入21世纪海上丝绸之路，优越的区位条件为贵州参与西部陆海新通道建设创造了极佳的机遇。在"一带一路"倡议中，重庆是丝绸之路经济带"渝新欧"大陆桥的起点，北部湾和广州港是海上丝绸之路的起点，而贵州恰好处于两个起点的中间腹地，是两地连接距离最近的通道，具有特殊且重要的地位。贵州积极参与西部陆海新通道建设，能够实现与西部开发新格局的互通，带动区域的乡村振兴和沿线城市高质量发展。通过参与西部陆海新通道，贵州的战略地位发生了重大变化，由"一带一路"的边缘地带转变成为连接"一带一路"的主要通道，成为陆海双向开放的核心区域。

二、基础设施建设投资带动产业发展

在《西部陆海新通道总体规划》中，贵州省贵阳、遵义两市正位于通道主干道上，为完成连接内陆与海外通道的使命，贵州大力加强对基础设施的建设，完善交通网络，打通省内各州市交通壁垒，加快与外部互联互通，从而带动省内产业发展。

基础设施的投资建设给贵州省相关产业、企业带来发展机遇。建筑业在地区生产总值中的比重逐年增加，2017年实现建筑产业总值2 932.96亿元。2018年贵州对外承包工程完成营业额10.02亿美元，增长16.3%。西部陆海新通道的建设不仅为相关企业提供发展空间，也为基建过程中需要的相应设备，如钢筋、水泥、混凝土等基本产业带来巨大市场。

三、路海内外联动拓宽国内外市场网络

西部陆海新通道的核心节点区位优势，为贵州进一步扩展国内外贸易市场提供了有利条件，经贸合作内容由传统的贸易和物流方面向投资、旅游、文化和信息技术等多领域拓展。陆海新通道基础设施的建设也实现了工业产品的有效流动和贸易往来，给予贵州外贸足够的空间和商机。

西部陆海新通道建设为国内大宗农产品的进出口创造了良好的渠道条件。贵州农产品以初级产品为主，市场狭窄。在西部陆海新通道上，贵州农产品可以实现较好的交易机会，向北可经过重庆，借道中欧国际班列西部通道运往中国西北、中亚、欧洲等地区，向东经重庆沿着沿江通道进入长江沿岸经济带的各个省份等市场。同时，西部陆海新通道建设也为贵州工业产品出省和原材料

进省提供快捷通道，现在贵州生产的铝矾土、轮胎、磷肥、"老干妈"已经搭乘西部陆海新通道出海。此外，在第三产业方面，西部陆海新通道的机遇同样明显，陇渝、陇桂、黔桂、青渝桂等班列相继开行，与中欧班列（重庆）实现有机连接，形成"一带一路"经中国西部地区的完整环线。

四、营商环境优化降低实体经济成本

在保障硬件基础设施建设的基础上，贵州积极优化政府服务、社会网络等营商环境软件条件。贵州省在推进扩大对外开放和招商引资的过程中强调营商环境优化的关键作用，强化全省营商环境建设工作，不断提升营商环境水平。积极建立健全企业投资服务机制，搭建商业服务平台，多渠道、多层次为企业提供高效畅通的投资经营环境。将投诉热线和举报邮箱等投诉渠道在全省各直属单位网站公开发布。随着贵州营商环境的不断完善，越来越多的优秀企业、人力资源、优秀人才向贵州省集聚，产业链布局也更加完善，促进企业的经营成本实现较大幅度降低。

通过积极参与西部陆海新通道建设，贵州省将过去"不沿边、不沿海、不沿江"的地理区位转变成南向出海大通道交通枢纽、北向新丝绸之路经济带融合区和两大经济带互联互通节点的区位优势，将相对落后地区开放经济发展水平转变为实现实体经济高质量飞跃发展的新格局。借助西部陆海新通道为贵州省产业"走出去"的历史性巨大机遇，贵州主动融入通道建设，以建设促联动，以联动促经贸，实现了快速发展。

本章小结

本章主要从建设简介、产业发展概况、产业融合举措和经验启示等方面全面梳理了贵州省推进西部陆海新通道建设与产业融合发展状况。在西部陆海新通道建设与产业融合发展举措方面，贵州省提出完善区域合作的体制机制、出台新通道专项支持政策、加快新通道基础设施建设和强化新通道多式联运组织等举措。根据贵州省的做法，可以得到如下启示：从主动融入"长江经济带"到变成连接"陆"和"海"的重要枢纽、基础设施建设投资带动产业发展、路海内外联动拓宽国内外市场网络和营商环境优化降低实体经济成本等。

第十五章　云南西部陆海新通道建设
与产业融合发展的实践

第一节　云南西部陆海新通道建设概况

一、云南西部陆海新通道建设背景

2019年8月《西部陆海新通道总体规划》正式印发,从国家层面确定了在西部地区通过陆海联动带动整个区域的协同发展。为促进中新战略性互联互通,中国西部省份与新加坡合作打造陆海贸易新通道,通过发展海运、铁路、公路等多种运输通道,向南发展经北部湾区域运输到世界其他国家,从而大幅缩短原来经东部地区出海的时间。

该规划对西部陆海新通道进行了空间布局,主要建设三条主通道:第一条通道,是从重庆开始,经过贵阳和南宁,到北部湾的北部湾港和洋浦港;第二条通道,也是从重庆开始,经过怀化和柳州,到北部湾出海口;第三条通道,是从成都开始,经过泸州和百色,到北部湾出海口。

西部陆海新通道的相关规划,对中国西部的发展格局进行了重塑,沿途的西部省(市)也将因此受惠。比如:贵州坐实了"西南交通枢纽"的地位;广西由于独特的地理位置得到了政策的福利;重庆已经成为以汽车和电子设备等高端制造业为主的西部经济高地;成都通过建设物流中转成为众多电商平台的西部仓库。根据国家发展改革委公布的西部陆海新通道建设图,西部陆海新通道建设计划的主线与云南擦边而过。成渝经济圈的货物,一部分通过蓝线(兰渝铁路、兰新铁路)出口到欧洲市场,另一部分通过红线经南宁、北部湾出口东南亚及南亚市场,与云南有关的部分仅限河口、磨憨、瑞丽三个口岸。西部陆海新通道的建设,给云南的经济社会发展带来了新的机遇和挑战。

云南是面向南亚东南亚辐射中心的重要门户，具有"内引外联"的独特区位优势，在优化区域布局、维护边疆安全中承担着非常重要的功能。从地理位置来看，云南不仅在陆路毗邻缅甸、越南、老挝三个国家，又与泰国和柬埔寨通过澜沧江和湄公河水路相连，临近印度、孟加拉国等国际市场，是中国—中南半岛经济走廊和孟中印缅经济走廊重要的交汇区，更是我国面向南亚、东南亚和环印度洋地区开放的大通道和桥头堡的前沿，从北向上连接了"丝绸之路经济带"沿线城市，从南往下连接"海上丝绸之路"沿线地区。云南省内区域的陆海新通道建设，对我国构建"陆海内外联动、东西双向互济的开放格局"具有非常重要的作用。

二、云南西部陆海新通道建设目标

（一）成为西部陆海新通道的重要支点

利用好毗邻东南亚的区位优势，服务和融入国家发展战略和全国发展大局，建设面向南亚和东南亚大市场的辐射中心。云南西部陆海新通道建设，要大力发展跨境综合交通枢纽体系，提高面向南亚、东南亚、印度洋周边的辐射能力。把云南打造成西部内陆省份货物出海的必经通道，提高云南在整个通道建设中的支点地位，实现更大范围、更宽领域、更深层次的对外开放。

（二）推进通道基础设施建设互联互通

云南西部陆海新通道建设，在基础设施建设方面，要求把云南建设成为连接国际和国内市场的战略纽带。第一，加快建设省际运输通道，建立与周边省（区）的快捷通道，大力发展云南与通道主要城市之间的航空、铁路、高速公路等交通运输方式，建立立体多元化的互联通道，优化西部陆海新通道的内部联通。第二，加快建设云南连接南亚、东南亚等周边国家的公路、铁路、水路通道，着力建设中老泰通道、中缅陆路通道，在昆明建设第二机场增加海外航线，多种国际联运方式齐头并进，拓展西部陆海新通道的外部布局。

（三）发挥通道对产业发展的带动作用

发挥云南西部陆海新通道对产业发展的带动作用，加快沿线地区的产业结构优化调整，促进各个产业之间的分工与协作。强化制造业与现代服务业融合联动，加快培育发展新动能，强化和拓展与周边国家和地区的国际产能合作。大力发展跨境贸易、跨境物流、边境旅游等新业态新模式。

（四）建设优势互补开放合作的新平台

以口岸城市、口岸机场建设为抓手，以南博会、商洽会等会展平台为纽带，构建优势互补的高质量开放合作新平台。大力发展云南自由贸易试验区，在瑞丽、勐腊（磨憨）建设国家重点开发开放试验区。建设云南与越南、老挝、缅甸的跨境经济合作区，在昆明、红河建设综合保税区，在昆明、德宏设立跨境电子商务综合试验区，发展国家级经济技术、高新产业、边境经济合作等各类开放合作新平台。

（五）打造内外联动的国际贸易走廊

依托昆明综合保税区、瑞丽和磨憨的重点开发开放试验区、中国（磨憨）—老挝（磨丁）跨境经济合作区、中国（河口）—越南（老街）跨境经济合作区等开放载体，不断深化与通道沿线国家间的经贸合作，把云南西部陆海新通道建设成为内外联动的国际贸易走廊，在"走出去"的同时坚持"引进来"，推动贸易和投资的创新发展，依托中国-中南半岛经济走廊建设，融入孟中印缅经济走廊发展，全面提升云南西部陆海新通道开放合作的层次和水平。

（六）加强国际物流中转和一体化通关服务

着力加强云南与南亚、东南亚国家的国际物流中转和一体化通关服务功能，对跨境物流基础设施进行科学规划与布局。通过建设无缝衔接的区域物流网络，给国际与国内的贸易和通关带来便利。创新物流产业新模式，推动公路与铁路、铁路与水运、陆运与水运的多式联运。把云南建设成为面向南亚和东南亚的国际物流枢纽，提高云南西部陆海新通道物流发展的水平、质量和效益。

第二节　云南产业发展概况

一、产业规模逐年壮大

面对复杂多变的国际环境，云南始终保持经济的高质量发展，国民经济强劲复苏。如图 15-1 所示，2022 年云南实现地区生产总值 28 954.2 亿元，比 2021 年增长 4.3%，2021—2022 年的平均增速，超过全国平均水平，位于西部地区的前列。从云南的人均地区生产总值来看，2022 年达到 61 716 元，比 2021 年增长 4.7%。

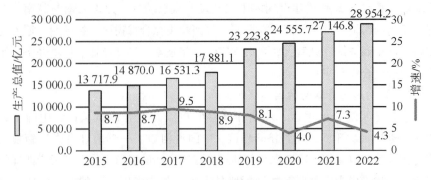

图 15-1　2015—2022 年云南地区生产总值及增长速度

2022 年云南民营经济增加值为 15 011.3 亿元，比 2021 年增长 17.6%，比 2015 年增长 134.9%。如图 15-2 所示，2022 年云南全部工业增加值 7 197.08 亿元，与 2021 年相比增长 6.0%，与 2015 年 3 925.2 亿元相比，增长 83.4%。其中，规模以上工业增加值增长 7.7%，工业产业平稳有序发展。

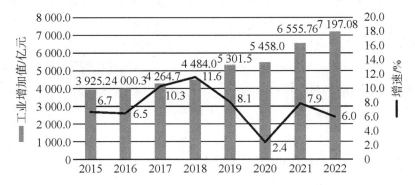

图 15-2　2015—2022 年云南工业增加值及增长速度

二、产业结构日趋优化

从三次产业结构来看，如图 15-3 所示，2015-2022 年云南不断加速产业发展，三次产业增加值逐年上升。从图中不难发现，2019 年开始，各个产业的增长率有了明显提高，特别是第三产业的增加值，在 2019 年的增长幅度达到 45%以上。根据《云南省 2022 年国民经济和社会发展统计公报》，到 2022 年，云南三次产业增加值分别为 4012.2 亿元、10471.2 亿元、14470.8 亿元，比 2021 年分别增长 4.9%、6.0%、3.1%，三次产业的占比为 13.8∶36.2∶50.0。

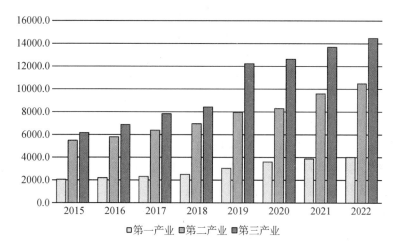

图15-3 2015-2022年云南三次产业增加值

从2015—2022年云南三次产业构成来看，云南第三产业比重稳步增长，三次产业结构进一步优化，促进新旧动能接续转换，如表15-1所示。

表15-1 2015—2022年云南三次产业构成

产业类别	2015年	2016年	2017年	2018年	2019年	2020年	2021年	2022年
第一产业占比/%	15.1	14.9	14.3	14	13.1	14.7	14.3	13.8
第二产业占比/%	39.8	38.4	37.9	38.9	34.3	33.8	35.3	36.2
第三产业占比/%	45.1	46.7	47.8	47.1	52.6	51.5	50.4	50.0

三、产业体系不断完善

依托"两型三化"产业发展方向，按照"兴产业、强企业"的发展思路，近年来云南产业结构优化升级，企业规模发展壮大，产业体系不断完善。分门类看，2022年云南采矿业增长4.8%，制造业增长8.7%，电力、热力、燃气及水生产和供应增长5.3%。分经济类型看，国有企业增长5.4%，集体企业增长14.1%，股份制企业增长8.4%，私营企业增长10.3%。分行业看，计算机、通信和其他电子设备制造业比2021年增长58%，有色金属冶炼和压延加工业增长15.7%，烟草制品业增长5.8%，电力、热力生产和供应业增长2.2%，石油、煤炭及其他燃料加工业增长0.3%。

同时，2022年云南农产品出口逆势增长；烟草产业发挥经济增长"压舱石"作用；陆续建成投产一批绿色铝硅项目；建成全国最大铂族金属再生利用基地；稀贵金属材料、基因工程等关键技术研究及应用项目有序推进；信创产业园挂牌成立；成立全国首个省级区块链中心，正式发布全国首个省级区块链溯源商品码"孔雀码"；新增9个国家级文旅品牌；高新技术企业达1 670家、科技型中小企业达8 386家。

坚持"产业链""价值链""创新链"的融合与发展，全力打造世界一流"三张牌"。打造世界一流"绿色能源牌"，把云南的绿色清洁能源，转化为促进云南经济发展的原动力。打造世界一流"绿色食品牌"，发展"大产业+新主体+新平台"，促进云南的现代农业和现代服务业融合，做精做强茶叶、花卉、水果、蔬菜、肉牛等特色优势产业。打造世界一流"健康生活目的地牌"，把云南的"青山绿水""蓝天白云""特色文化"转化为经济发展优势，建设云南全域旅游示范区。

第三节　云南推动西部陆海新通道与产业融合的举措

利用好毗邻东南亚的区位优势，在西部陆海新通道建设空间上努力形成"一极"。通过加快推进辐射中心跨境综合交通枢纽体系建设，提高面向南亚东南亚和印度洋周边的辐射能力，构建立体综合交通运输通道。促进云南西部陆海新通道与国际贸易走廊的融合发展，打造"两廊四带五轴"经济产业发展轴线。推动西部陆海新通道与现代物流产业融合发展，布局"多式联运"通道物流枢纽。推动西部陆海新通道与各类园区平台产业融合发展，打造"开放包容"的通道合作平台，最终把云南建设成为整个西部地区陆海新通道中的一个重要支点。

一、推动西部陆海新通道与交通运输产业融合发展

云南西部陆海新通道建设，在交通运输方面，表现为着力构建立体综合交通运输通道。根据现有的客货运输基础和未来的发展空间布局，加快推进辐射中心跨境综合交通枢纽体系建设，着力打造国际、国内、省内的立体综合交通运输通道，形成对接国内、连通国际、互联互通的交通运输线路网，提高云南对南亚东南亚和印度洋周边的辐射能力。

第一，建设五条国际综合交通运输通道，包括航空、铁路、公路和水运等

多种运输方式："中—越"通道，从昆明经河口到越南；"中—老—泰"通道，从昆明经磨憨到老挝、泰国；中缅瑞丽通道，从昆明经瑞丽口岸出境至缅甸；中缅清水河通道，从昆明经孟定清水河口岸出境到缅甸；"中—缅—印"通道，从昆明经腾冲猴桥口岸出境到缅甸再到印度。

第二，建设五条国内综合交通运输通道，主要包括：京（蓉）昆通道、京（渝）昆通道、沪昆通道、广昆通道、滇藏通道。

第三，建设五条省内综合交通运输通道，主要包括：滇中城市群通道、沿边通道、东部通道、西部通道、北部通道。

二、推动西部陆海新通道与国际贸易走廊融合发展

推动西部陆海新通道与国际贸易走廊融合发展，打造"两廊四带五轴"经济产业发展轴线。

第一，建设两条国际经济走廊。依托云南的特殊区位优势和地理优势，发展昆明、西双版纳通往越南、老挝、泰国、缅甸、印度的国际航线，发展"中国—中南半岛"国际经济走廊、"孟—中—印—缅"国际综合交通经济走廊。

第二，形成四条国内经济廊带。云南依托京—昆通道、沪—昆通道、广—昆通道、滇—藏通道及国内航线，连接国内重要节点城市，形成"昆明—京津冀"综合交通经济廊带、"昆明—长三角"综合交通经济廊带、"昆明—粤港澳"大湾区经济廊带、"昆明—西藏"经济廊带。

第三，发展五条省内经济轴线。推动云南省内的综合运输通道和经济轴线建设，大力发展"滇中城市群"经济轴线、"滇东北—滇东南"经济轴线、"滇西—滇南"经济轴线、"滇西北—滇东北"经济轴线、沿边经济轴线。

三、推动西部陆海新通道与现代物流产业融合发展

云南西部陆海新通道建设，推动通道与现代物流产业融合发展，布局"多式联运"通道物流枢纽，打造"通道+枢纽+平台"的物流基础设施。着力加强与南亚及东南亚国家的国际物流中转和一体化通关服务功能，大力发展公铁、铁水、陆水等多式联运，推动人工智能和区块链等高新技术在物流各个环节中的应用，加速交通运输与物流产业之间的数据共享和信息互通，促进物流产业效率的提升和发展。

根据《国家物流枢纽布局和建设规划》的部署，2018 年云南重点布局建设七个国家级层面的物流枢纽，主要包括：昆明空港型物流枢纽、昆明陆港型物流枢纽、昆明商贸服务型物流枢纽、大理商贸服务型物流枢纽、红河（河

口）陆上边境口岸型物流枢纽、德宏（瑞丽）陆上边境口岸型物流枢纽、西双版纳（磨憨）陆上边境口岸型物流枢纽。

为继续加快和推动云南省内各个城市的物流基础设施建设，促进通道产业发展，2019年云南继续布局建设19个省级层面的物流枢纽，主要包括：德宏（芒市）空港型物流枢纽、丽江空港型物流枢纽、保山（腾冲）空港型物流枢纽、西双版纳空港型物流枢纽、曲靖陆港型物流枢纽、大理陆港型物流枢纽、红河陆港型物流枢纽、昭通陆港型物流枢纽、昭通（水富）港口型物流枢纽、昆明生产服务型物流枢纽、曲靖生产服务型物流枢纽、保山商贸服务型物流枢纽、楚雄商贸服务型物流枢纽、玉溪商贸服务型物流枢纽、普洱商贸服务型物流枢纽、文山商贸服务型物流枢纽、昭通商贸服务型物流枢纽、保山（猴桥）陆上边境口岸型物流枢纽、临沧（清水河）陆上边境口岸型物流枢纽。

另外，还有11个省级层面的培育物流枢纽，纳入了云南新的发展规划，主要包括：保山空港型物流枢纽、红河空港型物流枢纽、迪庆空港型物流枢纽、临沧陆港型物流枢纽、文山（富宁）港口型物流枢纽、昆明（寻甸、宜良）商贸服务型物流枢纽、丽江商贸服务型物流枢纽、德宏商贸服务型物流枢纽、怒江（片马）陆上边境口岸型物流枢纽、文山（天保）陆上边境口岸型物流枢纽。

四、推动西部陆海新通道与园区平台产业融合发展

推动西部陆海新通道与各类园区平台产业融合发展，打造"开放包容"的通道合作平台。

第一，提升城市综合性平台能级，高标准规划建设昆明区域性国际中心城市，支持大理、蒙自、昭通等区域性中心城市加快发展，打造西部陆海新通道重要节点。推进红河、昆明综合保税区建设，支持瑞丽、勐腊（磨憨）、河口、腾冲等特色边境口岸城市建设。着力推进瑞丽、勐腊（磨憨）的重点开发开放试验区建设，促进中老磨憨—磨丁经济合作区的开发与合作。

第二，鼓励合作共建国际产能合作境外园区，推动建设老挝万象赛色塔综合开发区、缅甸皎漂工业园区、缅甸曼德勒缪达工业园区云南产业园、缅甸密支那经济开发区。通过在境外建设国际合作产业园区，积极发展重型装备、钢铁制造、绿色食品、建材产业、化学工业、物流设施等产业基地。

第三，积极建设中国（云南）自由贸易试验区，通过高端制造产业、航空物流产业、数字经济产业、总部经济产业等高新技术产业的发展壮大，把昆明片区发展成为云南联通南亚东南亚的枢纽物流中心、信息交汇平台、文化交易基地。

五、推动西部陆海新通道与文化旅游产业融合发展

推动西部陆海新通道与文化旅游产业融合发展，进一步扩展传统旅游产业要素，加快建设云南"交通+旅游"产业链。完善旅游产业布局，加强交通基础设施建设，开发和拓展通道建设的旅游服务功能。构建"快进慢游"的旅游交通运输体系，把西双版纳、大理、丽江、迪庆等城市打造成为"交通+旅游"融合发展示范区。加强旅游交通干线建设，推动"民航+铁路+公路+水运"等运输方式与重要旅游景区衔接。创新"通用航空+旅游"发展模式，发展旅游汽车租赁平台，鼓励个性化定制化旅游服务，通过信息化手段实现"一票游"。

第四节　云南推动西部陆海新通道与产业融合的成效

一、通道运输服务水平大幅提升

通过构建通道综合立体交通网，基础设施网络基本形成，运输服务水平大幅提升。2022 年云南的货物运输总量达到 15.48 亿吨，比 2021 年增长 7.6%。2022 年云南的货物运输周转量达到 1 949.62 亿吨/公里，比 2021 年增长6.8%。截至 2021 年 8 月 30 日，云南西部陆海新通道班列发运货物 197 列13 918 标准箱、38.1 万吨，与 2020 年相比，同比增加 33 万吨，超过 2020 年全年运输量 29.1 万吨，班列运输的发展势头持续向好。

从 2015—2018 年云南省内各个城市内河、湖泊主要港口的货物吞吐量来看（表 15-2），昭通市每年的货物吞吐量比其他所有城市的总和还要大，占整个云南货物吞吐量的 60% 以上。

表 15-2　2015—2018 年云南及各市内河、湖泊主要港口货物吞吐量

单位：万吨

地区	2015 年	2016 年	2017 年	2018 年
云南省	719.0	816.1	1 038.9	1 072.6
昆明市	7.0	8.9	32.9	24.1
曲靖市	—	—	131.9	—
昭通市	475.5	478.9	56.3	696.6

表15-2(续)

地区	2015 年	2016 年	2017 年	2018 年
丽江市	—	36.0	40.6	18.3
普洱市	78.5	92.3	51.3	114.9
临沧市	9.4	26.0	89.6	56.6
楚雄州	17.5	22.3	71.0	24.6
文山州	25.6	26.0	75.6	33.3
西双版纳	33.9	34.4	207.5	21.3
大理州	12.8	15.0	410.2	24.0

注：在2019年之后的云南统计年鉴中，均未设置"内河、湖泊主要港口货物吞吐量"指标。

2022年，云南全年旅客运输总量1.8亿人，比2021年下降19.5%；旅客运输周转量312.82亿人/公里，比2021年下降21.6%。从公路和水路运输来看，云南公路货物运输总量13.9亿吨，比2021年增长7.8%；水路货物运输总量600万吨，比2021年增长9.4%，如表15-3所示。

表 15-3　2022 年云南公路、水路运输量

统计指标	2022 年完成情况	同比增长/%
一、公路运输		
客运量/万人	11 690	−21.9
旅客周转量/万人·公里$^{-1}$	1 033 375	−25.1
货运量/万吨	139 217	7.8
货物周转量/万吨·公里$^{-1}$	14 633 798	6.2
总周转量/万吨·公里$^{-1}$	14 737 135	5.9
二、水路运输		
客运量/万人	284	−20.4
旅客周转量/万人·公里$^{-1}$	4 794	−24.3
货运量/万吨	630	9.4
货物周转量/万吨·公里$^{-1}$	83 879	5.9
总周转量/万吨·公里$^{-1}$	85 477	5.1

数据来源：云南省交通厅。

二、通道交通辐射能力不断增强

目前云南综合交通线网的总里程达到 30.2 万公里，通道交通辐射能力不断增强。其中：公路的营运里程为 29.2 万公里，铁路的营运里程为 4 740 公里，内河航道的营运里程为 5 108 公里，建设了 15 个民用运输机场和 7 个通用机场。开通了 29 条国际运输线路，昆明长水国际机场的国际通航点有 43 个，基本覆盖南亚和东南亚国家的首都和重点旅游城市。

云南综合立体交通网初步建成，中越通道开河高速公路、昆玉河铁路建成通车；中老泰通道昆磨高速公路、玉磨铁路、大临铁路建成通车，澜沧江—湄公河国际航运开通国际集装箱运输；中缅通道瑞丽、腾冲猴桥、孟定清水河等口岸通高速公路。七条出省高速公路建设加快，通往国内主要经济区的高速公路和铁路复合通道基本形成，水富港到长江中下游的水上运输业务快速发展，各个城市的公路通车里程逐年增长。2015—2021 年云南及各市公路通车情况见表 15-4。

表 15-4　2015—2021 年云南及各市公路通车里程　单位：公里

地区	2015 年	2016 年	2017 年	2018 年	2019 年	2020 年	2021 年
云南	236 007	238 052	242 546	252 929	262 409	292 479	300 890
昆明	17 915	17 959	18 751	19 543	20 367	21 350	22 487
曲靖	23 896	24 186	24 838	25 018	26 100	27 860	28 457
玉溪	17 268	17 231	17 312	17 317	17 370	17 750	17 889
保山	13 591	13 513	13 865	14 062	14 426	20 876	21 322
昭通	16 526	16 736	16 977	20 970	21 140	25 241	26 135
丽江	7 243	7 305	7 821	8 489	8 756	10 231	10 709
普洱	20 373	20 236	20 905	22 312	24 087	27 779	28 547
临沧	16 382	16 432	16 578	17 125	18 389	19 874	20 688
楚雄	19 050	19 051	19 122	19 656	20 190	21 825	22 654
红河	22 721	23 105	23 224	23 488	23 883	25 558	26 331
文山	15 814	16 079	16 240	16 786	17 145	17 517	17 921
西双版纳	6 427	6 608	6 694	7 109	7 616	8 156	8 258
大理	19 676	19 912	20 238	20 282	20 296	23 761	24 421

表15-4(续)

地区	2015 年	2016 年	2017 年	2018 年	2019 年	2020 年	2021 年
德宏	7 934	8 148	8 146	8 213	8 802	9 530	9 676
怒江	5 451	5 551	5 525	5 674	6 069	6 685	6 706
迪庆	5 741	6 000	6 310	6 885	7 773	8 485	8 690

三、国内外商贸流通体系逐步建成

云南内联外通的国际通道体系逐步建成，对外打造"中缅、中缅印、中越、中老泰"四条通道，对内打造"东向长三角地区，南向粤港澳大湾区和北部湾经济区，西向西藏自治区，北向成渝经济区"的四条通道，形成"四出境四出省"国内外商贸流通体系。

从云南通往海外的国际运输通道体系建设来看："中—越"通道境内的高速公路和准轨铁路均已全线通车；在"老—泰"通道中，昆明到磨憨的高速公路已经建成通车，玉溪到磨憨的铁路即将建成，澜沧江到湄公河的国际航运有序发展；在"中—缅"通道中，瑞丽、猴桥、清水河等口岸的高速公路全部通车，大理到临沧的铁路全部建成，大理到瑞丽的铁路在有序建设。

从云南通往国内的省级运输通道体系建设来看，云南铁路建设提速很快。截至2021年年底，已经建成6条出省铁路通道，正在加快建设渝昆高铁，布局滇藏铁路中香格里拉至邦达段建设的前期工作。高速公路建设方面，已经形成"七出省"的基本格局，除滇藏方向路段尚未竣工外，已经实现贯通了连接京津冀、粤港澳、长三角、成渝地区双城经济圈等重要经济区的高速公路。除此之外，金沙江到长江航道的水运出行条件不断优化，昆明机场、昭通机场、蒙自机场的改扩建和迁建工程已经开始有序推进。

四、通道物流枢纽体系初具规模

通过承接国家物流枢纽布局，结合自身的产业发展优势，云南通道物流枢纽体系初具规模。2021年上半年云南通道物流产业实现大规模增长，经广西钦州港出海的通道班列，一共发运151列10 692标准箱，共计29.5万吨，同比增加24.9万吨。2021年上半年云南累计开通海外航点33个，从数量来看在全国排名第一。云南全省机场飞机起降24.6万架次，旅客吞吐量2 761万人次，货邮吞吐量20.5万吨。

云南坚持以国家物流枢纽为骨干，省级重点发展物流枢纽为支撑，省级培育物流枢纽为补充，通过对全省的物流设施进行整合优化，按照统筹发展补齐短板的原则，构建"一核一带三翼"物流枢纽体系。其中，"一核"是指滇中物流枢纽发展核；"一带"是指沿边物流枢纽发展带；"三翼"包括滇东北、滇南、滇西物流枢纽发展翼。

五、通道沿线经贸合作日益加强

依托瑞丽、磨憨两个重点开发开放试验区、中国（磨憨）—老挝（磨丁）跨境经济合作区、昆明综合保税区、中国（河口）—越南（老街）跨境经济合作区等开放载体，云南不断深化与通道沿线国家间的经贸合作，使通道成为内外联动的国际贸易走廊，不断拓展云南对外开放合作空间。2022年云南实现对外贸易进出口总额500.4亿美元，比2021年增长2.8%，比2015年增长104.1%。其中，出口贸易总额为241.39亿美元，比2021年下降11.7%；进口贸易总额259.03亿美元，比2021年增长21.4%，如图15-4所示。

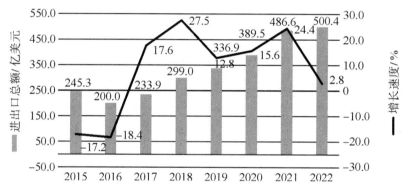

图15-4 2015—2022年云南进出口总额及增长速度

六、通道沿线旅游产业拓展深化

近年来云南通过实施大滇西旅游环线开发，在通道沿线城市开展"文化+交通+旅游"特色产业，通过全产业链齐头并进的发展形式，促进通道沿线旅游产业不断拓展深化。2022年，云南文旅产业发展，取得了突破性进展，打造了多个全国单项冠军。2022年，云南接待游客的数量为8.4亿人次，恢复到2019年的104.2%，实现旅游总收入9 449亿元，恢复到2019年的85.6%，恢复程度均远高于全国平均水平，名列全国前茅。如图15-5所示。

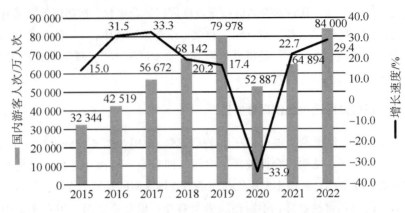

图 15-5 2015—2020 年云南国内旅游人次及增长速度

2022 年，云南旅游固定资产投资完成 1 053.2 亿元，首次突破 1 000 亿元大关，增速居全国第 1 位、全省 11 个重点行业第 2 位。云南及各市的旅游总收入在均匀增长。详情见表 15-5。

表 15-5 2015—2021 年云南及各市旅游总收入   单位：亿元

地区	2015 年	2016 年	2017 年	2018 年	2019 年	2020 年	2021 年
云南	3 281.8	4 726.3	6 922.2	8 991.4	11 035.2	6 477.0	7 374.7
昆明	723.5	1 073.5	1 608.7	2 180.1	2 733.6	1 900.6	2 366.3
曲靖	2.4	153.0	281.2	439.8	559.6	367.7	493.5
玉溪	126.4	162.9	283.2	368.3	452.0	266.2	287.2
保山	112.8	173.0	263.5	336.7	442.3	267.0	328.0
昭通	113.3	147.1	234.7	311.9	364.3	205.5	263.8
丽江	483.5	608.8	821.9	998.4	1 078.3	510.4	382.7
普洱	107.5	168.4	270.0	354.1	443.5	212.0	254.1
临沧	65.6	112.1	177.4	256.7	340.1	185.3	214.0
楚雄	105.7	178.2	332.7	452.2	594.8	459.3	551.9
红河	191.6	274.6	514.1	699.2	931.3	465.7	589.9
文山	96.6	151.3	243.0	320.2	427.0	367.0	486.2
西双版纳	286.7	420.3	507.8	671.1	827.9	370.0	432.0
大理	388.4	534.6	650.8	795.8	941.9	604.6	527.8
德宏	157.6	221.4	386.9	476.3	564.1	189.0	73.7

表15-5（续）

地区	2015 年	2016 年	2017 年	2018 年	2019 年	2020 年	2021 年
怒江	26.1	36.3	47.5	55.5	68.8	25.1	29.2
迪庆	185.7	205.6	298.9	275.0	265.8	80.8	94.4

第五节　云南推动西部陆海新通道与产业融合的经验

云南在西部陆海新通道建设过程中，坚持通道建设与交通运输产业、国际贸易走廊、现代物流产业、各类园区平台、文化旅游产业融合发展，促进通道运输服务水平大幅提升、通道交通辐射能力不断增强、国内外商贸流通体系逐步建成、通道物流枢纽体系初具规模、通道沿线地区经贸合作日益加强、通道沿线旅游产业拓展深化，取得了一定的成效，也形成了自身独特的发展经验。

一、多维度重塑地缘经济，提高区域经济一体化水平

云南沿边的 8 个州市，有 19 个陆路口岸，2 个国家重点开发开放试验区，2 个中国（云南）自由贸易试验区片区，6 个边境经济合作区，边境地缘优势非常明显。云南西部陆海新通道建设，通过东西联动和内外互动，多维度重塑地缘经济，补齐短板、锻造长板，加快发展特色优势产业，促进产城融合，推进绿色发展，加快外向型经济发展方向，不断提升云南经济发展质量，形成区域经济一体化趋势。

二、完善交通物流基础设施，缩短与国内发达地区的时空距离

加快推进云南西部陆海新通道建设，构建云南周边省区及内陆腹地经边境延伸至南亚东南亚的综合运输通道，形成内畅外通、运行高效的综合交通网，缩短国内发达地区的时空距离。大力发展大宗货物中转物流、国际配送、跨境电商等现代物流服务业，建设跨境商品深加工及储运基地，减少货物转运、提升货物通关效率，打造面向南亚、东南亚的国际物流新体系。加快布局5G网络新一代信息基础设施，推进智慧口岸、边境智慧城市、智慧安防建设，积极探索数字经济发展新模式。

三、深化国际次区域合作，面向南亚、东南亚扩大开放

云南面向南亚、东南亚开放具有较强的显性比较优势，在统筹经济发展和地区安全中，积极筹谋后疫情时代高水平的对外开放，抓住《区域全面经济伙伴关系协定》（RCEP）带来的重大历史机遇，全面服务"一带一路"建设和长江经济带建设，积极融入全国构建新发展格局，在更大范围内促进资源和要素流动，扩大边境地区对外开放和加强对内合作。

积极推进贸易创新发展，加快营商环境综合建设，提升贸易便利化水平，完善边境贸易政策，构建开发开放试验区、自由贸易试验区、边（跨）境经济合作区、边民互市区等优势互补的开放平台，提升口岸综合服务功能和客货通行能力，完善云南与周边国家、重点城市在投资贸易、文化科技、公共卫生、基础设施、生态环境等方面的合作机制，减少面向南亚东南亚地区的国际市场分割。

本章小结

本章介绍了云南西部陆海新通道建设与产业融合发展的实践。从云南西部陆海新通道建设背景和建设目标入手分析，提出要把云南作为西部陆海新通道的重要支点，推进通道基础设施建设互联互通，发挥通道对产业发展的带动作用，建设优势互补开放合作的新平台，打造内外联动的国际贸易走廊，加强国际物流中转和一体化通关服务。从产业规模、产业结构、产业体系等方面，系统分析云南产业发展的概况。云南在西部陆海新通道建设过程中，坚持通道建设与交通运输产业、国际贸易走廊、现代物流产业、各类园区平台、文化旅游产业融合发展，促进通道运输服务水平大幅提升、通道交通辐射能力不断增强、国内外商贸流通体系逐步建成、通道物流枢纽体系初具规模、通道沿线地区经贸合作日益加强、通道沿线旅游产业拓展深化，形成了自身独特的发展经验。多维度重塑地缘经济，提高区域经济一体化水平；完善交通物流基础设施，缩短与国内发达地区的时空距离；深化国际次区域合作，面向南亚东南亚扩大开放。

第四篇

经验篇

第十六章 日本新干线与产业融合发展

早在 18 世纪，英国著名的古典经济学家亚当·斯密就指出，"一个国家欲实现其财富的增长，资本积累必不可少，通过分工协作来提升劳动生产率也非常必要"。也就是说，在亚当·斯密看来，专业化分工可以提升整个国民经济的效率。一般而言，专业化分工主要取决于商品交换的市场范围，而市场范围又在很大程度上受交通发展程度的影响。换而言之，交通是社会分工的根本前提，更是经济发展的重要基础，尤其是现代化的交通体系之于经济发展的重要性已经被世界各个国家经济发展的实践所逐一证明。就日本的实际情况来看，在第二次世界大战之后数十年的经济复苏与发展过程中，以新干线高速铁路为标志的高速立体化交通网络体系发挥了至关重要的作用，为其整个国民经济在 20 世纪末期实现腾飞打造了至为关键的物质基础。

第一节 日本新干线产业融合发展的经验

一、东海道新干线产业融合发展现状

（一）东海道新干线的建设情况

四面环海的日本国土多以山地为主，人口和产业主要集聚于沿海线狭长的平地区域。受限于这一特殊的地理条件，铁路自然就成了日本国内重要的交通工具。第二次世界大战后，为了实现经济的复苏与发展，日本政府在修建高速铁路构想规划的基础上，提出了在东京至大阪间的太平洋沿海地带修建一条新的高速铁路的设想，并于 1964 年东京奥运会开幕前夕正式运营，这条铁路被命名为"东海道新干线"。

东海道新干线是一条连接东京都的东京站与大阪府的新大阪站的高速铁路，全长 515.4 公里，设立车站站点 17 个，最高运营时速达 285 公里，它在将日本三大都市圈（即东京、名古屋、大阪）连通的同时，也促使了沿线

"四小时经济圈"的逐渐成形，如图 16-1 所示。自 1964 年开通至 2012 年，东海道新干线的总客运量约已超过 56 亿人次，如图 16-2 所示。截至 2019 年，东海道新干线的旅客运输量突破了 70 亿人次，相当于在日本国内人均乘坐新干线 50 次以上。

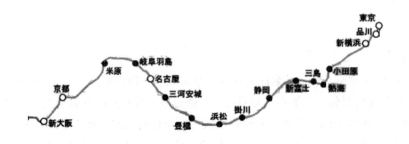

图 16-1 东海道新干线线路

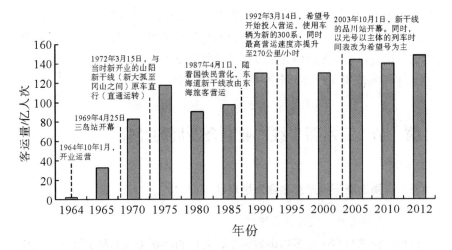

图 16-2 东海道新干线客运量

（二）东海道新干线产业融合发展情况

作为世界上第一条高速铁路，开通至今 60 余年的东海道新干线在推动日本工业化进程中功不可没，突出体现为极大地促进了沿线产业的融合发展。

1. 改善交通区位，促进商业发展

随着 1964 年东海道新干线投入运营并正式开通后，沿线城市交通区位得到了极大的重构与改善，沿线城市的工商业也实现了迅速发展。据日本政府公布的数据显示，在 1963—1969 年，东海道新干线停靠的沿线城市的工商企业数量增长率达到 12.3%，而不停靠的沿线城市工商企业数量增长率仅为 8.1%，东海道新干线的带动作用可见一斑。

到了 20 世纪 70 年代初，在东海道新干线的基础上，日本政府提出了"列岛改造计划"，该计划试图通过重新布局工业、改造旧城新城、建设交通通信网络等措施，对东京、名古屋、大阪三个都市圈以外区域经济发展进行大力扶植，旨在避免人口与产业过度集聚于三大都市圈。在"列岛改造计划"的框架下，东海道新干线沿线陆续开通了新的车站站点，站区开发的力度也随之增强，这就为产业人口向中小城市提供了更大的便利和可能，更为三个都市圈以外区域的经济发展创造了重要的载体基础。以挂川市为例，在东海道新干线运营初期，作为日本历史名城和绿茶产地的挂川市并未设立停靠车站，为了享受东海道新干线的社会经济效益与红利，挂川市政府于 1988 年号召市民共同募集资金修建东海道新干线的"挂川站"。随着东海道新干线"挂川站"的开通，日本挂川市开始从单一的旅游观光城市向度假、商业、娱乐、会展等多元复合型城市转变。据日本政府公布的相关统计数据显示，1988—1992 年，挂川市商业领域的产出增长率达到 37.6%，就业增长率达到 8.1%，工业领域的产出增长率达到 39.2%，就业增长率达到 6.9%。

2. 联合开发站区，重构产业布局

在站区选址以及开发方面，东海道新干线车站充分基于老站本身的架构，通过改建扩建、建立高架、拓展低下等多元立体的开发方式，并辅之以"轨道+土地"联合开发的模式，对产业布局进行了大规模的重构，极大地促进了沿线产业合理有序地发展。以名古屋为例，在 1964 年东海道新干线正式开通时，铁路线采取与东海道本线并线的方式铺设，既高效利用了原有的铁路建设用地，又保持了城市交通格局完整。而在站区的开发上，名古屋则经历的四个阶段：①第一阶段——东海道新干线开通伊始，名古屋受到东京、大阪经济"虹吸效应"的严重限制，其城市发展极其边缘化，其站区也仅仅承担着简单的交通接驳任务；②第二阶段——因为交通便利、低价等优势的逐渐凸显，日本国内诸多知名厂商（如丰田、铃木、松下等）将其公司总部嵌入名古屋，名古屋站区的商务功能由此而逐渐显现；③第三阶段——随着第二产业的大量迁出以及第三产业的纷纷入驻，名古屋都市圈产业结构出现了非常明显的调整，名古屋也开始将其土地租赁给日本国内重要的商务中心；④第四阶段——随着 2005 年爱知世博会的成功举办，名古屋的商务与新区地位得到了进一步强化。总而言之，基于交通功能的不断完善，商务办公、休闲娱乐、餐饮购物等围绕名古屋车站而次第展开，区域产业布局和产业结构得到了极大的重构。

3. 建立"一日往返交通圈"，促成"多极分散型"产业结构

为了扭转"东京一极化"的地域特征，促成"多极分散型"产业结构的形成，日本政府于1987年实施了以建立"一日往返交通圈"为核心内容的第四次全国综合开发计划。同样是在1987年，日本国铁进行了民营化改革，更大程度地激发了日本铁路的经营活力，促进了东海道新干线沿线经济转型。时至今日，东海道新干线沿线所有县区的主要产业已由过去的采矿业转向服务业，如表16-1所示。

表16-1　东海道沿线主要区县主导产业变化表

沿线地区	1951 年	1963 年	1981 年	2001 年以后
茨城	采矿业	采矿业	服务业	服务业
栃木	采矿业	采矿业	采矿业	服务业
群马	采矿业	采矿业	服务业	服务业
琦玉	农林渔业	制造业	服务业	服务业
千叶	农林渔业	农林渔业	服务业	服务业
东京	制造业	服务业	服务业	服务业
神奈川	运输、通信业	制造业	服务业	服务业
爱知	制造业	制造业	服务业	服务业
岐阜	采矿业	采矿业	服务业	服务业
三重	农林渔业	农林渔业	服务业	服务业
滋贺	农林渔业	制造业	服务业	服务业
京都	服务业	服务业	服务业	服务业
大阪	不动产业	服务业	服务业	服务业
兵库	运输、通信业	制造业	服务业	服务业
奈良	金融保险业	服务业	服务业	服务业

二、中央新干线产业融合发展现状

（一）中央新干线规划与目标

1. 中央新干线的基本情况

中央新干线是日本国内目前正在建设的一条高速铁路，该条铁路既连接了日本三大都市圈（即东京、名古屋和大阪），也途经日本国内重要经济区域

（如甲府市、奈良市等），设计运营时速高达505公里/小时。在中央新干线的建设框架下，日本各城市间的"铁路一日交通圈"将得到进一步扩大，城市间的可达性显著提高，这不仅极大地提高了居民生活的便利性，同时也打破了空间容量的限制，更为重要的是，区域空间的集聚效应得到了进一步强化。

2. 中央新干线的主要目标

日本政府旨在通过中央新干线的建设，打造以三大都市圈为核心的创造新价值"超巨型区域"、推动社会可持续发展"超巨型区域"以及全球市场"超巨型区域"，如图16-3所示。

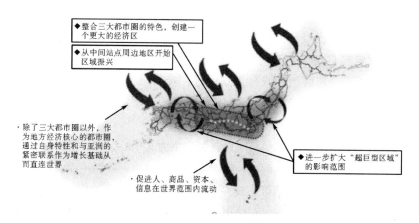

图16-3 中央新干线与"超巨型区域"的打造示意

（1）打造创造新价值的"超巨型区域"。

日本政府致力于通过打造"超巨型区域"的方式来进一步增强日本的国际竞争力，并特别注重新价值的创造，而创造新价值则主要通过在中央新干线建设过程中新一代产业技术的研发与运用来实现。在国际层面，日本政府试图结合每个国家的优势与特点，进一步强化日本与其的信息交流，以此激发日本独特的地域价值；在国内层面，日本基于政府、企业、大学、科研机构业已形成的产业集群，进一步强化知识—产业的联系与协作，从而形成一种螺旋上升的产业发展模式，以促进新价值的产生与形成。

（2）打造推动社会可持续发展的"超巨型区域"。

在中央新干线的建设框架下，日本各个城市与区域间的通勤时间将得到大幅缩短，地区的发展就此得以在一定程度上摆脱时间和空间的限制与束缚，城市或区域的空间形态与作用无疑将得到巨大的改变，进而形成每个区域的独特魅力，真正意义上实现区域可持续发展。

（3）打造全球市场中的"超巨型区域"。

在中央新干线的建设框架下，沿线各个站点以及重要城区或中心城区之间的合作可能会明显加大，合作机会明显增多，这既提高了城市生活品质，也使得各类人力资源实现更大程度地开发与集聚，使日本在全球市场中的竞争地位进一步提升。

（二）中央新干线产业融合发展情况

1. 特色整合，创造更大的经济区

在中央新干线致力于打造的"超巨型区域"规划中，其核心的三大经济区（东京、名古屋、大阪）均为日本国内具有庞大人口市场规模的巨大经济区。与此同时，三大经济区也是日本国内主要机场、港口集中的门户枢纽区域，本身就已经具备了"激活区域交流、整合形成更大经济区"的条件与基础。正因如此，"超巨型区域"规划就进一步将三大经济区划分为首都经济圈、中部经济圈和关西经济圈，并制定了相应的产业发展战略。

（1）首都经济圈。

从总体规划来看，首都经济圈以首都东京为其核心，该经济圈在已有的人口规模和产业核心职能的基础上，打造全球经济城市，并利用该经济圈的优势领域（如金融、广告、通信等）提高其产品附加值、产业价值以及产品出口。

就具体措施而言：首先，对品川站和田町站周边建设进行进一步加强，在振兴城市的同时，也促使国际交流基地的逐渐成型，使得营商环境和人居环境得到全面改善，以此吸引外资的进入；其次，对铁路网络进行进一步完善，使得运输能力以及换乘便利性得到最大程度的增加，建立起超巨型区域的东部门户；最后，首都经济圈与区域振兴战略充分结合，建立一系列产业合作平台。

（2）中部经济圈。

从总体规划来看，名古屋是中部经济圈的核心，在中央新干线的建设框架下，日本政府拟在此建立一个涵盖城际高速铁路、私铁等在内的大型换乘车站，使其人口转运能力得到最大限度发挥，促使名古屋成为日本国内的重要产业枢纽。

就具体措施而言，一方面，"超巨型区域"规划基于名古屋曾经作为世界重要制造中心的良好产业基础，在此重点寻求创新型人力资源，结合物联网等领域集成的数字技术增强产业创新，使中部经济圈成为实现更高生产率和更高附加值的行业创新的基础地区。另一份方面，中部经济圈将通过在城市居住空间进行示范性试验来提供社会所需的新服务、新系统，利用多层次基础设施将名古屋和围绕它的具有各种功能的地区相互连接，充分开展产业合作。

（3）关西经济圈。

从总体规划来看，关西经济圈以大阪为其核心，在中央新干线的建设框架下，日本政府旨在通过加强该区域的医学领域优势和生命科学领域优势，将关西经济圈打造成为整个亚洲同步发展的国际枢纽城市地区。

就具体措施而言，日本政府为了对关西地区高速铁路网络中新大阪站的枢纽功能进行进一步强化，就此提出了"建设区域振兴走廊中央车站"的设想，同时对新大阪站经过中心市区达到关西国际机场的路线进行全面改造，使其成为南北对流轴线，并对高速公路网络进行提质改善，使得内陆—机场—港口间的资源流动得到进一步加强。

2. 加强中间站点和周边区域的创新建设

在中央新干线建设过程中，日本政府非常重视对中间站点周边地区的创新建设。就现实情况来看，当前中央新干线中间站点的周边地区普遍存在公共区域面积较小、交通不便等问题。对此，日本政府在中央新干线建设过程中，创建了一个以中间站点为中心的周边区域振兴计划，以提升区域创造性、提供新的住房选择、融合先进技术和特色的环境，如表16-2所示。

表16-2 中间站点周边开发策略

站点名称	地区特点	策略
神奈川县站	已连接多条常规铁路线； 人口流动范围大； 已形成约280万人的西南都市区； 高校科研机构集中，机器人产业发达	促进科技研发； 利用中部地区现有的广域运输网络基础； 形成广域物流网络和旅游路线
山梨县站	利用高速公路联系西部的静冈、长野县； 改善了县内外的交通便利性； 燃料电池产业发达，可吸引人工智能物联网等在内的第四次工业革命相关产业以提升创新能力，创造新的商机； 拥有包括富士山在内的丰富自然旅游资源	发展水果种植、酿酒等产业； 推动社会居民生活方式的转变； 实现生活环境、大城市工作便利程度的优化

表16-2(续)

站点名称	地区特点	策略
长野县站	航空航天工业发达; 具有较强的人力资源潜力	加强地方教育和知识网络的构建,推动区域产业研发增值和创新基地的发展; 形成以该中部地区为中心的亚洲第一航空航天产业集群; 推动该地区乡村型学术机构城市(高附加值城市地区)的建设
岐埠县站	靠近名古屋地区; 现有和规划建设的高速公路较为完善; 有一定的工业基础; 旅游资源丰富	利用美浓地区和木曾地区现有自然、历史、文化等资源,推动广域旅游业的发展; 在高速公路附近,迁移安置制造工厂和总部办公设施,推动制造业发展

3. 扩大"超巨型区域"辐射范围

得益于日本国内高速运输网络的不断发展与日趋完善,三大都市圈与各自周边区域之间的经济联系逐渐增强,但是,伴随着中央新干线建设框架下"超巨型区域"的逐渐成形,进一步激活和扩大首都经济圈、中部经济圈、关西经济圈三大区域内的要素流动就显得尤为必要。因此,日本政府将进一步扩大"超巨型区域"的辐射影响范围列为中央新干线建设的重要战略任务之一。

从总体规划来看,为了实现"超巨型区域"辐射范围的扩大,日本政府鼓励不仅中央新干线沿线重要城市要发展自身特色,其他区域也应该借助人员、资金、货物、信息等要素的流动,与沿线重要城市形成协同效应,打造高效作业区。

就具体策略而言:在陆运方面,日本政府致力于通过中央新干线的建设形成一个广阔的新干线网络和以车站为核心节点的高速公路网络,即通过将新大阪站设置为中央新干线的重要节点,扩大超巨型区域对日本西部以及日本海的辐射影响,同时建立区域振兴走廊,真正意义上实现日本各地区的互联互通;在航运方面,在充分利用日本国内主要国际机场的基础上,也要对日本国内其他机场的潜力进行充分挖掘;在航陆衔接方面,东京、名古屋、大阪三大都市区应当充分利用各自的优势,最大程度地发挥其经济效应,既要实现日本国内国际机场的高效互补,又要承接中央新干线开通所引来的新客流。

第二节　日本新干线经验对西部陆海新通道与产业融合发展的启示

一、日本新干线的经济效应

首先从存量效果上看，日本新干线建设不仅极大地减少了人员流动的时间，而且还减少了燃料成本与环境负荷，使得运输服务的质量得到了全面的提升；更为重要的是，日本新干线建设所带来的交通设施的完善也为招商引资的顺利进行提供了极大的便利，直接影响着经济的发展。这主要体现为：第一，随着日本新干线的开通，人们的活动半径得到了扩大，大大缩小了人们活动的"时间距离"和"经济距离"；第二，在日本新干线大量修建的过程中，日本"一日交流可能人口比率"得以迅速提高；第三，日本新干线的修建使得日本地域的知名度得到了全面的提升，这对于招商引资与人口入驻无疑是非常有利的；第四，随着以新干线为主体的高速交通体系的形成，日本落后地区特别是人口"过疏地区"经济得到了前所未有的发展机会，这就在一定程度上遏制了人口的外流，促进了日本国内区域的均衡发展。

其次从增量效果上看，随着日本新干线的建设，其所带来的"乘数效应""生产诱发效应"以及"扩大就业效应"逐渐彰显。首先，日本新干线的建设会带来巨大的直接经济效应，以"东海道新干线"为例，据相关统计数据显示，该条新干线的建设总投资高达 3 800 亿日元，约占 1960 年日本 GDP 的 2.3%，如此巨额的投资不仅需要购买大量的建设工程材料，而且还能创造许多劳动机会，收入和就业因此得到增加和扩大，而收入增加又必将引致消费的增加，继而形成对消费品生产的巨大刺激，如此一来，扩大的消费品生产又会进一步扩大就业和增加收入，最终形成所谓的"乘数效应"。此外，有别于一般性交通设施的建设，日本新干线建设对技术的要求非常之高，其中有许多项目本身就具有科研项目的性质。所以，新干线的建立过程不仅确立了日本在新干线技术领域的国际领先地位，更带动了其他领域的研发活动，加之产业关联系数较大，进而就实现了整个国民经济的发展，如图 16-4 所示。

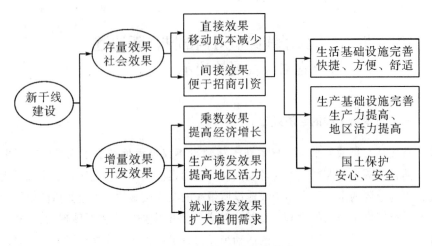

图16-4　日本新干线经济效应

二、对西部陆海新通道与产业融合发展的启示

（一）强化政策和市场对沿线城市产业发展的引导

在对沿线城市产业发展进行政策引导的同时，要摒弃千篇一律的"商务核心型"打造模式，对于不同规模城市的产业提供不同的政策支持，进而进行差别化引导。并且，在对沿线城市产业发展进行市场引导时，要能够准确把握市场优势，积极引入沿线城市商业化开发和运营模式，最大程度地激发效率，建立起差异化的城市产业圈

（二）积极推进"站区+城市+产业"一体化开发

"站区+城市+产业"一体化的开发模式有助于虹吸效应的强化，同时也有利于缩短发展时间，更是提升发展阶段的重要途径。"站区+城市+产业"一体化开发是实现交通与土地同时利用和开发的一体化模式，即在交通沿线建立和设置住宅、办公、商业设施和公共设施等，是实现交通指向性城市开发最为有效的手段之一。以东京站、新大阪站和京都站等为代表的日本新干线大中型车站，均以车站建筑为核心实现了高度复合、集聚型的站城一体化开发，大幅提升了高铁站地区的效率性、舒适性、便利性和象征性，同时带动了高铁站地区的整体开发。西部陆海新通道的建设要借鉴日本新干线"站区+城市+产业"一体化开发经验，首先要突破现有政策，从用地分类、规划编制等方面放宽条件限制，提升土地兼容性；同时也要从消防条例等方面入手，明确建筑物和场地的管理权责，扫除站场复合化发展的障碍；最后，要构建相应的体制机制，以市场化机制促使高铁站建设、运营和后期土地升值效益挂钩，推进开发与运

营、建设与收益挂钩，提升建设商、运营商的积极性，有效促进站场用地与周边土地的一体化开发。

（三）制定相互配套的产业疏导与发展规划

西部陆海新通道在制定城际铁路发展规划的同时，应同步出台与铁路规划相配套的产业疏导与发展规划，对城市群及都市圈生产性服务业替代制造业等所带来的人口迁徙规律要有充分的认识和把握，提前做好谋划，对通过城际铁路疏导到沿线各城市的产业类型进行合理的安排，充分实现人口的有序流动。与此同时，西部陆海新通道的建设也要正视并承认特大城市向大都市区或大都市圈演变进化的必然趋势，以多层次交通网的高水平规划建设、投融资、运营管理及土地综合开发体制机制，实现城市群与大都市区不同尺度的时空形态合理化。

本章小结

本章主要从产业联动发展、产业融合发展、产业协同发展、产业有序发展方面全面梳理了"一带一路"与产业融合发展的状况。在具体做法上，"一带一路"倡议从推进基础设施互联互通、推进信息网络互联互通、推进经济平台互联互通、推进制度文化互联互通等维度提出沿线产业融合发展举措。通过"一带一路"倡议产业融合发展的做法，可以得到如下启示：全力推进基础设施的互联互通、加快推进信息网络的互联互通、大力促进区域文化的渗透融合、坚持推进区域间贸易的互利合作、不断促进区域间制度的相互协调、鼓励推进区域的差异化发展等。

第十七章 莱茵河与欧洲区域产业融合发展

莱茵河发源于瑞士阿尔卑斯山北麓，自北向南流经瑞士、列支敦士登、奥地利、德国、法国和卢森堡，进入荷兰的三角洲地区后分为几条支流流入北海，全长1 390公里，流域面积超过220 000平方公里，是西欧地区著名的国际航运水道，也是目前世界上航运量最大的内陆运河。莱茵河流域中下游地区地势平坦，有着将近1亿的人口，人口量占独联体以外欧洲的1/3，沿岸集聚了包括巴塞尔、美因茨、法兰克福、科隆、鹿特丹等在内的许多世界著名城市，集中了世界上诸多重要产业部门，如钢铁、石化、电力、建材、机械、电子等，生产总值约占全欧洲的1/2，是世界著名的人口、产业和城市密集带，也是世界内河流域经济发展水平较高的经济带。其中，德国莱茵河流域地区是全国产业、人口和城市分布比较集中的条带状区域，能源、化工、机械、电子和汽车等产业比较发达，波恩、科隆、法兰克福和杜伊斯堡等城市都分布在河流两岸，经过一个多世纪的规划、开发和治理，德国莱茵河流域经济带已进入成熟发展阶段，城镇体系完整，空间形态相对稳定，产业层次较高。因此，本章就对莱茵河流域产业发展模式及其经验进行分析与总结，旨在为我国西部陆海新通道与产业融合发展提出具有借鉴意义的对策。

第一节 莱茵河与欧洲区域产业融合发展的经验

一、以航道建设提升流域通航能力

莱茵河成为世界货运密度最大的内河之一，得益于其流域国家做出的诸多贡献。作为莱茵河主要流经的国家，德国在开展莱茵河流域产业开发中，始终贯穿"航运为主、因段制宜、综合开发"的方针，不断完善内河航运标准体系建设，将航运作为最主要的流域开发目标，持续扩大标准化的航道建设。积极采取多项举措，如整治和疏浚相结合等，不断优化莱茵河航道通航条件，强化堤防建设，修筑堰坝以及开发人工运河，提升莱茵河流域河网的通航能力。

在运河修建过程中，德国把莱茵河向东与埃姆斯河和易北河等联通，向西与塞纳河、罗讷河贯通，并开通从莱茵河支流美茵河岸的班贝格到多瑙河的凯尔海姆的运河，彻底打通莱茵河与多瑙河两大水系，为莱茵河流域的产业发展以及货物运输创造了有利条件。1992年，德国又开通莱茵—美茵—多瑙运河，从此莱茵河口鹿特丹到多瑙河口的欧洲水运大动脉建立起来。上述举措，使德国形成干流支流通达、河港海港相连、江河海洋直通的内河运输网络，摩泽尔河、内卡河和莱茵河等支流都可以通达载重1 500吨的船舶，并直达荷兰的鹿特丹港顺利出海，真正发挥了欧洲"黄金水道"的作用。"航运为先"的建设方针和综合治理成效显著，流域城市经济产业实现快速发展。

二、以物流网络建设布局流域产业带

因航道网络纵横交错且量大价廉，莱茵河流域80%以上的内河运输量都由莱茵河承担，可见水运在莱茵河流域城市经济发展中的重要性。同时，莱茵河流域的各级城市政府也非常重视其他配套交通基础设施的建设：自17世纪德国在鲁尔区开建了第一条铁路线路，莱茵河南北已经建立起五条东西走向的铁路干线，交织形成了完善的铁路运输网络，不仅促进了流域沿线城市的经济联系，也为流域相关产业发展拓宽了发展市场，促进了工业化发展。在公路建设方面，与发达的铁路和港口基础设施相呼应，德国建设了发达的高速公路网络，保障了交通基础设施的完备。在能源通道建设方面，莱茵河上游地势较高、河流落差较大，具备梯级水电站开发条件，莱茵河流域各国政府将输油管道、输气管道、电力干线沿莱茵河分别向南北延伸，共同构成莱茵河流域经济带的综合运输通道。基于此，莱茵河流域各国政府实施"长距离运输以铁路、水路为主，两头衔接和集疏以公路为主"的物流发展战略，充分发挥每种交通运输方式的优势，在莱茵河沿岸规划建设了50多个货运中心，形成沿岸现代物流体系，推动了莱茵河流域产业的长足发展。目前，莱茵河畔构建集内河网、铁路、公路、能源通道等为一体的综合运输网络，将鲁尔工业区、莱茵—莱茵工业区以及路德维希—曼海姆—海德堡工业区连接起来，工业区相关产业在点上集聚，沿轴线和网络扩散，布局了结构合理、规模性的流域产业带。

三、以优势特色产业带动经济发展活力

长期以来，德国政府非常重视"以河为轴、以港兴产、产城融合、港城

联动"的"点—轴—面"产业发展策略。依托莱茵河流域地势平坦的自然条件，德国积极开拓港口发展空间，把杜伊斯堡打造成莱茵河流域经济带的枢纽港，从而完成了密集的港口群建设目标，也促进了流域沿线城市的工商业发展。在传统工业时代，煤炭资源的先天优势为莱茵河流域的钢铁制造产业发展提供了基础保障，伴随交通基础设施更加便利化，煤炭产业和钢铁产业成长为莱茵河流域早期最主要的主导产业。其中，煤炭产业更是最先发展的基础工业。随着火力和水力发电的发展，以及技术改造和产业升级，莱茵河流域进一步将产业拓展至机械、金属冶炼、石化、汽车、光学电子等先进产业。

目前，莱茵—鲁尔重化工业区、莱茵—莱茵石化工业区和莱茵—内卡新兴工业区依次由南向北布局在德国境内，德国的众多大型企业均布局在莱茵河流域，如德国钢铁集团60%以上数量的企业布局在莱茵河畔，工业产值占德国全国40%的鲁尔工业区就位于莱茵河的赫尔内河上，该工业区被称为"欧洲工业心脏""欧洲最大工业中心"。除此之外，德国杜伊斯堡、埃森、杜塞尔多夫、科隆、波恩、法兰克福、路德维希、曼海姆等著名城市均布局在莱茵河沿岸。因此，莱茵河流域成了德国最大、最密集的城市带，并集聚了金融、物流、钢铁、化工、机械和轻工等优势特色产业。这种以港为点、以河为轴、以港兴产、产城融合、港城联动的产业发展策略，形成了"点—轴—面"的产业模式，使德国经济保持着强大活力。

四、以龙头企业带动产业平台辐射创新

作为国际航运中心，鹿特丹为莱茵河流域经济带和城市密集带的形成起到了重要的辐射带动作用。莱茵河口鹿特丹与科隆、路德维希港等地之间的紧密联系，极大便捷了货物海轮的通航。鹿特丹恰好处于世界最繁忙的海上航线与莱茵河内河航线的交接点，是莱茵河流域各个国家最主要的出海口和对外联系的前沿基地，广阔的内陆腹地和极为丰富的货物流量助力鹿特丹成为欧洲的门户和世界第一大港口。鹿特丹港口经济的繁荣同样带动了莱茵河流域其他城市的发展，流域城市之间的相互连通和经济协作支撑了鹿特丹港口城市的兴旺发达，形成龙头带动、相互促进、共同繁荣的港口与腹地产业合作模式。

在鹿特丹的龙头带动下，莱茵河流域十余个不同国家的城市定位和发展方向各有侧重，互为补充，形成了世界上最发达的四大城市群之一。其中，依托良好的城市连通和对外贸易联系优势，鹿特丹以世界级主要港口和欧洲最大港口为发展目标。但是，科隆并没有紧盯内陆港口城市的区位条件，而是以发展"欧洲的传媒之都"为主要方向，致力成为欧洲电视和电影制片公司基地。法兰克福则定位为欧洲的区域金融中心和欧洲空中航运中心。

五、以生态环境保护强化产业可持续发展

在 20 世纪 80 年代之前，莱茵河上下游布局着鲁尔工业区等集中成片的老工业基地和大量的化工类企业，工农业污水和城镇居民污水给莱茵河流域造成了严重的环境问题，居住生态恶化。此后，莱茵河流域各个国家积极加入维护生态环境的队伍中来，与欧共体代表于 1963 年签订了保护莱茵河的合作公约，致力于共同治理莱茵河水污染问题。保护莱茵河国际委员会制定了相关法规政策，鼓励污水处理企业的发展，对排入河中的工业废水强制进行无害化处理，并颁布了更加严厉的环境污染防治法案，大幅提高排污标准，加大环保执法力度。

以德国为代表的主要核心利益国家，非常重视莱茵河流域的环境保护和治理合作，积极搭建莱茵河流域部长级会议平台，在控制工业、农业和生活污染物排入莱茵河等方面起到积极的示范效应，严格落实各方达成的条约，为减少莱茵河的污染做出积极贡献。进入 21 世纪后，莱茵河流域生态环境得到明显改善，水质日渐好转，生态多样性也处于恢复之中。

德国的三大化工巨头（巴斯夫、拜耳和赫斯特）的工业总部园区密集分布于莱茵河黄金水道两侧，经过长期的转型升级发展，它们在产业升级、安全防护和基础设施建设以及产城融合等方面均实现了显著成效。1932 年德国境内的化工厂数量为 84 家，1943 年增长至 130 家。在石油危机带来的化工原材料价格波动、环境污染带来的经济社会舆论压力、东西德合并带来的境内产业与人口的再平衡等诸多因素的影响下，2011 年德国化工协会统计的化工园共有 60 处。2017 年，由德国联邦外贸与投资署认定的化工园（不包含石化工业园）减至 34 处，如表 17-1 所示。在老化工基地的基础上，德国化工产业按照"产业集聚、用地集约、布局合理、物流便捷、安全环保和一体化管理"的原则上逐渐形成了新的商业模式，实现在空间和产业上的延续。

表 17-1 2010—2018 年巴斯夫产品类型产值占比表

产品大类	产品细类	2010 年产值占比/%	2018 年产值占比/%
化学产品	石油化学产品、单体产品、中间产品	18	26
塑料	—	16	—

表17-1(续)

产品大类	产品细类	2010 年产值占比/%	2018 年产值占比/%
特殊化工品	分散液、着色剂、护理化学品、营养保健品、特殊化学品	19	25
功能材料	催化剂、建筑业化学品、涂层、性能材料	15	34
农业产品	农药、化肥	6	10
石油、天然气		17	—
其他	—	9	5

资料来源：朱宁，丁志刚. 江苏沿江地区化工园转型思考：基于德国莱茵河流域化工园发展的启示 [J]. 现代城市研究，2020 (9)：93-100，108.

六、以科技创新引领产业深度融合

2020 年起，德国化工产业开始由大宗产量的增长点转向以专业化工品、精细化工品和特殊化工品等高价值的产业为增长点，向以数字化和循环经济为核心的"化工 4.0"进阶。如图 17-1 所示，2016 年德国的化工产品中，精细与特殊化学品产值占比最高，达到 27%，其次为药品，占比为 21%，而无机基础化学品占比仅为 8%。以德国的化工巨头企业巴斯夫为例，在 2010—2018 年，该企业所产塑料、油气领域的基础化工产品产值出现明显下降，与之相比，特殊化工品、功能材料等化工产品产值占比则实现快速攀升。以高价值的专化、精化、特化为代表的产品类型，以及"化工 4.0"阶段低污染、高环保和注重安全的生产工艺，是德国化工园与固边地区实现产城共融、人居融合的产业基础。

作为莱茵河流域重要工业区，德国鲁尔区原以生产煤和钢铁为主，后来通过经济结构调整和产业转型，成功从重化工业城市群转型为新兴文化城市群，是世界传统工业区成功转型的典范，其成功经验可以总结为以下几个方面：

一是调整产业结构，发展新兴产业。一方面，依托因地制宜的产业政策，不同地区结合自身优势发展特色产业，形成多元化的产业结构。另一方面，通过鼓励企业科技创新加快推进产业多元化发展，科技创新已经成为鲁尔区产业多元化和经济持续增长的核心动力，依托产学研融合、校企深度合作，企业在生产技术和产品创新等方面不断突破传统工业技艺，推出技术革新工程，建立企业技术革新信息服务平台。二是发挥科研机构和高等教育对产业转型的支持作用。鲁尔工业区非常重视高校在产业创新升级发展中的积极作用，分别在多特蒙德、波鸿、杜伊斯堡等城市陆续建立多所大学，开展技术教育和职业培训。目前，鲁尔区已经成为欧洲高校密度最大的工业区。鲁尔区还加强高校知识技术转化成果，成立"技术转化服务中印"，加强技术到市场应用的扶植体系，鼓励企业与高校和科研机构之间的知识转化合作，发挥"群体效应"，并予以资金补助。

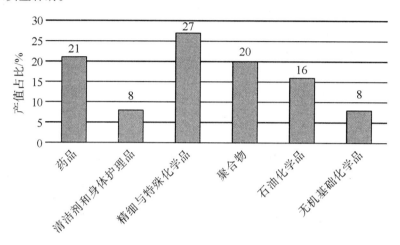

图 17-1　2016 年德国化工各类产品产值占比①

以鲁尔区为样本，莱茵河流域各国政府大力促进其工业区的产业退出和转型升级，把许多厂区矿区改造成文化创意、研发设计中心和工业旅游景点等，并加大区域援助，工业生产实现绿色转型。现阶段，随着国家市场环境的变化和环境规制的升级，莱茵河流域经济带产业局部正在发生相应的调整，许多化工、机械和制药等企业将生产基地逐步转移到新兴的发展中国家，以便接近市场和节约成本，同时把腾出来的土地空间用于发展价值链高端环节或新兴的产业。

---

① 朱宁，丁志刚. 江苏沿江地区化工园转型思考：基于德国莱茵河流域化工园发展的启示 [J]. 现代城市研究，2020 (9)：93-100，108.

第二节　莱茵河经验对西部陆海新通道与产业融合发展的经验启示

一、建立通道航运标准化体系，实行跨行政区域整合管理

莱茵河流域的航运开发经验表明，船型、航道建设、导航标志、港口服务管理和物流信息化等软硬件标准化建设是通道建设中重要的基础工程和关键的突破口。西部陆海新通道流域经济贸易的发展，应以运输能力的提升为重要方向，加强西部陆海新通道流域航运标准化体系建设，消除地方性航运市场保护和行政壁垒，逐步淘汰不合规的船型，改造长期制约通航的航道，建立多运式联运的智能化物流信息平台，提高水运在西部陆海新通道沿线地区客货运输的分担率，挖掘航运发展潜力。与此同时，在西部陆海新通道的建设过程中，也应该借鉴莱茵河流域实行跨行政区域整合管理的做法，对通道沿线各城市的角色进行准确定位，大力发展各城市的优势经济，使整个西部陆海新通道地区的城市实现有机串联，形成一个整体。在资源整合过程中，要强调经济自由与国家干预相协调的竞争机制，从地区和企业整体利益出发，实现联合与协作的一体化机制，促进空间合理配置。

在此基础上，借鉴莱茵河流域开发管理国际协作经验，西部陆海新通道的建设还应积极强化沿线省际协作和国际合作，特别是在航运、水电开发、生态环境保护和水利工程建设等方面，强化通道开发管理的区域协调，建立特殊事件的协调管控机制，实现开发共建共享。一方面，成立西部陆海新通道联合管理协调工作机制，定期召开通道管理协商会议，颁布西部陆海新通道共同开发管理的合作框架，推进相关协议的落地实施。另一方面，加快行政体制改革，推进西部陆海新通道各区、省、市水利、环保、港务和农业等部门职能改革，打破多头治理的困局。

二、促进产业合理布局，推动港—城—产联动发展

从莱茵河流域的化工、制药和冶金等产业的布局规划和发展历程来看，生态环境保护是流域产业发展中必须重视的环节，直接关系到流域经济整体的发展大局，是关键问题。

西部陆海新通道建设需要吸取其他流域发展的教训，将生态环境保护提到更高的地位，统筹考虑通道沿线化工、冶炼和石化等重点行业布局，实地核查已建项目布局的合理性，对在建化工类项目布局进行必要的调整，确保项目选

址符合行业布局规划要求。并且，根据莱茵河流域港口城市发展经验，西部陆海新通道沿线港口城市既要坚持特色化发展，也要遵循港口、城市、产业联动发展规律。一方面，在工业化、城镇化、农业现代化和信息化同步发展过程中，促进产业集聚和农业人口有序转移，依托港口优势，发展壮大当地特色产业，实现产城融合和港城联动；另一方面，利用互联互通的交通网络，延伸港口功能，创新通关管理，拓展腹地空间，不断增强发展后劲。

三、实施生态环境保护先行的行动方案，大力发展生态循环经济

莱茵河流域生态环境治理给流域经济发展敲响了警钟，教训极为深刻。因此，西部陆海新通道建设要在生态环境保护方面做好顶层设计，实施专项规划设计，强调通道沿线生态安全的重要性，统筹处理好产业布局、人口集聚与生态环境保护的关系，优先支持沿线城市环保基础设施适度超前发展。在有效维护生态环境不被破坏的情况下，探索建立一个通道经济可持续健康发展的有效机制。此外，认真履行政府监管职责，强化通道重点排污企业监管，把通道生态环境保护和治理作为一项硬性指标，纳入地方政府绩效考核体系。具体而言，西部陆海新通道沿线各个城市，尤其是沿江的城市就应该借鉴莱茵河流域治理经验，突破行政区划的固有思维，成立通道环境保护治理的联合管理机构，制定统一的治理标准，统一规划，统一执行。建立和完善重大环境质量预警、监测和信息反馈系统，处理好突发性重大环境污染和生态破坏问题，加大环境治理和环保执法力度。在产业规划布局上注重与生态环境的协调发展，有效保护和利用水资源，控制沿江产业类型、规模和布局，严格废水废气达标排放制度。推广循环经济和生态经济，实施以资源减量化和环境无害化，减少污染废弃物排放。

本章小结

本章主要从历史背景、发展举措和经验启示等方面全面梳理了莱茵河与欧洲区域产业融合发展状况。在发展举措方面，莱茵河流域城市从航运为先、水运为基、产业为纲、龙头带动、环境为本和创新导向等维度提出莱茵河流域产业融合发展举措。通过梳理莱茵河流域的做法，我们可以得到如下启示：建立通道航运标准化体系，实行跨行政区域整合管理、促进产业合理布局，推动港—城—产联动发展和实施生态环境保护先行的行动方案，主动融入生态循环经济等。

第十八章 "一带一路"建设与产业融合发展

2013 年，党中央提出了共建"一带一路"倡议构想，该倡议构想以"五通"（"政策沟通""设施联通""贸易畅通""资金融通"和"民心相通"）为主要内容，旨在与"一带一路"共建国家联手打造政治上互相信任、经济上互相融合、文化上互相包容的利益、责任以及命运共同体。在"一带一路"倡议提出后，中国与沿线国家以共建"一带一路"为主线，在"五通"的框架下积极展开具体领域的建设，基本实现基础设施、信息网络、经济平台、制度文化等领域的互联互通，这些都是产业发展至关重要的基础，在一定程度上实现了中国与"一带一路"共建国家（或地区）产业的融合发展。

第一节 "一带一路"建设与产业融合发展的经验

一、产业联动发展：推进基础设施互联互通

在"一带一路"倡议框架下，基础设施互联互通是"五通"的先导和基础，因为通过基础设施的互联互通，产业内外部的各生产要素可以实现自由流动，进而带动投资、贸易等活动的高效实施，从而实现产业有序开展。"一带一路"中的"丝绸之路经济带"覆盖了包括欧洲经济圈、西亚经济圈、中亚经济圈、亚太经济圈在内的大多数国家和经济体，而"21 世纪海上丝绸之路"则把我国东南沿海和东南亚、南亚、西亚和欧洲串联起来。可见，"一带一路"倡议覆盖面非常之广。基于基础设施的互联互通，我国与"一带一路"共建国家（或地区）的产业可以进一步实现转移与联动，换而言之，基础设施互联互通为"一带一路"倡议所覆盖的国家（或地区）的产业联动、产业转移提供了极为重要的硬件保障。具体而言，得益于基础设施的互联互通，

"一带一路"沿线的各类要素渠道不断被打通，推动传统单一的渠道模式转化成网络渠道模式，依托于网络渠道模式的形成，产业就逐渐向多维联动模式发展，产业联动的覆盖面继而得以扩大。因此，无论是国内区域间的产业融合发展，还是国际区域间的产业融合发展，抑或是沿线地区产业的"引进来"和"走出去"以及产业的梯度转移，都会在基础设施实现互联互通的背景下变得更加便利、快捷，促进完整、有序的产业分工体系的形成。换而言之，在日渐完善的基础设施互联互通的支撑下，中国与"一带一路"共建国家（或地区）之间就能够依据产业的发展需要，形成资源共通共享、生产分工协作、贸易相互畅通的"产业流"，随着越来越多"产业流"的成型，体系化、规模化的产业生态圈就有了构建的基础和保障。

截至目前，中国已经与"一带一路"共建国家（或地区）签署了超过130个的双边、多边和区域运输协定，已开通国际客货运输线路356条。其中："汉新欧""连新亚""义新欧""渝新欧"等国际通道基本覆盖了我国东部、中部和西部的铁路运输枢纽，这无疑是"一带一路"沿线交通基础设施的互联互通坚实的基础；海上运输服务已基本上全面覆盖了沿线的所有国家（或地区）；在航线运输方面，中国已与43个沿线国家实现空中直航。

二、产业融合发展：推进信息网络互联互通

在信息技术蓬勃发展的时代背景下，信息网络的互联互通正在成为产业融合发展的重要推动力。首先，作为时代催生的一种高端生产要素，信息技术在减少生产过程中各环节的消耗方面表现抢眼，产业的发展效率因此得到提高。其次，随着各行业内部受到信息技术渗透力度的不断增强，"互联网+"的产业新业态逐渐形成，例如"互联网+农业""互联网+制造""互联网+金融""互联网+旅游"等，这不仅拓展了行业内部的业态，也是行业智慧化非常重要的体现。与此同时，信息技术也正在促进行业之间的深度融合，例如依托信息技术的发展，制造业正在与旅游、文化创意等业态深入融合，朝着"智慧化""智能化"与"服务化"不断迈进。并且，信息技术的发展也在带动行业的监管走向有序和高效。例如，依托信息技术建设智能监管系统，监督和管理产业市场活动变得更加有效，市场稳定运行有了坚实的保障。除此之外，不断增强的信息技术可以弥补交通基础设施"联而不通""通而不畅"的问题和短板，产业融合发展从硬件和软件上得以进一步推动。

三、产业协同发展：推进经济平台互联互通

作为产业规模壮大、协同创新和融合发展的重要载体，经济平台对于

"一带一路"倡议框架下的产业融合发展也至为关键。从中国国内的现实情况来看，许多地市的经济平台（如经开区、工业园区、高新区等）的经济规模占当地经济总量的一半以上。也就是说，在"一带一路"倡议下，经济平台的互联互通是促进区域产业融合发展的物质载体。

具体而言，在共建"一带一路"倡议的框架下，中国与沿线各国（或地区）在既有经济平台的基础上，加快推进了平台间要素、产业、人才的流动与融合，促使平台间的协作与交流得以加强，形成了"经济平台战略合作体系"，为"延链""补链"和"强链"以及产业融合发展提供了不可或缺的支撑。与此同时，中国与"一带一路"共建国家（或地区）也在探索共建新的经济合作平台。可以这么说，推进经济平台互联互通，是推进区域间产业联动融合发展的物质载体。

四、产业有序同发展：推进制度文化互联互通

"一带一路"沿线产业融合发展离不开制度和文化的互联互通，因为完善的制度体系是引导一个地区产业健康发展的基础，区域间协同的制度框架则是产业协同发展的保障，完善坚固的制度体系是产业融合发展的重要支撑。在共建"一带一路"倡议框架下，中国与沿线国家（或地区）在完善自身制度体系的基础上，也在不断加强双边、多边、区域间的制度协调，推动经济合作和产业的持续联动，确保产业安全、有序、健康发展。

在共建"一带一路"倡议的过程中，文化沟通贯穿始终，也即，文化的互联互通为"一带一路"产业融合发展提供了重要的内生动力。一方面，区域间的经贸往来离不开区域间融洽文化氛围的形成，作为一种隐性资本，文化对于生产环节的互动有着显著的推动作用，也可为产业融合发展注入崭新的活力。另一方面，文化本身也可以发展成为一个独立的产业体系，并且文化产业的纽带作用非常明显，它能够很好地衔接本身关联性不强的两个产业，促进不同产业之间的资源要素、发展理念、运行方式等方面的相互渗透，进而助推产业的融合发展。

第二节 "一带一路"建设经验对西部陆海新通道与产业融合发展的启示

一、全力推进基础设施的互联互通

基础设施的互联互通不仅是共建"一带一路"的关键先导和首要抓手，也是"一带一路"产业是否能够实现融合发展的重要动脉。所以，对于西部陆海新通道的建设，坚持全力推进基础设施互联互通是第一要务。因此要大力推进"硬件设施的互联互通"，将交通基础设施作为关键突破口，特别是要抓关键通道、枢纽和工程，加快建设陆水联运的国内国际联通大通道，提升交通运输网络的通达性，与此同时还要提升港口对外门户的功能，从物流、仓储、贸易等方面完善港口基础设施建设，为区域产业联动发展提供更高效、更便捷的绿色通道。除了交通基础设施以外，能源基础设施的互联互通也不容忽视，要大力推进国内和跨境电力、油气运输通道的建设，全方位夯实基础设施互联互通基础，为区域间产业联动发展提供更强大的支撑力。

二、加快推进信息网络的互联互通

信息网络的互联互通，不仅是共建"一带一路"的重要着眼点，也是"一带一路"产业是否能够实现融合发展的网络命脉。因此，随着"互联网+"和"数字经济设施建设"时代的到来，在西部陆海新通道的建设中，信息化毫无疑问地将会占据越来越重要的地位。所以，对于西部陆海新通道的建设，要加快推进信息网络的互联互通：一方面，加大数字基础设施建设的强度和力度，特别是要选择重要节点城市，高质量、高水平地布局一批云计算、大数据服务点的建设，全面强化和夯实信息网络辐射效应；另一方面，进一步对信息资源的配置进行优化，全面提升各大通道的宽带功能，联合沿线地区和国家全力打造高效信息走廊；此外，西部陆海新通道建设还应该对互联网信息传播功能进行不断完善，发挥好"西部陆海新通道网"的平台功能，实时关注西部陆海新通道各个领域建设进度，紧跟国家战略步伐，提供高效信息咨询、传媒和宣传服务。

三、大力促进区域文化的渗透融合

区域文化的渗透融合，不仅是共建"一带一路"的重要诉求，也是"一带一路"产业是否能够实现融合发展的动力源泉。所以,对于西部陆海新通道的建设,要进一步确保文化的渗透融合、互联互通:一方面,强化西部陆海新通道沿线国家和区域之间在各个层面(如文化习俗、民族礼节、宗教信仰以及价值、经济观、社会观等)的交流、沟通与共享,最大程度地消除文化隔阂,为西部陆海新通道的建设打造坚实的民心互信基础;另一方面,我国政府与西部陆海新通道沿线其他各国政府应加大联合力度,积极开展多种形式的文化交流分享活动,为各国文化之间的相互理解、相互包容和相互支持创造重要的契机与平台。

四、坚持推进区域间贸易的互利合作

经济贸易的互联互通,不仅是共建"一带一路"的根本着眼点,也是"一带一路"产业是否能够实现融合发展的关键所在。所以,对于西部陆海新通道的建设,要进一步确保经济贸易的互联互通:应该以产业链协同发展为导向,以西部陆海新通道沿线地区为目的地,大力引进与本地产业发展相关的配套企业或产业,在推动产业不断融合渗透的同时,也在产业链层面实现"延链""补链"和"强链",促使本地经济实力得以实现全方位的发展和壮大。

五、不断促进区域间制度的相互协调

制度的相互协调,不仅是共建"一带一路"不可忽视的重要环节,也是"一带一路"产业是否能够实现融合发展的关键"软条件"。所以,在西部陆海新通道的建设中,制度的相互协调是确保区域间产业融合有序推进的重要保障和支撑,也就是说,对于西部陆海新通道的建设,要不断促进区域间制度的沟通协调:一方面,要加强区域间的政策沟通,清扫各类限制产业发展的制度障碍,突破各类限制产业发展的瓶颈束缚,从根本上激发区域产业合作的动力,构建起西部陆海新通道区域经济合作的新型机制;另一方面,在西部陆海新通道的建设中,中国应联手沿线国家搭建起开放、合作、包容的平台,特别是要探索建立一批"制度特区"并先试先行,通过"增量"带动"存量",实现共同的创新发展。

六、鼓励推进区域的差异化发展

相较于我国东南沿海地区,西部陆海新通道途经区域多为经济发展较为落后的中、西部地区。因此,在西部陆海新通道的建设过程中:一是要加大并不断强化对中部、西部地区的政策扶持力度,从各个层面(如财税优惠、人才

配给、融资贷款等）进一步优化政策供给，在东部优良资源向中、西部地区转移的过程中提供有序的引导和疏通；二是应坚定不移地贯彻"开放战略"，对中、西部地区的市场进行不断的引导和培育，最大程度地激发中、西部地区的经济活力，为产业融合发展提供更大后劲；三是紧抓中、西部地区的生态文明建设，对中、西部地区的生态魅力予以重塑，构建并打造西部陆海新通道上的中间绿道。

本章小结

本章分别对东海道新干线和中央新干线的产业融合发展情况进行了梳理总结，其中东海道新干线的产业融合发展体现为"改善交通区位，促进商业发展""联合开发站区，重构产业布局""建立一日往返交通圈，促成分散型产业结构"，中央新干线的产业融合发展体现为"特色整合，创造更大的经济区""加强中间站点和周边区域的创新建设""扩大超巨型区域辐射范围"。通过东海道新干线和中央新干线产业融合发展的做法，可以得到如下启示：强化政策和市场对沿线城市产业发展的引导、积极推进"站区+城市+产业"一体化开发、制定相互配套的产业疏导与发展规划。

第十九章　珠江—西江经济带与产业融合发展

第一节　珠江—西江经济带产业融合发展的经验

一、珠江—西江经济带产业融合发展现状

（一）基础设施建设情况

《珠江—西江经济带发展规划》印发实施后，广西着手实施西江经济带基础设施建设战略，涵盖水运、水利、铁路、公路、机场等 8 类工程，总投资 6 000 多亿元，截至 2018 年底，累计投资 1 565 亿元。

1. 陆路与航空基础设施建设进展

铁路方面，规划连接两广的"十铁"已建成"四铁"，广西沿江 11 市已有 9 市通行动车，两广间动车组列车达 132 对，其中经由南广线 69 对，贵广线 63 对，粤桂客运铁路交通基本形成公交化、高密度新格局。经两省区共同争取，南宁经玉林至深圳高铁纳入大湾区城际铁路建设规划初步方案，其中南宁经玉林段已开工建设，柳州至肇庆铁路纳入粤港澳大湾区发展规划，柳州经贺州至韶关纳入国家《中长期铁路网规划》。对于岑溪至罗定铁路，两省区正在积极争取中国铁路重启建设。公路方面，规划连接两广的"十八高"已建成"六高"，两省区毗邻的 9 个县（区）均通高速公路。两省区普通国省道、省际通道共计 13 个（其中，国道 7 个、省道 6 个），广西境内已建成二级及以上公路通道 12 个。对于玉林至湛江、浦北经北流至信宜、贺州至连山 3 条高速公路，通道正加快建设。航空方面，南宁吴圩国际机场新航站楼、桂林两江国际机场航站楼扩建、柳州白莲机场航站楼扩建、梧州机场迁建项目先后建成投入使用，玉林福绵机场、南宁伶俐通用机场开工建设，南宁吴圩国际机场改

扩建（二跑道）、贺州城区通用机场等项目加快前期工作，广西开往广东的航空航线达 13 条、航班每周 89 班。

2. 内河与沿海基础设施建设进展

水运方面，长洲水利枢纽三线四线船闸建成通航，2018 年长洲船闸过船、过货同比分别增长 32%、33%，货物通过量达 1.32 亿吨，比上年同期增长 33.39%，创历史新高。西江上游河池、百色、崇左等通往珠三角地区集装箱定期班轮航线开通，西江广西流域高等级航道里程达 1 887 公里，2 000 吨级船舶可从南宁直航粤港澳。港航建设方面，一是打造海铁联运主干线。增开加密北部湾港—重庆集装箱班列和北部湾港—新加坡、北部湾港—香港集装箱班轮等南向通道班轮班列，开辟远洋航线，增强通道和北部湾港竞争力（图 19-1，图 19-2）。同时提升北部湾港口集疏运能力。2018 年安排 3 亿元的资金，重点支持南向通道物流集疏运体系重点基础设施项目建设。二是推进一批深水航道和深水泊位建设。加快钦州 20 万吨级集装箱码头工程、防城港 30 万吨级散货码头及航道工程、钦州大榄坪南作业区 9-10 号自动化集装箱泊位前期工作。加快推进钦州港东航道扩建工程建设。建成钦州 30 万吨级油码头、防城港渔满港区第五作业区等项目；推动北海港铁山港区航道三期、钦州港大榄坪南作业区泊位改造、钦州港金谷港区鹰岭作业泊位等续建项目加快实施。三是打通海铁联运"最后一公里"。加快推进建成钦州港东站集装箱办理站一期工程，同时积极推动合作各方加快组建合资公司，具体负责项目推进。北海铁山港泊位铁路专用线工程争取尽早整体完工投入使用。

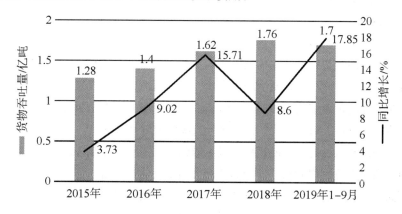

图 19-1　2015—2019 年广西北部湾港货物吞吐量

数据来源：广西北部湾港务集团。

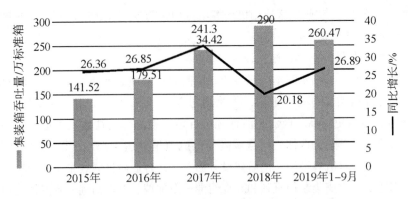

图 19-2　2015—2019 年广西北部湾港集装箱吞吐量

数据来源：广西北部湾港务集团。

3. 存在的主要问题

一是水运设施亟待完善。水运通道支线航道、枢纽船闸、港口等顺畅的航道网络仍未形成，尤其是西江水利枢纽碍航问题突出，地方政府协调发电央企解决碍航问题的难度非常大。西江航道建设等级不高，大型泊位、专业泊位较少且泊位分散，码头技术装备落后，装卸设备、仓库堆场等配套设施不足，生产作业效率偏，集疏运条件差。尤其是上游地区水利枢纽过船设施建设和上游库区航运基础设施建设，导致大宗货物不能通过水运进入珠三角，黄金水道优势不能充分发挥。

二是港口集疏运不畅的问题较为突出。钦州港区 15 万吨以上的船舶仍需过驳作业，尚未建成可供 10 万吨级以上集装箱船舶双向通行的航道①。北部湾三港的进出港铁路规模较小，直通港口的铁路专用线道少，单线铁路运转，其运力难以满足货物增长的需要。近年来港口建设虽明显加快，但货源不足、开行国际班轮航线少、班次少问题突出，严重制约客货运效率。同时，由于北海、防城港两市集装箱出口要经过钦州港归集，部分临港企业及国际贸易企业运费增加，且通关时间加大，部分企业选择绕道湛江港进出。

三是跨省区、跨地市的道路衔接不通畅。珠江—西江经济带、北部湾经济区与粤港澳大湾区之间缺乏便捷高效的公路铁路货运通道，公路断头路多且质量不高，互联互通水平仍待提升。北部湾港口与腹地之间的联系不够顺畅，合浦连接湛江的高速铁路还在建设，高速公路骨干通道钦州至山口段成为瓶颈路，通行能力明显不足。城际铁路、高速公路网、口岸交通均有较大的完善空

---

① 广西社会科学院课题组：2018 年 8 月优化营商环境暗访工作报告。

间。与邻近湘、黔三省份未完全形成畅通的高等级公路通道。

四是西部陆海大通道铁路运费较高，通过能力不足。贵州省货物从贵阳出发通过西部陆海大通道铁路运输到钦州港上船，比公路运输到深圳港口上船每个集装箱目前要多花4 000元。同时，西部陆海大通道自甘肃南下，沿线现有的货运铁路能力不匹配：兰渝铁路为双线、技术标准为时速160～200公里、设计货运能力为5 000万吨/年，川黔铁路为单线、技术标准为时速65～90公里、设计货运能力为2 000万吨/年，黔桂铁路为单线、技术标准为时速120～140公里，设计货运能力为2 000万吨/年，其中川黔、黔桂铁路运力目前接近饱和。成都货物通过西部陆海大通道运输，从生产运输到改貌场站的中转费用也较高。

（二）产业集群（园区）发展情况

近年来，"一区一带"不断完善配套政策，改善投资环境，积极承接广东、上海、福建、北京、浙江、香港等发达地区产业转移，进一步完善了电子、汽车、机械、石化等传统产业链。冠捷科技、朗科科技、三诺电子等已成为广西科技创新龙头企业，南宁富士康研发检测认证中心成为国内一流的研发基地。柳州汽车产业基本完成了汽车设计研发、制造组装、运输销售、售后服务为主要环节的全产业链转移打造工作，形成了规模较大的汽车产业集群。部分数据如图19-3、图19-4所示。

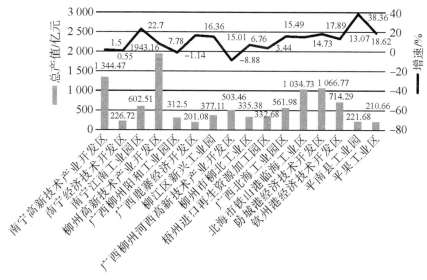

图19-3　2018年产值200亿元以上国家和自治区级园区发展情况

数据来源：2018年广西工业综合月报。

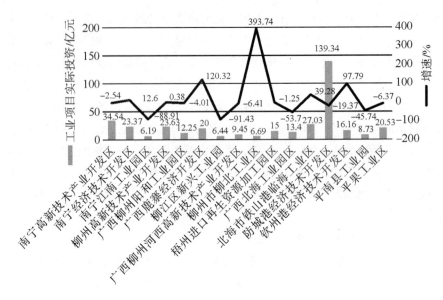

图 19-4　2018 年产值 200 亿元以上国家和自治区级园区投资情况

数据来源：2018 年广西工业综合月报

1. 珠西经济带重点园区发展情况

积极实施"东融"战略，加快珠西经济带开发建设，在沿路、沿江、沿港规划建设了粤桂合作特别试验区、梧州市东部产业转移园区、梧州市陶瓷产业园、梧州进口再生资源加工区、柳州市粤桂黔高铁经济带试验区（广西园）、粤桂（贵港）热电循环经济产业园等一批产业转移园区、百色—文山跨省经济合作园区等跨省共建合作园区。电子、新能源、再生资源、陶瓷、不锈钢制品、石化、铝加工、石材、丝绸等产业转移园区迅猛发展。2018 年，粤桂合作特别试验区规模以上工业产值同比增长 5.7%；固定资产投资同比增长 26.3%；招商引资到位资金同比增长 11.2%；入驻企业累计 380 家，合同投资额 106.5 亿元。目前，试验区正积极推动国家增量业务改革试点，深化行政审批制度改革、工业用地市场化配置改革、人事管理体制改革等改革创新政策，为扩大新一轮改革开放积累经验。2018 年各园区情况如表 19-1 所示：

表 19-1　珠西经济带 2018 年国家和自治区级园区增加值、总产值及实际投资额

园区名称	总产值/亿元	增长/%	增加值/亿元	增长/%	工业项目实际投资/亿元	增长/%
合计	6 963.71	—	1 632.14	—	374.28	—

表19-1(续)

园区名称	总产值/亿元	增长/%	增加值/亿元	增长/%	工业项目实际投资/亿元	增长/%
南宁高新技术产业开发区	1 344.47	1.50	316.72	-1.87	34.54	-2.54
南宁经济技术开发区	226.72	0.55	59.74	2.06	23.37	12.60
广西—东盟经济技术开发区	148.47	-16.79	37.14	-16.40	19.03	-70.30
南宁综合保税区	0	—	0	—	0	—
广西良庆经济开发区	127.28	8.94	39.66	3.50	10.86	-40.39
南宁六景工业园区	175.2	9.66	52.56	9.66	16.1	-51.38
南宁仙葫经济开发区	10.2	11.87	2.89	11.20	8.85	-26.76
南宁江南工业园区	602.51	22.70	105.69	8.73	6.19	-88.91
宾阳县黎塘工业园区	120.25	20.10	29.26	18.75	7.59	-49.96
北海高新技术产业开发区	35.8	12.36	6.62	12.27	1.02	23.13
广西北海出口加工区	74.69	-3.39	17.36	10.76	0.4	0.57
广西北海工业园区	561.98	15.49	115.72	15.75	13.4	-53.70
广西合浦工业园区	100.17	13.54	20.03	13.54	5.47	8.24
北海市铁山港临海工业区	1 034.73	14.73	298.26	14.79	27.03	39.28
东兴边境经济合作区	92.67	5.47	26.33	5.65	1.07	-79.38
防城港经济技术开发区	1 066.77	17.89	194.42	13.20	139.34	-19.37

表19-1(续)

园区名称	总产值/亿元	增长/%	增加值/亿元	增长/%	工业项目实际投资/亿元	增长/%
防城区工业园区	79.35	-31.91	15.87	-31.91	3.38	1 166.57
钦州港经济技术开发区	714.29	13.07	184.12	11.29	16.16	97.79
中国—马来西亚钦州产业园区	36.05	18.66	4.97	18.90	14.46	-32.70
广西钦州保税港区	0.49	-96.67	0.14	-17.87	0.68	-80.00
广西钦州高新技术产业开发区	96.18	5.79	19.47	7.07	16.53	-0.41
钦州市钦北区经济技术开发区	168.72	-2.82	45.56	-2.82	5.67	-82.74
灵山工业区	146.72	21.78	39.61	26.47	3.14	-67.92

数据来源：2018年广西工业综合月报。

2. 北部湾经济区重点园区发展情况

积极利用北部湾经济区的政策、区位及临海、临边的优势，规划建设了中马钦州产业园、中泰产业园、新加坡产业园、中越边境工业区、广西—东盟经济技术开发区、北海出口加工区、铁山港工业区、大西南临港产业园、防城港口企沙工业区、钦州港经济开发区、中国—东盟青年产业园、钦州保税港区一批对外产业合作园区和基地，并安排资金给予重点支持。在靖西、龙州、天等、宁明等县规划产业园区，以充分利用边境口岸的优势及当地资源发展特色产业。利用东盟国家的矿产资源及港口便利，一批重大镍、铜冶炼项目迅速发展成支柱产业。利用云南磷矿资源进行深加工出口国外，广西成为全国最大的磷加工产品出口基地。粮油食品加工产业也快速发展，广西成为西南最大食用油生产基地。广西—东盟经济技术开发区已引进企业200多家，包括珠江啤酒、伊利集团、王老吉饮料、美国皇冠等55家世界500强企业或著名上市公司，项目投资近300亿元，工业总产值年均增长近50%以上，已成为南宁市乃至广西发展速度最快、最具潜力的开发区之一。2018年各园区情况如表19-2所示：

表 19-2　北部湾经济区 2018 年国家和自治区级园区增加值、总产值及实际投资额

园区名称	总产值/亿元	增长/%	增加值/亿元	增长/%	工业项目实际投资/亿元	增长/%
合计	8 599.74	—	2 162.50	—	372.43	—
南宁高新技术产业开发区	1 344.47	1.50	316.72	-1.87	34.54	-2.54
南宁经济技术开发区	226.72	0.55	59.74	2.06	23.37	12.60
广西—东盟经济技术开发区	148.47	-16.79	37.14	-16.40	19.03	-70.30
南宁综合保税区	0	—	0	—	0	—
广西良庆经济开发区	127.28	8.94	39.66	3.50	10.86	-40.39
南宁六景工业园区	175.2	9.66	52.56	9.66	16.1	-51.38
南宁仙葫经济开发区	10.2	11.87	2.89	11.20	8.85	-26.76
南宁江南工业园区	602.51	22.70	105.69	8.73	6.19	-88.91
宾阳县黎塘工业园区	120.25	20.10	29.26	18.75	7.59	-49.96
柳州高新技术产业开发区	1 943.16	7.78	457.44	6.01	23.63	0.38
广西柳州阳和工业园区	312.5	-1.14	69.81	-1.14	12.25	-4.01
广西鹿寨经济开发区	201.08	16.36	55.9	16.36	20	120.32
柳江区新兴工业园	377.11	15.01	108.98	14.94	6.44	-91.43
柳州河西高新技术产业开发区	503.46	-8.88	125.87	-8.88	9.45	-6.41
柳州市柳北工业区	335.38	6.76	110.68	6.76	6.69	393.74

表19-2(续)

园区名称	总产值 /亿元	增长 /%	增加值 /亿元	增长 /%	工业项目 实际投资 /亿元	增长 /%
广西梧州工业园区	153.83	4.73	34.4	5.07	13.98	3.78
广西梧州长洲工业园区	4.48	-8.45	0.94	-14.31	0	—
梧州进口再生资源加工园区	332.68	3.44	56.48	3.42	15	-1.25
粤桂合作特别试验区	69.01	9.71	17.94	4.21	33.87	12.29
贵港市产业园区	188.46	18.31	46.21	9.15	10.86	55.63
桂平市产业园	187.22	19.67	61.78	17.88	4.43	10.05
平南县工业园	221.68	38.36	71.25	49.26	8.73	-45.74
贵港国家生态工业示范园区	139.23	25.58	24.23	51.18	2.44	-22.69
广西百色高新技术产业开发区	110.86	36.95	39.05	29.46	4.02	-35.15
平果工业区	210.66	18.62	83.78	23.43	20.53	-6.37
广西田东石化工业园区	78.67	16.76	27.32	10.86	1.67	-72.43
百色新山铝产业示范园	166.13	37.28	49.41	36.86	10.48	-52.74
来宾市河南工业园区	188.74	25.81	47	25.32	8.54	35.37
广西来宾高新技术产业开发区	23.3	10.63	4.43	10.63	3.59	2.54
合山市产业转型工业园	18.53	23.29	4.87	17.35	4.09	19.88
广西凭祥综合保税区	0.82	-78.49	0.1	-52.33	1.2	51.90
凭祥边境经济合作区	45.53	47.63	11.33	22.76	12.7	-36.69

表19-2(续)

园区名称	总产值/亿元	增长/%	增加值/亿元	增长/%	工业项目实际投资/亿元	增长/%
广西中国—东盟青年产业园	32.12	30.60	9.64	12.26	11.31	-41.22

数据来源：2018年广西工业综合月报。

二、珠江—西江经济带产业融合发展环境与机遇

(一) 宏观经济环境

"十四五"时期，是我国由全面建成小康社会向基本实现社会主义现代化迈进的关键时期，"两个一百年"奋斗目标的历史交汇期，也是全面开启社会主义现代化强国建设新征程的重要机遇期。

从国际环境看，当前中国处于最好的发展时期，而世界处于百年未有之大变局。世界经济重心调整、世界政治格局变化趋势加快，科技与产业发展日新月异，全球治理、世界秩序，中国在世界发展格局中的作用日益凸显，在话语权、影响力逐渐提高的同时国内经济产业空心化初显、区域经济差距拉大、国民经济增速放缓、生态环保问题加剧，而中美贸易摩擦则使得外部环境越发严峻，进一步限制、阻碍中华民族的发展。"十四五"的五年必将是中国发展变革的五年，也是突破的五年。把握全球新一轮科技革命和产业变革机遇，推动产业高质量发展，实现新旧动能顺畅接续转换，抢占全球产业发展制高点成为"十四五"时期的重要课题。

从国内环境看，我国主要矛盾从"人民日益增长的物质文化需要同落后的社会生产之间的矛盾"转变为"人民日益增长的美好生活需要和不平衡不充分的发展之间的矛盾"，面临新时代、新阶段、新矛盾、新问题、新机遇、新挑战等一系列新情况。"十四五"的五年，必将是国内经济、格局、发展重塑的五年，必然会涌现出一批"黑马"，有一批城市、地区发展成为国内经济发展的新亮点。

1. 产业结构

2018年，我国第二产业比重小于40%，第三产业比重超过52%，人均GDP达到9 785美元。当前我国已经从重化工业为主导的工业化中期阶段迈入到以创新驱动为主导的工业化后期阶段。产业"空心化"形势严峻、工业发展"大而不强"，实现制造强国的任务十分艰巨。工业智能化发展势不可挡，人工智能对传统制造产业链、价值链带来革命性影响。"十四五"时期将是中

国经济由中等收入阶段迈向高收入阶段的关键时期，新业态、新模式、新场景将不断涌现，对于新消费需求激活新经济形势需要科学预判，有序引领。

2. 城市格局

目前，新型城镇化推进、乡镇振兴、城乡结构性差异及发展不平衡、城市群崛起、都市圈建设、大湾区协同、中心城市辐射、提升城市首位度、户籍改革等"热度"不断上升。我国大城市进入城市化后期、城市化进程放缓，大城市面临有机更新、城市迭代，大量乡村人口涌入城市、同时城市人群也出现反向"归田"的意愿，城市、城镇、乡村发展迎来新的机遇。城市间也由高热度的"资源抢夺战"逐步冷静下来，走向了"产业与地区双向匹配，企业与政府双向选择"的"资源协同发展"新格局，城市间不再是互相争抢资源，而是结合自身特点差异化发展，真正实现"抱团取暖、协同发展"。

3. 市场变革

"十四五"时期，对于各地区政府来说，政府与市场的关系处理到了最为关键的五年，如何摆正政府的角色，"做好管理者、搭建好平台、做好店小二"三重角色定位必须清晰明确。在做好管理者层面，政府必须能够理解市场、懂得企业，密切关注新业态与新商业模式，才能够更好地监管、引导市场发展；在搭建好平台层面，政府应该有效提升财政资源的利用率，避免投资浪费、投资重复的前提下，尽可能抓住产业及企业发展的痛点、难点，针对性地解决公共问题，促进产业及经济的发展；在做好店小二层面，政府应对服务机制进行创新与探索，转变执政模式与执政思路，做到既有效服务企业发展，又避免变成被企业吸血的"奶妈""保姆"，应制定更加创新、有效的机制与企业保持良好有效的服务关系。

4. 信息发展

5G 的应用将促进信息产品和服务的创新，智能终端设备性能将进一步提升，互联网-物联网线上线下融合对生产生活方式的变革。新兴技术和新兴产业深度融合将全面应用于工业物联网、车联网及其他垂直行业的特殊应用需求，大量信息的采集、处理、分析及管理，将全面应用于智慧城市、环境监测、智慧农业、森林防火等场景。"十四五"必将是智能发展的五年，各行各业都将新信息技术的升级步入新的发展模式、规划必须充分预测、考虑到可能出现的新机会、新问题、新发展，才能够更有效地符合时代诉求，真正起到规划引导的作用。

5. 人口结构

我国人口发展已经进入关键转折期，人口自然增长率长期低于预期、人口老龄化程度不断加深、劳动力老化程度加重等问题凸显，"人口问题"可谓任重而道远。"人口自身均衡发展"这一历史性任务不光是在"十四五"时期有所应对，更应是未来10年、20年考虑的重点。短期来看，鼓励人口增长、提高人口素质、推进家庭能力建设、强化养老保障等将成为"十四五"时期各地区重点着眼的问题。而"人口吸引力"也成为各地区在"十四五"时期的重要课题之一，吸引多少人、吸引什么人、人来了做什么、可以创造什么等系列问题都需要系统谋划与解决。各类研究型人才、创新型人才、实用型人才、技术型人才等都会成为未来五年所需要关注的重点，差异定位、精准定位的人才会成为城市实现突破发展的重要"弹药"。

（二）区域发展战略

近年来，广西对外开放的水平明显提高，但总体上看开放型经济仍然发展滞后，与沿海地区相比差距很大，也远低于全国平均水平。当前，广西发展已站在一个新的历史起点上，不仅面临着粤港澳大湾区建设、海南全面深化改革开放、新时代推进西部大开发形成新格局、中国（广西）自由贸易区建设等国内重大机遇，而且也面临着国家建设海上丝绸之路、打造中国—东盟自由贸易区升级版、国际陆海贸易新通道等国际重大机遇，国家把区际互动合作和协同发展放在了更加突出的位置，为"一区一带"借力发展创造了条件，为广西解决发展问题、突破发展困局带来了契机。

1. 建设粤港澳大湾区

作为"一带一路"有机衔接的重要门户，广西是大湾区向西连接我国西南地区以及东盟国家的关键通道，具有与大湾区合作的广阔空间。建设粤港澳大湾区必然会加速珠三角地区中低端产业的转移，北部湾经济区区位优势明显和大湾区产业合作基础良好、承接产业转移空间充裕，出海物流通道畅通，发展潜力大，对接东盟市场和联通中南西南优势突出，有抓住大规模承接产业转移历史机遇的基础条件。更重要的是粤港澳大湾区经济转型升级所形成的巨大需求，如建设国际科技创新中心对周边地区成果转化和发展先进制造业的需求、建设世界级城市群和高品质生活圈所引发的消费升级对战略性新兴产业的需求，这些才是广西产业转型升级的重要机遇。

2. 海南全面深化改革开放

海南全面深化改革开放将促进北部湾城市群加快改革创新步伐，增强内外发展新动力，夯实自身的区域经济基础，提升其作为中国—东盟开放合作的物流基地、商贸基地、加工制造基地和信息交流中心以及重要国际区域经济合作区在全国乃至世界的影响与地位。海南自由贸易区不以转口贸易和加工制造为重点，而以发展旅游业、现代服务业和高新技术产业为主导，广西可在旅游、大健康、海洋经济、新一代信息技术产业等方面与海南开展全面合作。广西应主动作为，发挥优势，优化发展方向，借势转型提升，打造高端产业，按照创新优势互助、开放优势互通和绿色优势互惠的思路，携手创新驱动、产业对接、低碳发展等方面进行积极构筑创新合作的新模式和创新发展的共同体，将北部湾城市群协同发展推向新高度。同时，应围绕货物贸易和加工制造发展航运服务、现代物流、国际金融、信息服务等现代服务业，在北部湾城市群内部形成错位发展、分工协作的格局。

3. 推进西部大开发形成新格局

2019 年 3 月 19 日，中央全面深化改革委员会第七次会议通过了《关于新时代推进西部大开发形成新格局的指导意见》（以下简称《指导意见》），把西部地区协同互动发展作为重点之一，标志着西部大开发从过去“点”的开发转向“线”和“面”的串联。其中，大通道和城市群建设是两个重要抓手，为广西全面提升开放水平，借力粤港澳大湾区、海南自由贸易区（港）和西部经济腹地创造了有利条件。在大通道建设方面，《指导意见》提出，要强化西部陆海新通道建设，建设具有国际竞争力的北部湾港口群，加快建设开放物流网络和跨境物流体系；在城市群建设方面，《指导意见》提出，要拓展区际互动合作，鼓励广西参加粤港澳大湾区建设和海南全面深化改革开放，推动东西部自由贸易区交流合作，加强协同开放，鼓励发展“飞地经济”，推动北部湾城市群互动发展。随着广西自由贸易区的获批，北部湾城市群将成为数不多的由两个自贸区组成的国家级城市群，更加开放的政策和更大的先行先试权限为北部湾港做大和拓展经济腹地创造了更加有利条件。

4. 建设中国（广西）自由贸易试验区

建立中国（广西）自由贸易试验区是新时代推进广西改革开放的战略举措，也是广西主动服务和融入国家重大战略、更好地服务对外开放总体战略布局的光荣使命。广西自贸区的获批建设将成为引领广西实现更高质量发展的“火车头”，同时也是推动广西深化改革的“加速器”，更是广西扩大开放的新高地。自贸区设立后，将给进出口贸易、金融综合改革、利率市场化、服务开放带来一系列契机。广西自贸区的建设，必将有效带动全区扩大开放步伐，推动深入实施更加积极主动的开放带动战略，不断深化以东盟为重点的对外开放合作，强力推进西部陆海新通道、面向东盟的金融开放门户等国家重点开放战略。广西应抓住自贸区的重大契机，积极培育新动能新优势，大力发展加工贸易、智慧物流、跨境电商等重点产业，构建立足东盟、面向全球的跨境电商产业园，积极融入西部陆海新通道建设，打造现代智慧物流枢纽；充分发挥对外开放平台作用，打造西部陆海新通道区域物流分拨中心、加工贸易产业集聚新高地。

5. 综合分析上述战略给广西带来的机遇

这些战略机遇将极大地推动广西经济发展方式由大进大出的低附加值的外向型经济向全面协调可持续发展的开放型经济转变，主要体现在以下三个方面：

一是有利于降低制度壁垒和提高生产要素流动的自由度，充分利用"两种资源"和"两个市场"，推进国际经济技术合作，不断提高贸易质量和科技含量，提升区域对外开放的整体功能，更好地结合外部力量促进经济社会持续健康发展。

二是有利于推动"一区一带"对外开放和产业转型升级，提升参与全球分工和竞争的层次，促进"一区一带"从国际加工装配基地向先进制造基地转变，积累基础之后再从制造中心向制造研发中心、服务贸易中心、物流中心转变。

三是有利于"一区一带"加强与周边国家的贸易、对外投资和资源开发，有利于"一区一带"人民币跨境结算和流通，便于国内企业用人民币对周边国家及地区直接投资和周边国家和地区用人民币收入清偿对我国的负债。

第二节　珠江—西江经济带经验对西部陆海新通道与产业融合发展的启示

一、创新体制机制，推进园区集群化、生态化发展

创新管理体制，探索建立精简、统一、高效、便民的跨区域协调管理机构。创新开发建设的投融资体制，探索政府引导、企业为主、市场运作的开发模式。建立合理的利益分享机制。通过确定合理的收益分享比例、飞地关系，双方互惠互利、成效双赢，最大限度地激发双方合作的积极性、主动性和创造性。鼓励优势企业到东部沿海甚至东南亚发展，建立域外"飞地经济"基地，加快"走出去"步伐，有利于北部湾经济区在经济发展竞争中争取主动，同时也可增强企业自身的竞争力。

（一）以市场化、专业化模式推进产业园区发展

自 2008 年以来，广西与云南、四川、贵州等省签署了"飞地园区"的协

议，但一直难以落地，其中的一个关键原因就是找不到政府与市场有效结合的模式。从宁波、广州两地的实践经验看，专业化园区运营商模式可以有效破解这个难题。专业化园区运营商的管理团队由运营、招商、工程和地产开发的专业人士组成，具备了政府平台公司所不具备的战略品牌能力、招商运营能力、资本（资源）运作能力、房地产开发能力，具有实现政府意图的理念和能力。专业化园区运营商模式可以解决两个长期困扰园区发展的问题：一是园区管委会和政府平台公司只要管好专业化园区运营商，不需要直接面对成百上千的企业，为精简机构、提高效率创造了条件；二是园区的开发建设由专业化园区运营商负责，企业以盈利为目标，按市场经济规则办事，会在一定程度上避免恶性竞争和产业同构化。为此，建议采取以下措施：

（1）选聘专业化园区运营商运营园中园。在北部湾工业园区中积极推行专业化园区运营商模式，划定专业区块通过政府购买服务的方式，面向全国公开选聘园区专业运营团队，由专业团队进行招商运营、企业培育、管理服务，通过每年设定园区建设发展目标对外包团队进行绩效考核，并根据绩效支付服务费；

（2）引入社会资本参与园区建设与管理。加大直接融资的比例和引导民间资本进入园区基础设施领域，鼓励社会资本与专业机构以 BT、BOT、BO、TOT、PPP、独资、合作等多种方式参与园区建设与管理；探索股份制园区建设，划定专业区块供客商投资土地开发以及基础设施建设。

（3）积极推动园区管委会向产业服务者转变。管委会负责园区内行政职能和社会职能，并调整领导体制，精简内设机构，实行扁平化管理和一站式服务。园区开发公司拥有园区内土地一级开发权，负责园区土地开发与建设，并鼓励社会资本和入园企业参股共同开发、分享收益。

（二）以集群化、生态化理念推进产业园区发展

从宁波—舟山港、广州港的经验来看，其货物（集装箱）来源主要是靠直接经济腹地支撑，所占比重为 70%～80%；宁波—舟山港跨省海铁联运走在全国前列，总量也不过 60 万标准箱，占其港口集装箱吞吐总量的 3% 不到，广州港占比更少，不到 1%。从北部湾的要素禀赋看，加强直接腹地经济支撑的着力点只能是临港产业，我们判断，在东部沿海地区发展受限和北部湾区位优势进一步凸显的双重作用下，石化、钢铁等临港产业将进一步聚集。当前的关键是要解决临港产业的发展方式、环保安全以及与城市兼容发展等问题。为此，建议采取以下措施：

（1）促进临港产业集群化发展。实施园区整合计划，大力推动园区布局

由分散式向集约式转变，围绕产业链、价值链精准招商，全力引进一批能够建链、延链、补链、强链的项目，促进产业集群发展。

（2）倒逼园区内产业转型升级。全面推进"亩产论英雄"园区招商改革，着重做好存量土地挖掘文章，采取企业自行二次开发或者政府回收再开发等方式对园区内产业层次低、用地效益差的土地进行二次开发。

（3）加强临港产业的科学规划。用生态化的理念科学规划临港产业，避免宁波镇海区"产进城退"现象的再次上演。在科学规划、留足足够安全距离的基础上，以延长资源再生利用链为主线，调整完善产业布局和产品结构，建设一批生态工业园区。

二、依托自贸平台，推进"市场侧"营商环境提升

营商环境包括政务环境和市场环境，当前广西更多地强调政务环境的改善，更多地强调短期内要快速取得成效，而对市场环境的提升关注不足，这恰恰是广西最大的短板。做好这项长期系统工程必须一以贯之、久久为功，要抓住建设广西自贸区的良机，大力发展航运服务、保税物流、贸易金融等现代服务业，在金融业、物流业、管理咨询业及公共服务等领域加强合作。推动粤港澳大湾区金融保险、物流服务、信息服务、设计咨询、教育培训等产业与两广其他区域制造业对接，构建"粤港澳现代服务业+广西制造业"的产业链。积极服务人民币国际化战略，打造面向东盟的金融开放门户。

（一）深化与粤港澳金融合作创新

鼓励合规的粤港澳金融机构入桂，开展信贷、风投、担保、信托等多种业务。鼓励粤港澳大型企业集团参与发起设立新型金融机构或组织，在注册资本金、机构设立、行政审批、营业选址等具体操作方面提供更多的便利和优惠政策。鼓励粤港澳银行参与重组广西地方金融机构，鼓励粤港澳金融机构和企业参股广西区内的股份制商业银行、城市商业银行以及新型农村金融机构，推动涵盖多个层次的广西金融服务机构体系建设。继续加强两地在金融业务、跨境贸易人民币结算、技术、管理和人才等方面的交流，学习香港跨境贸易人民币结算和个人本外币兑换等特许业务经验，推进两地金融行业从业人员培训方面的合作和相关资格互认进程。支持广西金融机构进入粤港澳设立分支机构或办事处，支持广西的企业到香港上市融资以及设立公司或者分支机构。

（二）打造完善的国际化物流网络

重点引进国际知名物流企业、第三方物流企业，集聚一批拥有全球经营网络和供应链管理理念的物流服务供应商，发展面向东南亚、辐射我国西北西南中南的国际采购、国际直销、国际配送、国际中转和集拼分拨等物流业务。以南宁综合保税区、钦州保税港区、北海综合保税区为重点，推动基于自由贸易保税通道的多式联运和全程物流的发展，推动港口物流产业向中转服务、保税中转、全球分拨、高端商品仓储、保税展销等价值链高端发展，建设面向西南的跨境电商保税备货仓和面向东盟的出口产品海外仓。协助进区企业不断创造新的业务模式，与跨国公司结成全面的战略合作伙伴关系，形成保税区和港口良性互动发展局面，共同提升客户价值，实现整个区域的规模经济环境。

（三）加快建设航运服务业集聚区

积极引进中国远洋、太平船务等世界知名船公司及船代，鼓励其在北部湾设立代表处；大力引进国际资本、先进技术和管理经验，与船公司联合建立船公司专用码头，引进专业性的港口作业服务企业与班轮公司联合经营。重点发展航运经纪与代理、船舶代理与管理等专业服务，以及航运金融、航运保险、海事仲裁、海事法律、航运教育与培训等高端航运服务业。与新加坡、粤港澳等国家和地区的知名航运服务企业建立联合体，通过合作引进先进理念、管理要素，通晓规则差异，在北部湾建立新加坡、中国香港转口贸易飞地和服务贸易合作基地。与新加坡、粤港澳建立航运金融、物流人才培训、服务贸易法律服务、跨境电商等服务贸易合作平台。

（四）加强管理咨询与公共服务合作

发挥粤港澳在管理咨询方面的优势，促进广西现代服务业的发展，助推广西产业转型升级。大力引进香港专业管理咨询公司和专业技术人才，鼓励本土企业与港企以合资、合作方式组建跨越广西与粤港澳的管理咨询机构。建立管理咨询行业协会，设立管理咨询业发展基金，为广西与粤港澳管理咨询业的合作对接提供保障。加快广西公共服务领域的市场化改革，在自来水、电力以及公共交通等行业，以合同外包、特许经营权、合作、租赁等方式引进港资，打破原有的垄断服务，提高公共服务供给效率。注重与香港公共服务供应者的沟通交流，搭建广西与香港服务企业交流平台，积极借鉴香港公共服务改革经验，尤其是在公共交通服务领域，通过设立专营权，实现运营企业自负盈亏的模式。

三、走"城市、产业、市场"三位一体发展路径

（一）城市——增长极驱动

城市经济是一种集聚经济，集聚经济可获得效率的提高和成本的降低。因集聚而产生的正外部效应相当于为产业发展建立一个平台：企业通过这个平台

可以共享基础设施等公共产品，可以共享辅助行业的相关供应，可以共享公共服务、市场信息、创新扩散和劳动力培训等。新时代、新常态下，我国经济已经进入高质量发展阶段，大城市的战略地位突出体现为产业转型升级中的带动作用。众所周知，高端要素是构建知识密集型高技术产业的基础，因此产业升级本身是一个高端要素不断集聚提升的过程。大城市不仅高度集聚着人口、生产、消费、资本等基本经济要素，而且集聚着更多的人才、技术、信息、知识等高端要素，并由此产生强大的规模效应和创新能力，具有小城市无法比拟的能量。

可见，"一区一带"要实现高质量发展和新旧动能的顺利转换必须实施中心城市战略，从而破解城市"吸引力弱、支撑不足"的困境。改变过去"撒胡椒粉"的做法，重点建设城市定位明确、发展基础好、发展潜力大的中心城市，形成错位发展、分工协作的城市群，增强城市对人才的吸引力、对产业的支撑能力和对经济的驱动力。

（二）产业——集群式嵌入

在当前企业轻资产化的趋势下，产业的根植性①越来越弱，本地或承接的产业转走的可能性提高。产业根植性的影响因素有社会资本、人力资本和产业配套。当前，广西承接的制造业大多是简单加工和组装的低附加值产业，由于缺乏社会资本、人力资本和产业配套，随着劳动力等生产成本的上升，再次转移的可能性越来越大。对比北海的电子信息产业，桂林电子信息产业的根植性要强很多，这是因为桂林有相关的高校和科研机构，有专业人才支撑，做的是产品（零部件），而不是简单组装加工。组装加工企业往往不自建厂房，通过租借标准厂房模式组织生产，轻资产化的趋势非常明显，一旦有"风吹草动"，随时可以转走。当前北海、南宁电子信息产业遇到的产业转移问题很好地说明了这个问题。

因此，要破解产业"双向挤压、腹背受敌"的困境，必须走中高端路线，一是由过去"承接加工组装产业"向"吸引关键零部件企业投资"升级；二是推动具有一定规模和竞争力的产业集群嵌入大湾区价值链、供应链和创新链；三是以中国（广西）自由贸易区和海南自由贸易区（港）为龙头，依托西部陆海新通道沿线产业集群构建国际化的产业链、价值链和供应链。

（三）市场——一体化发展

粤港澳大湾区建设将促进当地文旅消费升级，其溢出效应将带动广西旅游

---

① 产业的根植性即产业深深扎根于当地的经济社会当中。

产业、健康产业、生态产业的快速发展。《纲要》提出要构建文化历史、休闲度假、养生保健、邮轮游艇等多元旅游产品体系，建设粤港澳大湾区世界级旅游目的地。推动香港、广州、深圳国际邮轮港建设，增加国际班轮航线；逐步简化及放宽内地邮轮旅客的证件安排；研究探索内地邮轮旅客以过境方式赴港参与全部邮轮航程等一系列利好政策将促进大湾区的文化旅游消费升级。从未来的趋势看，粤港澳大湾区将以澳门博彩业、香港邮轮游艇业为"引擎"，开发相关的多元化文旅产品，推动文化历史、休闲度假、养生保健、邮轮游艇、酒店餐饮相关产业的升级、转型打造世界旅游休闲中心。

可见，必须以市场需求为导向，围绕粤港澳大湾区建设、海南全面深化改革和西部陆海新通道建设，满足大湾区消费升级需求以及国际旅游岛、陆海新通道对现代服务业的需求，推进"生产、生态、生活"三"生"融合，大力发展健康产业、旅游产业、生态环保产业、现代物流业及外延产业，把"一区一带"建设成为粤港澳大湾区世界级旅游目的地、世界旅游休闲中心的延伸区，粤港澳大湾区居民的"后花园""疗养院"和"度假区"。

本章小结

本节首先分析了珠江—西江经济带产业融合发展的经验，近年来，广西对外开放的水平明显提高，但总体上看开放型经济仍然发展滞后，与沿海地区相比差距很大，也远低于全国平均水平。当前，广西发展已站在一个新的历史起点上，不仅面临着粤港澳大湾区建设、海南全面深化改革开放、新时代推进西部大开发形成新格局、中国（广西）自由贸易区建设等国内重大机遇，而且也面临着国家建设海上丝绸之路、打造中国—东盟自由贸易区升级版、国际陆海贸易新通道等国际重大机遇，国家把区际互动合作和协同发展放在了更加突出的位置，为"一区一带"借力发展创造了条件，为广西解决发展问题、突破发展困局带来了契机。其次，分析了珠江—西江经济带对西部陆海新通道与产业融合发展的启示。一是要创新体制机制，推进园区集群化、生态化发展。即应当以市场化、专业化模式推进产业园区发展，以集群化、生态化理念推进产业园区发展。二是依托自贸平台，推进"市场侧"营商环境提升。营商环境包括政务环境和市场环境，当前广西更多地强调政务环境的改善，更多地强调短期内要快速取得成效，而对市场环境的提升关注不足，这恰恰是广西最大的短板。做好这项长期系统工程必须一以贯之、久久为功，要抓住建设广西自贸区的良机，大力发展航运服务、保税物流、贸易金融等现代服务业，在金融业、物流业、管理咨询业及公共服务等领域加强合作。推动粤港澳大湾区金融保险、物流服务、信息服务、设计咨询、教育培训等产业与两广其他区域制造业对接，构建"粤港澳现代服务业+广西制造业"的产业链。积极服务人民币国际化战略，打造面向东盟的金融开放门户。三是要走"城市、产业、市场"三位一体发展路径。要破解产业"双向挤压、腹背受敌"的困境，必须走中高端路线，一是由过去"承接加工组装产业"向"吸引关键零部件企业投资"升级；二是推动具有一定规模和竞争力的产业集群嵌入大湾区价值链、供应链和创新链；三是以中国（广西）自由贸易区和海南自由贸易区（港）为龙头，依托西部陆海新通道沿线产业集群构建国际化的产业链、价值链和供应链。

第二十章　长江经济带与产业融合发展

长江是我国第一大河、世界第三大河，发源于青海省唐古拉山脉主峰各拉丹冬雪山。长江支流众多，其中，流域面积 1 万平方公里以上的支流有 45 条，8 万平方公里以上的一级支流有 8 条，重要湖泊有太湖、巢湖、洞庭湖、鄱阳湖等。长江流域，是指长江干流和支流流经的广大区域，共涉及 19 个省（区、市）。长江流域土地面积约 180 万平方公里，占全国的 18.8%。长江经济带覆盖上海、江苏、贵州、云南等 11 个省（区、市），面积约 205.23 万平方公里，占全国的 21.4%。2021 年，长江经济带总人口约 5.99 亿人，占全国的42.9%。其中，下游地区约 2.25 亿人，占长江经济带的 37.6%；中游地区约1.75 亿人，占 29.2%；上游地区约 1.99 亿人，占 33.2%。长江经济带地区生产总值约 40.3 万亿元，占全国的 44.1%。其中，下游地区约 21.15 万亿元，占长江经济带的 52%；中游地区约 9.78 万亿元，占 24.3%；上游地区约 9.37万亿元，占 23.3%。

第一节　长江经济带产业融合发展的经验

一、长江经济带发展现状

（一）产业结构进一步优化

长江经济带于 2019 年对自身的产业结构作了深层次的改进和优化，三产结构平均值大为改观，在以往 8.1∶40.6∶51.1 的基础上进行了适当调整，变成了后来的 7.8∶38.8∶53.5；通过这次调整后，第一、二产业所占的比例都有所降低，第三产业所占的比例则有所增长，增幅为 2.4%。就地区而言，浙、湘两省分别对第二产业、第一产业的比重进行了上调，其余各地都有所下滑，与此同时，各地都上调了第三产业的比重。上海更是将这一比重上调到了 70%以上，这是有史以来的第一次；而皖、鄂、贵、云四个省份也第一次将第三产业的比重上调到了50%以上。

产业结构对比方面，在上海，第三产业的产值占比最高，第二产业所占的比重低于30%，比第一产业少了45.7%，第一产业所占的比重甚微，当地的服务型经济占主导地位；浙江、重庆的产业结构也表现出显著的"三、二、一"特点，其中，第一产业所占的比重低于7%，第三产业则比第二产业超出10%以上；苏、赣两地的产业结构又稍有不同，第二、三产业的占比并无太大差异，服务业和工业齐头并进；皖、鄂两地正在对产业结构进行调整，从以往的服务业与工业齐头并进的格局逐渐往"三、二、一"的格局转型；湖南、四川、贵州、云南的第一产业比重均在10%左右，第二产业比重不足40%，第三产业占比又远远超过第二产业，产业体系中的农业仍占据一定地位，服务业增长较快，工业制造业等实体经济日渐式微。

（二）服务业发展势头强劲

2019年，长江经济带服务业增加值超过24万亿元，增速达7.8%，占GDP比重接近54%，成为拉动区域经济发展的主要产业部门。除江西、湖北两省，其他9省（区、市）的服务业产值都占据了地区生产总值的半壁江山。苏、浙两省的服务业发展最为活跃，对地区生产总值做出了卓越的贡献，贡献率分别达到147.9%、112.9%，贵州、重庆的服务业对地区生产总值的贡献率最低，仅为28.2%、35.0%。

服务业重点行业发展情况地区差异较大。2019年，上海服务业表现最为突出的当属信息传输、软件、信息技术服务业，其增长速度高达20%左右；金融业在服务业中的占比最重，其增加值一度跃升至6 600.6亿元，增长速度高达11.6%。在江苏省，金融、交通仓储、邮政等的行业增速显著，增长最快的是互联网及其有关的服务业；在浙江省，"三新"经济的增长最为迅猛，对地区生产总值的占比高达25.7%，这里所说"三新"指的是新产业、新业态、新模式；数字经济核心产业也呈现出强劲的增长态势，增加值高达6 229亿元，较之上年有了显著增长，增幅高达14.5%。在安徽省，互联网信息技术、商务服务等成为当地最主要的新兴产业，其收入增长高达20.9%，对当地经济的增长起到了有力的带动作用。江西省2019年的邮电业务总量高达3 068.6亿元，比2018年增长71.8%，是服务业中增长最快的产业门类；湖北、湖南的信息传输、软件和信息技术服务业增长较快，贵州的数字经济产业在2019年高达22.1%，增速连续5年领跑全国。重庆的房地产业增速放缓，全年增速降至2.7%，金融服务业增速最快，达8.0%；云南、四川的交通运输和旅游业的增长速度依旧保持在两位数以上。

2019 年，长江经济带各省市的工业经济发展均有所好转。上海规模以上工业增加值增速达到 3.3%，比 2018 年多出 1.4 个百分点，全年六个重点工业行业完成工业总产值 23 279.15 亿元，比上年增长 0.1%，占全市规模以上工业总产值的比重为 67.6%；江苏的装备制造业增加值比上年增长 6.0%，对规模以上工业增加值的增长作出了巨大贡献，贡献率为 46.5%，其中先进制造业的表现最为突出，增加值均实现 10% 以上的增长；浙江 17 个传统制造业增加值增长 6.4%，平板电脑、3D 打印设备、光纤、城市轨道车辆、太阳能电池、工业机器人等先进工业产品产量快速增长；安徽省也有突出的表现，总共 40 个工业大类中，增加值持续上扬的行业达 35 个，其中，化学原料、汽车制造、电气机械等行业都表现出高速增长的势头；江西规模以上轻工业增长 4.3%，重工业增长 10.6%，38 个工业大类行业中的 26 个大类行业增加值都是有所增长的，增长面达到了 68.4%，有 11 个行业的增长超过了 10%；湖北 2019 年规模以上工业增加值增速提升 0.7 个百分点，其中高技术制造业增长 14.4%，快于规模以上工业 6.6 个百分点，占规模以上工业增加值的比重达 9.5%，对规模以上工业增长的贡献率达 17.0%；湖南规模以上工业增加值占地区生产总值的比重、工业对地区经济增长的贡献率均有上升，其中六大高耗能行业都有显著增长，增幅为 5.4%；重庆也有不错的表现，规模以上工业增加值较上年增长 6.2%，电子、装备、化工、医药、材料、能源等工业门类均呈现快速上升态势；四川规模以上工业 41 个行业大类中有 37 个行业增加值增长，其中石油和天然气开采，计算机、通信和其他电子设备制造业，铁路、船舶、航空航天和其他运输设备制造三大行业增速最快；贵州 19 个重点监测的行业中，12 个行业增加值保持增长。其中，黑色金属冶炼和压延加工业、有色金属冶炼和压延加工业、煤炭开采和洗选业增幅均在 18% 以上，是增长最快的三个产业部门；云南规模以上工业增加值增长 400 亿元，但增速放缓 3.7 个百分点，其中电力、热力生产和供应业、非金属矿物制品业、黑色金属冶炼及压延加工业等实现较快增长。

（三）战略性新兴产业加速成长

长江经济带于 2019 年加重了对战略性新兴产业的投入，实现增加值平均增速 11.2%，高于全国（8.4%）增速达 2.8 个百分点。上海战略性新兴产业增加值占地区生产总值的比重为 16.1%，比上年提高 0.4 个百分点，其中工业增长 3.3%，服务业增长 13.3%；江苏战略性新兴产业产值与上一年度相比也有显著的增长，增幅高达 7.6%，在规模以上工业总产值中的占比为 32.8%，与上一年度相比，上升了 0.8%；浙江省主打"三新"产业的发展，此类产业的经济增加值在地区生产总值中的占比达到了 25.7%；数字经济核心产业也取得了突飞猛进的发展，增加值跃升到 6 229 亿元，比上年增长 14.5%；安徽七大战略性新兴产业增幅均在 10% 以上，24 个战略性新兴产业集聚发展基地产值平均增长 13.6%；江西战略性新兴产业增加值增长 11.4%，高于全省平均 2.9 个百分点，占比为 21.2%，比上年提高 4.1 个百分点，其中电子信息制造等行业实现快速增长；湖北战略性新兴产业实现 10% 的增长。其中，锂电池等之类的电子信息产品的产量大幅增加；湖南战略性新兴产业增加值增长 9.9%，占地区生产总值的比重为 8.6%，其中高加工度工业和高技术制造业增加值分别增长 13.1% 和 16.3%，装备制造业增加值增长 14.1%，占规模以上工业的比重达 30.5%，机械制造行业继续表现出色；重庆地区发展得最好的是新一代信息技术、生物医药、新材料、高端装备制造这几个产业，分别增长 16.0%、7.9%、10.3% 和 7.8%。四川高技术制造业增加值增长 11.7%，铁路、船舶、航空航天等高端装备制造业增幅明显；贵州近五年的战略性新兴产业年均增长都在 13% 以上，总产值近 6 000 亿元，以新一代电子信息技术为主导的战略性新兴产业占比份额年均增长 15% 以上；云南主打现代生物产业，在各种光电子基础材料方面形成了巨大的优势，军工领域光电子技术也取得了长足的发展和进步，2019 年实现战略性新产业增加值增速 13.3%，占地区生产总值比重提高 10% 以上。

二、长江经济带与产业融合发展的主要举措

大力发展码头建设项目，为港口业务提供助力，实现资本的深化合作，长江港口走向"大联盟时代"。自 2001 年起，上港集团就着手布局"长江战略"，与重庆、武汉、长沙、芜湖、南京、扬州、九江等长江经济带中心城市签订了战略合作框架协议，与当地的港航企业合资组建了集装箱码头、物流、航运等企业，航线覆盖长江经济带重要港口，将长江流域的散货通过分散在长江流域的子公司供给到上海港，形成了分工合作、优势互补的港口格局。2009 年、2012 年上海海关与洋山海关、重庆港与宜宾港先后开展了"水水中转"的试点活动。"水水中转"模式推动了物流"集疏运"一体化，促进了港口联运的市场一体化合作，减少了港口企业在争夺深水港上的恶性竞争。

（一）积极推进省际合作，有力有序做好统筹协调工作

通过建立会议机制推进省际合作，如建立长三角城市经济协调会、长江沿岸中心城市经济协调会等；通过签署合作协议推进省际合作，先后签署了《关于推进川渝合作、共建成渝经济区的协议》等一系列合作协议；通过举办

论坛、研讨会加强政学商各界的交流沟通，凝聚协调发展共识，如举办了"长江论坛""长江经济带战略高峰论坛"等形式多样的论坛及研讨会。另外，还在产业合作、市场一体化、生态环境保护等方面探索合作新机制与新模式。长江经济带发展战略的顶层设计、中层设计现已初步实现，夯实了其战略发展的必要基石。党中央、国务院于2016年5月颁布的《长江经济带发展规划纲要》为长江经济带的高速发展提供了科学有效的行动指南。依据该纲要，一批专项规划陆续印发实施，如岸线保护和开发利用、综合立体交通走廊等，沿江省市实施规划基本编制完成，支持政策体系逐步完善。建立了长江经济带省际协商合作机制，该机制由长江经济带领导小组办公室牵头，沿江11省（区、市）参加。另外，长江经济带"1+3"省际协商合作机制、下游四省（区、市）党政会晤机制等一批合作机制先后建立并有效运行。

（二）有序推进产业转移，积极培育新动能

长江沿江开发过程中形成了跨江联合开发模式，江阴、靖江整合两地资源（特别是长江岸线资源），以江阴—靖江工业园区为依托，第一次破除了行政区的限制，为我国跨江联合开发提供了有益的示范；长江中上游地区的湖北黄梅—江西九江等多个工业园区都在加大力度对跨江合作进行一系列有益的摸索和尝试。"飞地经济"模式以异地产业园为依托，采用税收分成等机制，实现互补共赢发展。苏南五市引进这种飞地模式与苏北五市进行无缝对接，达到了南北合作的良好效果；安徽省也通过这种飞地模式来实现沪苏浙产业的有序转移；湖北建立了武汉—洪湖等飞地经济区；长江中游的江西、湖南也相继出台"飞地经济"发展指导意见。2016年以来，长江经济带积极培育新动能。加快上海科技创新中心的建设速度，将上海等地的全面创新改革试验不断向全国各地推进，对包括海洋工程总装研发设计等在内的国家工程实验室建设提供大力扶持。加速进行产业转型与升级，以重庆、武汉等地区为中心，加速发展新一代信息技术产业；武汉光谷的电子产业发展现已结出累累硕果；对外开放水平得到了显著提高，上海自贸区试点也有了一系列的进展。

第一，持续做好产业有序转移接续。对《长江经济带创新驱动产业转型升级方案》《长江经济带产业转移指南》的落实情况进行阶段性评估，找准关键问题或难点，由国家层面统筹协调产业空间布局，做到有扶有控、分类指导，缓解上海产业布局过重压力，发挥南京、武汉、重庆、成都等承载重要产业布局的重要作用。基于区域一体化背景下城市群联动、企业结盟、联合建园、飞地经济等跨界跨域发展所带来的巨大市场潜力与流动空间，用区域市场大循环有效带动两大循环的双向互动。支持企业通过援建、托管、股份合作、招商合作等模式，建立跨区域产业发展协作平台与产业联盟。鼓励总部、研发、生产分离模式，促进上中下游城市协同发展。

第二，突出协同创新生态体系建设。充分发挥上海、合肥综合性国家科学中心的撬动作用，大力推进创新型城市以及制造业联合创新中心建设，对于突破"卡脖子"的重大科研任务和关键性技术，开展长期、稳定的联合攻关，着力实现产业基础高级化。鼓励长江经济带与沿海经济带在科研院所合作、科技成果转化、产业集群建设等方面加强联系，实现优势互补。在环保合规、技术可控并符合产业发展需求的前提下，长江中上游城市可以有选择地接受部分沿海经济带的产业转移。长江经济带沿线应加强人才服务、信息认证等方面的合作，并尝试利用大数据、互联网等手段建立长江经济带人力资源市场，推行人才资源互认共享、社保一体化等实质性政策，并建立基于"创新资源"合作的跨区域人才联合培养机制。构建线上线下结合的技术标准与知识产权交易市场，积极组建长江经济带智库联盟，为长江经济带沿线的技术流动、知识产权和科技金融服务提供平台，切实推动创新链与产业链、人才链的有机融合。

第三，积极推动产业绿色转型升级。一是以推动传统产业转型和战略性新兴产业发展为目标，以提高绿色环保技术自主创新能力为突破口，以沿江开发区和产业园区为载体，鼓励企业开发绿色产品、建设绿色工厂、打造绿色园区、完善绿色供应链，并进一步强化环保法律法规和行业标准约束。二是充分发挥长三角生态绿色一体化发展示范区的示范作用，点面结合、系统治理，努力探索生态环保领域的产融发展之路，为践行和推广"两山理论"提供实践样板。三是立足区域功能定位，坚持以产业绿色化、集聚化、高级化发展为导向，以数字经济和能源革命为依托，有效落实负面清单和产业结构调整目录，积极改造提升传统产业，发展壮大战略性新兴产业，加快发展现代服务业，大力发展特色效益农业和生态旅游业，打造多极支撑的绿色产业体系。

第四，加强全流域产业链分工协作。紧紧把握第四次科技革命与产业变革所带来的新经济、新基建、新投资、新消费等重大历史机遇，紧紧瞄准5G基础上的物联网、人工智能、石墨烯新材料、量子技术、基因工程等前沿（未来）产业科技领域，加强上中下游产业分工协作和主导产业集群互嵌衔接。在长三角、成渝地区双城经济圈等地区重点打造一批空间上高度集聚、上下游紧密协同、供应链高效集聚，规模大、效益好的新型产业链集群。鼓励下游区域依托技术和产业优势，瞄准国际先进产业发展，积极参与全球经济竞争。促进中上游区域积极承接下游区域产业转移，留住产业链关键环节，促进产业转型升级和高质量发展。淡化区域指向、强调功能聚合，在长江经济带重点产业集群中应重点围绕集成电路、人工智能、高端装备等优势产业，加强窗口指导与配套服务，培育更多的高科技服务业领军企业。

第五，切实完善园区协同发展机制。推进园区环境保护、招商引资、信息服务和监管执法等方面的标准化工作，统一准入门槛和服务细则，实现战略联动与规划协同。推进毗邻园区、重点地区深度对接，探索"圈层梯度、一区多园"模式。推广北京中关村、上海张江、武汉东湖的"1+N"管理体制，以龙头城市带动、整合沿线其他城市的高新技术产业资源，使沿线各地高效享受科技产业协同的政策红利。不断完善"长江流域园区合作联盟"等创新合作机制，扩容"G60科创走廊"，更好地发挥其引领辐射作用。积极打造数字化、一体化园区，推动长江经济带园区的各类创新政策"跨区通兑"，引领、动员各类主体拓展多样化合作，推动营业执照和工业产品生产许可证等"全流域通办"。

（三）构建高质量综合立体交通走廊

一是加快快速通道建设。进一步加快横贯东西、纵穿南北的高速公路和铁路客运专线等快速通道建设，满足其不断增长的客货运需求。其中长三角要在开工建设新路线的同时，重点对不能满足需求的路线进行改扩建，扩大其通过能力；中上游地区要在重点建设中心城市综合交通枢纽的同时，加大对老少边穷地区的交通投资建设力度，特别是对具有生态文化旅游价值的地区开辟多种形式的交通运输方式。沪昆高铁贵昆段等的投入运营大幅提高了我国的综合交通网络建设水平。

二是快速发展航空运输业。在长江经济带各省市新建一批中小型机场，满足其出行、旅游、对外交往的需要；重点是改扩建省会机场，增加其旅客和货物吞吐量，把武汉、重庆、成都、昆明、长沙、南京打造成为全省或跨省市的区域性机场，每年开通几条国际航线；那些地理位置较偏远但人口比较多，或者自然资源特别丰富的地区也要成为建设的重点。加快中心城市轨道交通建设和大城市之间的城际铁路建设步伐。人口超过500万的特大城市都要规划城市轨道建设。对于相距不远、经济联系密切的城市之间则要加快城际铁路建设。

三是积极推进航道畅通在长江干线航道系统治理方面，不断提升黄金水道功能。2016年以来，积极推进南京以下12.5米深水航道二期工程建设；在枢纽互通建设方面，宁波—舟山港一体化改革全面完成，上海港洋山四期基本建成，积极推进江苏南京以下区域港口一体化改革试点工作；在江海联通方面，在小洋山北侧，上海与浙江两省市共同出资建设江海联运码头，推进江海直达运输系统建设，加快建设上海国际航运中心。

（四）着力打造绿色生态廊道

一是在环境联防联治、生态补偿的基础上构建一个科学的生态环境保护合作机制；充分运用成立组织、建立机制、编制规划、签署协议等方式推进长江经济带环境联防联治。如成立了长江上游水土保持委员会，构建了长三角区域大气污染防治协作机制等一系列的合作机制，编制了《长江中下游流域水污染防治规划（2011—2015年）》，签署了《长江流域环境联防联治合作协议》，这些举措大幅提高了长江经济带环境联防联治能力。在生态补偿方面，全国首个跨省流域生态补偿机制试点在新安江流域启动，浙江、安徽以出境水质达标与否为条件作出如下约定：如果安徽省能做到出境水质达标，则浙江省每年为其提供1亿元的补偿；反之，则安徽省每年补偿浙江省1亿元。经过多年保护，新安江水质的改善效果显著。

二是积极开展生态环保专项行动。2016年以来，积极开展生态环境保护专项行动，研究建立监管长效机制，解决长江经济带生态环境保护的突出问题。开展"共抓大保护"中突出问题专项检查，先后开展沿江非法码头、非法采砂专项整治和"回头看"工作、长江经济带长江入河排污口监督检查、化工污染整治等专项行动，通过省市自查、交叉检查、重点复查，并协同开展整改工作，有效缓解或解决了生态环境方面20多个主要问题，强化了生态优先、绿色发展理念。长效机制得到了初步构建。长江经济带在全国率先划定并严守生态保护红线，11个沿江省市先后开展并顺利完成了水功能区限制纳污、用水效率控制、水资源开发利用控制等三项红线指标的分解落实工作，具体分解到市、县两级。加强生态环境保护重大工程实施。加强石漠化治理、湿地保护、天然林保护、防护林建设、退耕还林还草，推进水环境治理、水生态修复、水资源保护等工程建设，实施重要湿地保护和修复工程。引江济淮等重大水利工程开工建设。组织实施中华鲟、长江江豚拯救行动。

（五）推动通关和检验检疫一体化

2014年9月22日，长江经济带开始全面推行通关一体化改革，第一阶段，由上海、江苏、浙江、安徽三省一市的5个海关建立统一的专业审单平台、风险防控平台和现场接单平台；第二阶段，2014年12月1日，通关一体化改革再扩展至长江中上游地区的7个海关，海关区域通关一体化改革正式在长江经济带12个海关全部推行，形成涵盖长江经济带的"全长廊"。通关一体化让企业无论在上述12个海关的哪一关办理手续，都能享受到同样的待遇和标准，实现了"多地通关，如同一关"，无须在各个海关之间因为"手续和盖章"而奔波。长江经济带的 12 个海关在通关上融合为了"一个海关"。通过建立统一的申报平台、专业审单平台、风险防控平台、通关作业平台，实现企业自主选择申报地点、自主选择查验方式、自主选择通关模式，降低了通关门槛，减少了通关环节，节约了通关成本，提高了通关效率。比如，在一体化模式下，监管场所和海关数据联网的口岸货物可在属地海关放行当天进港，企业无须再到口岸海关办理二次放行手续，通关成本、通关效率大幅降低。《国务院关于加快长江等内河水运发展的意见》提出，"2020 年，全国内河水运货运量达到 30 亿吨以上，建成 1.9 公里国家高等级航道，长江干线航道得到系统治理，成为综合运输体系的骨干、对外开放的通道和优势产业集聚的依托。长江等内河主要港口和部分地区重要港口建成规模化、专业化、现代化港区。运输船舶实现标准化、大型化，长江干线运输船舶平均吨位超过 2 000 吨"。以上海港为代表的长江下游港口通过与中上游港口合资共建码头等，推动港口业务、资本等不同层次的合作，长江港口走向"大联盟时代"。自 2001 年起，上港集团就着手布局"长江战略"，与重庆、武汉、长沙、芜湖、南京、扬州、九江等长江经济带中心城市签订了战略合作框架协议，与当地的港航企业合资组建了集装箱码头、物流、航运等企业，航线覆盖长江经济带重要港口，将长江流域的散货通过分散在长江流域的子公司供给到上海港，形成了分工合作、优势互补的港口格局。2009 年上海海关在洋山海关启动"水水中转"模式试点，2012 年长江上游的重庆港与宜宾港也启动了"水水中转"业务，"水水中转"模式推动了物流"集疏运"一体化，促进了港口联运的市场一体化合作，减少了港口企业在争夺深水港上的恶性竞争。

第二节　长江经济带经验对西部陆海新通道与产业融合发展的启示

一、实施立体化交通运输体系推动产业融合发展

第一，确保交通网络的通达能力得到有效提高。一是保证干线航道畅通无阻的同时对支线航运网络加以改进和完善，对港口的功能加以改进和优化，将黄金水道应有的功能充分发挥出来。二是对区域铁路网加以改进，使之更趋完善，尽快做好沿江高速铁路的建设，将铁路货运的作用充分利用起来，使之与黄金水道在功能上取长补短，保证二者的顺畅衔接。三是对区域公路网加以改进和完善，尽快做好省际待贯通路段的建设工作，对高速公路拥堵路段进行扩

容改造，对过江通道进行统筹管理，对公路运输网络加以改进，使之变得更加优化，将西部陆海新通道的覆盖范围进一步扩大。

第二，确保我国城市交通一体化水平提升到更高层次。要加大发展西部陆海新通道高质量一体化的力度，为沿线交通的协同发展提供助力，大力统筹经济圈的交通发展，助力城市群交通建设不断向前挺进，做好"四网融合"工作，将干线铁路、城际铁路、市域（郊）铁路、城市轨道交通有机融于一体，在城市群内部的中心城市之间、中心城市与周边城市之间构建一个快速通达网络，将通达时间缩短到1~2小时。

第三，建立一个高质量的对外开放运输体系。将西部陆海新通道的区位优势发挥到极致，使长江通关更加便捷高效，成功建立一个高水平、高质量的对外开放运输体系。

第四，打造一个全方位的综合交通枢纽工程。将区域经济布局、人口分布、国土开发等多种因素结合起来考虑，进行统筹管理，对枢纽的功能布局加以改进和优化，加速推动客运、货运枢纽不断往链条化、网络化的方向挺进，使旅客的换乘效率、货物的接驳换装效率得到进一步的提高，构建一个完善的、科学的区域综合交通枢纽网络，确保该网络布局的科学性、功能的完善性、衔接的顺畅性。

第五，确保综合运输服务水平得到有效提高。严格坚持市场导向，对旅客联程联运加以改进和优化，使区际快速运输质量得到有效提高，使城际公交更加便捷，推动城乡客运服务不断往一体化的方向挺进，使旅客联程联运水平更上一个台阶。在货运方面推行多式联运，加大铁水联运的发展力度，进一步开拓江海联运功能，制定一个科学的技术标准体系，并不断加以健全，针对多式联运培育出相应的组织主体。

第六，全面推行绿色环保的交通运输。在综合交通运输的全过程中贯彻生态优先、绿色发展的科学思想，对重点领域做好污染防治工作，构建一个节约的、环保的交通网络，确保交通运输发展的可持续性。

二、坚持规划引领，做好顶层设计

坚持规划引领是长江经济带高质量发展的重要举措。如国家开发银行在金融服务方面做好顶层设计，以"融智、融资、融制"服务地方政府，编制完成10余项长江经济带重点领域融资规划，统筹资金供需平衡，设计重大项目融资方案。由此，珠江—西江经济带应在贯彻落实《珠江—西江经济带发展规划》的同时，主动对接粤港澳大湾区规划，按照新形势、新要求调整完善规划内容。要对实现既定目标制定明确的时间表、路线图，加快对接进程。同时，借鉴长江经济带经验，进一步发挥金融机构的优势和作用，推动高质量发展体现金融担当，密切跟踪专项规划编制情况，适时提供融资规划，主动为珠江—西江经济带建设设计重大项目融资方案，助力珠江—西江经济带发展。

一是建立产业发展跨区域协调机制。尽管渝、桂、黔、陇四省（区、市）已签署《关于合作共建中新互联互通示范项目南向通道的框架协议》，并与内蒙古、四川、云南、青海和新疆共同提出了南向通道建设的"重庆倡议"，且南向通道已正式进入西部陆海新通道建设阶段，但西部陆海新通道沿线东盟国家和桂黔陇等沿线省区尚未进入中新（重庆）两国三级纵向合作机制。因此，迫切需要建立西部陆海新通道产业发展跨区域协调机制，打造跨区域产业合作平台，推动重点产业领域合作，实现与中新（重庆）两国三级纵向合作机制的无缝对接。建议发起设立省级政府层面的西部陆海新通道产业发展联合工作小组，将产业发展跨区域合作协调机制具体化；建立跨区域产业合作发展会商机制，并将会商工作制度化、常态化；建立产业发展跨区域横向协同日常沟通机制，推动跨区域产业布局和产业政策的协同创新。

二是优化产业发展联动机制。在加强产业发展跨区域合作的同时，广西要进一步优化产业发展区内联动机制。第一要充分挖掘区位优势，提升广西在西部陆海新通道中的战略定位，彰显广西经济发展和产业竞争力提升的西部陆海新通道战略机遇与价值，加快西部陆海新通道互联互通建设，推动钦州、防城港、北海等海港与航空港、内河港以及无水港多港联动协同发展，以通道建设推动要素集聚进而形成重点产业集群。第二要优化规划布局，广西要尽快制定实施西部陆海新通道产业规划，强化港口、临港产业带和园区互动，加强陆海统筹联动，推动港、产、城区域协同发展，塑造产业生态圈，推动产业转型发展。第三加强产业发展区域合作交流，推动南宁、钦州、柳州、桂林等沿线关键节点地市、重点产业龙头企业主动对接区外，积极开展跨区域产业合作；充分发挥智库、科研院所、研究会、学会、协会等组织的作用，对西部陆海新通道产业发展跨区域合作过程中的重大问题开展调查分析、科学研究和联合攻关等活动，形成多层次、宽领域产业发展交流合作局面。

三是建立产业发展跨区域联合招商与服务机制。策划年度联合招商活动，推动分行业、分领域联合招商，推动西部陆海新通道招商引资合作、联动与互助。大力推动西部陆海新通道建设纳入中国—东盟合作框架，重点把中国—东盟商务与投资峰会打造成西部陆海新通道跨区域产业发展合作协同、公共服务与信息交流的示范性专业服务平台，探索建立西部陆海新通道产业发展的标准化投融资与商贸便利、统一政策服务支持和增值服务。

三、树立"一盘棋"思想，实现区域协调发展

长江经济带作为流域经济，是一个系统工程，要运用系统论的方法，正确把握自身发展和协同发展的关系。每个城市都要从整体出发，树立"一盘棋"思想，实现错位发展、协调发展，形成整体合力。在协同发展方面，需做好产业联动、管理联动以及共建共享。在产业联动上，通过定期的政府间、行业间联席会议来协商解决上中下游地区产业布局优化问题。只有增强发展的统筹度和协调性，提高要素配置效率，才能把经济带建设成为生态更优美、机制更科学的黄金经济带，打造成为有机融合的高效经济体。珠江—西江经济带应针对区域发展不平衡等问题，以新发展理念为指导，整合现有发展布局和体制机制，打破经济带沿线行政区划桎梏，促进上下游之间切实协作，缩小区域发展差距。以精准脱贫、乡村振兴战略等为依托，解决沿江农业地区、生态地区贫困问题，使珠江—西江经济带成为助力精准扶贫和乡村振兴的有益探索。

一是推动要素向通道集聚和产业集群化发展。要加快西部陆海新通道重点项目建设步伐，打通与西部陆海新通道沿线国家和国内沿线省（区、市）间海、陆、空、河以及互联网大通道的重要节点、交通运力和信息处理瓶颈，以通道建设推动产业发展和转型升级。一是开展西部陆海新通道建设和产业跨区域开放合作，加快形成"资金流"大通道。二是要以物流通畅化、成本低廉化、信息综合化、服务现代化等为发展目标，吸引产业向西部陆海新通道集中集聚，加快形成"人流"和"货物流"的生产要素大通道。三是通过产业集群化和高度化，充分发挥规模经济和范围经济效应，促进产业向西部陆海新通道集聚。四是大力推动物流产业、中国—东盟市场供求的大数据和信息技术发展，把西部陆海新通道建成为"技术流"和"信息流"大通道，切实实现把通道优势转化为中心枢纽优势和基地优势，把广西打造成西部陆海新通道的区域性产业集聚和辐射中心。

二是搭建开放的跨区域产业合作平台载体。充分利用中国—东盟博览会、中国—东盟商务与投资峰会、泛北部湾合作论坛等经贸合作交流平台，进一步激活对话机制和信息交流，强化西部陆海新通道跨区域产业合作"广西渠道""广西平台"的窗口作用和示范作用。加大中国—东盟信息港建设，推进跨境电子商务、大数据、物联网和卫星导航等领域的跨区域合作，构建西部陆海新通道沿线国家和省（区、市）跨区域旅游联盟等产业合作平台；加快推进区内重点口岸、试验区、边合区、综合保税区和开发区的建设与发展。优化产业

合作平台的政策支持体系，提升钦州保税港区、凭祥综合保税区、中越凭祥—同登跨境经济合作区、东兴重点开发开放试验区等跨国产业合作平台的承载能力和专业化服务水平。加快中新物流南宁产业园、中马钦州产业园、中越凭祥—同登跨境经济合作区、中泰崇左产业园、中柬中老等国际合作园区建设，以全产业链为方向，积极承接优质产业和产能转移，探索与西部陆海新通道省（区、市）共建跨区域产业合作园区。大力发展"飞地经济"，打造柳州、桂林内陆"无水港"示范项目。

三是以开放合作引领产业结构优化升级和转型发展。充分利用广西作为西部陆海新通道关键枢纽的作用，抓住国家全方位开放开发的战略机遇，以开放合作引领产业结构优化升级和转型发展。①要契合西部陆海新通道沿线国家的产品需求，大力推动优势企业、关键技术和重点产品"走出去"。②要契合国内消费需求升级和供给侧结构性改革，加大高新技术产品进口力度，大力发展进口替代产业，有针对性地推动转口贸易深加工等外向型产业的发展。③要契合西部陆海新通道产业、产品的跨国服务需求，促进物流、信息数据处理与提供、金融、法律、会计等生产性服务业国际化。

四、加快建立健全生态补偿与保护长效机制

建立健全生态补偿长效机制，是保护生态环境、建设生态文明的有效举措。习近平总书记强调，"全面建立生态补偿制度""要健全区际利益补偿机制，形成受益者付费、保护者得到合理补偿的良性局面"。生态补偿机制，本质上是基于生态保护的公共性、外部性特征，坚持"谁受益，谁补偿"的基本原则，为实现跨区域生态保护长效化，实施区域横向生态补偿措施所建立的一系列经济、行政和法律手段的总和。建立健全生态补偿长效机制，对于更好实施区域协调发展战略、推动生态文明建设具有重要意义。应借鉴长江经济带发展推动经济高质量发展的经验，从中华民族长远利益考虑，处理好生态环境保护和经济发展的关系，把修复长江生态环境摆在重要位置，抓大保护、不搞大开发。有鉴于此，珠江—西江经济带必须把生态环境保护放在优先位置，坚持生态优先、绿色发展，用改革创新的办法抓生态保护，确保一江清水绵延后世，实现人与自然的和谐共生。积极推动珠江—西江经济带建立生态补偿与保护机制。要从整体上加强流域污染防治，摸清资源环境承载能力基本情况，周密制订行动方案，建立负面清单管理制度。要建立珠江—西江流域环境治理的相关机制，统一规划、统一机构、统一标准和统一队伍，扎实推进水污染治理、水生态修复、水资源保护"三水共治"。

一是厘清补偿主体责任和完善横向补偿机制。主体责任清晰明了，各方积极性才能充分发挥。跨地区生态补偿首先需要厘清"为什么补""谁补谁"等一系列问题。要依据森林法、水污染防治法等多个法律法规，进一步制定三地统一的实施细则和条例；明确统一的生态补偿内容、方式及利益相关者的责任、义务，避免交叉补偿或遗漏补偿。同时，还要在客观、公平确定生态资源产权的基础上，引入市场定价机制，促进和完善多元化横向生态补偿机制。

二是科学确定生态补偿标准。建立健全生态补偿机制，需综合考虑生态系统服务价值、生态环境修复维护成本、发展机会成本等，兼顾各方利益，科学确定补偿标准，并根据经济社会发展和环保形势变化，进行动态调整。要建立生态资源统计报告制度，分年度对各类生态资源投入情况进行专报，为相关生态补偿标准的制定提供客观的核算依据。可引入第三方独立评估制度，对生态价值、环保成本、补偿标准等进行客观、科学、独立的评估核算。

三是促进补偿来源与补偿形式的多元化。逐步实现财政专项、社会资金等资金来源的多样化，有效推动政策、项目以及技术、实物等补偿形式的多元化，强化生态补偿的持续性。具体举措上，要确保生态补偿资金财政支出，设立生态补偿专项资金管理账户，实行专门账户独立管理制度。探索多种类型的产权交易形式，培育、发展生态产品与新的市场化服务业态，推进水权交易、碳汇交易、排污权交易等生态资源交易市场的区域试点。建设区域生态补偿电子政务系统，综合统筹中央和地方生态补偿建设资金，明确、公开其渠道、流向、分配、消费、效益。

四是建立健全区域生态补偿实施保障机制。建立系统的评估、监督、执法机制是促进生态补偿和治理常态化、高效化的重要保障。完善区际生态补偿评估机制，对补偿标准、补偿形式、补偿效果进行科学评估。建立完善科学有效的生态补偿监督考核机制，对补偿资金的筹集到付、规范使用等事项进行督察，确保生态补偿资金用在实处。完善相关法律法规，推动生态补偿法治化，让生态补偿有法可依、有法必依，确保区域生态利益公平分配和环境治理成本合理共担。

五、完善合作机制建设

一是探索建立经济带各地方政府间的平等互信的沟通协调机制。建立健全经济带各地方政府高层领导的制度化沟通机制，使地方政府这一层级能够自行协调。

二是探索构建经济带政府间的信息共享机制。目前，建设统一的区域合作综合信息交流平台已经成为进一步深化区域合作的主要内容。珠江—西江经济带应整合区域资源，打破各地方的信息"孤岛"，提高公共管理效率。

三是探索建立经济带政府间的利益补偿机制。地方政府之间的横向利益补偿机制应明晰产权，建立明确、合理的成本分摊体制，以及相配套的预算体系，形成一套完整的经费分担与合作收益相调节的相关规则。通过规范的利益转移可实现地区间各种利益分配的公平和区域公共服务水平的均衡。

四是合理构建共建园区合作利益分享机制。根据不同的合作模式合理构建不同的合作利益分享机制。包括股份合作模式、援建模式、托管模式、产业招商模式、项目合作模式和综合模式等。

五是探索建立人才共享机制和人才互认机制。促进整个经济带人才流动和共享要发挥人才的辐射和带动作用，积极探寻人才共享机制和人才共享的收益分享机制；要建立一体化人才保障服务标准，实行人才评价标准互认制度；完善知识产权保护制度，增强人才共享的契约保障，共同打造人才聚集高地和创业创新福地。

本章小结

本章首先对长江经济带产业融合发展的经验进行概述。近年来，长江经济带产业结构进一步优化、服务业发展势头强劲、战略性新兴产业加速成长。进一步，本章分析了长江经济带与产业融合发展的主要举措，主要做了以下几点：一是积极推进省际合作，有力有序做好统筹协调工作；二是有序推进产业转移，积极培育新动能；三是构建高质量综合立体交通走廊；四是着力打造绿色生态廊道；五是推动通关和检验检疫一体化。最后，分析了长江经济带经验对西部陆海新通道与产业融合发展的启示：一是实施立体化交通运输体系推动产业融合发展。应当将西部陆海新通道的区位优势发挥到极致，使长江通关更加便捷高效，成功建立一个高水平、高质量的对外开放运输体系。严格坚持市场导向，对旅客联程联运加以改进和优化，使区际快速运输质量得到有效提高，使城际公交更加便捷，推动城乡客运服务不断往一体化的方向挺进，使旅客联程联运水平更上一个台阶。在货运方面推行多式联运，加大铁水联运的发展力度，进一步开拓江海联运功能，制定一个科学的技术标准体系，并不断加以健全，针对多式联运培育出相应的组织主体。二是坚持规划引领，做好顶层设计。坚持规划引领是长江经济带高质量发展的重要举措。如国家开发银行在金融服务方面做好顶层设计，以"融智、融资、融制"服务地方政府，编制完成 10 余项长江经济带重点领域融资规划，统筹资金供需平衡，设计重大项目融资方案。由此，珠江—西江经济带应在贯彻落实《珠江—西江经济带发展规划》的同时，主动对接粤港澳大湾区规划，按照新形势、新要求调整完善规划内容。要对实现既定目标制定明确的时间表、路线图，加快对接进程。同时，借鉴长江经济带经验，进一步发挥金融机构的优势和作用，推动高质量发展，体现金融担当，密切跟踪专项规划编制情况，适时提供融资规划，主动为珠江—西江经济带建设设计重大项目融资方案，助力珠江—西江经济带发展。三是树立"一盘棋"思想，实现区域协调发展。长江经济带作为流域经济，是一个系统工程，要运用系统论的方法，正确把握自身发展和协同发展的关系。每个城市都要从整体出发，树立"一盘棋"思想，实现错位发展、协调发展，形成整体合力。在协同发展方面，需做好产业联动、管理联动以及共建共享。在产业联动上，通过定期的政府间、行业间联席会议来协商解决上中下游地区产业布局优化问题。四是加快建立健全生态补偿与保护长效机制。借鉴长江经济带发展推动经济高质量发展的经验，从中华民族长远利益考虑，处理好生态环境保护和经济发展的关系，把修复长江生态环境摆在重要位置，抓大保护、不搞大开发。

第五篇

策略篇

第二十一章 西部陆海新通道与产业融合发展战略

本书在前面篇章首先指出了西部陆海新通道与产业融合的理论基础，随后，又通过大量实证全面且深刻地论证了当前我国西部陆海新通道与产业融合发展的多个层面的关系。总地来看，我国西部陆海新通道与产业融合已经取得了长足进步，通道经济、枢纽经济渐显雏形；然而，离实现通道与产业的深度融合仍有相当长的路要走。与此同时，发达国家和发达地区在推进通道与产业的融合发展方面积累了可供西部陆海新通道参考的经验。那么，在新形势下，该如何推进西部陆海新通道与产业融合，本章将重点针对这一问题进行研究，以期为推进西部陆海新通道与产业融合发展提供有效的决策参考。

第一节 指导思想与基本原则

一、指导思想

以习近平新时代中国特色社会主义思想为指导，深入贯彻党的二十大精神，坚持稳中求进工作总基调，以推动高质量发展为主题，以深化供给侧结构性改革为主线，以改革创新为根本动力，大力推动《"十四五"推进西部陆海新通道高质量建设实施方案》贯彻实施，加强西部陆海新通道与共建"一带一路"和长江经济带发展、海南全面深化改革开放等区域重大战略对接，强化成渝地区双城经济圈与北部湾城市群战略联动，加快基础设施建设，创新运营组织模式，优化交通物流结构，推动降碳减排，加强与产业、贸易、数字、金融等深度融合，牵引带动经济转型升级，将独特区位优势更好地转化为开放发展优势，为西部地区经济高质量发展和融入新发展格局提供有力支撑。

二、基本原则

推进西部陆海新通道与产业融合发展，"重在集聚，质在融合"，推进实现通道与产业的融合，要特别注意坚持以下几个层面的原则：

(一) 坚持创新引领原则

创新是引领发展的第一动力。坚持创新思维，才能以思想认识的新飞跃打开事业发展的新局面。推进西部陆海新通道与产业融合，尤其是要以科技创新为引擎。近年来，围绕科技与创新展开的国际核心竞争日益激烈，高科技竞争已成为全球高新技术竞争的新领域。因此，必须坚持创新引领的原则。要深入实施科教兴国战略和人才强国战略，充分发挥科技是第一生产力和人才第一资源作用。推进创新科研机构的发展，加强通道建设研究机构与产业发展研究机构的合作，整合现有的科技资源，加速建设科技创新的体系，将科技成果转变为产业化生产，优化创新生态。开展"通道+互联网""通道+大数据""产业+互联网""产业+大数据"等有利于推进通道与产业融合的创新模式。把增强自主创新能力作为战略基点，积极构建比较完善的创新体系和高技术产业体系，提升和强化创新对通道与产业融合发展的贡献度和推动力。

(二) 坚持开放协同共建共享原则

推进西部陆海新通道与产业融合发展，要坚持高水平共建，健全跨境跨区域协商合作和协同推进机制，实施更大范围、更宽领域、更深层次开发开放，强化通道沿线各省（区、市）在政策、规则、标准、惯例、平台等层面的高效联通，鼓励国际国内各方参与，扩大合作朋友圈，共享通道发展成果。习近平总书记指出，"过去我国的开放基于沿海地区，面向海洋、面向发达国家，今后更多要考虑中西部地区和沿边地区开放，进一步向西开放、向周边国家开放"。这为推进实现通道与产业融合，指明了方向。这要求我们在新的时代条件下，要着力打通内陆开放、向西开放通道，畅通海上开放通道，在提升东向开放水平的同时，加快西向开放步伐，推动内陆沿边地区成为开放前沿，实现开放空间逐步从沿海、沿江向内陆、沿边延伸，构建全方位、多层次、复合型的互联互通网络，奠定通道与产业协同共建共享的新格局。

(三) 坚持环保优先绿色发展原则

推进西部陆海新通道与产业融合，需要以绿色环保为前提，坚持高质量、生态环保型发展模式。绿色发展理念要求推进西部陆海新通道与产业融合必须坚持绿色发展原则。通道基础设施建设和产业发展必然会对生态环境造成影响，而融合发展所需要的广阔地理空间是地球生态系统的重要组成部分，在维护我国生态平衡、实现可持续发展方面具有无可替代的作用。近年来，尽管我国政府对生态环境的治理与保护力度不断加大，绿色发展不断取得成效，人们对生态环境保护价值的认识水平也不断提升，但由于多种因素的影响，西部地区在推进绿色发展方面仍存在不少困难。在这一背景下，通道与产业融合更需要坚持以资源环境承载力为基础，不断提升资源集约节约和综合利用水平，遏制对资源的粗放利用和无序开发；平衡资源开发管理与环境保护之间的关系，不断提高环境质量，做到通道与产业融合发展过程中的环保型生态模式，实现绿色发展。

（四）坚持构建服务型政府原则

推动西部陆海新通道与产业融合需要市场与政府的共同配合，既要发挥市场对于要素配置的基础作用，又要优化政府的服务与保障作用。要积极以构建服务型政府为目标，大力推进制度和政策创新，及时掌握要素与产品市场的最新发展动态，做好"看不见的手"的角色，做好宏观调控工作，不断强化市场配置资源的决定性作用，科学制定相关的激励政策和鼓励体制，为各类市场主体参与通道与产业融合发展创造良好的政策环境。

第二节　通道建设与产业融合发展的基本要求和战略目标

推进西部陆海新通道与产业融合，对通道建设与产业发展和布局提出了更高的要求。

一、产业融合发展对西部陆海新通道建设的要求

（一）交通运输规模化

要实现通道与产业的不断融合，需要努力推动交通运输呈现规模化发展趋势。交通运输规模化即平均交通运输成本随运输网络上运量扩大而不断下降的现象。交通运输规模化的意义在于运量增加会引起平均成本降低，为现代产业竞争力提升营造良好条件，就西部陆海新通道而言，其关键在于多式联运运输网络的货运量、运输距离和运输工具运力的综合协调，通过规模提升降低成本。

（二）运输成本节约化

运输成本节约是西部陆海新通道建设的重要衡量标志，同时也是通道与产业融合对于通道建设的重要要求。运输成本节约化要求：一方面，要在现有交

通运输网络资源上进行合理的运输网络优化以降低运输的成本；另一方面，发展由铁路、公路、航空、水路乃至管道运输构成的多式联运，综合发挥各种运输方式的优势，达到节约成本的目标，有力促进现代产业发展。按照西部陆海新通道的建设要求，应巩固发展海铁联运国际贸易物流主干线，实现北部湾港—重庆班列和北部湾港—新加坡、北部湾港—香港班轮等干线的常规化，拓展与沿线其他省市及国家的多式联运线路，加密连接南宁空港的国际航线。

（三）通关条件便利化

要实现通道与产业融合发展，必须要有效保障产品运输和进出口的便利，并不断提升其效率，而这就要求通道在通关环节的便利化。习近平总书记在中央财经领导小组第十六次会议上提出"要改善贸易自由化便利化条件，切实解决进口环节制度性成本高、检验检疫和通关流程繁琐、企业投诉无门等突出问题"，国务院第174次常务会提出要"继续清理口岸不合理收费，降低集装箱进出口环节合规成本"，通道沿线省（区、市）要积极贯彻执行那些能够优化通关环境，提升通关效率的重要政策文件，不断推进经贸条件便利化，为推进通道与产业融合提供良好条件。

二、产业融合发展对于产业的选择布局与发展要求

（一）通道敏感性

选择那些对通道依赖性高，尤其是对交通和物流具有高敏感性和高倾向性的产业是有效推进通道与产业融合的重要要求。因此，优先发展受益于西部陆海新通道建设的产业易于占领市场获取收益。以西部陆海新通道建设为依托，现代产业选择应着重选择对通道较为敏感的产业，如现代物流、金融等新兴服务业以及受益于通道建设而有效扩大市场、降低成本的临海临港产业、文化旅游产业等。

（二）市场驱动性

产业能否与通道真正实现融合，要看通道沿线省份的市场是否真正需要这一产业，也即，市场要在产业选择和发展过程中扮演决定性作用。西部陆海新通道产业在建设过程中要强调市场驱动性，产业选择与布局应该在市场"看不见的手"的引导下进行。具体来看，在市场驱动下，比较优势将成为产业选择与布局的重要原则。在综合考虑现有优势和潜在优势的情形下，具有区域竞争优势和资源优势的现代产业将构成体现区域特色优势和竞争力的产业体系。同时，战略性新兴产业因具备后发优势，具有较快的技术进步机制和吸纳先进技术的潜力，以及广阔市场前景和较高市场需求弹性，也应成为现代产业

体系的主导。对于沿线省份来说，在西部陆海新通道建设中可积极着手开展优势特色产业"二次创业"的现代产业有汽车、机械、铝业等有色金属冶金产业、化工、糖业、消费品轻工业、农产品加工等产业，也可以积极发展具有广阔市场前景的战略性新兴产业。

（三）产业关联性

推进通道与产业实现融合，形成通道经济，要求产业在发展过程中具有链上关系，并且具有形成产业关联效应的产业类型。产业关联理论认为，主导产业选择应优先选择那些对其他产业具有较大带动作用的产业。现代产业应能够通过相关产业之间的关联来组织、带动经济的发展，这是促进产业集聚、培育产业集群的基本要求。在现代产业选择与布局中，优先选择关联强度大的产业，通过产业关联引起一系列带动、促进与推动作用，培育有竞争力的产业集群，使之对其他产业进一步拉动，产生强大的连锁反应和加速效应，最终促进现代产业体系竞争力的提升。从现有发展基础看，通道沿线省份产业关联性较大的主要产业为"14+6"产业体系，包括食品、汽车、石化、电力、有色金属、冶金、机械、建材、造纸与木材加工、电子信息、医药制造、纺织服装与皮革、生物、修造船及海洋工程装备等产业和新材料、新能源、节能与环保、海洋、大数据、人工智能等新兴产业。

（四）布局科学性

实现通道与产业融合，对于产业的合理布局有较高要求，它要求产业在通道省份的空间布局上保持整体的合理性和科学性。西部陆海新通道建设是区域交通经济走廊发展的重要举措，现代产业布局的科学性对产业竞争力的培育有非常重要的影响。首先，现代产业布局应因地制宜。其次，现代产业的布局要实现效率优先、协调发展。现代产业先集聚后扩散，在早期的增长极阶段及后期的辐射带动均遵循产业空间发展自然规律，既要保持区位优势地区优先发展，也要兼顾其他地区的可持续稳定健康发展。最后，现代产业布局应遵循科学发展观，符合生态文明建设发展要求。因此，现代产业应因地制宜向西部陆海新通道沿线以及成渝地区双城经济圈、北部湾城市群重点布局，加快现代产业集聚。

三、战略目标

（一）短期目标

基本建成西部陆海新通道，新通道与产业融合初见成效。推进实现西部陆海新通道与产业融合，要加快推进以"交通基础设施和港行能力"为重要短期目标的顺利实现。要推动东中西三条通路持续强化，到 2025 年，基本形成南北贯通、陆海联动、开放共享、辐射有力、协同一体的西部陆海新通道综合交通运输体系，"陆海通、港口强、枢纽畅、衔接顺、能力足"取得明显进展，基本建成安全、便捷、高效、绿色、经济的西部陆海新通道。

与此同时，在产业发展方面，通道经济初具规模。通道物流和运营组织中心高效运行，区域统一大市场初步建立，多式联运"一单制"取得新进展，通关便利化水平和物流效率大幅提升。数字经济、金融服务价值贡献明显增强。沿线合作共建机制更加健全，开放水平明显提高，产业园区建设成效显著。

（二）中长期目标

通道与产业深度融合，通道经济成为西部高质量发展的核心构成。中长期目标是一个需要不懈努力才能够完成的目标。在通道建设方面，到 2035 年，全方位形成南北贯通、陆海联动、开放共享、辐射有力、协同一体的西部陆海新通道综合交通运输体系，全面建成安全、便捷、高效、绿色、经济的西部陆海新通道。在通道与产业融合方面，通道与产业深度融合，物流经济、枢纽经济全面兴旺发达，核心城市群实现通道与产业在融合度上的高水平，通道经济全面繁荣。

第三节　通道建设与产业发展的战略路径

一、推动形成城市群创新内核，形成多核心多引擎驱动模式

推进西部陆海新通道与产业融合，要注重发挥中心城市和城市群的核心带动作用，依托中心城市和城市群，形成强大要素集聚与辐射能力，实现融合发展的多核心多引擎驱动模式。

（一）点状突破，加快推进通道中心城市建设

中心城市对区域经济增长具有重要辐射效应。推进西部陆海新通道与产业融合需要高质量打造以重庆、成都、西安、南宁、贵阳、昆明等中心城市的建设，形成多点带动效应。要多措并举、重点发力，做大做强现代工业，打造先进制造业基地，形成现代化工业高质量发展的新局面。

要积极促进通道中心城市积极培育并引进现代制造业及上下游产业和相关配套企业，加快打造区域性现代制造业产业基地。围绕中心城市积极打造高新技术园区，打造跨行业、跨领域的工业互联网平台，面向西南及东盟地区的三

创（创新、创业、创意）孵化园区，加快构建现代智能制造基地和科技园。以产业园、高新区、经开区开发开放平台为依托，围绕中重型机械装备、轨道交通装备、汽车及零部件等成套设备制造业和以铝精深加工为支撑的特色装备制造业，打造区域性乃至全国性现代装备制造基地。重点培育引进现代生物制药、智能制造等为主攻方向的国内外大型企业，夯实中心城市产业发展基础。

（二）超前谋划新业态新模式

打造通道产业增长极，全面提升"通道产业及中心城市质量"，既要改造提升传统支柱与主导产业，同时又要敢于"无中生有"，在发挥区位、政策等优势和现有产业基础上，超前谋划产业发展新业态、新模式，超前布置强大增长潜力的"蛙跳"产业，促进经济跨越式发展。以"互联网+"为驱动，积极探索以"互联网+工业"为主线，推动服务型制造发展，加速传统产业生产运营网络化改造、工业互联网平台建设、人工智能企业级应用，打造从生产现场管理到工业互联，从智能工厂到产业互联的完整闭环。要抢抓北斗导航开通机遇、贵州大数据产业快速布局壮大机遇、数字经济飞速发展机遇，实现通道战略性新兴产业的快速突破。

上述产业的发展不仅可以有效促进通道核心城市能级的提升，增强对于区域高端要素的吸引力，还能够直接促进西部陆海新通道与产业的融合奠定高端产业基础。

（三）以数字经济为重点，打造覆盖全国、面向东盟的数字新高地

数字经济在西部陆海新通道与产业的融合过程中具有重要地位，以贵阳、南宁为代表的大数据和数字经济城市需要获得加快发展。以贵阳大数据中心、南宁"中国东盟信息港"为核心推进数字经济新高地建设，要进一步完善中国—东盟信息港基础设施建设，加快通道城市内部和城市之间的信息通信基础设施，中国—东盟经贸大数据平台等合作平台的建设。

推进建成覆盖全国、面向东盟的数字经济产业链和生态圈。以数字应用为基础，推进建设以数字为技术核心的电商贸易产业集群、物联网产业集群等特色产业集群。重点发展旅游、文化、商贸、交通等专业大数据应用平台，加快建设中国—东盟区域国际通信业务出入口局、北部湾数据资源和交换中心、中国—东盟（钦州）华为云计算及大数据中心等一批重大项目。

（四）共建共享，高质量推进城市群增长极

高质量打造西部陆海新通道重要增长极，要有通道一盘棋的战略意识，坚持"共建、共享、共生、共荣"的发展原则，全面激发、充分挖掘通道核心区域发展潜力。加快培育通道经济增长极，建设成渝地区双城经济圈和北部湾

城市群，壮大黔中、滇中等城市群，加快重点都市圈建设。

（1）强化通道城市群一盘棋的发展意识，推进全面协调发展。城市群与通道发展相互补充，任何一个群发展受限，则整个通道发展会受到影响。要从顶层设计明晰城市群相互依托、内在统一的关系。成渝城市群和北部湾城市群应积极在西部陆海新通道战略范畴内寻求各方支持，成渝和北部湾的高质量发展离不开其余城市群的支持，而成渝和北部湾城市群的壮大则可以从内陆腹地、沿海桥头堡两个空间位置分别有效提升西部陆海新通道的经济发展水平，积极发挥自身辐射带动效应，推进整个通道与产业的深度融合。

（2）深挖城市群发展潜力和优势，推进通道与产业融合获得更高水平的需求引致效应。通道与产业融合需要消费市场的反向作用，也即从需求侧提供动力。要积极整合产业和要素资源，提升地区生产总值和居民收入水平，激发本地消费潜力与市场空间。以电子信息、新材料、石油化工、粮油食品、冶金等为主导的临海工业和以快速发展的向海产业是区域产业合作的基础，继续大力推进具有区域共同产业基础的产业快速高质量培育与引进，从而进一步提升通道内城市群产业发展的协作优势，推进经济发展质量与效率提升，促进经济增长极的形成。

二、强化协同联动，推进通道产业协调共生

推进西部陆海新通道与产业融合发展，要重视区域产业之间的协同联动，形成沿西部陆海新通道产业协调发展。

（一）优化顶层设计，建立产业发展跨区域协调机制

要建立西部陆海新通道产业发展跨区域协调机制，打造跨区域产业合作平台，推动重点产业领域合作，实现与中新（重庆）两国三级纵向合作机制的无缝对接。设立省级政府层面的西部陆海新通道产业发展联合工作小组，将产业发展跨区域合作协调机制具体化；建立跨区域产业合作发展会商机制，并将会商工作制度化、常态化；建立产业发展跨区域横向协同日常沟通机制，推动跨区域产业布局和产业政策的协同创新。

（二）优化区内产业协同联动机制

在加强产业发展跨区域合作的同时，通道沿线省（区、市）要进一步优化产业发展区内联动机制。一是要充分挖掘区位优势，提升西部陆海新通道在全国区域发展的战略地位，加快西部陆海新通道互联互通建设，推动钦州、防城港、北海等沿海海港与通道内部和腹地的航空港、内河港以及无水港、多港联动协同发展，以通道建设推动要素集聚进而形成重点产业集群。二是要优化

规划布局，强化港口、临港产业带和园区互动，加强陆海统筹联动，推动港、产、城区域协同发展，塑造产业生态圈，推动产业转型发展。三是加强产业发展区域合作交流，推动通道沿线关键节点地市、重点产业龙头企业主动对接区外，积极开展跨区域产业合作。

（三）基于利益共享建立跨区域联合招商服务机制

策划年度联合招商活动，推动分行业、分领域联合招商，推动西部陆海新通道招商引资合作、联动与互助。大力推动西部陆海新通道建设纳入中国—东盟合作框架，重点把中国—东盟商务与投资峰会打造成西部陆海新通道跨区域产业发展合作协同、公共服务与信息交流的示范性专业服务平台，探索建立西部陆海新通道产业发展的标准化投融资与商贸便利、统一政策服务支持和增值服务。

（四）发挥辐射作用促进区域发展

调整优化通道核心城市的产业结构，加快推动建设国家级战略新兴产业集群，做大做强现代工业。培育以高新技术为主的电子信息、汽车制造、先进装备制造、生物医药等主导产业，发展有色金属、清洁能源、环保产业等特色优势产业。提升传统服务业，大力发展现代服务业，培育金融市场发展。

三、细化开放维度，推进通道与产业融合

推进西部陆海新通道与产业融合发展，要重视与我国其他高层级发展规划和发展平台的对接，同时要积极依托"双循环"发展策略，加大开放力度，实现通道与产业融合过程中的外部借力。

（一）打造沿边经济产业带

西部陆海新通道拥有大量的边境线，边境口岸众多，沿边经济带成为借力的突破口之一。要以现有沿边开放口岸为依托，加快重点开发开放试验区、跨（边）境经济合作区、综合保税区、边境旅游试验区、跨境旅游合作区、边民互市贸易区（点）等开发开放平台建设和融合发展，深化与国内区域和周边国家务实合作，重点发展国际物流、加工贸易、电子商务、跨境旅游等产业，依托边境口岸打造"前岸中区后城"开放发展模式，逐步形成优势互补、繁荣互惠的沿边经济产业带。

（二）加强通道沿线省（区、市）产业与其他经济带互动发展

加强与粤港澳大湾区、长江经济带的产业对接。通道沿线省（区、市）要主动对接粤港澳大湾区、长江经济带，开展临港工业、加工贸易产业、先进装备制造、现代物流业等定向招商，积极引进国内外知名企业和重大产业项

目，促进港航、石化、园区、旅游等产业合作。

深化与东中部地区产业合作。加强跨省份合作，强化跨省份平台建设，共同推进基础设施建设和升级。鼓励各省区在西部陆海沿线省市建设临海、临空、沿边产业园，加快发展"飞地经济"。

（三）依托"一带一路"，促进通道地区与国际产能合作

巩固提升西部陆海新通道尤其是广西对东盟的合作优势，推动将中国—东盟博览会升格为21世纪海上丝绸之路博览会，吸引更多东盟国家共同参与陆海新通道建设。通过中国—东盟港口城市合作网络强化区域内港航协同发展；鼓励支持通道沿线物流企业通过并购、合资、合作等方式，在东南亚建设国际物流基地、分拨集散中心、海外仓等，加强回程货源组织，发展国际物流业务；充分利用澜沧江—湄公河区域合作机制，推动基础设施互联互通和跨境运输便利化。

进一步扩大开放。加强与周边国家、地区协商合作，不断扩大开放，持续放宽外资准入，营造良好营商环境，带动相关国家和地区共商、共建、共享陆海新通道。加快西部陆海新通道沿线省市自由贸易试验区建设，例如，中国（云南）、中国（广西）自由贸易试验区建设。充分用好现有开放合作平台，整合资源、统筹推进中马"两国双园"、中国·印尼经贸合作区、中越跨境经济合作区、东兴和凭祥国家重点开发开放试验区等开放园区平台建设，服务国内企业走出去，打造中国—东盟国际产能合作示范区。发挥中国—东盟信息港优势，推动与新加坡等沿线国家和地区建设国际数据通道，促进信息资源互联互通与共享共用。

四、筑牢绿色发展屏障，促进通道产业低碳循环

（一）建设绿色生态的西部陆海新通道

推进西部陆海新通道与产业融合，坚持绿色发展既是基本原则，又是重要前提。要积极探索实施绿色发展制度建设。以完善生态文明制度体系建设为落脚点，建立健全绿色发展制度体系。重点围绕绿色政府、企业环境责任与公众参与、跨区域河流、跨区域森林生态系统保护、跨区域污染补偿机制、奖惩机制等推进合作制度建设。

加强生态修复，推动通道沿线生态脆弱区保护修复。西部陆海新通道经过的西南核心五省（区、市），大多是生态脆弱区，石漠化严重，水土流失严重，注重生态修复，其余省市也多以生态脆弱为特征，建设绿色西部陆海新通道任重道远。加强跨区域生态环境保护合作，严守生态红线，协同推进重大跨

区域生态修复、石漠化、水土流失综合治理和森林、湖泊、湿地及生物多样性保护合作。

（二）打造可持续发展的绿色产业

对于产业的要求，要重视绿色技术创新，大力发展循环技术、低碳技术、生态技术，大力发展信息、生物等高新技术产业；有序推进核电、水电可再生能源等新能源技术发展；大力发展低碳消费产品；大力推进清洁交通和绿色建设；大力推进工业节能减排技术研发和推广；推动全民节能减排，改变不合理的消费方式等。

（三）构建生态环保治理机制，增强生态协同治理能力

建设不同行动主体间的协调机制以及基于利益相关者的参与机制，形成动态、有效的制度纠偏机制。积极构建通道污染治理协同联动机制，强化联合执法，实现对环境污染行为的区域联防制度。

五、优化政府服务理念，提升通道产业发展环境

政府服务是实现通道与产业融合，促进经济高质量发展的良好外部环境，也是实现融合的有效路径之一。

（一）优化通道营运管理水平，降低产业发展成本

坚持以成本降低实现流量增加、密度提高来推动产业发展的西部陆海新通道建设基本理念。一是要以交通通畅、交通网络化为目标，加快陆海通道航道、港口、口岸、铁路、公路、集装箱办理站等基础设施建设，进一步降低交通运输成本和时间成本。二是将西部陆海新通道关键节点和基础设施建设纳入自治区重点建设项目库，积极推动自治区西部陆海新通道建设重点项目成为国家"一带一路"建设重点建设项目，确保重点建设项目用海、用地指标，降低重点建设项目和落户重点企业的用地成本。三是拓宽融资渠道、创新融资方式，切实降低企业融资成本。四是落实好系列减税降费措施，降低企业税费成本。

（二）优化营商环境建设，提高产业发展服务水平

加强政府治理能力建设，由管理型政府向服务型政府转变。加强营商环境优化的顶层设计，深化"放管服"改革，降低企业制度性交易成本。进一步压缩行政审批事项、精简审批环节和审批时限，加快西部陆海新通道重大项目审批速度。加快数字沿线省市政务服务网络平台建设，打破区域间信息壁垒，进一步强化政府的西部陆海新通道产业发展服务职能，提高电子政务主动服务产业和企业的服务意识、服务能力和服务效率。各省市要及时修订与西部陆海

新通道先进制造业、战略性新兴产业、现代服务业、外向型产业发展特点和要求不相适应的产业准入标准和规范。提升法治化水平，创建良好法治环境，营造法治环境与营商环境良性互动的西部陆海新通道产业发展软环境，为公平竞争的市场环境提供法治保障。

（三）推动西部陆海新通道投资贸易便利化改革

大力推动西部陆海新通道产业发展便利化改革，把西部陆海新通道打造成跨国合作的国际贸易物流大通道、产业发展大通道和产能合作发展大通道。主动适应西部陆海新通道产业发展的需要，加强重点口岸建设管理。加强沿线省（区、市）检验检疫等监管部门"通报、通检、通放"合作和进出境货物数据信息共享，推动铁海联运边检、海关、海事和检验检疫联合检查"一站式"和通关一体化服务，对负面清单以外的进出口货物实施"出口直放、进口直通"制度。

推进各省（市）通关诚信体系建设和诚信信息交换共享机制，实现西部陆海新通道信息互联互通和智能化，加强和东盟国家关检标准化和合作力度，推动"信息互换、监管互认、执法互助"，探索中国—东盟自贸区陆路多式联运"多国一检"。

本章小结

经济理论与实证研究最终要服务于发展策略的制定，本章在前述理论、实证、经验借鉴的基础上阐述了新时代背景下推进西部陆海新通道与产业融合要注意的问题。首先论述了要坚持的指导思想和基本原则，指出通道与产业的融合要坚持习近平新时代中国特色社会主义思想为指导，充分吸收中国共产党二十大的精神内容，并坚决作为行动指南。接着交代了扎实推进通道与产业融合要坚持的包含创新引领、开放协同、绿色发展、服务型政府在内的若干基本原则。随后，本章给出了通道建设与产业发展的基本要求和战略目标，推进西部陆海新通道与产业融合既要满足对西部陆海新通道建设的要求，诸如：交通运输规模化、运输成本节约化、通关条件便利化；又要满足对于产业的选择布局与发展要求，诸如：通道敏感性、市场驱动性、产业关联性、布局科学性。本书认为，推进西部陆海新通道与产业融合短期内旨在实现基本建成西部陆海新通道，通道与产业融合初见成效的发展目标，长期内则要实现通道与产业深度融合，物流经济、枢纽经济全面兴旺发达，核心城市群实现通道与产业在融合度上的高水平，通道经济全面繁荣。最后，本章给出了推进西部陆海新通道建设与产业融合的战略路径。要推动形成城市群创新内核，形成多核心多引擎驱动模式；要强化协同联动，推进通道产业协调共生；要细化开放维度，推进通道与产业融合的多向获力；要筑牢绿色发展屏障，促进通道产业低碳循环；要优化政府服务理念，提升通道产业发展环境。

第二十二章　西部陆海新通道与
产业融合发展政策体系

第一节　持续优化基础设施发展规划

深入推进交通基础设施建设，保障通道要素流动与产业集聚。提升西部陆海新通道货源集聚能力，基础设施建设是先行之策，它对推进要素流动，增强产业集聚、产品运输具有基础性作用。

一、高层推动，深入落实以交通基础设施为核心的基础设施发展规划

基础设施建设是实现经济发展的基石，推进西部陆海新通道与产业融合，首要任务是从顶层政策制定更加完善的基础设施规划，大力解决通道在通行和通畅方面存在的自然阻碍和人为阻碍，而传统基础设施建设则需要加大政策推动力度。

推进交通基础设施建设，关键在于顶层政府机构的协同联动。沿线省（区、市）要通力合作，积极推动由中国铁路集团、沿线省（区、市）牵头，发展改革委、交通运输部、铁路局参加的多方合作形式，切实扎实推动以铁路为核心的交通基础设施建设。加快大能力主通道建设，尽快形成东中西线通路合理分工、核心覆盖区和辐射延展带密切沟通、与东南亚地区互联互通的西部陆海新通道陆路交通网络。

要积极推进铁路扩能改造项目，新建局部支线和联络线，畅通运力紧张的"卡脖子"路段，完善公路、航空运输网络，加快推进平陆运河建设、北部湾现代化港口建设，高质量打造西部陆海新通道综合立体交通运输体系，畅通多式联运。

二、立体推进，深化西部陆海新通道主通道基础设施建设

（一）畅通西线通路

以打通缺失路段为重点，优化完善自成都经泸州（宜宾）、百色至北部湾出海口西线通路。开工建设黄桶至百色铁路，加强既有铁路扩能改造，力争2025年贯通西线铁路。推动沿线地区高速公路和普通国省干线建设，扩大西线通路网络衔接覆盖范围。

（二）扩能中线通路

以打造大能力通路为重点，加快提升自重庆经贵阳、南宁至北部湾出海口（北部湾港、洋浦港）中通路运输能力。稳步推进贵阳至南宁高铁建设，推动重要通道客货分离，释放既有干线货运能力。加强既有铁路干线扩能改造，有序推进重点城市铁路外绕线建设。规划研究双层集装箱运输通道。加快沿线高速公路扩容，有效提升通行效率。

（三）完善东线通路

以提升既有线能力为重点，进一步完善自重庆经怀化、柳州至北部湾出海口东通路。加快建设重庆至黔江高铁，释放既有干线铁路货运能力。按照渝怀铁路双线运输能力要求，加快沿线站点扩能改造，促进点线衔接协调。推进沿线高等级公路的扩容和普通国省道建设，提升干线公路通行能力。

（四）加强通道内联辐射

推动通道北延东联，加强核心覆盖区与辐射延展带、长江经济带、粤港澳大湾区紧密衔接，强化东中通路与兰州至重庆、柳州至广州、西安至安康及襄阳至重庆等干线铁路连接，实现西部陆海新通道交通基础设施多个方向的互联互通。

（五）推进通道对外联通

跨境基础设施建设直接影响到西部陆海新通道货物的跨国集散，既影响货物下行，也影响货物上行。数据显示，东盟国家自身基础设施建设和边境互联互通成为货源上行不足的重要因素，这势必会影响产业与通道的融合发展。要加快陆路跨境通道建设，推动与周边国家设施互联互通。要进一步强化政治互信，加强高层对于跨境基础设施建设的推进工作，推进建成中老铁路，推进连接凭祥、东兴、龙邦、磨憨、瑞丽等口岸铁路建设。实施口岸公路扩能改造，提升集疏运公路技术等级和通行能力。努力打通经广西通往中南半岛的交通瓶颈，构建面向东盟的国际大通道。

第二节　推动通道与产业融合发展的物流体系政策

"道路是骨骼，物流是血液"，通道与产业的融合发展离不开物流运输这一关键纽带，推进西部陆海新通道高质量发展，物流至关重要，要着力提升当前物流效能，提升物流枢纽建设层级与标准，培育大型物流企业，优化物流平台经济，拓展通道沿线省份及跨地区（跨境）物流合作。加快推进通道物流体系的发展，为通道与产业融合发展提供强有力支持。

一、提升物流枢纽建设层级，优化物流枢纽综合功能

高层级枢纽通常意味着更广的要素集聚、辐射能力及范围，从而更好地服务于经济发展及货源组织。

（一）大胆论证，努力争取更高层级枢纽建设

针对目前西部陆海新通道物流枢纽整体规划层级不高的现状，要加快从服务国家"一带一路"、中国—东盟、西南开放门户，"双循环"重要节点等区位优势出发，综合论证、高位推进高层次运输物流枢纽论证工作，积极争取西部陆海新通道现有运输物流枢纽，特别是铁路、航空、港口等的运输物流枢纽，让更多的项目进入国家新的运输枢纽规划布局建设的第二层次以上阵营。

（二）高质量规划打造现有物流枢纽、物流园区，强化北部湾港运输通道内全覆盖

对标广州、上海、武汉、郑州等国家中心城市运输物流枢纽、园区、站场等规划、布局、建设和运行管理，吸纳、运用高质量物流枢纽建设经验。沿线各省有关政府部门要对通道内的物流园区实行统筹规划，合理建设，按需发展，推动北部湾港在西部陆海新通道内具备发展潜力和货源生成优势的地区建立内陆港和货运点，实现北部湾港对通道内腹地有效覆盖。

（三）扭转"重建设、轻流通"的局面，加快多功能运输物流枢纽建设，增强物流枢纽综合竞争

当前西部陆海新通道物流体系建设过程中可能存在一定的"重建设、轻流通"，针对这一问题，要积极树立"得枢纽-聚物流-强通道"意识，强化对物流的重视，同时要超前谋划，统筹布局，深刻发掘现有城市的潜力与优势，加快建设多中心叠加性运输物流枢纽，将重要运输物流枢纽定位规划为物流、生产、金融、信息等多重中心建设和运行。高度重视体系的枢纽性、平台性、

智慧性，交通、金融、智能制造等产业的融合性，交通、商贸供应链的完整性等。如此才能高质量推进物流建设，切实服务于西部陆海新通道建设与产业融合发展。

二、提升物流产业战略性地位，打造物流龙头企业

物流对西部陆海新通道与产业融合发展提升具有直接影响，要进一步提升物流产业战略地位，解决当前物流产业市场竞争质量不高、不充分问题。

（一）着力提升物流产业战略地位

要进一步增强道路货运物流业作为通道沿线省份经济社会基础性、先导性、战略性、支柱性作用的认识，推进物流列为通道各省市优先发展的战略性支柱产业，依托各省物流业发展规划的物流发展空间布局，精心系统设计、培育、建设一批高质量、高等级货运重大关键性物流项目，推进将项目纳入国家建设和重点支持建设范畴。

（二）着力解决物流服务市场竞争不充分的问题

北部湾港是西部陆海新通道的核心桥头堡，西部陆海新通道海运对铁路优势产生挤出效应的一个重要原因就是当前北部湾港在航运服务方面仍存在第三方企业服务收费偏高，物流企业尤其是直接参与港口运输服务的企业竞争不充分。要着力解决这一问题，促使北部湾港综合物流成本进一步下降。其一，千方百计吸引世界百强、国内50强物流企业及骨干物流企业到通道沿线省份设立总部、地区总部及分支机构；其二，引导、培育、支持通道沿线省份大型国企转型发展成为集铁、水、空港业、交易中心、供应链产业、智能物流制造产业园区为一体的千亿物流产业上市集团企业。

三、着力推进平台建设，壮大物流信息交换和共享平台

当前通道地区物流信息与数据平台共建共享，取得了一定进步，但仍然难以满足发展需求。为此，西部陆海新通道需要着力突破物流发展服务平台数量与质量限制，壮大物流发展的平台支撑，推动西部陆海新通道与产业融合发展。

（一）推进优质平台企业培育

依托贵州大数据平台、中国—东盟信息港，建设中国—东盟物流信息平台，积极推进全社会物流信息资源的开发利用，鼓励发展物流大数据产业，鼓励物流信息的商业化开发，支持物流服务平台创新运营服务模式；筛选、培育通道领军性平台企业，加大扶持力度，强化平台企业的龙头带动，积极支持中

小物流平台创新创业，支撑服务平台体系发展。

（二）推动物流平台供给与需求深度对接

鼓励现有电子商务平台积极对接市场，鼓励物流企业主动通过物流平台获取相关信息、拓展业务，并对双方税收、资金等方面给予引导、扶持和优惠。

（三）推进物流信息共享

整合铁路、公路、民航、邮政、海关、检验检疫、中小企业等信息资源，建立全区物流信息采集、交换、共享机制，促进行业、园区、企业物流信息与自治区、国家物流公共信息平台的有效对接，实现资源共享、数据共用、信息互通。

四、扩大物流领域合作，协同共建物流体系

发展壮大通道物流产业体系，推进陆海新通道与产业融合发展，还需要进一步加强区域合作。

（一）强化与东盟物流领域合作

充分发挥"南宁渠道"的作用，利用通道省份现有的各种合作平台和合作论坛，诸如中国—东盟博览会、中国—东盟物流合作论坛、中国—东盟电子商务峰会等平台，推动与通道与东盟各国的物流合作。推动建立中国—东盟营运立体化的物流网络服务体系，以物流企业为主体构建物流供应链管理模式，共同出台相应配套政策。支持物流企业"走出去"，在东盟设立海外仓等境外物流节点。加快中国—东盟港口城市合作网络建设，推动各港口城市之间形成航运物流圈。

（二）推动与非通道省份物流领域合作

推进通道与其他省份物流合作至关重要。2020 年 7 月，"西部陆海新通道物流产业发展联盟"成立，要积极加强与相关省份和地区深化合作，建设西南中南地区"无水港"及物流网络，大力发展海铁联运，通过政策沟通促进货物流通。

第三节　推动通道与产业融合发展的产业园区政策

园区建设是产业发展的空间依赖，随着产业进园成为发展的趋势，良好的园区建设将成为促进通道与产业融合的又一关键所在。

园区建设要重点从三个维度进行推进：要有高水平的园区建设，要有与高水平园区建设所匹配的园区招商策略，还要有有效的园区建设的管理与运营方案。如此方能推进通道与产业在园区的真正落地、发展、壮大，实现通道与产业的融合发展。

一、高水平的产业园区建设

现代产业园区是区域产业的关键平台，是区域经济产业化的必然趋势，在很大程度上代表着区域产业的发展水平和质量。

（一）进一步加强产业园区基础设施建设

积极争取各项资金，加强产业园区路、水、电、气、网、土地平整等基础设施项目建设，分级推动"五通一平""七通一平"工程。加快建设产业园区公共基础设施，如环保综合设施、固废处理、集中供热等，增强产业园区的吸引力。加大标准厂房建设，以高水准、专业化、符合产业项目建设需求为标准，重点支持建设重点产业集群、关键产业链强链补链重大项目配套的定制标准厂房，吸引高新技术企业的"轻资产入驻"。

（二）以新基建赋能产业园区数字化转型，打造智慧型现代产业园区

新型基础设施是以新发展理念为引领，以技术创新为驱动，以信息网络为基础，面向高质量发展需要，提供数字转型、智能升级、融合创新等服务的基础设施体系。积极推动5G、人工智能、物联网等新一代信息技术在传统基础设施建设和运营中的应用。以信息技术为基础，围绕产业园区主导产业需求，加强公专协同的网络设施建设，推进行业计算设施和行业感知设施部署，推进传统基础设施智能化改造，深度挖掘和提升传统基础设施服务能力，重构服务供给与公共管理体系。

二、高水平打造产业园区招商

"筑巢引凤"，以高水平园区建设，筑牢招商落地磐石。园区的配套设施建设是企业入驻的"定心丸"，产业园区招商引资是一项有规划有策略且长期的过程，打造出园的优势和特点是吸引企业入驻的必要条件。高水平打造西部陆海新通道园区招商模式，做好产业链延伸的园区配套，要着力解决如下几个问题。

（一）高水平打造一支强有力的园区招商队伍

招商团队在招商引资工作中起着关键的作用，其能力和素质的高低对于园区招商成功与否至关重要。要加强招商个体能力训练，提升其招商专业知识和技巧，提升个人毅力、勇气以及妥善解决问题的能力。要进一步强调团队的协作能力，通过组建优秀的招商团队，实现团队成员的取长补短，打造一支团结

协作的高水平园区招商队伍是推进西部陆海新通道园区招商的重要环节。

（二）丰富招商资源库

招商资源是打造高质量园区招商的又一重要砝码，建设信息资源库有利于顺利实现招商。要常态化建造招商信息资源库，通过线上和线下联动进行信息跟踪，不断丰富和更新招商信息。招商信息资源要包括产业发展信息、招商对象信息，还应尽可能掌握竞争对手信息。同时要对信息进行分类，将信息划分为重点跟踪型和一般跟踪型。对于重点跟踪型企业信息要密切跟踪，及时跟进，随时了解信息变动情况；对于一般跟踪型企业信息可以按周期进行跟踪更新。同时，招商信息资源库对内部招商人员要全部有限共享，以帮助招商人员能够更好地与园区需求进行匹配，实现招商资源的有效共建共享。

（三）建立有效的园区招商工作机制

良好的工作机制是招商成功的制度保障。首先，招商机构要与服务园区建立良好的联席工作机制，通过组织保障实现双方在园区宣传推介、招商工作及要素保障等方面的协调联动，以实现目标一致的工作效果。其次，招商机构要建立完善的考核机制，对招商人员的工作和成绩进行考核，确保招商工作的有序高效。再次，招商机构要建立良好的招商激励机制，对项目信息引荐人、招商实施人员等对招商工作做出贡献的人员给予精神或物质奖励，以调动个体的积极性和主动性。

（四）要明晰产业园区的产业定位

精准的定位策略对西部陆海新通道园区招商的高效推进，具有重要前置功能。园区产业定位为招商机构指出努力方向，是行动的纲领，是园区招商能否顺利进行，园区后续发展是否顺利实现的重要前置因素。为此，西部陆海新通道各地的产业园区定位要科学，明确的招商定位可方便招商人员在寻找合作企业时更具针对性，提高项目落成率。例如，制造型企业对地理位置和交通区位要求更高一些。因此，要加强其物流配套，增强园区自身的物流功能，防止落入单一功能弊端。

三、创新产业园区运营管理模式

高效的园区运营与管理，要打破传统园区和集群发展的管理模式，引入新模式。探索多样化园区运营管理模式和路径，打造高质量的园区管理模式需要重点着力以下几个层面。

（一）扎实推进园区专业化管理新模式，提升发展活力

积极探索推行专业化园区运营商管理模式。这种模式下，园区管委会和政

府平台公司只需要对接专业化园区运营商即可。探索划定专业区块，通过政府购买服务的方式，面向全国公开选聘园区专业运营管理团队，由专业团队进行招商运营、企业培育、管理服务，通过每年设定园区建设发展目标对外包团队进行绩效考核，并根据绩效支付服务费。探索股份制园区，划定专业区块供客商投资土地开发以及基础设施建设。积极推动园区管委会向产业服务者转变，精简内设机构，实行扁平化管理和"一站式、一条龙"服务。专业化园区管理模式能够有效提升园区管理效能，提升运行质量，更好地服务于产业集群建设。

（二）不断推进园区去行政化管理，深化市场化改革

实现通道与产业的融合发展，园区建设及其管理至关重要，要积极推进高质量的园区管理。当前西部陆海新通道产业园区众多，但存在较为明显的园区管理不同频、不同轨的问题，为此，要积极学习先进地区建设与管理经验，对标大湾区科技城（园）、创新合作区的管理模式，加大全区各类开发区的去行政化改革，加快国际化进程。紧跟世界眼光、国际标准的快速变化，把通道沿线重点园区推向国际市场，以国际规则"倒逼"全区各类开发区管理体制、创新管理机制的深度改革。按"国际+"要求，加快推进通道沿线各类开发区的去行政化管理，构建与大湾区接轨的市场化运行生态，并通过国际技术转让、合资合作、技术参股等方式借力大湾区管理创新经验，催生新技术、孵化新产业。同时，面向大湾区，特别是深圳、东莞、广州等市，招聘开发区专业运营商，结合西部陆海新通道实际，动态梳理对比、学习、移植大湾区的创新管理生态与管理创新模式。

（三）要积极打造一批园区改革新样板、新典范

2021年，广西防城港市在全区率先引入开发区的去行政化改革，要以此为契机，积极总结和推广防城港在园区建设过程中相关的成功经验，加快西部陆海新通道现有多类园区的去行政化改革，引入市场化，进行开发区体制机制改革，高效建设产业集群延伸配套的园区载体。

（四）探索园区建设利益共建共享机制

良好的管理和运营离不开有效的利益分配机制，高质量推进西部陆海新通道产业集群配套延伸建设，要特别注重构建合理的多方利益共建、共享机制。目前，国内合作共建园区共享利益的方式，针对合作参与者在生产总值、财税、土地收益等方面的利益分成采取按比例分成、分期按比例分成、比例分成+产业基金、按股份分成四种模式。建议学习借鉴国内其他城市跨区域合作共建产业园的经验做法，西部陆海新通道相关省（区、市）要做好相关等次设

计，不断制定并优化跨区域产业园区共建双方的园区建设管理责任分担以及经济指标统计、财税收入分成的指导意见，在园区的建设、运营、收益上，形成双方责任共担、利益共享的激励机制。探索"一企一策"的个性化利益共享机制政策导向。探索建立跨区域投资、税收等利益争端处理机制。

第四节　推动通道与产业融合发展的产业链政策

产业链对于经济发展至关重要，完整与高质量的产业链建设是产业向高端、安全迈进的必然要求也是必然结果，推进通道与产业融合发展需要有科学及高质量的产业链建设，如此方能在西部陆海新通道全域内形成产业发展的有效空间分布和合理梯度要求。

一、精准推进通道地区重点产业集群发展

要积极推进通道重点产业发展，以打造高端、完整产业链为指引，推进绿色化工新材料、电子信息、机械装备制造、汽车、高端金属新材料、精品碳酸钙、高端绿色家居、生物医药、轻工纺织等产业集群建设取得重大突破，打造全产业链，构建产业链协同发展生态。

（一）强化产业链，增强产业核心竞争力

要立足产业链优势环节，主动寻找产业链中的高附加值环节，进一步增强优势，获得产业链发展的主动权。一是应立足现有优势，根据通道区域经济发展特点和产业布局，夯实绿色化工新材料、电子信息等产业集群的发展基础，充分发挥产业集群优势，着力提升传统产业链，增强产业链的竞争力。二是推动产业集群加快向高端化、智能化和绿色化转型升级，推动制造业与新一代信息技术的深度融合，强化产业集群的数字化转型。三是着力打造新兴产业链，以面向未来的高新技术产业为突破口，精准施策，深耕细作，培育和打造一批有利于通道省份制造业跨越式发展的新增长极。四是要树立全球化竞争意识，在新时代高水平开放合作中巩固和提升产业的国际竞争力，扩大产业的影响，逐步成长为全球产业链价值链供应链中具有重要地位的组成部分。五是要做大做强龙头企业，培育产业链"链主"。"链主"是产业链中最为核心的企业，是引领产业发展方向、制定产业技术标准、决定产业发展水平的关键力量。要大力支持行业龙头企业做大做强，鼓励企业合并重组，培育一批掌握关键核心技术，拥有自主知识产权，具有强大品牌影响力，同时市场占有率较高的龙头企业。

（二）构造新产业链，提升产业链生命力

要立足区域重点发展的产业方向，积极培育或引进产业链龙头企业，并以之为核心进行辐射与延伸，打造全新的产业链过程。我国在中美贸易摩擦及全球经贸格局重塑的巨变时代，能够保持对外贸易、引进外资和对外投资的稳定增长，根源在于我国拥有较为完整的产业链。推进西部陆海新通道产业竞争力的提升，必须以构建全产业链条为着力点，持续增强产业的生命力。一是要以"有所为有所不为"的辩证思维锁定重点，聚焦一批高新产业集群，促进产业环节间有机联系，推动区域产业网整合，提升企业产品、技术关联度，促进资源优化配置。二是做大产业规模，为产业链延伸预留空间，积极释放龙头企业作用，提升产业集聚度，提升产业集群的生产能力。三是建好载体，完善产业链发展配套服务。按照规模化、特色化、市场化原则，优化产业规划和功能布局，强化产业孵化基地、技术创新中心、现代物流网络、现代信息网络等基础设施建设，创新产业组织和服务体系，为全产业链发展夯实基础平台。

（三）拓宽产业链，增强产业发展风险抵抗力

要依据范围经济原则，充分发挥产业在相关产品生产的优势，积极拓展产业链宽度，提升产业链的横向关联能力。通道产业基础相对薄弱，产业链拓宽任重道远。一是瞄准优势产业，不断拓展产业链的覆盖范围，提升产业链的稳定性。二是深度挖掘产业链资源，充分利用范围经济的概念，积极拓展产业的产品系列，并围绕拓宽的产品系列积极延伸产业链。三是积极开发新产业链。通道省区在新经济方面具有极大的潜力，可以考虑立足数字经济，抢抓产业数字化和产业数字化的契机，积极培育新兴产业、未来产业，不断挖掘经济新的增长点。

（四）补强产业链，全面提升产业发展短板

要基于已有一定基础的产业链，立足强化优势产业环节竞争优势，瞄准产业链的短板、弱项或缺失环节，从纵向产业链的视角进行有针对性的产业链环节引进、培育。补强产业链旨在推动产业向上、下游环节延伸，打造纵向较为完整的产业集群，提升产业链的可持续能力。目前，通道优势产业往往具有链条短、议价能力弱等特征，亟须提升产业链短板，增强产业竞争力。一是促进制造业创新能力提升的政策体系，比如加快国家级、省部级等制造业技术创新中心建设，强化技术改造的资金支持，充分调动企业积极性，按照市场化原则，全面发挥政府资金的杠杆作用，促进制造业创新体系的完善，为产业链延伸奠定基础条件。二是积极推进产业技术再造工程，瞄准产业链中具有共性的短板、弱项，通过创新科研攻关机制，组建政产学研用协同攻关小组，集中优势力量攻克关键共性技术。

二、大力提高通道产业集群创新能力

（一）打造产业集群创新网络，完善产业集群发展的动力机制

当前，中国经济社会发展已经全面转向创新驱动。提升创新能力是产业集群发展的核心动力，是提升产业集群竞争力的根本途径。通道产业集群创新，应顺应产业技术发展的基本趋势，构建以企业为主体，以市场需求为基本导向，政产学研用深度融合的现代技术创新体系。注重发挥产业集群间创新网络作用，以集群核心企业或骨干重点企业为龙头推动产业共性技术研发平台建设，协同推进行业关键技术攻关，形成技术外溢和转移的机制，在提升产业技术水平的同时提升协同创新能力。引导企业积极参与或主导行业标准、产品标准制定，为产业集群沿价值链攀升，走向价值链高端奠定坚实的基础。

（二）强化对产业集群创新的支持

充分发挥政府作用，从产业集群的价值链关联、创新网络等出发，强化产业政策与其他经济政策的联动，完善产业集群创新体系。并根据不同产业集群在不同发展阶段的特征，制定差异化的产业集群创新能力提升支持政策。丰富政府支持产业集群创新的方式，系统出台包括财政补贴、税收优惠、政府购买和公共平台建设等支持政策。

（三）营造产业集群创新的优越环境

严格区分政府和市场的职能，深化市场经济体制改革，充分发挥市场在创新资源配置中的决定性作用，着力营造公平竞争、规范的市场环境。按照产业集群成长的基本规律，结合通道不同省份、不同地区的区位优势、资源优势，创新产业集群组织模式，科学制定区域产业集群发展规划，优化产业空间布局，避免区域产业间重复建设，注重产业互补及协同，实现产业、区域的协同发展。加大产业园区体制机制改革，深化招商模式变革，促进产业集聚发展，不断扩大产业集群规模，同时强化集群内企业和政府、高校、科研院所、行业协会、中介服务机构的经济及技术联系，营造优越的产业创新环境。

（四）打好关键核心技术攻坚战

要加快布局建设一批重大科学基础设施、产业创新综合体、新型研发机构，加快通道产业技术研究院建设发展和化工研究院、轻工研究院等科研院所创新发展，推动各种等级实验室建设，争创一批国家重点实验室，进一步夯实产业创新公共平台。建立产业链关键技术攻关清单，精准发力，攻克一批制约产业高质量发展的"卡脖子"技术。瞄准汽车产业、金属新材料产业、电子信息产业、生物医药产业等产业链中的关键核心技术，出台科技攻关揭榜制

度，鼓励企业、高校、科研院所等组成科研攻关共同体，协同突破关键技术。

三、多措并举提升产业集群产业链现代化水平

（一）大力推进工业互联网建设。要积极推动通道各省合作共建工业互联网，形成通道与产业融合的新生动力

一是要加快推动工业互联网在企业的融合及应用，推动工业企业上云平台，深入推动企业数字化进程，推动企业围绕工业互联网开展研发、设计、销售等经营活动。二是全力打造通道工业互联网（云）平台等公共基础性平台。加强底层技术研发，重点突破多任务协同及技术与交互控制技术，提升信息交互效率，从而提升工业互联网赋能产业集群发展的能力。三是加快推动"5G+工业互联网"融合发展，充分发挥 5G 优势，构建以 5G 为基础的创新生态，通过联盟、创新中心等平台为产业集群企业搭建良好的合作平台。四是建设工业互联网标识体系，建设以规模化、标准和低成本化为导向的工业互联网标识体系，加快与行业深度结合的规模化应用。

（二）以两化深度融合推动产业高质量发展

一是夯实两化融合基础设施，加快 5G 网络布局，推动各省合作共建高等级工业互联网大数据中心，探寻以贵州大数据、广西东盟信息港为基础载体的跨省区工业互联网、数据信息网，从而提升工业互联网网络支撑能力。二是大力推进两化深度融合发展，加快工业企业内网改造升级和企业全链路数字化改造，推动两化融合新型管理水平提升。切实推动制造业与互联网融合发展，加快传统产业数字化、网络化、智能化的发展。

（三）推进产业集群的数字化转型

依托现有重点发展的产业集群，积极谋划开展产业集群数字化转型试点工作。一是组建企业联合体，依托通道各省市现有工业互联网平台，支持龙头企业、供应商、第三方服务机构组建企业联合体，针对联合体的共性需求开发推广数字化解决方案。二是统筹规划产业集群数字化转型，从全产业链维度精准把握集群未来产业转型趋势和技术、产品升级路径，聚焦关键业务，找准应用场景和切入点，提出行业级数字化解决方案。三是发挥典型企业的示范作用，选取集群内骨干企业，先行试点数字化转型解决方案，通过优化提升，打造行业标杆，进而带动产业集群内其他企业迅速跟进，促进整个产业集群的数字化转型。四是全面推动产业集群数字化转型，在试点基础上，将优化的解决方案全面推广，形成规模效应和示范带动效应，打造较为完善的产业链、价值链、供应链、创新链、人才链、资金链等融合的生态服务体系，实现产业集群的数

字化转型。

四、协同推进产业链跨区域合作建设

（一）对接长江经济带，拓宽东向产业链合作建设

一是充分发挥西部陆海新通道、湘桂走廊等通道的战略作用，大力开展交通基础设施建设，进一步畅通产业合作建设的基础通道。着力畅通物流体系，积极引导相关产业的物流通过北部湾港出海，提升物流产业链的竞争力。二是强化与长江中游城市群的联系，通过多种方式吸引湖南的智能制造业，湖北的新能源、新材料、航天航空、汽车等产业到通道省市布局，深化产业间合作。三是加快融入长三角产业链，充分发挥资源优势，积极承接长江经济带产业转移。

（二）对接粤港澳大湾区，拓宽南向产业链合作建设

全面对接粤港澳大湾区，推动产业高质量发展，对于通道部分省市诸如湖南、贵州、广西等具有重要意义。一是加快构建高效便捷的对接大湾区立体化交通通道，加快推进公路通道建设、铁路通道建设、水运通道建设、航空通道建设以及通信通道建设。二是全面加快产业协同发展，进一步完善粤港澳大湾区企业"西行"的支持政策，务实推动精准产业承接转移合作。三是加快通道省市承接产业转移平台建设，重点推动粤桂合作特别试验区、广西东融先行示范区、湖南郴州产业转移示范区建设，延伸拓展粤桂黔滇高铁经济带合作试验区建设，加快推进"两湾"产业融合发展先行试验区等建设。

（三）对接RCEP和东盟，推动产业链跨国合作建设

积极利用RCEP与东盟建设契机，充分发挥通道与东盟国家边海相连的优势，推动积极构建和稳固的区域产业链、供应链，推动汽车、钢铁、冶金、高端绿色家居等传统优势产业和电子信息、生物医药等新兴产业延伸产业链。加强外资的引进，同时积极推动与RCEP国家的产能合作，推动双向投资稳健增长。一是构建面向东盟的标志性跨境产业链。重点构建跨境电子信息、化工新材料、中药材加工、汽车和新能源汽车跨境产业链，积极谋划构建橡胶、棕榈油、木材、水果等东盟特色产品加工产业链，开展标志性跨境产业链"建链"行动。例如，在电子信息产业维度，打造"日韩/长三角/粤港澳大湾区/成渝地区双城经济圈—广西—东盟/全球"跨境产业链枢纽节点。二是加快跨境合作产业园区建设。加快建设百色、东兴、凭祥国家重点开发开放试验区，在自贸区钦州片区及与越南接壤的边境地区建设一批跨境产业园区，高质量推动中越跨境经济合作区、防城边境经济合作区、防城港国际医学开放试验区、崇左

两国双园等建设。三是加大对 RCEP 和东盟国家招商引资力度。以通道各省市产业发展规划为依据，结合产业发展基础，制定 RCEP 国家招商国别引资行动计划或方案，建立完善针对 RCEP 的外资招商项目库和企业库。积极推动在 RCEP 重点国家建立投资促进代表处，建立常态化委托招商合作机制。创新招商模式，鼓励市场化、专业化的中介招商、委托招商。加强与东盟行业协会及华人华侨商会的对接联系，与 RCEP 和东盟国家组织开展联合投资促进活动，拓展引资渠道。

第五节　推动通道与产业融合发展的人才科技政策

人才是推进通道与产业融合的关键，人才的适用性和多样性将是快速有效实现通道与产业融合的十分重要的政策发力点。推进西部陆海新通道与产业融合的人才策略需要重点发力在如下几个方面。

一、优化人才培养的顶层设计，提升育才的科学性和前瞻性

（一）厘清制定人才发展与需求规划，研究制定产业集群配套建设人才动态需求清单

通过广泛咨询研究制定西部陆海新通道经济社会发展人才清单，编制高端紧缺人才开发目录，定期公布人才目录和人才需求目录，引导供需双方联系。更好地吸引国内外优秀人才，对人才清单进行 2—3 年的定期更新，以更加有效和聚焦的方式配合产业建设与通道发展，推进通道经济发展。

（二）编制高层次人才中长期规划

牢固树立人才引领发展核心理念，研究和编制高层次人才引进、培养和使用规划，优化高层次人才引领发展的总体思路、战略架构、发展目标、重点任务和保障措施等，积极推进高层次人才结构战略性调整与提升，为推动通道与产业融合提供有力人才支撑。

二、建设一支高水平的领军人才队伍，形成头部引领

（一）建立人才对口合作交流机制

加强与长三角、粤港澳大湾区城市建立人才对口合作交流机制，持续推进"长三角、粤港澳英才引进计划"，强化专业人才的培养和吸引，鼓励长三角、粤港澳优秀青年科学家到通道沿线省市开展科研工作。积极吸引鼓励优秀人才

参与通道建设，在青年创新人才科研专项中，开辟针对长三角、粤港澳大湾区高水平大学毕业生的支持政策，吸引高水平大学研究生落地沿线地区工作。

（二）高度重视中高端人才精准引进

坚持需求导向，围绕通道制造业产业链和价值链发展需求，实施精准引才行动，建立企业引才清单，实施"菜单式"精准引智，积极开展国内外专才特聘、英才招聘，面向国内外招聘急需的相关领域、行业的领军人才和团队。以国家级产业园区（经开区和高新区）为试点，围绕园区规划的重点产业，探索建立"以产业引才、以项目引才、以岗位引才、以服务引才"相结合的产业领军人才引进机制。采取柔性流动方式引进所需人才，创新高端人才管理、考核评价机制，营造有利于引进中高端人才的环境。

三、深化产教融合，推进人才培养供给侧改革

以人才推进西部陆海新通道建设与产业发展，不仅需要吸引外来人才，更需要制订"人才内培"计划，实现"自我育才"，注重高校建设与企业发展的衔接与融合，建设服务产业需求侧的优势学科和专业群。要重点围绕企业发展与产业壮大，产业链升级，产业链配套延伸设置专业和学科，实现人才培育与需求无缝对接。

（一）实施重点学科建设工程

瞄准通道沿线省市技术先进、带动力强、品牌影响大、有市场话语权的大企业大集团，政府主导建立"龙头企业+重点学科（专业）"校企合作联盟，在本科高校中选择若干重点学科，与龙头企业联动，针对性培养高层次创新型人才；在高职院校高水平专业（群）中选择重点专业群，建立"校企共同体"协同机制，实现龙头企业联动学校、专业（群）、教学团队、实训基地，联合实施高水平创新人才与技术技能型人才培养，以及龙头企业在职员工技能提升培训，助推本土龙头企业上规模、上档次、上水平。

（二）实施急需专业建设工程

建设若干面向产业内部的急需学科和专业群，对应补齐拉长做强糖业、康养产业链等的需求，搭建对接产业链上下游各个链条的学科和专业链；建设若干面向产业之间的专业群，围绕一、二、三产业融合发展的智能化改造升级发展趋势，建设包括面向产业之间的云服务等专业群；建设若干面向新兴领域的专业群，辅助新兴产业的链条建立，提前通盘谋划好面向新兴产业全链条的人才供给布局，提高人才培养的集中度。

（三）建设特色学科（专业群）

校企合作围绕通道沿线省市现有产业基础和资源禀赋，高标准建设若干面

向产业集群的特色鲜明、优势突出、带动力强的特色学科和专业，服务产业集群发展。

四、完善人才公共服务平台

（一）高效构建人才创新创业平台

依托沿线各省市社科研究智库、高校，全力打造高端智库和创新创业服务平台。鼓励有条件的企事业单位与高等院校、科研机构合作建立科研平台，集聚高层次研发人才，提高核心竞争力。对新认定的国家级工程技术研究中心、重点实验室、工程实验室、国家地方联合工程中心、国家级产业技术创新战略联盟等创新平台实施奖补；对新认定的省级工程技术研究中心、企业技术中心、重点实验室、博士后科研工作站及产业技术创新战略联盟等平台实施奖补。鼓励和引导高校、企业、科研院所和社会力量新建或改建场地建设双创孵化基地，搭建双创公共服务平台。

（二）建立人才大数据平台

建立高层次人才建设大数据监测和服务体系，打造基于大数据的西部陆海新通道"人才云"。通过大数据分析手段准确了解和动态掌握人才供需情况，通过设立人才专栏，主动发布人才供求信息等形式，为高层次人才流动提供平台支持。建立可靠、准确、庞大的人才数据库，明确和细化各类人才需求和供给，前瞻性储备人才，完善人才服务网络，打造人才服务品牌。对重点领域的领军人才、领军企业、企业家、创新创业团队等，"量身定制"招才项目，实行人才工作项目化管理。通过人才大数据来分析和制订人才战略规划，服务通道与产业建设。

第六节　推动通道与产业融合发展的区域合作政策

西部陆海新通道沿线包含多个省（区、市），而要素自由流动与产业良好发展需要建立在无阻碍的空间基础上。换句话说，推进通道与产业的融合，需要自由的发展空间，这既可以有效缩减要素流动的成本，又可以破除发展的空间障碍，从而推进产业与通道深度融合，促进高质量发展。因此，要不断推进通道沿线区域的开放合作水平，形成通道与产业融合的协同共建。

一、优化顶层设计，深入推进跨区域合作

（一）完善通道省份国际合作机制

推进西部陆海新通道与产业融合要注重经济发展过程中的外循环，港口合作机制是依托要素流动实现外循环，进而促进通道与产业融合的重要动力。因此，要升级建设 RCEP 国家港口城市合作机制。在 RCEP 框架下，积极推动更多东盟港口加入中国—东盟，尤其是通道区域港口城市合作网络，并升级为 RCEP 港口城市合作网络，在港口运营管理、通关便利化海洋运输等领域深化交流合作，不断拓展港口服务网络，提升国际合作水平。

拓展提升国际合作平台功能。高规格举办陆海新通道相关国际合作论坛，利用中国—东盟博览会、中国—东盟"10+1"、泛北部湾经济合作论坛等机制，深化与 RCEP 其他成员国特别是东盟国家的合作，推进沿线国际贸易、国际物流、产能合作、金融服务、合格评定等领域务实合作，推动更多国际合作项目落地通道沿线省份。

深化通道沿线省份的自贸试验区先行先试和对外合作。广西、云南、四川、重庆、贵州等通道核心省份的自贸试验区要积极对接 RCEP 标准和规则，丌展贸易、投资便利化等改革创新。加快中马"两国双园"升级版建设，推动完善"两国"沟通机制、"双园多区"合作机制，推动石油化工、新能源汽车、特色优势农产品等跨境产业链供应链构建取得新突破。深化中马钦州产业园区金融创新试点，探索中国—东盟跨境金融便利化模式。

（二）进一步提升通道区域省际合作力度

要积极协同推进有利于通道与区域融合发展的有关战略规划。随着《西部陆海新通道总体规划》《"十四五"推进西部陆海新通道高质量建设实施方案》等的印发实施，从国家层面将重庆、广西、四川、贵州、云南、陕西、新疆、青海、内蒙古、西藏、海南等纳入西部陆海新通道联合共建范畴，推动沿线各省（区、市）的联动合作具备了进一步深化发展的战略支撑，随着西部陆海新通道建设持续深入，越来越多的省（市、区）都积极主动融入，目前已经形成了"13+2"格局，东中西部地区的全方位合作为高水平建设西部陆海新通道夯实了基础。今后，要将国家层面推动的省际合作机制落到实处，形成常态化联席会议制度，高位推进西部陆海新通道建设。2019 年 10 月，在重庆召开了西部陆海新通道省际协商合作联席会议第一次会议，达成了一系列协同推进西部陆海新通道建设的共识，为共同建好新通道提供了深入合作机制。着眼未来，要将西部陆海新通道省际协商合作联席会议建设成为常态性的沟通

机制，推动联席会议制度在协调解决跨区域重大问题、组织实施重大工程、研究制定政策措施等方面发挥作用。共同商讨新通道建设中亟须解决的问题。充分调动各省（区、市）参与的积极性，推动"共商、共建、共享、共荣"。

二、搭建并优化区域合作平台及利益共享

（一）充分依托贸易投资平台扩大合作开放

贸易平台对推动通道与产业融合具有重要作用。要积极依托中国—东盟博览会、中国西部国际投资贸易洽谈会、RCEP 会议、东盟峰会、澜湄组织机制，加强西部陆海新通道沿线省（区、市）与周边国家和地区之间的国际交流，推动通道真正成为国际贸易和产能合作的助力，实现依托产能和贸易的做大做强反向影响通道与产业融合的传导过程。依托中新互联互通项目三级合作机制，中新两国已经设立了共建陆海新通道高官会，在此基础上，建议进一步完善西部陆海新通道工作协调机制，促进跨国跨区域开放合作。加强国际交流平台对接，促进通道沿线各国高层互访、友城联动。推动陆海新通道与澜湄合作、东盟"10+1"、"10+3"及 RCEP 协定等机制对接，进一步促进并实现更高层面的互联互通、协同发展。

要加强重点项目对接，推动世界银行、亚洲开发银行、亚洲基础设施投资银行、丝路基金、中国—东盟投资基金等国际组织机构，加大对通道重点项目投入，促进更多资源要素向陆海新通道沿线集聚，着力培育开放合作新增长点。

（二）共建开放型跨境经济合作平台

推动通道与产业融合发展，既要发挥国内合作平台，也要充分利用全面对外开放的历史性机遇，共建高水平开放型跨境经济合作平台。当前，西部陆海新通道沿线省区同周边国家和地区建立了诸多的跨境产业园，成为推动西部地区对外开放的重要平台和纽带。例如，广西充分发挥毗邻东盟国家的区位优势，建设了中马钦州—关丹两国双园，成为推动国际产业合作的典范。同时，广西越南建设了中国东兴—越南芒街跨境经济合作区、中国凭祥—越南同登跨境经济合作区。这些跨境经济合作区，都在推动西部陆海新通道建设，对于促进西部地区扩大开放提供了重要的平台。

要构建发挥国家引导、企业主导、通道省份协同共建的跨境经济合作区开发建设机制。要充分发挥市场在资源配置中的基础性作用，让企业成为跨境经济合作区开发建设的主力军。要以通道沿线省份现有跨境经济合作区为主体，构建跨境产业链，推进要素、产业与空间的深度融合。

（三）构建省际产业利益共享机制

有效的利润分配和共享机制是维持和激励区域合作的动力。推进通道与产业融合，离不开通道沿线省份的合作共建，要积极探索适应广西及协同省（区、市）产业园区不同需求的合作模式及利益共享机制，细化财税分配方案，通过按比例分成、按股份分成及在此基础上提取产业基金等方式，调动多方参与主体积极性。建立健全园区合作长效机制，坚持以需求和优势分类对接、引导产业转移，统筹兼顾分工与分享。加快推进跨区域资质互认，消除企业认证标准壁垒。

进一步地，西部陆海新通道包含我国西部多个城市群，城市群是推动通道与产业融合发展的核心区域，因此，要探索构建城市群各城市之间的发展利益共享机制。要在兼顾城市群整体发展目标和各地区发展利益的基础上，探索建立各地区在产业协同发展过程中的利益共享机制，着力打造区域发展利益共同体，鼓励城市群各成员开展经济技术合作活动，着力优化技术合作过程中的利益共享机制。

三、提升通道省份统一市场建设合作力度

（一）破除行政壁垒，推动统一市场构建

要坚持二十大报告关于推进中国式现代化的总体路径，坚持市场化改革的总体方向。一是构建国内统一大市场，坚决破除地方保护和各种市场进入壁垒，推动西部陆海新通道沿线省（区、市）的市场运行和经济治理规则相互衔接，不断提升沿线省（区、市）市场一体化水平，促进人才、资金、信息、科技等要素资源跨区域自由流动，在新通道沿线省（区、市）内部形成基于市场力量的专业分工格局，同时辐射带动中部地区广泛参与西部陆海新通道的产业协作，进一步丰富北部湾港的腹地货源。二是构建新通道沿线省（区、市）要素协调配置机制，不断提升要素资源配置效率。各省（区、市）可以根据沿线产业经济发展需求与人口密度等关键指标，明确各省（区、市）土地等要素资源的供给，优化产业平台和产业园区空间布局，强化产业园区、重大项目等公共投资支持，不断引导各省（区、市）优势产业集聚发展。

（二）以产业园区为载体探索统一市场构建新模式

积极探索以产业园区为载体进行统一市场构建的合作模式和合作机制。以广西和四川合作为例，要以川桂国际产能合作产业园为试验田，深入探索推动区域统一市场构建过程中的合作新模式、新路径。一是充分发挥四川的优势，将四川的特色产业，优势产业引入川桂国际产能合作产业园，提升园区产业密

度，提升园区造血功能。二是充分发挥广西的地主优势，在财政、金融、税收、土地等方面给予全方位的优惠，以更大力度吸引四川的企业入驻，壮大产业集群的造血功能。三是加深产业园区与四川省内优秀企业之间的联络，打造深度捆绑的企业合作模式，推动四川产品经北部湾港走出去，积极扩大四川企业原材料国际来源，保障四川相关产业低成本、高质量发展需求。要以市场机制为纽带，着眼于国内国际双循环新发展格局和统一大市场建设需要，强化通道沿线政府企业合作，加强各省市政府、企业在统一市场构建层面的合作。

本章小结

推进西部陆海新通道与产业融合要制定科学、系统且行之有效的发展政策，本章在梳理前述研究内容的基础上给出了实现西部陆海新通道与产业融合的若干行之有效的策略。强调了持续优化基础设施发展规划的重要性，认为深入推进交通基础设施建设，保障通道要素流动与产业集聚，要坚持高层推动，深入落实以交通基础设施为核心的基础设施发展规划；要坚持立体推进，深化西部陆海新通道主通道基础设施建设，畅通西线通路，扩能中线通路，完善东线通路，加强通道内联辐射，推进通道对外联通。

强调了坚持完善通道与产业融合发展的物流体系政策的重要性。要不断提升物流枢纽建设层级，优化物流枢纽综合功能，大胆论证，努力争取更高层级枢纽建设，高质量规划打造现有物流枢纽、物流园区，强化北部湾港运输通道内全覆盖，扭转"重建设、轻流通"的局面，加快多功能运输物流枢纽建设，增强物流枢纽综合竞争；要不断提升物流产业战略性地位，打造物流龙头企业，着力提升物流产业战略地位，着力解决物流服务市场竞争不充分的问题；要不断推进平台建设，壮大物流信息交换和共享平台，推进优质平台企业培育，推动物流平台供给与需求深度对接，推进物流信息共享；要持续扩大物流领域合作，协同共建物流体系，强化与东盟物流领域合作，推动与非通道省份物流领域合作。

强调了推动通道与产业融合发展的产业园区政策的重要性。要不断推进高水平的产业园区建设，进一步加强产业园区基础设施建设，以新基建赋能产业园区数字化转型，打造智慧现代产业园区；要高水平打造产业园区招商，高水平打造一支强有力的园区招商队伍，丰富招商资源库，建立有效的园区招商工作机制，要明晰产业园区的产业定位；要不断创新产业园区运营管理模式，扎实推进园区专业化管理新模式，提升发展活力，不断推进园区去行政化管理，深化市场化改革，要积极打造一批园区改革新样板、新典范，探索园区建设利益共建共享机制。

强调了推动通道与产业融合发展的产业链政策的重要性。要不断精准推进通道地区重点产业集群发展，强化产业链，增强产业核心竞争力，构造新产业链，提升产业链生命力，拓宽产业链，增强产业发展风险抵抗力，补强产业链，全面提升产业发展短板；要大力提高通道产业集群创新能力，打造产业集群创新网络，完善产业集群发展的动力机制，强化对产业集群创新的支持，营造产业集群创新的优越环境，打好关键核心技术攻坚战；要多措并举提升产业集群产业链现代化水平，大力推进工业互联网建设，以两化深度融合推动产业高质量发展，推进产业集群的数字化转型；要协同推进产业链跨区域合作建设，对接长江经济带，拓宽东向产业链合作建设，对接粤港澳大湾区，拓宽南向产业链合作建设。

强调了推动通道与产业融合发展的人才科技政策的重要性。要不断优化人才培养的顶层设计，提升育才的科学性和前瞻性，厘清制定人才发展与需求规划，研究制定产业集群配套建设人才动态需求清单，编制高层次人才中长期规划；要努力建设一支高水平的领军人才队伍，形成头部引领，建立人才对口合作交流机制，高度重视中高端人才精准引进；要不断深化产教融合，推进人才培养供给侧改革，实施重点学科建设工程，实施急需专业建设工程，建设特色学科（专业群）；要持续完善人才公共服务平台，高效构建人才创新创业平台，建立人才大数据平台。

强调了推动通道与产业融合发展的区域合作政策的重要性。要不断优化顶层设计，深入推进跨区域合作，完善通道省份国际合作机制，进一步提升通道区域省际合作力度；要搭建并优化区域合作平台及利益共享，充分依托贸易投资平台扩大合作开放，共建开放型跨境经济合作平台，构建省际产业利益共享机制；要提升通道省份统一市场建设合作力度，破除行政壁垒，推动统一市场构建，以产业园区为载体探索统一市场构建新模式。

第六篇

广西篇

第二十三章　西部陆海新通道与产业融合发展：广西对策

广西作为西部陆海新通道的核心区域，近年来产业发展取得了长足进步，通道建设也同样成就喜人，作为桥头堡的广西北部湾港更是快速成长为全国著名港口之一。在这一形势下，产业与通道融合取得了显著成果，然而，由于多种因素的影响，广西在推进通道与产业融合方面仍然面临不少的问题和挑战。为适应新时代、新发展、新要求，切实推进广西快速实现通道与产业深度融合，本章在前面篇章的基础上，结合国内外经验借鉴给出了推进实现通道与产业融合的若干主要对策。

第一节　优化口岸功能，降低综合物流成本

物流成本直接关系到要素与产品在通道的流通以及进出口，有效的口岸功能和物流成本控制，将成为广西实现产业与通道融合的重要驱动力和比较优势。因此，要不断优化口岸功能，全方位降低物流成本，提升产品和要素的流动效率，降低流通成本。

一、进一步优化口岸功能，增强综合物流成本比较优势

（一）优化通关检验监管服务，进一步降低通关环节服务费用

继续探索、完善现有大宗商品通关检验监管模式，加快口岸系统互联互通和数据共享共用和"一站式"服务模式，强化服务环节费用收取监管与收费优化，降低服务成本。

（二）对标对表先进港口经验，进一步降低中介服务费用

深入实施"进一步降低北部湾港口中介服务收费"专项行动，对标对表新加坡港、宁波港等国际国内一流港口，实现中介服务收费达到国内一流港口

水平，力争达到国际先进港口水平。

（三）再造港口进出口环节流程，缩减通关时间成本

积极探索实施集装箱业务全环节对标提升攻坚行动，再造北部湾港集装箱进出口环节流程。进一步减少进出口业务环节、缩减流转纸质单证，减少集装箱进口、出口环节总体耗时。

二、创新口岸经济业态，增强通关服务功能及海运成本比较优势

（一）要注重口岸对现代航运服务产业集聚地培育，打造一体化港口服务生态圈

加强对航运金融、海事法律、航运咨询与信息服务等功能性机构的培养、引进，增强货物进出口过程中可能面临的突发性问题及不确定风险，提升服务能力和货源集聚吸引力。

（二）加密航线与航班，推进海运费用的有效降低

研究显示，与其他物流通道相比，铁路成本是西部陆海新通道的优势之一，为有效解决海运费用对物流综合成本竞争优势的反噬，挤出铁路成本优势，要重点加强与发达地区、发达国家优质航运服务企业的业务合作，增加服务船司数量，扩宽加密航线与航班，深入推进实现"船等货、天天班"，形成良好竞争，降低海运费用，提升竞争力，避免对铁路优势的挤出，从而全面形成综合性竞争优势。

三、推进口岸体系建设，降低口岸自身运营成本

优化口岸体系建设，以规模效应降成本。要推进广西全区尤其是边境开放口岸体系建设，加快功能指向型的各类特殊货物进境指定口岸申报和建设，进一步完善现有口岸功能，形成分工明确、相互补充的口岸集群，增强规模效应和集聚效应，降低自身运营成本，提升竞争力。

第二节　深度推进产业协同，提升区域产业竞争力

产业协同集聚对于促进广西实现通道与产业融合具有重要意义，它能够通过不同类型的产业互动与协调，更为直接地作用于产业融合，对于通道与产业融合具有基础性影响。

一、强化产业与物流协同，打造产业与物流深度融合的综合运输通道

当前，西部陆海新通道物流产业与制造业协同集聚程度不高，并成为制约产业与通道融合发展的因素之一。因此，为进一步发挥通道对经济发展的带动作用，实现要素资源高效集聚与流动，要针对性推进通道物流与制造业的协同发展，强化物流通道与产业、物流枢纽与产业、物流口岸与边境产业的同步谋划、协同布局。

（一）推动通道物流枢纽与临港产业融合发展

要加快推进南宁、柳州等交通枢纽临空、临港产业开发区建设，高质量打造空港、无水港经济开发区，强化枢纽与产业的协同发展。重视战略性新兴产业在交通与港口枢纽地区的培育、发展与集聚，适当降低通道各港口对于重化工产业的依赖程度，增加具有显著标箱提升效应的产业类型的培育与引进。

（二）创新物流与产业协同联动模式

高位谋划，积极推进设立西部陆海新通道（主通道）产业转移示范区，吸引东部地区产业向通道沿线转移，形成一批特色产业在通道沿线集聚发展。构建"东部发达地区研发与转移+西部陆海新通道吸收与制造+北部湾港口运输与集散"的全产业链。依托现有边境开放口岸，谋划推进广西沿边承接产业转移示范区、加快推进转型升级边民互市贸易"落地加工"，创新海运进口互市商品新模式，打造沿边跨境加工产业示范带，强化通道经济与边境经济的融合发展，提升物流与产业协同。

二、提升生产性服务业服务能力，推进制造业产业升级

除前面所述物流业与制造业协同之外，还要重视其余生产性服务业与制造业的协同发展。已有研究表明，推进制造业和生产性服务业的融合可以进一步推进制造业发展并提升其发展质量。

（一）提升生产性服务业贡献度

当前，广西处在产业转型升级的过程中，承接东部产业转移与自身产业发展为广西转型升级带来了机遇和挑战。然而，广西生产性服务业面临着诸如：规模较小、结构不合理，企业数量偏少、投资不足及投资结构不合理等问题，从而不利于制造业尤其是先进制造业质量的提升和规模的壮大。针对制造业中生产性服务业需求不足和生产性服务环节大量流失的问题，应抓住制造业产业升级的契机，提升生产性服务业对于制造业的贡献度，提升广西制造甚至广西创造的产品竞争力和市场拓展能力。一是，发展科技金融，技术研发通常伴随

着高风险、高收益，金融的本质是处理风险，金融支持有助于科技研发和成果转化；二是，发展"服务型制造"，加大对于技术密集型和知识密集型服务业的支持力度，将研发设计、信息技术服务、商务咨询等技术密集型服务业务融入制造业生产，助力制造业升级。

（二）开展生产性服务业区域合作

深入研究国家给予广西的开放政策以及区域性开放政策，以面向东盟和"一带一路"为契机，充分发挥广西"一带一路"有机衔接重要门户的作用，与沿线国家和地区积极开展服务业的合作，发展"金融、租赁"等生产性服务业并引导资金、土地等生产要素流入广西实体经济部门，大力推进生产性服务业的开放发展，为制造业升级提供支持。

三、加强与沿线省市产业协同，联合做大通道产业规模

要充分发挥区位优势、市场优势、资源优势、产业优势和特定类型的科技优势等，加强产业合作，全面参与全球产业分工，积极探索产业有效集聚模式和长效机制，形成具有国际竞争力的区域性生产网络。

（一）要重点推动西部省份合作共建高质量的跨省产能合作示范基地

鼓励沿线省份开展具有优势互补、优势叠加的产业合作园区建设，搭建产业合作平台。支持沿线省份在北部湾经济区建设"飞地园区"，依托"飞地经济"壮大通道产业合作共建的规模与质量。

（二）依托沿线传统和新兴重点产业基础，集聚要素资源，推进产业协作配套和资源优势互补

推动西部地区电子、建材、化工、汽车、钢铁等优势行业的产能提升和优化；推进大数据、人工智能、智能制造等战略性新兴产业的协同共建；加强农产品加工与运输的合作，合力打造一批海鲜、水果、粮食、木材等特色商品境内外物流分拨中心和区域性批发交易市场。

第三节　环保优先，推进通道与产业绿色融合

推动广西实现通道与产业融合发展，注重环境保护，大力发展绿色经济是应有之义。要着力加强如下几个层面。

一、加强绿色技术创新研发，提升绿色技术对资源环境承载力的贡献度

绿色技术创新是打好污染防治攻坚战、推进生态文明建设、实现广西绿色

发展的重要动力。要积极构建市场导向的绿色技术创新体系，重点发力如下层面：

（一）培养创新主体，提高绿色技术供给能力

要积极强化广西尤其是北部湾城市群企业绿色技术创新主体地位，深化群内已有企业的价值理念和生产模式的绿色转型，积极引导群内消费者对绿色产品市场的需求，推动形成供需良好互动的市场机制，提升群内企业绿色创新的基础动力。对内，要以强首府为战略契机，以南宁为核心引领，推动北部湾城市群6市共建"政、产、学、研"协同攻关的绿色技术研发-转化机制，带动全区实现绿色创新资源的共建共享。对外，要积极推动以南宁为主导，加强北部湾城市群与区外发达地区尤其是大湾区的对接合作，进一步提高对外部绿色技术资源（技术成果）的选择、消化、吸收和利用能力。

（二）优化绿色技术创新的市场环境，建立高效监管服务体系

要深入推进市场准入制度改革，鼓励企业以多种经营方式进入新一代信息技术、高端装备、新材料等重点行业以及高端产品生产环节，为企业绿色技术创新提供公平竞争环境。要提升行政服务效能、优化营商环境，减轻企业绿色技术创新的成本负担，切实维护绿色技术创新投资者、经营者的合法权益，营造透明高效、有利于绿色技术创新的服务环境。

二、加强环境规制区域协同联动，提升联防联控实效

环境规制对资源环境承载力提升，实现区域绿色发展具有重要作用。当前，在行政区经济仍为主流经济模式、属地治理模式效率低下的背景下，只有进一步推进区域环境规制协同联动，强化污染治理联防联控，才能更加有效地实现北部湾城市群污染的高效治理。

（一）加强区域环境规制协同联动，提升区域绿色创新水平

在人才、技术相对落后的广西，仅凭市场本身难以实现技术进步朝绿色方向转变。这就要求借助环境规制来有效诱导绿色技术创新，推动区域内绿色技术升级，构建具有一体化特征的绿色创新体系，从而推进广西资源环境综合承载力，夯实绿色经济发展的基础。其一，要推进制定全区各市环境规制相关文件对于绿色技术的纳入，并推动各市针对绿色技术的技术标准、改进目标、约束手段等方面形成统一对接。其二，各市要动态跟踪及调整应对全区统一层面出台的环境规制措施，实现不同行政层级的环境规制的统一性。其三，当群内某一城市处于清洁生产转型的优先目标下，则应主动跟进邻近地区的规制措施（尤其是当邻近地区的环境规制强度高于本市的），加强协同联动，实现区域

绿色技术创新有效提升。

（二）加强区域环境规制协同联动，严格管制污染型产业跨区转移

环境规制会引起污染产业转移，及其迁移规避效应，从而带来环境污染的跨界转移，这不利于广西乃至西部陆海新通道沿线地区环境污染的防治。因此，要制定异质性产业规制政策，并构筑产业协同监管机制。其一，各市政府要积极协同合作，在制定环境规制政策时，要增加高污染产业的迁移成本，降低其通过地区转移的方式实现污染转移和惩罚逃避的可能，通过"环保淘汰"或者"倒逼激励"二选一，针对性治理污染型产业在区内的转移。其二，建立北部湾城市群与广西其余各市在环保政策执行和监管的联动机制，推动地理位置相邻的地区产业规制同步协调，减弱污染产业在通道内部的跨区域（省区）就近转移强度，有效防止污染跨界转移。

（三）加强区域环境规制协同联动，确保污染协同治理的严格落地

增强广西资源环境问题的联防联控，不仅需要联防联控政策制定（环境规制）的协同，还要求针对大气、水、废弃物等主要污染进行协同治理，使得经过优化设计的制度得以落实。其一，要加强跨界水体污染治理。以小流域为单元推进水污染防治，重点加强云南、湖南、广西跨界河流，广西境内跨市河流的水环境综合整治，开展"钦北防"近岸海域水环境保护与海域污染治理一体化。其二，要强化区域大气污染联防联控。在现有空气达标成果基础上，进一步抓好治理成果维护，突出治理好大气颗粒物污染，力争城市群所辖城市空气质量全面持续达标、达优，要注意推进广西气象厅、环保厅、国土资源厅、自治区大数据发展局以及群内各城市相关机构在大气污染治理过程中的协同联动。其三，要加强固体废物无害化处置与资源化利用。以北部湾城市群化工、石化、有色金属冶炼等行业为重点，加强危险废物的无害化协同处置或利用。其四，要加强区域性发展规划的环境影响评价。密切跟踪近年来上升为国家战略的各种国家开发开放平台与各种发展规划的建设与实施对北部湾城市群陆地生态、西江流域生态、北部湾海域生态系统和环境的影响，实现对于不良环境影响的及时跟踪、反馈与针对性治理。

第四节　推进北部湾城市群产业融合，引导城市群高质量发展

城市群在区域经济发展过程中至关重要，其产生的引领和辐射效应，以及

区域协调效应能够有效促进区域协调共进。加快广西形成通道与产业融合发展，要积极推进北部湾城市群高质量发展，形成强大要素集聚与辐射能力，打造产业与通道融合发展的核心引领区。

一、协同谋划制定北部湾城市群产业发展规划，奠定融合发展的产业规划基础

城市群各市要构建产业融合发展协调机制，避免过度同质化竞争，促进城市功能互补。编制并完善北部湾城市群产业发展规划，形成一部规划、一张蓝图，明确各市产业定位和功能分工，促使各市产业规划相互衔接、相互协调，从政策上形成错位竞争、协调发展的格局，并从财政政策、投资政策、项目安排等方面形成具体措施。建立要素协调配置机制。发挥土地要素对产业的引导作用，土地指标要与城市人口和经济集中度相匹配，引导产业集中布局，集聚发展，优化区域土地利用结构与空间布局。加强跨地区产业链的融合。支持建设一体化发展和承接产业转移示范区，推动创新链和产业链融合发展，鼓励建立联合招商、共同开发、利税共享的产业合作发展机制。

二、推动建立北部湾城市群产业行业协会，促进城市群产业分工协作

积极推动建立北部湾城市群产业行业协会。充分发挥行业协会的桥梁纽带作用，制定统一的组织管理办法，建立有效的引导奖励机制，通过行业协会及时了解会员企业的发展思路、投资意向等信息，实现信息资源共享，促进产业链上下游均衡有序发展。推动南宁核心城市产业高端化发展。加快推动首府南宁集聚创新要素、提升经济密度、增强高端服务功能。通过关键共性技术攻关、公共创新平台体系建设等方式，加快制造业转型升级，重塑产业竞争新优势。以数字经济、金融服务、物流枢纽、大健康文旅、商务会展等为重点发展生产性服务业，推动二三产业深度融合，形成以现代服务经济为主的产业结构。推动北钦防沿海产业带和玉林、崇左腹地产业带制造业高质量发展。充分利用沿海沿边区位优势以及中小城市土地、人力等综合成本低的优势，优化营商环境，积极主动承接国际国内产业转移，推动制造业规模化、特色化、集群化发展，形成以先进制造为主的产业结构。用活用好政策，适度提高制造类企业集中的开发区配套用地比例，采取整体出让、集中开发等方式，推进各类新区、园区平台创新发展。

三、推动北部湾城市群数字产业融合发展

以中国—东盟信息港及中国—东盟自贸区信息中心及新技术基地建设为基

础，以国家面向东盟及全球的新基建实施规划为契机，完善并落实面向东盟、面向北部湾的新基建规划方案。坚持需求导向、问题导向、目标导向，从解决当前北部湾城市群发展面临的最迫切问题入手，科学开展项目需求分析与测算，实现从"战略目标"到"业务应用目标"到"系统建设目标"的科学推演设计。推动建立北部湾城市群数据交易中心。依托中国—东盟信息港，大力发挥数据要素赋能作用，积极推进数据要素的建设，推进数据交易与经济社会深度融合，力争把北部湾城市群数据交易生态和产业做大做强，下大气力推进解决长期以来困扰数字化港口建设的操作系统、数据库等基础软件以及工业软件、高端应用软件自主创新能力不足的"卡脖子"问题。建立北部湾城市群区块链，实施区块链技术创新、产业培育和人才培养专项行动，推动区块链同一、二、三产业融合，推进区块链技术在数字金融、工业互联网、供应链管理等领域创新应用，开展区块链产业创新大赛。

四、加大改革力度，全面优化城市群营商环境

推进北部湾城市群营商环境建设，有利于促进通道与产业融合发展。

（一）创新城市群政务服务方式，提高政务服务效率

协商统一群内城市的政务服务标准，建设区域数字政务服务一体化平台。坚持以市场主体需求为导向，以政府职能转变为核心，全面深化"放管服"改革，践行"有事必应、无事不扰"的服务理念，协商统一区域城市的政务服务标准，创新政务服务方式，利用区块链、人工智能、大数据、物联网等新一代信息技术，整合北部湾城市群各类网上政务服务系统，建设区域数字政务一体化平台，对开办企业、施工许可办理、获得电力、产权登记、获得信贷、保护少数投资者、纳税、跨境贸易、合同执行、破产办理十大领域不断减少申请材料、办理流程、办理时间，提高政务服务质量，为市场主体提供规范、便利、高效的政务服务。

（二）做大做强高端服务业，全力推进金融集聚区建设

做大做强金融服务对地区产业发展具有重要推动作用。大力引进粤港澳大湾区金融机构共同参与多层次金融业务创新，搭建项目和资金融合平台，积极推动广西大数据发展局、中国东盟信息港和区内高校共同建立面向东盟的金融服务中心和金融大数据中心，推动金融机构积极参与国际贸易"单一窗口"金融服务平台建设，为企业提供更便利的跨境融资服务。推动金融服务实体经济，支持北部湾股权交易所建设广西知识产权（专利）运营平台线下"一站式"综合服务基地，推动并完善北部湾股权交易所设立绿色环保板块，建立

绿色金融服务平台和绿色企业（项目）库，引入第三方专业机构定期开展绿色企业（项目）遴选、认定和推荐工作，加大对绿色企业（项目）的服务力度。

第五节　优化政策体系，构筑产业融合环境保障

一、优化顶层设计

要提高政治站位，深化思想认识，加强组织领导，做好统筹协调，优化营商环境，激发各类市场主体活力，积极凝聚各方力量，充分认识到推进通道与产业融合发展对于广西乃至全国实现高质量发展的重要性。

要强化统筹协调。对外积极推动发挥省部际联席会议机制统筹协调作用，及时解决通道建设与产业发展过程中跨行业、跨部门、跨地区的重大问题，推进实施方案重点任务落实，重大事项及时向党中央、国务院请示报告。加强定期会商、统筹协调，推动区域联动。

通道沿线各市要进一步细化落实工作举措，明确"融合"推进时间表、路线图等。广西发展改革委和各市发展改革委要会同有关部门和地方协调推进重点任务落实，定期对重大任务和重点工程进行动态跟踪，对实施方案落实情况进行监测分析，适时开展评估督导，加强经验总结和推广交流。

二、强化财税基金支持

强化对企业和项目的资金支持，是高质量推进广西实现通道与产业融合建设的重要保障。要加强对通道建设与产业发展各环节的资金支持，实现支持政策的动态优化调整。

（一）设立产业链发展基金
依托广西工业高质量发展基金母基金，由基金主发起人按照市场化方式，围绕重点产业链分别设立子基金，引导社会资本、金融机构跟进投资，聚焦产业链补链强链重点项目，支持企业加快项目建设。

（二）实施科技攻关专项支持
编制重点产业链重大技术需求项目指南，对自治区本级财政科技计划、创新驱动发展专项资金等予以倾斜支持。激励企业加大研发经费投入，采取事后奖补、分档补助的方式，提高对单个企业的财政资金奖补，将国有企业研发投入视同业绩利润。

（三）印发专项债券

专项债券是产业发展资金的重要补充，能够为推动产业与通道融合提供资金支持。每年安排一定额度自治区本级政府专项债券，用于支持政府投资的工业园区、标准厂房、科技孵化器等平台项目建设。

三、争取国家级项目和发展示范区（试验区）的支持

国家级平台和国家级政策在区域经济和产业优化升级过程中至关重要，是产业高质量发展和通道高质量建设的重要载体和重大战略机遇。

（一）进一步争取国家级高等级项目建设的支持

高等级项目是产业发展和通道建设过程中的关键环节。基于现有园区建设，全面梳理一批政策清单，积极争取国家支持。加强产业链补短板和重大项目建设对接，推荐一批重大技术改造项目、高质量发展项目争取列入国家专项支持，加快推进国家在广西布局绿色石化、能源等大工业建设项目。力争将北部湾绿色石化基地、汽车出口基地等重大项目列入国家产业布局，支持建设工程机械制造创新中心、智能网联汽车质量监督平台等创新平台。

（二）向海经济发展示范区

向海经济是广西需要着力打造的重点经济模式之一，同时也是现代产业集群的重点着力方向，无论是相关的向海经济的产品制造、物流建设，还是贸易往来，都是促进通道与产业融合发展的着力方向，并大有潜力可挖，建议自治区政府积极协调区内相关研究机构，大胆论证有可能的国家级向海经济发展示范区，并努力与国家海洋局、发展改革委等相关部门对接沟通，积极推动相关示范区的落地。

（三）大数据（数字经济）发展综合试验区

高质量打造产业集聚尤其是高新技术产业或者现代产业集聚区产业集群配套建设，信息资源和数字经济赋能建设发挥着重要作用，其既可以促进产业转型升级，又可以促进产业链向纵深发展。充分依托中国—东盟信息港上升为国家战略的历史契机，中国—东盟数字经济建设和往来如火如荼的战略机遇，推进广西大数据（数字经济）发展平台更进一步。因此，建议积极争取国家层面支持设立国家大数据综合配套改革试验区——国家大数据（南宁）综合试验区，围绕数据资源管理与共享开放、数据中心整合、数据资源应用、数据要素流通、大数据产业集聚、大数据国际合作、大数据制度创新等主要任务，加快探索大数据与广西产业、区域经济的融合发展。

（四）力争推进实现南宁（钦北防）现代（智慧）物流结算交易结算中心

当前，西部陆海新通道快速推进，广西北部湾港更是呈现良好发展态势，

随着广西多个物流园区以及南宁综合保税区、中新南宁国际物流中国（南宁）跨境电商综合试验区等园区（项目）建成投入使用，南宁市作为国际物流节点的作用极大增强，其对于区域产业集群发展的服务功能需要进一步增强，为此，亟须不断提升其城市功能，为高质量推进产业链配套建设提供城市职能支撑。因此，建议建设集物流、金融、科技、研究等功能于一体的物流交易结算中心。建议自治区向国家争取在南宁建设智慧物流区域交易结算中心，充分利用国内、东盟两大市场和资源，探索推动商流、物流、信息流和资金流"四流合一"的新模式、新机制，高质量推进广西产业与通道融合发展。

四、打破行政壁垒和条块分割，推进统一大市场建设

2022年4月，《中共中央 国务院关于加快建设全国统一大市场的意见》发布，指出了统一大市场对于经济发展的重要性。广西推进产业与通道融合发展，还要重视要素资源的高效流动，构建统一大市场。当前，由于多种因素的影响，广西各地市间公共服务仍存在较为显著的不均衡现象，就区内而言，较多的高端公共服务资源集中在北部湾城市群，尤其是南北钦防四市。尽管从短期内这有利于针对性提升上述城市的经济发展水平，但从更广维度和更长时期内看，将会因为极化效应的存在而使得地区差距拉大，最终不利于广西实现产业与通道融合发展。为此，各地应摆脱陈旧思想观念的束缚，要努力彻底打破行政壁垒，坚决克服地方保护和本位主义，摒弃地区发展歧视，推进广西区内不同国家战略覆盖区在要素和市场等方面的一体化对接和互联共享，坚持一体化发展、协调发展，共商区域发展大计，共谋高质量发展。

第六节　互联互通，加快推进广西工业互联网建设

工业互联网作为新一代信息技术与制造业深度融合的产物，通过对人、机、物的全面互联，构建起全要素、全产业链、全价值链等全面连接的新型生产制造和服务体系，是数字化转型的实现途径，是实现新旧动能转换的关键力量。它能够为生产运营中的各种要素和装备赋能，为研发、生产、运营和服务等赋智，从而带动整个产业全方位向"智能+"演进，从而加速广西"通道与产业融合"的建设进程。

一、夯实工业互联网基础设施承载

推进建设广西工业互联网，旨在有效激发工业互联网与制造业转型升级的

联动效应。而推进工业互联网建设，首先要全面升级广西当前的企业内网改造，将企业从基础设施上"一网打尽"，其次还要真正拓展工业互联网的联动与互通，而不是继续保留多个互相分割的独立式网络，并要实现两个维度的同时推进，共同改善，从而真正推进依托工业互联网驱动广西通道与产业融合发展。

（一）推动企业内网升级改造

制造业企业工业互联网内网改造是夯实中小企业网络化基础、缩小企业间网络技术水平差异的必要举措，有利于解决制造业企业发展中的数据烟囱和信息孤岛等问题，从而推进工业企业互联互通的广泛开展。

要支持广西不同领域企业联合开展"工业云"基础设施建设。"工业云"能够显著提升企业生产环节的衔接效率，有利于工业化和信息化深度融合，是制造业转型升级发展的新基础，而制造业转型升级又是产业与通道融合的重要特征表现。广西应积极出台"工业云"基础设施建设配套政策，支持打造标准化的"工业云"平台。加强核心技术和行业应用的研发创新，推进广西"工业云"整体建构和标准体系建设，为工业企业上"云"奠定基础。鼓励和支持通信、互联网、制造、软件服务等不同领域企业加强协作，联合开展"工业云"基础设施建设，共同推进行业间、区域间的"工业云"应用协作。

要支持新型智能网关、IPv6等关键技术和产品在重点制造行业、龙头企业和工业园区的应用与改造。充分发挥重点制造行业、龙头企业和工业园区的示范和引领作用，加快推进企业商业网站和应用的IPv6深度升级改造，并持续扩大改造范围。积极引导用户转化，鼓励全区中小企业加快实现深层连接和核心业务对IPv6的支持，引导更多应用和用户向IPv6迁移。支持电信企业全面开展LTE网络和城域网络的IPv6改造，支持网间IPv6流量交换，提高IPv6网络服务质量，通过多种基础设施的改善和完备奠定企业内网改造的物质载体。

（二）推动工业互联网网络互联互通

工业互联网是工业经济数字化、网络化和智能化的重要基础设施。工业互联网有利于赋能广西制造业转型升级，推动制造业高质量发展，从而带动通道区域与产业的融合发展。工业互联网有利于促进制造业企业生产方式和商业模式的创新变革，提升智能制造水平，从而实现提质、增效、降本。因此，广西推进建设通道与产业融合发展需要把握互联网建设机遇，充分利用工业互联网的技术发展平台。

要围绕工业园区和龙头企业完善通信基础设施建设。工业园区是重要的产业集聚基地，龙头企业则对产业发展起到引领作用，改善提升工业园区和龙头企业的通信基础设施有助于工业互联网互联互通。因此，应加快编制并推进工业园区和龙头企业通信基础设施专项规划，并提供专项经费支持。统筹推进工业园区和龙头企业的通信基础设施与公共基础设施共建共享、深度融合。结合工业园区的产业特征分层、分类推进通信基础设施建设，促进园区间通信设施的协同互补和互联互通。打造工业互联网建设及应用示范园区，以示范为引领，推进工业园区通信基础设施升级改革工程，提升工业互联互通覆盖和应用水平。鼓励龙头企业加大通信基础设施建设投资，围绕龙头企业打造广西工业互联网建设与应用"企业样本"。以龙头企业为核心，引领制造企业完善通信基础设施建设，加快实现企业间工业互联网络的互联互通。政府机构应联合电信企业，为工业园区和龙头企业提供技术支持，保障工业互联网基础设施建设的顺利开展。对产生示范和引领效应的园区或企业给予政策和资金支持，提高园区和企业开展工业互联网建设与应用的积极性、主动性。以核心产业带动，推动工业互联网建设和应用的产业扩散，提高工业互联网应用的广度和深度，实现工业互联网企业间、园区间、产业间的全面联通互动。

要推动广西工业互联网标识解析系统建设。标识解析系统是工业互联网产业生态的"中枢神经"，是破解企业信息壁垒、促进产业协同创新、提高产业发展质效水平的有力保障。广西工业互联网标识解析系统建设，一是应加强顶层设计，积极支持国家级网络节点建设应用，推动国家顶级节点突破。政府机构牵头成立广西工业互联网标识解析系统建设专业团队，编制体系建设相关标准和实施指南，为标识解析二级节点建设、企业应用和服务提供专业技术支持，指导标识解析核心技术研发，推进网络标识的应用和推广。二是加强政策资金支持，加快制造业企业二级节点规划建设。鼓励和支持工业企业广泛参与区内外工业互联网标识解析系统建设，促进区内外节点互联互通。三是结合广西产业行业发展特点和优势，探索建设行业性和区域性二级节点。培育区级综合二级节点建设和运营机构，提升制造业企业标识解析服务供给。积极推进新兴网络技术研发，支持制造业企业推进工业互联网标识解析能力提升，引导工业互联网平台与标识解析节点的联通，探索服务和应用模式创新。

二、优化工业互联网平台建设

工业互联网平台的本质是通过工业互联网平台实现产业信息和资源的互联互通，要把工业互联网重点平台建设作为促进工业互联网推进广西推进产业与通道融合的重要突破口，形成具有强大竞争优势的核心载体，从而夯实通道与产业融合发展的强大平台保障。

（一）推进平台分类建设

加快建设公共基础性平台。公共基础性平台是推动全社会信息流、资金流和人才流向云端汇聚的枢纽，是提升未来工业资源配置效率的基础。因此，应进一步推进广西工业互联网（云）平台、广西工业互联网创新体验中心（梦工厂）和广西工业互联网安全态势感知平台等三个公共基础性平台建设，强化公共基础性平台跨区域、跨行业和跨领域的联通互动效应。鼓励各行业企业积极开发公共基础性平台应用，扩大应用规模和丰富应用类型，努力构建信息化、智能化的公共基础性平台产业生态。规范公共基础性平台应用标准，构建全面统一的多行业应用标准体系，维护公共基础性平台应用的有序发展。鼓励公共基础性平台云化 APP 开发，扩大能源管理、设备联网、协同办公等多类型云化应用规模，提高平台应用规模效益。分行业、分领域培育公共基础性平台应用典型企业，发挥企业示范效应，引领中小企业加强平台应用开发建设。

培育建设行业工业互联网平台。应以规模企业为主体，建设重点产业、重点环节的行业工业互联网平台，推进行业内部互联互通和高效协同。以龙头企业为引领，鼓励工业企业开发建设行业工业互联网平台应用，扩大应用规模，支持平台系统化发展。培育行业工业互联网平台优势，挖掘平台建设特色，提高广西工业互联网平台的国内外竞争力。促进区内外行业工业互联网平台的协同合作，推进平台应用标准规范的统一共享、互通互认。

（二）提升平台核心能力

依托大型工业企业打造行业大数据库。工业大数据是推进产业发展的重要战略资源，具有多模态、强关联和高通量等特征。应支持规模工业企业加强人才队伍建设，打造数据处理专业团队，支持企业数据库建设。构建统一的行业数据收集、整理、传输、存储标准，规范行业数据库管理，为标准化的行业大数据库建设奠定基础。应不断丰富行业数据类型，扩大行业数据规模，深度挖掘行业数据资源，构建完善的广西工业企业数据资源体系，提高行业大数据的完整性和系统性。拓展行业大数据应用领域，丰富应用场景，挖掘行业大数据库应用价值，服务工业互联网平台建设和产业发展。加强行业间大数据库的衔接，促进不同行业数据的互通共享。完善和规范行业大数据库建设流程，鼓励引导中小企业参与行业大数据库建设。

加强平台对研发设计、生产制造、设备运行与管理、工业电子商务等数据的资源集聚能力。基于工业互联网平台的资源集聚是促进产业发展的条件。应加快建设和发展工业互联网平台，支持平台技术研发创新，提高平台应用服务水平，为资源集聚创建优质环境。支持开展面向不同行业和场景的应用创新，探索商业模式创新，提升工业互联网平台运营能力。突出培育工业互联网平台的优势和特色，提高资源集聚吸引力。梳理工业互联网平台应用规范，优化平台应用流程，打通资源集聚通道，消除集聚障碍。推进集聚资源的优化配置，提高资源集聚效益。

依托工业互联网云平台加快建设智能制造云。智能制造云平台是构建智能制造系统的基础，是一种智能制造模式、手段和业态。广西应以大型工业企业为主体，探索智能制造云平台建设和运行，创新云制造服务模式。推进智能制造云平台应用场景拓展，鼓励中小企业加强合作，开展云制造服务测试，不断优化云制造服务流程。提高智能制造云平台的适用性和兼容性，推进制造云平台应用供需对接，加快制造云平台应用推广。强化智能制造云平台功能，完善标准体系，丰富云服务资源，积极开发标准化、信息化的应用产品和服务，逐渐形成广西云制造产业生态。

三、大力发展工业电子商务

依托工业互联网推动广西实现通道与产业融合发展，还需大力发展工业电子商务。作为以供应链为核心的工业电子商务，发展工业电子商务是推动工业互联网平台落地的重要抓手，对形成工业互联网平台具有重要的驱动作用。

（一）加强顶层设计完善工业电子商务发展标准规范

深入贯彻落实《国务院关于深化制造业与互联网融合发展的指导意见》和《工业电子商务发展三年行动计划》等系列文件精神，依据广西当前发展基础、发展阶段、发展优势和发展特色，围绕工业电子商务的体系架构、典型应用场景、平台及支撑服务体系等关键点，加快研究与发布具有广西特色的系列基础性标准和指南等相关文件，推进形成广西工业电子商务规范。

（二）加快广西工业电子商务平台培育

要以柳州等工业城市为重点扶植对象，培育优化一批适应广西工业发展及工业供应链的工业电子商务平台，充分借鉴工业互联网平台架构，加快打造以全供应链数据采集-流动-集成-分析-应用为核心的综合服务体系，形成一批供应链系统性解决方案，推动平台围绕供应链关键坏节，全面拓展产品全生命周期服务，为推动广西制造业数字化转型、"一带一路"建设、中国（广西）-东盟等提供重要载体。同时，梳理总结一批典型平台案例，编制优秀案例集和相关专著，依托工业互联网平台创新体验中心，加大宣传推广和培训力度。

（三）推进工业电子商务的跨部门协同合作

广西相关政府部门应积极联合中央网信办、中国人民银行、国家发展改革委和商务部等有关部门，围绕工业电子商务创新发展的核心关键问题，共同推进工业电子商务在线支付体系、信用体系、电子认证体系及网络安全体系等的建立、健全与完善，破除发展障碍，为广西工业电子商务深入发展提供健康、安全、高效便捷的软环境。

四、多维度深度挖掘数据资源

大数据时代，广西加快推进通道与产业的融合发展，要非常重视对数据资源的获取、加工、利用，将数据资源转化为经济资源。同时，数据资源还是工业互联网建设的基本要求、必然构成。工业互联网的海量数据信息，及建设过程中的复杂网络特征决定了其对于数据生产者、转运者与消费者的共同投入、同时参与的高要求。

（一）加强跨部门跨区域数据开放互联，推进数据资源集聚与共享共用

积极发挥广西工业互联网产业联盟作用，加快推进工业互联网服务企业、相关高等院校、科研院所和工业企业等机构的全面交流和深度合作，及时将研究成果应用到广西通道与产业融合发展的实际过程中。

加快广西工业互联网创新体验中心项目建设，形成集聚效应，持续培育和引进一批工业互联网服务商。广西通信企业应形成战略协同，共同制定工业互联网的技术标准，准确定位职能，合理划分任务，推动通信资源共享共建，保证资源利用效率最大化。在其他通信服务业务的拓展中，基础通信企业（如三大电信企业）和应用通信企业（如华为、中兴、腾讯）应加强战略合作，将广西区内运营商、终端企业、信息应用等相关企业在工业互联网领域紧密结合起来，形成集聚效应，在集聚效应中持续培育和引进一批工业互联网服务商。

推进中国—东盟信息港建设，建设开放的国际化创新基地。作为"一带一路"的信息枢纽，中国—东盟信息港的建设直接关乎广西工业互联网推动广西通道与产业融合发展的成效。因此，要以科学规划为引领，加快编制相关规划及方案；以精准招商为抓手，加快项目洽谈入驻；以政策扶持为切入，优化政策支持环境。以中国—东盟信息港为依托，启动工业互联网示范项目建设，以示范性项目带动其他工业互联网项目推广，积极参与"一带一路"工业互联网国际合作，共商共建共享"数字丝绸之路"。

（二）鼓励各类企业积极参与数据资源互联互通的建设

依托工业互联网推动广西通道与产业融合发展，需要充分挖掘不同特质、不同经营类型的企业的共同参与，从而形成多种数据资源共享、调剂余缺。特

别地，当前，广西工业互联网的落地运用，存在企业尤其是中小企业运用不足的现实。广西在推进通道与产业融合发展过程中，离不开数量众多的中小企业的高质量发展。强化中小企业对于工业互联网的应用，能够有效缓解生产不确定性，增强对市场信息的把控，实现中小企业平稳健康发展，从而在更广的生产领域实现通道与产业的融合发展。

推进工业互联网数据资源体系构建过程中的企业多样化构成。推进转型升级过程中的多主体共同参与，需要重点着眼于如下维度。一是消费互联网平台企业。该类型企业在 IaaS（基础设施作为服务）方面具有一定的先发优势，亚马逊 AWS、微软 Azure、阿里云、腾讯云、华为云等主流服务商占据了全球主要市场。但这些企业面临流量增长速度日趋缓慢的现实问题，参与工业互联网的热情不高，可进一步吸引这些平台企业落地广西或者参与到广西工业互联网建设过程。二是大型制造企业。大型制造企业在特定制造领域具有丰富的工业知识，鼓励大型制造企业与互联网企业在技术、管理、商业模式等方面深度融合，形成推广成本低、易用性强、适配性高的工业互联网平台，能有效推动广西工业企业发展的能力。三是专业服务提供商及各类工业 APP 开发商。从国外发展实践看，在工业互联网平台建设过程中，有很多为工业互联网提供链接、工业知识模型化、现场管理等细分领域专业服务的软件提供商，这些专业服务商能够发现工业互联网领域的痛点问题，并提供灵活、低成本的解决方案，是工业互联网发展的重要组成部分。广西需积极加强与国外优秀企业合作，并通过政策支持培育一批中小服务商。四是特定领域具有优势的中小企业。一些中小企业专注于特定行业，在特定行业的特定环节形成了发展优势，同样具有较强的针对性培养空间。

强化中小微企业对工业互联网数据资源的运用。由于自身经营风险较高及信息资源获取能力的相对不足，中小微企业对工业互联网的应用同样有强烈的现实需求。但是，现有的工业互联网应用大多以大型企业为模板进行开发，以中小微企业为模板开发的仅占 1/10 左右。因此，广西在推进工业互联网的建设与落地应用过程中要特别注重中小微企业，采取多种措施，满足其发展对于信息资源的需求。在供给方面，一是要搭建一批符合中小微企业发展需要的工业互联网平台；二是要在中小微企业集聚区优先推动工业互联网应用，并保障相应的基础设施建设；三是要鼓励行业龙头企业发挥优势，打造一批适应中小微企业应用的工业互联网；四是在工业互联网软件研发、工业 APP 开发方面，根据中小微企业需求开发一些解决企业共性问题的应用，如服装行业的订单在线管理、生产能力共享、设计能力服务化等。在需求方面，需要对中小微企业应用工业互联网提供技术、财政、税收等诸多方面的支持，如鼓励建设更为柔性化的生产平台、推动生产能力平台化、在更大范围内共享生产能力；鼓励利用工业互联网打造技术共享平台，加快中小微企业技术进步等。

本章小结

为适应新时代、新发展、新要求，切实推进广西快速实现通道与产业深度融合。本章在前面篇章的基础上，结合国内外经验借鉴给出了推进广西实现通道与产业融合的若干主要对策。主要包括如下几个方面：要优化口岸功能，降低综合物流成本。进一步优化口岸功能，增强综合物流成本比较优势，优化通关检验监管服务；进一步降低通关环节服务费用，对标对表先进港口经验；进一步降低中介服务费用，再造港口进出口环节流程，缩减通关时间成本。创新口岸经济业态，增强通关服务功能及海运成本比较优势，要注重口岸对现代航运服务产业集聚地培育，打造一体化港口服务生态圈，加密航线与航班，推进海运费用有效降低。推进口岸体系建设，降低口岸自身运营成本。

要深度推进产业协同，提升区域产业竞争力。强化产业与物流协同，打造产业与物流深度融合的综合运输通道，推动通道物流枢纽与临港产业融合发展，创新物流与产业协同联动模式；提升生产性服务业服务能力，推进制造业产业升级，提升生产性服务业贡献度，开展生产性服务业区域合作；加强与沿线省市产业协同，联合做大通道产业规模，要重点推动西部省份合作共建高质量的跨省产能合作示范基地，依托沿线传统和新兴重点产业基础，集聚要素资源，推进产业协作配套和资源优势互补。

要环保优先，推进通道与产业绿色融合。加强绿色技术创新研发，提升绿色技术对资源环境承载力的贡献度，培养创新主体，提高绿色技术供给能力，优化绿色技术创新的市场环境，建立高效监管服务体系；加强环境规制区域协同联动，提升联防联控实效，加强区域环境规制协同联动，提升区域绿色创新水平，加强区域环境规制协同联动，严格管制污染型产业跨区转移，加强区域环境规制协同联动，确保污染协同治理的严格落地。

要推进北部湾城市群产业融合，引导城市群高质量发展。协同谋划制定北部湾城市群产业发展规划，奠定融合发展的产业规划基础；推动建立北部湾城市群产业行业协会，促进城市群产业分工协作；推动北部湾城市群数字产业融合发展；加大改革力度，全面优化城市群营商环境，创新城市群政务服务方式，提高政务服务效率，做大做强高端服务业，全力推进金融集聚区建设。

要优化政策体系，构筑产业融合环境保障。优化顶层设计，制定科学合理发展战略；强化财税基金支持，设立产业链发展基金，实施科技攻关专项支持，印发专项债券；争取国家级项目和发展示范区（试验区）的支持，进一步争取国家级高等级项目建设的支持，向海经济发展示范区，大数据（数字经济）发展综合试验区，力争推进实现南宁（钦北防）现代（智慧）物流结算交易结算中心；打破行政壁垒和条块分割，推进统一大市场建设。

要互联互通，加快推进广西工业互联网建设。夯实工业互联网基础设施承载，推动企业内网升级改造，推动工业互联网网络互联互通；优化工业互联网平台建设，推进平台分类建设，提升平台核心能力；大力发展工业电子商务，加强顶层设计完善工业电子商务发展标准规范，加快广西工业电子商务平台培育，推进工业电子商务的跨部门协同合作；多维度深度挖掘数据资源，加强跨部门跨区域数据开放互联，推进数据资源集聚与共享共用，鼓励各类企业积极参与数据资源互联互通的建设。

参考文献

Amiti, M.. New Trade Theories and Industrial Location in the EU: A Survey of Evidence [J]. Oxford Review of Economic Policy, 1998, 14 (2): 45~53.

Bellak C, Leibrecht M, Damijan J P. Infrastructure endowment and corporate income taxes as determinants of foreign direct investment in Central and Eastern European countries [J]. The World Economy, 2009, 16 (2): 267-290.

Brandt L, Hsieh C and Zhu X D. Growth and Structural Transformation in China. in China's Great Economic Transformation [M]. Cambridge: Cambridge University Press, 2008.

Cheng L K, Kwan Y K. What are the determinants of the location of foreign direct investment? The Chinese experience [J]. Journal of International Economics, 2000, 51 (2): 379-400.

Deschryvere M, Jyriki A Y. The Impact of Overseas R&D on Domestic R&D Employment [J]. The Oxford Handbook of Offshoring and Global Employment, 2013: 180-221.

Dowlinga M, CT Cheang C T. Shifting comparative advantage in Asia: new tests of the "flying geese" model [J]. Journal of Asian Economics, 2000, 11 (4): 443-463.

Du J L, Zhang Y F. Does One Belt One Road initiative promote Chinese overseas direct investment? [J]. China Economic Review, 2018, 47 (2): 189-205.

Ernst D. Catching-up, Crisis and Industrial Upgrading, Evolutionary Aspects of Technological Learning in Koreas Electronics Industry [J]. Asia Pacific Journal of Management, 1998, 15 (2): pp. 247-328.

Francois J, Manchin M. Institutions, infrastructure and trade [J]. World Development, 2013, 46 (2): 165-175.

Fujita and Mori. Frontiers of the New Economic Geography [J]. Kyoto University IDE Discussion Paper, 2005, 27 (21): 10-21.

Hiley M. The Dynamics of Changing Comparative Advantage in the Asia-Pacific Region [J]. Journal of the Asia Pacific Economy, 1999, 4 (3): 446-467.

Hsu P H, Tian X, Xu Y. Financial Development and Innovation: Cross-Country Evidence [J]. Journal of Financial Economics, 2014, 112 (1): 116-135.

Humphrey J, Schmitz H. How does Insertion in Global Value Chains Affect Upgrading Industrial Dusters? [J]. Regional Studies, 2002, 36 (9): 1017-1027.

Kaplinsky R. Globalization and Unequalisation: What Can be learned from Value Chain Analysis [J]. Journal of Development Studies, 2000, 37 (2): 117-145.

Krugman and enables. Globalization and the inequality of nations [J]. Quarterly Journal of Economics, 1995: 857-880.

Krugman, P.. Increasing Returns and Economic Geography [J]. Journal of Political Economy, 1991, 99 (3): 483~499.

Martin, L. Sequential Location Contests in the Presence of Agglomeration Economies [J]. Working Paper, University of Washington, 1999.

Roberto Duran-Fernandez and Georgina Santos. Road infrastructure spillovers on the manufacturing sector in Mexico [J]. Research in Transportation Economics, 2014, 46: 17-29.

Roger Vickerman. High-speed rail and regional development: the case ofintermediate stations [J]. Journal of Transport Geography, 2015, 42: 157-165.

Smith, Jr., D. F. & Florida, R. . Agglomeration and Industrial Location: An Econometric Analysis of Japanese-Affiliated Manufacturing Establishments in Automotive-Related Industries [J]. Journal of Urban Economics, 1994, 36 (1): 23~41

Tsoutsoura M. The effect of succession taxes on family firm investment: Evidence from a natural experiment [J]. The Journal of Finance, 2015, 70 (2): 649 -688.

Weidong Li and Xuefang Wang and Olli-Pekka Hilmola. Does High-Speed Railway Influence Convergence of Urban-Rural Income Cap in China? [J]. Sustainability, 2020, 12 (10): 4236.

Wheeler D, Mody A. International investment location decisions: The case of U. S. firms [J]. Journal of International Economics, 1992, 33 (1-2): 57-76.

Xiaomin Wang and Wenxin Zhang. Efficiency and Spatial Equity Impacts of High -Speed Rail on the Central Plains Economic Region of China [J]. Sustainability,

2019, 11 (9): 2583-2583.

Zhenhua Chen and Kingsley E. Haynes. Regional Impact of Public Transportation Infrastructure [J]. Economic Development Quarterly, 2015, 29 (3): 275-291.

安虎森, 高正伍. 经济活动空间聚集的内生机制与区域协调发展的战略选项 [J]. 南京社会科学, 2010 (1): 22-29.

白重恩, 杜颖娟, 陶志刚. 地方保护主义及产业地区集中度的决定因素和变动趋势 [J]. 经济研究, 2004 (4): 29-40.

波特. 国家竞争优势 [M]. 李明轩, 译. 北京: 华夏出版社, 2002: 69-72.

曹跃群, 杨玉玲, 向红. 交通基础设施对服务业全要素生产率的影响研究: 基于生产性资本存量数据 [J]. 经济问题探索, 2021 (4): 37-50.

陈小辉, 龙剑良. 西部陆海新通道海铁联运发展与对策研究 [J]. 铁道货运, 2020, 38 (6): 32-36.

陈勇, 唐朱昌. 中国工业的技术选择与技术进步: 1985—2003 [J]. 经济研究, 2006 (9): 50-61.

陈玉卿. 贵州加快融入西部陆海新通道的基础、形势和策略研究 [J]. 贵州社会主义学院学报, 2021 (4): 80-85.

丛晓男. 西部陆海新通道经济影响及其区域协作机制 [J]. 中国软科学, 2021, (2): 65-78.

丛振南. 服务业聚集、市场潜能与制造业工资收入: 基于我国省际面板数据的实证分析 [D]. 山东大学硕士论文, 2020.

邓翔, 朱海华, 路征. 内陆地区融入"一带一路"的路径分析: 以"蓉欧+"战略为例 [J]. 西南民族大学学报 (人文社科版), 2017, 38 (5): 121-125.

邓成超, 全念, 陈琪君. 成渝地区双城经济圈建设对区域人口流动的影响研究: 基于成渝地区 16 个地级城市面板数据 [J]. 重庆文理学院学报 (社会科学版): 1-12.

杜方鑫. 西部陆海新通道参与省市同东盟国家贸易潜力研究 [D]. 南宁: 广西大学, 2021.

段晓瑞. 云南积极推动西部陆海新通道建设 [N]. 云南经济日报, 2021-09-09.

段艳平. 西部陆海新通道建设背景下广西与相关省市产业竞争力评价和比较研究 [J]. "一带一路"与中国—东盟合作发展研究, 2020 (00): 115-

131.

方行明, 鲁玉秀, 魏静. 中欧班列开通对中国城市贸易开放度的影响: 基于 "一带一路" 建设的视角 [J]. 国际经贸探索, 2020, 36 (2): 39-55.

冯倩. 贵州: 深化跨区域合作助推高质量发展 [J]. 当代贵州, 2022 (11): 62-63.

冯曦明, 张仁杰, 杨膨宇. 产业协同集聚提升绿色发展水平了吗?: 基于 285 个城市的空间计量分析 [J]. 金融与经济, 2022 (3): 71-81.

傅钰雯, 杨健晟. 基于陆海新通道背景下贵州物流发展的机遇与对策 [J]. 中国物流与采购, 2019 (13): 41-42.

傅远佳. 中国西部陆海新通道高水平建设研究 [J]. 区域经济评论, 2019 (4): 70-77.

高新才. 丝绸之路经济带与通道经济发展 [J]. 中国流通经济, 2014 (4): 92-96.

高新雨, 王叶军. 财政性支出与城市制造业集聚: 基于新经济地理学视角的解释与证据 [J]. 南开经济研究, 2019 (1): 66-81.

高燕. 产业升级的测定及制约因素分析 [J]. 统计研究, 2006, (4): 47-49.

古斯塔夫·波夏尔特. 莱茵河流域的国际合作和污染控制 [J]. 中国机构改革与管理, 2016 (12): 33-37.

国家发展改革委. "十四五" 推进西部陆海新通道高质量建设实施方案 [Z]. 2021-8-17.

国家发展改革委. 西部陆海新通道总体规划 [Z]. 2019-8-2.

韩明祝. 成渝经济产业配套示范区建设的荣县策略 [J]. 当代县域经济, 2018 (10): 46-48.

郝攀峰. 重庆方案推动西部陆海新通道建设走深走实 [J]. 中国远洋海运, 2020 (5): 56-59.

贺灿飞, 潘峰华. 产业地理集中、产业集聚与产业集群: 测量与识别 [J]. 地理科学进展, 2007 (3): 1-13.

侯鹏, 刘思明, 建兰宁. 创新环境对中国区域创新能力的影响及地区差异研究 [J]. 经济问题探索, 2014 (11): 73-80.

胡红兵. 用好重庆区位优势推进陆海联动 [J]. 中国远洋海运, 2019 (10): 42-43.

黄海杰, 吕长江, Lee E. "四万亿投资" 政策对企业投资效率的影响

[J]. 会计研究, 2016, (2): 51-57.

黄磊, 吴传清. 长江经济带城市工业绿色发展效率及其空间驱动机制研究
[J]. 中国人口·资源与环境, 2019, 29 (8): 40-49.

黄庆华, 张杨杨. 成渝地区双城经济圈技术创新与产业结构协调性分析
[J]. 创新科技, 2021, 21 (12): 19-28.

黄燕芬, 张志开, 杨宜勇. 协同治理视域下黄河流域生态保护和高质量发
展: 欧洲莱茵河流域治理的经验和启示 [J]. 中州学刊, 2020 (2): 18-25.

贾根良. 技术革命浪潮和我国产业升级的艰难选择 [J]. 经济导刊, 2014
(5): 58-61.

贾根良. 演化发展经济学与新结构经济学: 哪一种产业政策的理论范式更
适合中国国情 [J]. 南方经济, 2018 (1): 5-35.

贾妮莎, 申晨. 中国对外直接投资的制造业产业升级效应研究 [J]. 国际
贸易问题, 2016 (8): 143-153.

蒋炀. 从"通"到"活", 西部陆海新通道让重庆加速拥抱世界 [J]. 当
代党员, 2020 (23): 24-25.

金晓雨. 政府补贴、资源误置与制造业生产率 [J]. 财贸经济, 2018
(6): 43-57.

居小秋. 莱茵河华丽转身的治理经验 [J]. 群众, 2020 (22): 67-68.

雷淑珍, 王艳, 高煜. 交通基础设施建设是否影响了区域创新 [J]. 科技
进步与对策, 2021, 38 (21): 24-33.

李彬, 靳友雯. 广西加强与南向通道沿线物流协作研究 [J]. 经济研究参
考, 2018 (65): 71-76.

李逢春. 对外直接投资的母国产业升级效应: 来自中国省际面板的实证研
究 [J]. 国际贸易问题, 2012, (6): 124-134.

李后强, 刘晓晨. 中国改革开放全景录 (四川卷) [M]. 成都: 四川人民
出版社, 2018 (12): 109-130.

李华. 西南四省市企业陆海联动南下东盟贸易路径选择研究 [D]. 南宁:
广西大学, 2020.

李琳, 楚紫穗. 我国区域产业绿色发展指数评价及动态比较 [J]. 经济问
题探索, 2015 (1): 68-75.

李涛, 曹小曙, 杨文越等. 中国区域综合运输效率的测度及其时空演化
[J]. 地理科学, 2015, 35 (2): 168-175.

李心宜. 重庆市支柱产业选择及比较研究 [D]. 重庆: 重庆工商大学,

2021.

李依依, 钟敏, 蒋菲. 国际陆海贸易新通道建设对参建省市物流发展的影响分析 [J]. 区域金融研究, 2019 (8): 34-39.

李永友, 严岑. 服务业"营改增"能带动制造业升级吗? [J]. 经济研究, 2018, (4): 18-31.

梁双陆, 梁巧玲. 交通基础设施的产业创新效应研究: 基于中国省域空间面板模型的分析 [J]. 山西财经大学学报, 2016, 38 (7): 60-72.

林秀丽. 地区专业化、产业集聚与省区工业产业发展 [J]. 经济评论, 2007 (6): 140~145, 157.

林毅夫. 新结构经济学: 反思经济发展与政策的理论框架 [M]. 北京: 北京大学出版社, 2012.

刘芳. 高速铁路、知识溢出与城市创新发展: 来自 278 个城市的证据 [J]. 财贸研究, 2019, 30 (4): 14-29.

刘儒, 卫离东. 地方政府竞争、产业集聚与区域绿色发展效率: 基于空间关联与溢出视角的分析 [J]. 经济问题探索, 2022 (1): 79-91.

刘瑞明, 石磊. 国有企业的双重效率损失与经济增长 [J]. 经济研究, 2010 (1): 127-137.

刘瑞明, 赵仁杰. 西部大开发: 增长驱动还是政策陷阱: 基于 PSM-DID 方法的研究 [J]. 中国工业经济, 2015, (6): 32-43.

刘伟江, 吕镯. 补贴与全要素生产率: 来自中国装备制造企业的实证研究 [J]. 中南大学学报, 2017 (4): 93-101.

刘夏明, 王珏, 逯建. 中国 OFDI 的研究综述: 理论创新与重构 [J]. 中南财经政法大学学报, 2016 (2): 86-95.

刘永芳. 交通基础设施、市场潜能与经济增长 [D]. 太原: 山西财经大学, 2021.

刘钻扩, 辛丽 ". 一带一路" 建设对沿线中国重点省域绿色全要素生产率的影响 [J]. 中国人口·资源与环境, 2018, 28 (12): 87-97.

鲁晓东, 连玉君. 中国工业企业全要素生产率估计: 1999—2007 [J]. 经济学 (季刊), 2012, (2): 541-558.

陆大道. 关于"点-轴"空间结构系统的形成机理分析 [J]. 地理科学, 2002 (1): 1-6.

吕余生, 曹玉娟. "一带一路" 建设中 "泛北部湾" 产业合作新模式探析 [J]. 学术论坛, 2016, 39 (7): 36-41.

马永红，李保祥. 区域创新环境对经济发展质量的影响 [J]. 统计与决策，2021，37 (22)：120-124.

马志妍，刘德光. 陆海新通道背景下甘肃及西部产业经济融合发展的路径选择 [J]. 全国流通经济，2020 (16)：144-145.

马子红. 陆海新通道建设与西部开发格局重塑 [J]. 思想战线，2021，(2)：84-92.

毛琦梁，王菲. 比较优势、可达性与产业升级路径：基于中国地区产品空间的实证分析 [J]. 经济科学，2017，(1)：48-62.

毛中根，武优勐. 我国西部地区制造业分布格局、形成动因及发展路径 [J]. 数量经济技术经济研究，2019，36 (3)：3-19.

孟昕馨，帅娟. 四川省南向铁路货运通道研究 [J]. 铁道经济研究，2019 (2)：6-10.

莫晨宇. 广西发展通道经济的研究 [J]. 东南亚纵横，2007 (9)：44-47.

莫晨宇. 基于通道经济的钦州保税港区产业发展研究 [J]. 广西民族大学学报（哲学社会科学版），2012，34 (4)：89-93.

宁坚. 促进四川南向物流降本增效，推动西部陆海新通道高质量发展 [J]. 交通建设与管理，2020 (4)：49-53.

彭波. 西部陆海新通道建设云南拾级而上 [N]. 云南经济日报，2021-11-09.

齐美虎. 加快边境地区发展促进共同富裕 [EB/OL]. 云南网.

钱学锋，梁琦. FDI、集聚与东道国利益：一个空间经济学的分析框架 [J]. 经济理论与经济管理，2007 (8)：19-32.

钱雪松，康瑾，唐英伦，曹夏平. 产业政策、资本配置效率与企业全要素生产率：基于中国 2009 年十大产业振兴规划自然实验的经验研究 [J]. 中国工业经济，2018，(8)：42-59.

乔彬，李国平，杨妮妮. 产业聚集测度方法的演变和新发展 [J]. 数量经济技术经济研究，2007 (4).

全毅. 西部陆海新通道建设与西南开放开发新思路 [J]. 经济体制改革，2021，(2)：50-55.

任保平，李梦欣. 西部地区基本实现现代化：现状、约束与路径 [J]. 西部论坛，2021，31 (5)：85-99.

邵洁，胡山川，蔚欣欣，唐国议. 西部陆海新通道交通发展格局初探 [J]. 公路，2021，66 (9)：318-322.

史晋川，战明华.聚集效应、劳动力市场分割与城市增长机制的重构：转轨时期我国农村劳动力转移的一个新古典模型的拓展 [J].财经研究，2006 (1)：5-19.

四川省人民政府办公厅.关于优化区域产业布局的指导意见 [Z].2018-12-12.

四川省发展和改革委员会.四川加快西部陆海新通道建设实施方案 [Z].2019-12-17.

四川省企业联合会，四川省企业发展促进中心，四川经济日报社，四川省企业家协会.2020年四川企业技术创新发展能力100强报告 [Z].2020-12-31.

四川省人民政府.2022年四川省政府工作报告 [Z].2021-1-18.

宋帅邦.制造业集聚对区域创新能力的影响研究：基于行业异质性的视角 [J].技术经济与管理研究，2022 (1)：32-36.

宋威，李欣欣，霍正北，张协奎.国际陆海贸易新通道下防城港市"口岸——产业"融合发展研究 [J].市场论坛，2019 (7)：4-6.

孙楚仁，王松，陈瑾.国家制度、行业制度密集度与出口比较优势 [J].国际贸易问题，2018 (2)：33-42.

孙早，席建成.中国式产业政策的实施效果：产业升级还是短期经济增长 [J].中国工业经济，2015 (7)：52-67.

唐红祥，许露元.促进西部陆海新通道发展的财税支持政策研究 [J].税务研究，2019 (10)：89-93.

王宏伟，马茹，张慧慧，陈晨.我国区域创新环境分析研究 [J].技术经济，2021，40 (9)：14-25.

王景敏."西部陆海新通道"物流系统建设面临的挑战与应对之策 [J].对外经贸实务，2019 (5)：83-85.

王娟娟.新通道贯通"一带一路"与国内国际双循环 [J].中国流通经济，2020 (10)：3-16.

王水莲.推动西部陆海新通道建设走深走实 [J].开放导报，2020 (5)：48-53.

王瑛.发展通道经济的理论探讨 [J].改革与战略，2004 (10)：45-47.

王永进，刘灿雷.国有企业上游垄断阻碍了中国的经济增长?：基于制造业数据的微观考察 [J].管理世界，2016，(1)：10-21.

魏后凯.中国产业集聚的特点、存在问题及对策 [J].经济学动态，2004

(9)：58~61.

魏丽莉，侯宇琦. 专业化、多样化产业集聚对区域绿色发展的影响效应研究 [J]. 管理评论，2021, 33（10）：22-33.

魏守华，顾佳佳，姜悦. 知识溢出、吸收能力与经济绩效的研究述评 [J]. 现代经济探讨，2017（9）：123-132.

翁鸣. 莱茵河流域治理的国际经验：从科学规划和合作机制的视角 [J]. 民主与科学，2016（6）：39-43.

吴崇伯. 论东盟国家的产业升级 [J]. 亚太经济，1988,（1）：26-30.

吴群琪，宋京妮，巨佩伦等. 中国省域综合运输效率及其空间分布研究 [J]. 经济地理，2015, 35（12）：43-49.

项肖. 西部国家级新区与陆海新通道协同联动机制研究 [D]. 兰州：兰州财经大学，2021.

谢里，张斐.“四万亿”经济刺激计划与企业杠杆率：来自中国双套样本数据的经验检验 [J]. 财经研究，2018,（3）：68-83.

徐鹏杰，黄少安. 我国区域创新发展能力差异研究：基于政府与市场的视角 [J]. 财经科学，2020（2）：79-91.

许光洪. 重庆加快西部陆海新通道运营中心建设 [J]. 当代党员，2020（6）：41.

许修齐，项章特. 长三角制造业集聚的现状及其影响因素研究：基于SDM模型 [J]. 科技与管理，2019, 21（4）：26-33.

闫志俊，于津平. 政府补贴与企业全要素生产率：基于新兴产业和传统制造业的对比分析 [J]. 产业经济研究，2017（1）：1-13.

杨丞娟. 府际协同治理视角下长江经济带高质量发展：莱茵河流域治理的经验借鉴 [J]. 湖北社会科学，2021（11）：84-89.

杨建清，周志林. 我国对外直接投资对国内产业升级影响的实证分析 [J]. 经济地理，2013（4）：120-124.

杨汝岱. 中国制造业企业全要素生产率研究 [J]. 经济研究，2015（2）：61-74.

杨祥章、郑永年.“一带一路”框架下的国际陆海贸易新通道建设初探 [J]. 南洋问题研究，2019（1）：11-21.

姚星，蒲岳，吴钢，王博，王磊. 中国在“一带一路”沿线的产业融合程度及地位：行业比较、地区差异及关联因素 [J]. 经济研究，2019, 54（9）：172-186.

叶振宇，汪芳. 德国莱茵河经济带的发展经验与启示 [J]. 中国国情国力，2016（6）：65-67.

尹秀娟. 高质量发展背景下青海区域创新环境优化研究 [J]. 商业经济，2021（10）：18-20+105.

于泳波，周子为，易子涵，王利军. 先进制造业集群对区域间技术转移的影响：基于产业结构升级与市场潜能视角 [J]. 武汉金融，2022（1）：8-15.

于泳波，周子为，易子涵，王利军. 先进制造业集群对区域间技术转移的影响：基于产业结构升级与市场潜能视角 [J]. 武汉金融，2022（1）：8-15.

余川江，龚勤林，李宗忠，等. 开放型通道经济发展模式视角下"西部陆海新通道"发展路径研究：基于国内省域分析和国际竞争互补关系分析 [J]. 重庆大学学报（社会科学版），2022，28（1）：65-80.

余明桂，范蕊，钟慧洁. 中国产业政策与企业技术创新 [J]. 中国工业经济，2016，（12）：5-22.

余明桂，潘红波. 金融发展、商业信用与产品市场竞争 [J]. 管理世界2010，（8）：117-129.

俞斌. 陆海联动统筹发展全力推进生态海岸带建设 [J]. 宁波通讯，2021（17）：52-54.

袁建国，胡晓生，唐庆. 营改增对企业技术创新的激励效应 [J]. 税务研究，2018，（3）：44-50.

张剑玉，周雪，刁彦心，等. 公共管理视野下成渝地区产业结构同质化问题及对策研究 [J]. 决策咨询，2021（4）：86-90.

张金萍，强宁娟. 重庆市在共建"西部陆海新通道"中面临的机遇与挑战 [J]. 对外经贸，2020（4）：47-49.

张军红，侯新. 莱茵河治理模式对中国实施河长制的启示 [J]. 水资源开发与管理，2018（2）：7-11.

张军涛，朱悦，游斌. 产业协同集聚对城市经济绿色发展的影响 [J]. 城市问题，2021（2）：66-74+94.

张俊雄. 为西部陆海新通道插上"数字翅膀" [J] 当代广西，2020（21）：27.

张少军，刘志彪. 产业升级与区域协调发展：从全球价值链走向国内价值链 [J]. 经济管理，2013，（8）：30-40.

张蔚霜. 西部陆海新通道沿线省市物流竞争力评价研究 [D]. 重庆：重庆工商大学，2021.

张悦. 综合运输效率评价与结构优化研究 [D]. 大连交通大学硕士论文, 2018.

赵光辉, 谢柱军, 任书玉. 西部陆海新通道枢纽经济效益分析 [J]. 东南亚纵横, 2020 (2): 94-102.

赵光辉、朱谷生、王厅. "一带一路"背景下国际陆海贸易新通道发展现状评价 [J]. 物流技术, 2019, 38 (7): 5-13, 70.

赵彦云, 刘思明. 中国专利对经济增长方式影响的实证研究: 1988~2008年 [J]. 数量经济技术经济研究, 2011, 28 (4): 34-48, 81.

钟卫军, 左宁. 市场化、聚集经济与城市化进程 [J]. 生产力研究, 2002 (6): 147-148+158.

周黄忠, 黄谊. 发挥边境口岸优势推动崇左跨境物流发展重庆推进西部陆海新通道加快跨境物流发展启示 [J]. 广西经济, 2019 (11): 62-68.

周茂权. 点轴开发理论的渊源与发展 [J]. 经济地理, 1992 (2): 49-52.

朱富强. 产业政策的两大思潮及其架桥 [J]. 南方经济, 2018, (1): 36-47.

朱宁, 丁志刚. 江苏沿江地区化工园转型思考: 基于德国莱茵河流域化工园发展的启示 [J]. 现代城市研究, 2020 (9): 93-100, 108.

朱其现. 论通道经济的演化历程: 通道经济问题研究之二 [J]. 贺州学院学报, 2009, 25 (4): 123-126.

朱文涛. 高铁服务供给对省域制造业空间集聚的影响研究 [J]. 产业经济研究, 2019 (3): 27-39.

祝继高, 陆正飞. 产权性质、股权再融资与资源配置效率 [J]. 金融研究, 2011, (1): 131-148.